国 家 出 版 基 金 项 目

中国战略性新兴产业研究与发展

R&D of China's Strategic New Industries

通用航空

General Aviation

金伟　高远洋　主编

机械工业出版社
China Machine Press

本书内容分为基础篇、国际篇、产业篇、园区篇、政策篇和展望篇，共18章，从通用航空概念、内涵及其产业链出发，阐述了全球主要发达国家和地区通用航空产业的发展情况，总结了先进国家的发展经验，详述了我国通用航空产业的现状，并从产业总体情况、制造、运营、服务、通用机场及地面保障、综合示范区、通用航空小镇、飞行营地和低空空域开放及其政策环境和主要政策方面进行了深入分析，总结了发展经验，剖析了影响发展的因素，指出了通用航空产业发展面临的机遇与挑战，提出了我国通用航空产业发展的总体思路、发展目标、发展重点和发展策略。

本书适合从事通用航空产业和相关工作，或对通用航空领域感兴趣的政府和企事业单位、教育和研究机构等的工程技术人员、设计人员和经营管理者阅读。

图书在版编目（CIP）数据

中国战略性新兴产业研究与发展．通用航空／金伟，高远洋主编．—北京：机械工业出版社，2020.12（2024.8重印）

国家出版基金项目

ISBN 978-7-111-67219-7

Ⅰ．①中…　Ⅱ．①金…　②高…Ⅲ．①新兴产业－产业发展－研究－中国②航空航天工业－产业发展－研究－中国　Ⅳ．①F269.24②F426.5

中国版本图书馆CIP数据核字(2020)第272545号

机械工业出版社（北京市百万庄大街22号　邮政编码100037）

策划编辑：李卫玲　　责任编辑：李卫玲　张珂玲

责任校对：李　伟　　责任印制：常天培

北京机工印刷厂有限公司印刷

2024年8月第1版第5次印刷

170mm×242mm・25印张・434千字

标准书号：ISBN 978-7-111-67219-7

定价：178.00元

电话服务　　网络服务

服务咨询电话：(010)88361066　　年鉴网：http://www.cmiy.com

读者购书热线：(010)68326643　　机工官网：http://www.cmpbook.com

(010)68326294　　机工官博：http://weibo.com/cmp1952

编委会

《中国战略性新兴产业研究与发展·通用航空》

编撰人员

主　　编　金　伟　高远洋

副 主 编　张永杰　李艳华　李方正

撰 稿 人（排名不分先后）

包立超　蔡　琰　曹雁林　冯广东　高远洋　郭　佳

黄懿明　金　伟　冷　单　李方正　李伏龙　李　冉

李艳华　刘　鹏　穆作栋　司志强　王妙香　王元元

王战超　王震林　吴程程　席建英　许东松　薛傅龙

薛　涛　殷丽燕　张　琛　张国振　张永杰　张　姿

宗苏宁

中国战略性新兴产业研究与发展

编委会办公室

主　任　石　勇（兼）

副主任　孙　翠

成　员　李卫玲　刘世博　曹　军　任智惠　张珂玲

序言

全球金融危机和经济衰退发生以来，美日俄等为应对危机、复苏经济、抢占未来发展的先机和制高点，都在重新审视发展战略，不断加快推进“再工业化”，培育发展以新能源、节能环保低碳、生物医药、新材料与高端制造、新一代信息网络、智能电网、海洋空天等技术为支撑的战略性新兴产业，在全球范围内构建以战略性新兴产业为主导的新产业体系。力图通过新一轮技术革命的引领，重新回归实体经济，创造新的经济增长点。这已成为很多国家摆脱危机、实现增长、提升综合国力的根本出路。可以预计，未来的二三十年将是世界大创新、大变革、大调整的历史时期，人类将进入一个以绿色、智能、可持续发展为特征的知识文明时代。那些更多掌握绿色、智能技术，主导战略性新兴产业发展方向的国家和民族将在未来全球竞争合作中占据主导地位，赢得全球竞争合作，共享持续繁荣进程中的主动权和优势地位。

为应对金融危机和全球性经济衰退以及日趋强化的能源、资源和生态环境约束，以实现中国经济社会的科学发展、和谐发展、持续发展，党中央、国务院提出加快调整产业结构、转变经济发展方式，加快培育和促进战略性新兴产业发展的方针，出台了《国务院关于加快培育和发展战略性新兴产业的决定》以及相关政策举措。可以肯定，未来 5 ～ 10 年将是我国结构调整与改革创新发展的一个新的战略机遇期，将通过继续深化改革，扩大开放，提升自主创新能力，建设创新型国家，实现我国科技、产业、经济由大变强的历史性跨越，我国经济社会发展将走出一条依靠创新驱动，绿色智能，科学发展、和谐发展、持续发展之路，实现中华民族的伟大复兴。

展望未来，高端装备制造、新能源汽车、节能环保、新一代信息技术、生物医药、新能源、新材料、绿色运载工具、海洋空天、公共安全等全球战略性新兴产业将形成十几万亿美元规模的宏大产业，成为发展速度最快，采用高新技术最为密集，最具持续增长潜力的产业群落。战略性新兴产业的发展需求也将拉动技术的创新突破和产业的结构调整，为包括我国在内的全球经济发展注入新的强大动力。

在世界各国高度重视培育和发展战略性新兴产业的新形势下，编写一套“中国战略性新兴产业研究与发展”图书，借鉴国外相关产业发展的成功经验，对行业发展思路、发展目标、发展战略、发展重点、投资方向、政策建议等方面进行全面、系统研究，凝聚对战略性新兴产业内涵和发展重点的认识，为国家战略性新兴产业发展规划的顺利实施，以及政府和有关部门制定促进战略性新兴产业发展的相关政策和法规提供参考，具有十分重要的现实意义。

“中国战略性新兴产业研究与发展”系列图书对相应产业的阐述、分析均注重强调战略性新兴产业的六个主要特点：

一是**绿色**。战略性新兴产业属于能耗低、排放少、零部件可再生循环的“环保型”“绿色型”产业，无论从产品的设计、制造、使用，还是回收、再利用等整个生命周期的各个环节，对资源的利用效率与对环境的承载压力均要求达到最理想水平。

二是**智能**。新型工业化要求坚持以信息化带动工业化、以工业化促进信息化，即要实现“两化融合”。而“两化融合”决定了智能是未来产业尤其是战略性新兴产业的发展方向。所谓智能，是指制造过程的智能化、产品本身的智能化、服务方式的智能化。这些均是智能的最基本层次，它还具有其他更为丰富的内涵。例如：智能电网，通过先进的传感和测量技术、先进的设备技术、先进的控制方法以及先进的决策支持系统技术的应用，可实现电网的可靠、安全、经济、高效、环境友好和系统安全等方面的智能；智能汽车不只是安全智能，还包括节能、减排、故障预警等方面的智能。

三是**全球制造**。随着全球化趋势不断深化，战略性新兴产业的发展成果也必将是由全人类共创共享。新产品的研制开发，不再由一个企业独自完成，需要集成各方面优势资源共同解决。例如，iPhone 在中国完成装配，但它的设计、研发以及许多零部件的供应都是在美国、日本和欧洲实现的，其本身就是一个全球化的产品。因而，未来的制造必然是全球化制造、网络化制造。

四是**满足个性化需求与为更多人分享相结合**。目前中国有 14 亿人口，印度有 13 亿人口，还有巴西、印度尼西亚等新兴国家、发展中国家也都要实现现代化。在全球如此规模庞大的人群中，既存在富裕阶层、高消费阶层，他们的消费需求是个性化、多样化的；又有占比较大的中产阶层、贫困人口，他们的消费需求是基本层次的，但也不能被忽视。两种类型的消费需求必须同时被满足，这不仅是构建和谐社会的需要，而且是构建和谐世界的需要。因此，我国发展战略性新兴产业，应该既要满足中高端个性化的需求，同时又要满足我国与其他发展中国家广大普通消费者的需求。要把个性化的设计、个性化的产品生产，与规模化、工业化的传统生产结合起来，不能完全抛弃传统的规模化生产方式。

五是**可持续**。要使有限的自然资源得以有效、可持续利用，发展利用可再生资源、能源，强调发展再制造、循环经济。无论是原材料使用，还是零部件制造，从研发、设计之初就考虑到了生产中的废料、使用后的残骸的回收处置，使其能够重新得到循环利用。

六是**增值服务**。培育发展战略性新兴产业需要注意在设计制造过程中与产品售后、使用过程中提供相关增值服务。不应再局限于传统的观念，只注重制造本身，而不注重服务的价值。例如，发展电动汽车产业，必须首先解决好商业模式问题，包括充电桩建设、电池更换、废旧电池回收等服务，否则将无法广泛推广。

“中国战略性新兴产业研究与发展”系列图书内容丰富，资料翔实，观点鲜明，立意高远，并力求充分体现出“四性”，即科学性、前瞻性、指导性和基础性。

第一，体现**科学性**。所谓科学性，就是指以科学发展观为指导。科学发展观的核心是以人为本，基本要求是全面、协调、可持续，根本方法是统筹兼顾，符合客观规律。“中国战略性新兴产业研究与发展”系列图书既要能够为党中央、国务院提出的加快发展战略性新兴产业的总体战略服务，又不应受到行业、部门的局限，更不能写成规划或某些部门规划的解读材料，而应能够立足于事物客观规律、立足于全局。各分册编写组同志重视调查、研究，力求对国情、科技、产业及全球相关产业的发展态势有比较准确的把握，努力为我国战略性新兴产业的发展提供一本基于科学基础的好素材。这套图书立足基于我国国情，而不是简单地把发达国家的相关产业信息进行综合、编译，照搬照抄。当然，我国发展战略性新兴产业不能“闭门造车”，而是要坚持开放性，积极参与国际分工合作，充分利用全球优势资源，提高发展的起点和水平。因而，有必要参照国际成功经验与最新发展趋势，但一定要以我国国情和产业特点为根本出发点，加快培育和发展有中国特色的、竞争能力强的战略性新兴产业。

第二，体现**前瞻性**。一是能够前瞻战略性新兴产业的发展，因为这套图书是战略性新兴产业的发展指导书。二是能够前瞻战略性新兴产业技术的发展。为了做好这两个前瞻，必须要适当地前瞻全球经济、我国经济与战略性新兴产业发展的趋势。只讲发展现状是不够的，因为关于现状的资料很多，通过简单的网络搜索即可查到；也不能只罗列国外的某些规划和发展战略。“中国战略性新兴产业研究与发展”系列图书的编写注重有深度的科学分析与前瞻性的研究。

第三，体现**指导性**。“中国战略性新兴产业研究与发展”系列图书本身就是指导书，能够对产业、对技术、对国家制定政策，甚至在未来国家发展战略与规划的制定等方面发挥一定的引导作用与影响。虽然不能说这套图书可以指导国家战略与规划的制定，但是应该努力发挥其积极的引导作用。

第四，体现**基础性**。所谓基础性，就是指要能够提供战略性新兴产业的基础信息、基础知识，以及我国和有关国家在相关产业发展方面的基本战略，主要的法规、政策和举措，并尽可能提供一些基本的技术路线图。比如，在轴承分册，就描述了一个轴承产业发展的路线图。唯有如此，“中国战略性新兴产业研究与发展”系列图书才能满足原来立项的宗旨——不仅要为工程技术界、大学教师、大学生与研究生提供学习参考书，为产业界的技术人员、管理人员提供决策参照，而且要为政府部门的政策法规制定者提供参考。

机械工业出版社是具有60多年历史的专业性综合型出版机构，改革开放后，随着市场经济的发展，机械工业出版社不断改革转型，不但形成了完善的编辑出版工作流程和质量保证体系，而且编辑人员作风严谨，工作创新。

“中国战略性新兴产业研究与发展”系列图书不仅是一套科技普及书，更是一套产业发展参考书，必须既要介绍国内外战略性新兴产业的发展情况，又要阐述相关政策、法规、扶植措施等内容。因此，这套图书的组编单位、编写负责人和编写工作人员必须要有相关积累和优势。“中国战略性新兴产业研究与发展”系列图书所选的分册主编和作者主要是精力充沛的业内中青年专家，并由资深专家负责相应的编审、校审工作。现在看来大多数工作由中青年同志担当，是完全符合实际的。此外，这套图书的编著还充分发挥了有关科研院所、行业学会和协会的作用，他们的优势在于对行业比较熟悉，并掌握了较为丰富的资料。

最后，特别感谢国家出版基金对“中国战略性新兴产业研究与发展”系列图书的大力支持！感谢全体编写出版人员的辛勤劳动！

期望“中国战略性新兴产业研究与发展”为社会各界了解战略性新兴产业提供帮助，期待中国战略性新兴产业培育和发展尽快取得重大突破，祝愿我国在不久的将来实现由经济大国向经济强国的历史性跨越！

是为序。

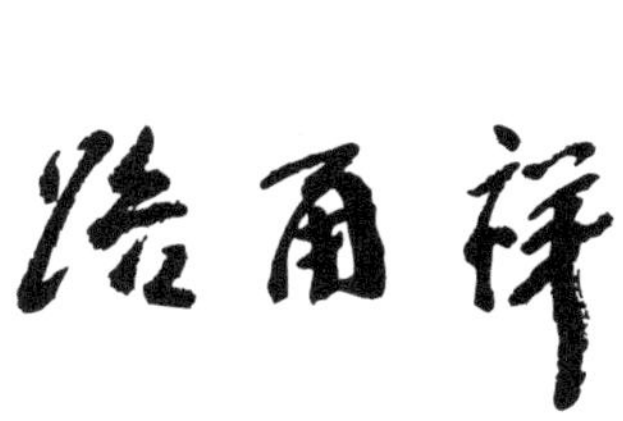

前言

通用航空是指公共航空运输以外的民用航空。通用航空产业是包含通用航空器制造、运营以及综合保障和服务完整产业链的产业，它具有产业链长、应用范围广和连带效应强等特点，是技术先进和价值高端的新兴产业，是战略性新兴产业发展的典型代表。发展通用航空产业，对于促进产业转型升级、提高交通运输水平、增强国防保障能力、培育新经济新动能等具有重要的作用。

大力发展通用航空已成为新时代、新形势下国家做出的重要决策部署，从制造强国到交通强国，从应急救援体系建设到消费服务升级，从供给侧结构性改革到扩大需求引领，通用航空产业始终是重点关注领域。2016 年 5 月，国务院办公厅印发《关于促进通用航空业发展的指导意见》（国办发〔2016〕38 号），做出谋篇部署、顶层设计，有效地促进了我国通用航空产业向纵深发展。我国的通用航空器正不断翱翔蓝天，通用航空运营服务、新技术新应用新业态不断发展，通用航空服务经济生产、社会生活、国家建设等的能力不断增强。特别是在 2020 年年初爆发的新冠肺炎疫情防控中，通用航空发挥了巨大作用。

我国通用航空产业起步较早，但进展迟缓，几经波折，总体上仍处在起步阶段。到 2020 年，我国通用航空产业发展与既定目标仍有差距，与美欧发达国家的发展情况相比更是相差甚远。我们差在哪里？问题根源到底何在？未来出路又在何方？国外的哪些经验值得我国借鉴？这些都是本书作者在积极探讨及寻求答案的问题。

忆往昔，峥嵘岁月，通用航空产业艰难前行；看今朝，百舸争流，通用航空激流勇进；展未来，鹰击长空，通用航空产业发展势不可挡。当前，我国的通用航空产业发展环境良好，通用航空巨大的潜力正在逐步被激活、释放。这为我国带来了难得的发展机遇，我国应抓住这一突破的契机。基于对通用航空产业发展问题的深入思考，本书系统研究分析了国内外通用航空产业发展的现状，总结了先进经验、深挖了问题根源、预测了产业发展的前景趋势、提出了发展建议，力求为我国通用航空产业发展探路寻方。得益于众多专家学者不遗余力的支持与倾情付出，本书在为通用航空产业发展追根溯源、提出发展之道之时，也对通用航空相关业务的开展情况进行了归纳总结，有助于引导外界朋友了解通用航空产业，也有助于业界同仁倾力打造通用航空发展新高地。

全书分为基础篇、国际篇、产业篇、园区篇、政策篇和展望篇，共 18 章。基础篇介绍通用航空的概念内涵及其产业链内容，对国内外通用航空发展历史、规章制度进行了梳理。国际篇阐述了全球主要发达国家和地区的通用航空产业发展情况，总结出我国可以借鉴的发展经验。产业篇对我国通用航空产业总体情况、制造、运营、服务、通用机场及地面保障进行了深入分析，剖析了存在的问题。园区篇基于国家政策导向，对通用航空产业综合示范区、通用航空小镇、飞行营地的园区模式进行了深入探讨。政策篇从制约通用航空产业发展的低空空域开放入手，对通用航空政策环境及主要政策进行了解析。展望篇总结了通用航空产业发展情况，剖析了影响发展的因素，指出了发展面临的机遇与挑战，提出了我国通用航空产业发展的总体思路、发展目标、发展重点和发展策略。

我国已具备了通用航空产业发展的坚实基础条件，通用航空产业发展前景可期。但加快通用航空产业发展仍是一项复杂而艰巨的任务。前方变化莫测、挑战前所未有。前路茫茫，不失本途；前路漫漫，只争朝夕。我们必须保持定力，坚持发展方向，以新发展理念贯穿始终，加快推动通用航空产业高质量发展，促进我国通用航空产业整体竞争力的提升，实现通用航空与运输航空两翼齐飞，为建设航空强国贡献智慧和力量！

本书纵有行业专家指点把关，以及大量编者的倾尽心力付出，仍有不尽完美之处。对通用航空产业发展中的所有问题仍不及完全顾遐，对通用航空产业所有环节仍难以覆盖。然而，这些不足之处正是我们奋力前进的方向，也是本书作者不懈努力追求的方向。对通用航空产业发展的探索永无止境，本书未能涉及之处，唯留与后人继踵。

受限于专业能力和水平，本书也有不足之处，愿与业内人士交流探讨，希望得到业界的批评指正。

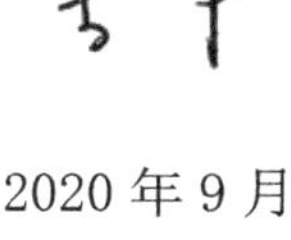

2020 年 9 月

编写说明

《国务院关于加快培育和发展战略性新兴产业的决定》确定了我国未来经济社会发展的战略重点和方向是战略性新兴产业，并且根据我国国情和科技、产业基础，又制定出现阶段重点发展节能环保、新一代信息技术、生物、高端装备制造、新能源、新材料、新能源汽车、数字创意和相关服务业九大新兴产业。可见，九大战略性新兴产业将是国家重点支持、大力推广的产业。

为了使大家全面理解、准确把握、深刻领会国家这一战略决定的精神实质，了解其发展内涵，推动产业结构升级和经济发展方式转变，增强国际竞争优势，抢占新一轮经济和科技制高点，机械工业出版社在国家出版基金的支持下，组织各领域权威专家编写了一套“中国战略性新兴产业研究与发展”（以下简称“研究与发展”）图书。

“研究与发展”以国家相关发展政策和规划为基础，借鉴国外相关产业发展的成功经验，对产业发展思路、发展目标、发展战略、发展重点、投资方向、政策建议等方面进行了全面、系统的研究；对前瞻性、基础性和目前产业上有瓶颈限制的问题提出了有针对性的对策。

“研究与发展”采用分期分批的出版方式陆续出版发行，第一期 12 个分册、第二期 13 个分册分别于 2013 年 6 月和 2018 年 2 月完成出版，第一期包括：太阳能、风能、生物质能、智能电网、新能源汽车、轨道交通、工程机械、水电设备、农业机械、数控机床、轴承和齿轮。第二期包括：功能材料、物流仓储装备、紧固件、模具、内燃机、塑料机械、塑木复合材料、物联网、制冷空调、智能制造装备、非常规油气、中压开关和数据中心。本次出版的第三期 29 个分册图书包括：智慧工业、生物基材料、数据与企业治理、智慧经济、智能注塑机、数据赋能、高端轴承、冷链物流、智能汽车、通用航空、远程设备智能维护、智能供应链、智能化立体车库、气体分离设备、焊接材料与装备、高端液气密元件、高端链传动系统、风电齿轮箱、海洋油气装备、燃气轮机、变频调速设备、电子信息功能材料、智能制造、数控系统、工业机器人、核电、智慧交通、增材制造以及内燃机再制造产业发展与技术路线。今后根据国家产业政策要求及各行业的发展情况还将陆续推出其他分册。

为了出版好“研究与发展”，机械工业出版社成立了“中国战略性新兴产业研究与发展”编委会，全国人大常委会原副委员长路甬祥担任编委会主任。路甬祥副委员长对该套图书的编写高度重视，亲自参加编委研讨会，多次提出重要指导意见。他从图书的定位、内容选材、作者队伍建设和运作流程等方面都给予了全面和具体的指导，并提出了“六个特点”和“四性”的具体要求。

机械工业出版社还建立了完善的项目管理、编写组织、出版规范和网络支撑四个方面的工作体系来保证图书质量，投入了大量的精力组织行业权威专家规划内容结构、研讨内容特色。参与图书编写的主创人员自觉自愿地把自己的聪明才智和研究成果奉献给社会，奉献给国家。他们都担负着繁重的科研、教学、行业管理或生产任务，为了使此书能够早日与大家见面，他们不辞辛苦、加班加点，因为他们都有一个共同心愿——帮助企业快速成长，使中国由大变强。

在此，衷心地感谢为此项工作付出大量心血的组编单位、各位专家、各位撰稿人、编辑出版及工作人员！

尽管我们做了大量工作，付出了巨大努力，但仍难免有疏漏或不足之处，敬请读者批评指正！

中国战略性新兴产业研究与发展　编辑部

2020 年 9 月

目录 CONTENTS

序言

前言

编写说明

第一篇　基　础　篇 …… 1

第 1 章　通用航空及其产业链 …… 2

1.1　通用航空产业概述 …… 2

1.2　通用航空产业的战略地位 …… 10

1.3　通用航空产业链 …… 14

第 2 章　通用航空发展历史 …… 22

2.1　世界通用航空发展史 …… 22

2.2　我国通用航空发展历程 …… 29

第 3 章　通用航空规章制度 …… 35

3.1　国际规章制度 …… 35

3.2　国内规章制度 …… 41

第二篇　国　际　篇 …… 51

第 4 章　国际通用航空状况 …… 52

4.1　全球产业现状 …… 52

4.2　主要国家和地区情况 …… 58

第 5 章　国际通用航空产业发展经验 ··· 66
5.1　对通用航空制造业的支持 ··· 66
5.2　低空空域开放 ··· 68
5.3　通用航空市场开发 ··· 71
5.4　通用机场建设 ··· 74
5.5　航空文化培育 ··· 78
5.6　政府安全监管 ··· 87

第三篇　产　业　篇 ··· 91

第 6 章　我国通用航空产业 ··· 92
6.1　总体发展情况 ··· 92
6.2　存在的问题 ··· 97
第 7 章　通用航空制造 ··· 102
7.1　发展情况 ··· 102
7.2　存在的问题 ··· 104
7.3　主要机型介绍 ··· 107
7.4　新技术新业态 ··· 114
第 8 章　通用航空运营 ··· 124
8.1　总体发展情况 ··· 124
8.2　细分业态发展情况 ··· 126
8.3　存在的问题 ··· 137
第 9 章　通用航空服务 ··· 139
9.1　通用航空培训 ··· 139
9.2　维修代管 ··· 143

9.3 航材保障 …………………………………………………………… 146
9.4 航油保障 …………………………………………………………… 147
9.5 航空会展 …………………………………………………………… 149
9.6 通用航空融资 ……………………………………………………… 150
9.7 适航审定 …………………………………………………………… 155
第 10 章 通用机场及地面保障……………………………………………… 159
10.1 我国通用机场发展历程 ………………………………………… 159
10.2 通用机场建设发展现状 ………………………………………… 164
10.3 通用机场建设与运营情况 ……………………………………… 171
10.4 通用航空地面保障平台现状 …………………………………… 174
10.5 存在的问题 ……………………………………………………… 183

第四篇 园 区 篇……………………………………………………………… 187

第 11 章 综合示范区……………………………………………………… 188
11.1 政策内涵 ………………………………………………………… 188
11.2 发展情况 ………………………………………………………… 190
11.3 典型示范区 ……………………………………………………… 192
11.4 经验总结 ………………………………………………………… 201
第 12 章 通用航空小镇…………………………………………………… 223
12.1 通用航空小镇发展模式 ………………………………………… 223
12.2 通用航空小镇要素构成 ………………………………………… 227
12.3 我国通用航空小镇建设思考 …………………………………… 230
第 13 章 飞行营地………………………………………………………… 232
13.1 起源与定义 ……………………………………………………… 232

13.2 典型飞行营地介绍 …………………………… 232
13.3 我国飞行营地建设思考 ………………………… 238

第五篇 政 策 篇……………………………… 243

第 14 章 低空空域开放……………………………… 244
14.1 低空空域管理改革历程 ………………………… 245
14.2 低空空域管理改革面临的矛盾与问题 ………… 249
14.3 四川低空空域改革试点的举措及进展 ………… 251
14.4 低空空域管理改革前景 ………………………… 254
第 15 章 政策环境及主要政策解析………………… 258
15.1 产业支持政策 …………………………………… 258
15.2 民航“放管服”改革 …………………………… 276
15.3 机场分类改革 …………………………………… 286

第六篇 展 望 篇……………………………… 313

第 16 章 通用航空产业发展影响因素与形势……… 314
16.1 通用航空产业发展影响因素 …………………… 314
16.2 我国通用航空产业发展机遇 …………………… 318
16.3 我国通用航空产业面临的挑战 ………………… 323
16.4 SWOT 分析总结…………………………………… 327
第 17 章 通用航空产业发展前景及趋势…………… 328
17.1 市场需求前景 …………………………………… 328
17.2 发展趋势展望 …………………………………… 339

第 18 章　我国通用航空产业发展思路与策略 …… 361
18.1　总体思路 …… 361
18.2　发展目标 …… 361
18.3　发展重点 …… 362
18.4　发展策略 …… 366

参考文献 …… 379

第一篇

基础篇

第 1 章　通用航空及其产业链

1.1　通用航空产业概述

1.1.1　定义

通用航空产业是以通用航空飞行活动为核心，涵盖通用航空器研发制造、市场运营、综合保障以及延伸服务等全产业链的国家战略性新兴产业。根据航空活动的性质，人们一般将其分为民用航空和军用航空。《中华人民共和国民用航空法》载明："通用航空，是指使用民用航空器从事除公共航空运输以外的民用航空活动，包括从事工业、农业、林业、渔业和建筑业的作业飞行以及医疗卫生、抢险救灾、气象探测、海洋监测、科学实验、教育训练、文化体育等方面的飞行活动。"依照《国际民用航空公约》的分类，民用航空活动有通用航空运行、商业航空运行和航空作业三种。美国联邦航空管理局（FAA）将民用航空活动划分为航空公司业务活动和通用航空两种。由此可见，尽管各种规定的名称不同，但都认为通用航空是除了军用航空和公共航空运输以外所有航空活动的总称。通用航空所属门类如图 1-1 所示。

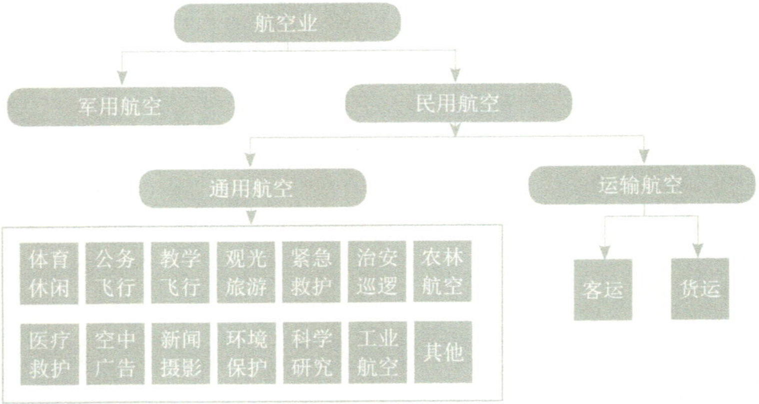

图 1-1　通用航空所属门类

用于通用航空活动的航空器，叫作通用航空器。从航空器概念来看，航空器包括重于空气的航空器和轻于空气的航空器，其中，运输航空所用的航空器基本上是重于空气的、需要依靠动力驱动的陆上飞机，其他类型则都属于通用航空器。平常人们所说的通用飞机和直升机，实际上只是通用航空器分类中的两种，其中通用飞机是指用于陆上起飞降落的固定翼通用航空器，水上飞机、水陆两栖飞机等则一般称作特种飞机。滑翔机、动力伞、旋翼机、扑翼机、多数轻于空气的航空器等属于轻型运动类航空器。按照中国民用航空局（简称民航局）《关于修改轻型运动类航空器定义和发布轻型运动直升机技术标准的通知》（民航适发〔2019〕9 号），轻型运动类航空器是指最大起飞质量不超过 700kg（1 540lb）的不用于水上运行的航空器，以及不超过 750kg（1 650lb）的用于水上运行的航空器，包括轻型运动飞机（固定翼）、滑翔机、自转旋翼机和轻型运动直升机或者轻于空气的航空器。航空器分类如图 1-2 所示。

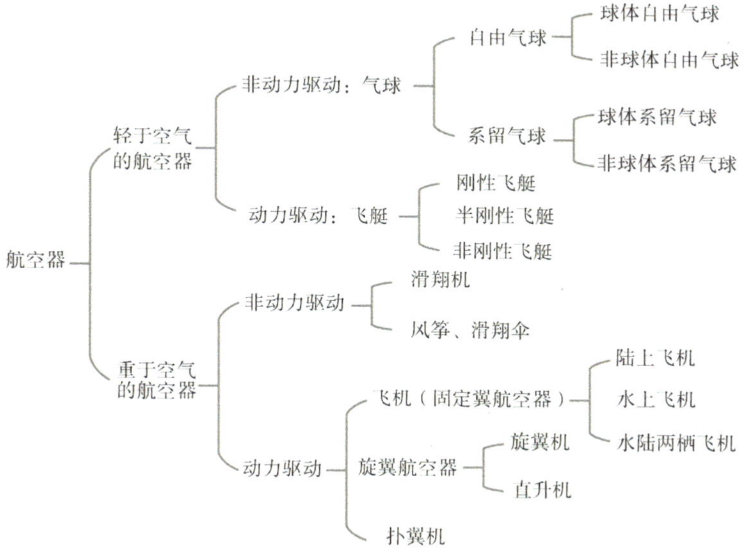

图 1-2　航空器分类

按照民航规章《正常类、实用类、特技类和通勤类飞机适航规定》（CCAR-23-R3）对通用航空器进行分类，则通用航空的类别包括：①正常类飞机，是指座位设置（不包括驾驶员）为 9 座或以下，最大审定起飞质量为 5 700kg（12 500lb）或以下，用于非特技飞行的飞机；②实用类飞机，是指座位设置（不包括驾驶员）为 9 座或以下，最大审定起飞质量为 5 700kg（12 500lb）或以下，用于有限特技飞行的飞机；③特技类飞机，是指座位设置（不包括驾驶员）为 9 座或以下，最大审定起飞质量为 5 700kg（12 500lb）或以下，除了由于所要求的飞行试验结果表明是必要的限制以外，在使用中不加限制的飞机；④通勤类飞机，是指座位设置（不包括驾驶员）为 19 座或以下，最大审定起飞质量为 8 618kg（19 000lb）或以下，用于非特技飞行的螺旋桨驱动的多发动机飞机。目前，民航局正在对上述分类进行改进，拟将 23 部飞机统称为正常类，不再按照正常类、实用类、特技类和通勤类进行划分，同时将规章名称修订为《正常类飞机适航规定》。

按照适航证的类型进行分类，则一般也可分为标准类、初级类、限用类、轻型运动类几种类型，具体如图 1-3 所示。

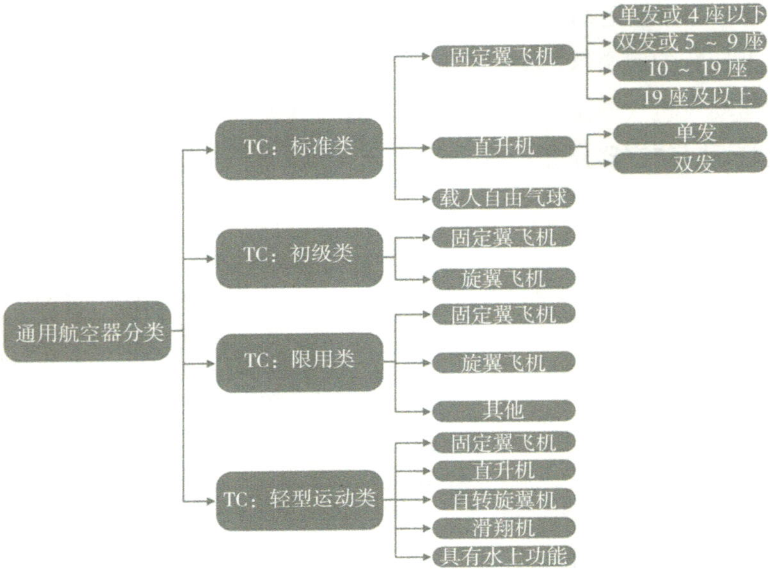

图 1-3　通用航空器分类

此外，从用途来看，通用航空器还可以做如下分类（见表 1-1）。

表 1-1　通用航空器分类

分类	特征
公务机	用于执行公务飞行、包机飞行任务的固定翼飞机及直升机，按照市场定位又可以分为高端公务机、中低端公务机和空中出租车三类。其中，高端公务机是指多发涡喷公务机，这类机型性能优越、可进行远程跨洋飞行，机体宽大舒适、内装豪华，价格通常在 1.5 亿元以上，常作为大型企业首脑、超级巨星、政府高官及高端包机使用；中低端公务机多采用涡喷发动机或涡轮螺旋桨发动机，可进行中短程飞行，价格从数千万元到亿元，在国外多用于企业管理人员公务出行，国内低端公务机尚不多见；空中出租车主要是小型单发活塞螺旋桨飞机或直升机，用于短途飞行，价格较低

（续）

分类	特征
用于短途运输的通用航空器	用于执行短途运输的航空器，通常是用 30 座以下的固定翼飞机执行非定期固定客运航线的飞行任务。短途运输飞机大多采用双发动机（简称双发）涡轮螺旋桨（简称涡桨）发动机、可收放式起落架、下单翼布局，这类机型的巡航速度不高、飞行距离一般在 500km 以内。通用航空短途运输多用于地形条件恶劣、不便于发展陆路交通的地区开展点对点的穿梭往返。通用航空短途运输也包括通用飞机执飞的短距离航空货物运输
用于航空作业的通用航空器	用于执行航空作业任务的航空器，具体是指座位设置（不包括驾驶员）为 9 座或以下、最大审定起飞质量为 5 700kg（12 500lb）或以下、用于非特技飞行的飞机 。一般采用单发活塞发动机、固定式起落架、上单翼布局
教练机	用于飞行训练的飞机和直升机。按照私照、商照和高性能训练目的的不同，涉及单发动机（简称单发）活塞、双发活塞、双发涡桨等不同机型。这类机型更强调经济型和可靠性
轻型运动类飞机	用于娱乐运动的超轻型航空器，指由单人驾驶、仅用于娱乐或体育活动、不需要适航证或仅需要实验类航空器认证的空中飞行器具，有无动力均可

1.1.2 应用

如表 1-2 所示，通用航空用途广泛，不仅可以像公共运输航空一样进行旅客和货物的运输，还能进行农林喷洒、空中摄影、紧急救援等其他活动。尤其是在突发应急事件中可以发挥其他交通方式不具有的优势。国际民航组织资料表明，在世界通用航空三类飞行中，航空作业飞行量约占飞行总量的 20%，教学训练飞行量约占 22%，公务飞行及其他消费类飞行量占 58%。

表 1-2 通用航空按业务分类

业务分类	内容
社会公益服务类市场	农林航空、船舶、航空物探、人工降雨、环境监测、医疗救护、城市消防和空中巡查等
建设服务类市场	石油服务、电力作业、直升机港口引航、直升机机外载荷（吊挂、吊装）等
航空消费类市场	飞行驾驶执照培训、公务飞行、私人飞行、空中游览、空中广告、通用航空包机服务和飞行娱乐等

根据 2018 年 12 月交通运输部颁布的《通用航空经营许可管理规定》（2019 年修正），开展如表 1-3 中经营项目的企业应当取得通用航空

经营许可证。表 1-4 为《通用航空经营许可管理规定》中的经营项目的界定。

表 1-3　中国通用航空经营项目

分类	经营项目
甲类	通用航空包机飞行、石油服务、直升机引航、医疗救护和商用驾驶员执照培训
乙类	空中游览、直升机机外载荷飞行、人工降水、航空探矿、航空摄影、海洋监测、渔业飞行、城市消防、空中巡查、电力作业、航空器代管和跳伞飞行服务
丙类	私用驾驶员执照培训、航空护林、航空喷洒（撒）、空中拍照、空中广告、科学实验和气象探测
丁类	使用具有标准适航证的载人自由气球、飞艇开展空中游览；使用具有特殊适航证的航空器开展航空表演飞行、个人娱乐飞行、运动驾驶员执照培训、航空喷洒（撒）和电力作业等

表 1-4　通用航空经营项目界定

项目	内容界定
通用航空包机飞行	通用航空企业使用 30 座以下的民用航空器（初级类航空器除外），按照与用户所签订文本合同中确定的时间、始发地和目的地，为其提供的不定期载客及货邮运输服务。此类服务不对社会公众发售机票，不提前公布航班时刻，根据需要决定飞行频次
石油服务	使用民用航空器在石油勘探开发作业地至后勤保障基地间开展的人员物资运输以及空中吊装、空中消防灭火、搜寻救援等飞行服务活动
直升机引航	使用民用直升机在轮船和港口之间运送引水员的飞行活动
医疗救护	使用装有专用医疗救护设备的民用航空器，为紧急施救患者而进行的飞行活动
商用、私用、运动驾驶员执照培训	使用民用航空器，以掌握飞行驾驶技术，获得商用驾驶员执照、私用驾驶员执照或运动驾驶员执照为目的而开展的飞行活动，包括正常教学飞行、教官带飞、学员在教官的指导下单飞，但不包括熟练飞行
空中游览	使用民用航空器，在以起降点为中心、半径为 40km 的空域内载运游客进行观赏、游览的飞行活动
直升机机外载荷飞行	以民用直升机为起吊平台进行的吊装、吊运等飞行活动
人工降水	在云中降水条件不足的情况下，使用民用航空器向云层中喷撒催化剂以促进降水的飞行活动；或利用飞机向地表覆盖的冰雪喷撒吸热物质，提高冰雪温度，以促使冰雪融化的飞行活动

（续）

项目	内容界定
航空探矿	航空地球物理勘探的简称，是指使用装有或搭载专用探测仪器的民用航空器，通过从空中测量地球各种物理场（磁场、电磁场、重力场和放射性场等）的变化，了解地下地质情况和矿藏分布状况的飞行活动
航空摄影	使用民用航空器作为运载工具，通过搭载航空摄影仪、多光谱扫描仪、成像光谱仪和微波仪器（微波辐射计、散射计、合成孔径侧视雷达）等传感器对地进行观测，获取地球地表反射、辐射以及散射电磁波特性信息，用于测制各种比例尺的地形图、资源调查等的飞行活动
海洋监测	使用装有或搭载专用仪器的民用航空器对领海和专属经济区内海洋资源使用、海洋污染情况进行的空中监测、调查和取证等飞行活动
渔业飞行	使用装有或搭载专用仪器的民用航空器对渔业资源分布和使用情况进行的监测、调查和取证等飞行活动
城市消防	使用民用直升机对城市高层建筑物开展的空中喷液灭火和人员救援等的飞行活动
空中巡查	使用装有或搭载专用仪器的民用航空器，对预先设计的区域和目标进行空中观察、监测等的飞行活动
电力作业	使用民用航空器为电力建设、输电线路维护提供的飞行服务活动，包括输电线路基础施工、组装输电铁塔、施放导引绳、输电线路清洗和输电线路带电维修等项目
航空器代管	通用航空企业为航空器所有人开展飞行活动提供的航空器管理及航空专业服务
跳伞飞行服务	使用民用航空器运载跳伞人员到达指定空域的飞行服务活动
航空护林	使用民用航空器并配备专用仪器设备、专业人员，以保护森林资源为目的实施的森林消防飞行活动，包括巡护飞行、索降灭火、机降灭火、喷液灭火和吊桶灭火等
航空喷洒（撒）	使用民用航空器并配备专业喷洒（撒）设备或装置，将液体或固体干物料，按特定技术要求从空中向地面目标喷雾或撒播的飞行活动
空中拍照	以民用航空器为搭载平台，使用摄影、摄像和照相机等专业设备，为完成影视制作、新闻报道和比赛转播等而进行的空中影像资料拍摄的飞行活动
空中广告	使用民用航空器在空中开展的广告宣传飞行活动，包括机（艇）身广告、飞机拖曳广告和空中喷烟广告等
科学实验	以民用航空器为搭载平台，为开展各类科学实验提供的空中飞行活动
气象探测	以民用航空器为搭载平台，并在民用航空器上装备相关的专业设备，对大气物理、大气化学和气象现象进行探察、测量的飞行活动

（续）

项目	内容界定
航空表演	使用民用航空器飞行，以展示飞机性能、飞行技艺，普及航空知识和满足观众观赏为目的开展的飞行活动
个人娱乐飞行	飞行驾驶执照拥有者为保持和提高飞行技术、体验飞行乐趣，从通用航空企业租用航空器开展的飞行活动

1.1.3 特点

世界上一些航空大国、强国都将通用航空放在与公共运输航空同等重要的战略地位来支持发展，通用航空也因此被称为航空强国两翼之一。通用航空从无到有、从小到大，逐步发展成为交通运输体系的中坚力量，与公共运输航空一道为繁荣经济做出了卓越贡献。经过一个多世纪的发展，通用航空形成了鲜明的行业特色。

1. 发展潜力巨大

飞行是人类的梦想，通用航空是人类飞行的翅膀。随着航空科技的日新月异、人们生活水平的不断提高，通用航空将为更多的人实现飞天梦想。根据国际经验，人均 GDP 超过 1 000 美元时，消费以家电为主；人均 GDP 超过 2 000 美元时，家庭汽车消费开始；人均 GDP 超过 4 000 美元时，飞机将进入家庭。

中国的经验在一定程度上印证了这一趋势。2003 年和 2007 年中国人均 GDP 分别超过 1 000 美元和 2 000 美元，与之对应，家电消费和汽车消费都出现了井喷式增长。2010 年，我国人均 GDP 已经达 4 361 美元，已具备了发展通用航空的经济条件。然而，我国的通用航空不仅远落后于美国，与同为发展中国家的巴西相比也存在较大差距。按照国际标准测算，未来 10 年我国通用飞机的保有量应不少于 5 万架，而截至 2019 年还不到 4 000 架，发展空间巨大。

2. 经济带动能力强

通用航空产业群庞大、产业链长，涉及制造、运营、维护、航油、培训和保险等多个业务领域，对经济的投资拉动力很强。国际经验表明，通用航空的投入产出比约为 1∶10，汽车约为 1∶4；通用航空的就业拉动比为 1∶12。以美国为例，2019 年通用航空给美国带来了 2 470 亿美元的经济贡献，提供了 120 万个就业岗位。鉴于此，欧美发达国家对通用航空历来很重视，并为其发展创造有利条件。目前，我国政府已把通用航空确定为具有成长带动性的战略性新兴产业，相继出台政策以促其发展。

3. 规模经济性显著

航空业规模经济性特征明显，突出表现为，在达到规模经济点前，随着企业运营规模的扩大，单位运营成本会相应地显著降低。航材储备就是很好的例子。与公共运输航空相同，通用航空也有显著的规模经济性特征，其中，专业飞行公司的规模经济性特征尤为突出。

4. 细分市场众多

通用航空产业是国民经济的基础性产业，应用领域非常广泛，在工业、农业、林业、渔业、建筑业以及医疗卫生、抢险救灾、气象探测、海洋监测、科学实验、教育培训、文化体育等方面都扮演着重要角色。对于通用航空企业来说，这些应用领域都是可以参与的细分市场。众多的细分市场，既为企业实施差异化战略打下了基础，也为减少市场无序竞争创造了条件。因此，相对于公共运输航空而言，通用航空市场更具活力，有更多的市场发展机遇。

5. 军民融合属性强

通用航空产业与空军专业相通、历史相连、命运相系和利益相同，是军民融合深度发展的天然载体和最具代表性的产业，也是军民融合的一个重要领域。近年来，乘着军民融合战略的东风，我国通用航空产业实现了从无到有、从少到多的全方位突破。根据国外产业发展的相关经验，军民融合模式为我国通用航空产业发展指明了方向。一是依托先进的军工企业成果发展通用航空产业，能够更好地实现“一份投入，两份产出”的成果，大大降低通用航空企业的运营成本；二是通用航空的发展可为军用航空培养输送航空人才、提升军用航空的地面保障能力；三是通用航空需要得到来自军方的专业及人才资源支持，同时通用航空也为空军退役人员提供了广阔的再就业天地。

6. 事故负面影响较小

飞行事故无疑是航空业中损失最大、影响最坏的风险来源，但从整体上看，在综合交通运输体系中，通用航空因飞行器小、载客少，与大载量运输方式特别是与公共运输航空相比，其事故的损失和影响要小得多。在通用航空发达的美国，通用航空的飞行事故与汽车交通事故一样，并没有特别之处。随着科技的不断进步和管理水平的不断提高，通用航空的安全性也在持续增强。只要足够重视、措施得力和方法得当，通用航空的安全性可以得到充分保证。

1.2 通用航空产业的战略地位

发展通用航空产业具有重要的战略意义，可以使我国成为真正意义上的航空强国。通用航空具有形态多元化、涉及面广、与多个行业有密切联系的特点，对于推动社会、经济、政治、文化、教育、体育、卫生和旅游等事业的发展，提高人们的生活水平，起着越来越重要的作用。

1.2.1 通用航空是新的经济增长点

通用航空在国民经济中占有重要的地位，其中一个重要原因是，通用航空的产业链长，对经济的影响大，可以在很大程度上加快经济发展，支撑经济平稳健康地发展。美国因拥有成熟的通用航空市场，上游、中游和下游企业之间形成了完整的产业链，所以，美国是世界上通用航空产业最为发达的国家。据美国通用航空制造商协会（GAMA）统计，2018 年，美国共有通用航空器 21 万多架，总计飞行了 2 550 万 h，对美国经济的贡献超过 1% 的 GDP。

我国的通用航空市场是全球最具潜力的新兴市场，我国的通用航空产业是改革开放 40 年来尚未开发开放的产业，截至 2019 年，我国通用航空产业的规模还不到美国的 1/20，说明我国通用航空的发展空间巨大。通用航空是我国经济高质量发展新的引擎，将成为拉动我国经济发展的新增长点。在市场需求和国家政策指引的双重推动下，我国通用航空产业正在形成以服务为先导、以终端的带动作用促进行业发展的模式，通用航空产业将逐渐成为培养经济增长新动能的重点产业。城市化和财富增长为通用航空产业发展提供了广阔前景，使通用航空的需求强劲。尤其是在航空装备制造业有一定基础的前提下，通用航空产业将制造、加工、服务和融资集聚为一体，具有很强的高端高质与产业集聚效应。

近年来，国家出台了一系列促进通用航空产业发展的政策，通用航空产业持续升温，市场信心进一步增强，各种有利因素快速集聚。随着国家有关通用航空政策的陆续出台，低空改革开放力度的不断加大，特别是社会对通用航空需求的不断增多，未来通用航空“服务经济”的特征将越来越突出，通用航空在经济建设中的作用将越来越生动地展现。

1.2.2 通用航空是战略性新兴产业的重要领域

战略性新兴产业是指以重大技术突破和重大发展需求为基础、对经济社会全局和长远发展具有重大引领带动作用、成长潜力巨大的产业，是新兴科技和新兴产业的深度融合，既代表着科技创新的方向，也代表着产业发展的方向，具有科技含量高、市场潜力大、带动能力强和综合效益好等特征。

2010年10月10日，由国务院以国发〔2010〕32号文发布的《国务院关于加快培育和发展战略性新兴产业的决定》，把节能环保、信息、生物、高端装备制造、新能源、新材料、新能源汽车等作为现阶段重点发展的战略性新兴产业。2012年7月，国务院印发《“十二五”国家战略性新兴产业发展规划》，提出新型通用飞机、民用直升机发展和应用实现全面突破，通用航空实现产业化发展，构建通用航空产业体系，列出了包括多谱系、成系列通用飞机和直升机在内的重大工程项目和政策措施。2016年，国务院办公厅公布了《关于促进通用航空业发展的指导意见》（国办发〔2016〕38号），明确提出通用航空业是以通用航空飞行活动为核心，涵盖通用航空器研发制造、市场运营、综合保障以及延伸服务等全产业链的战略性新兴产业体系。

从产业上游来看，航空工业是国家战略性高技术产业，产业链条长，技术附加值高。通用航空的直接关联行业包括飞机制造及维护、机场建设与运营和地面保障体系等，蓬勃发展的通用航空产业将驱动航空领域进行技术创新。通用航空的间接关联行业包括航空航天、先进材料、机械制造、自动控制和电子信息等一系列高科技产业，通用航空的联动作用将推动相关高科技产业发展。

从飞机制造领域看，国内需求增长稳健。目前每年的通用航空飞机销售额在300亿元左右，通用航空飞行小时数从2010年的37万h增长到2019年的112.5万h，直接带动了保险、航空材料和油料等关联产业的收入增长。从机场建设角度看，每年可带动百亿元级别的建设投资，同时后续机场运营也将带动相关产业的收入增长。

从产业下游来看，通用航空器的用途广泛、运营形态多元，兼具生产工具和消费品属性，可同时服务于国民经济的第一、二、三产业，服务领域广，带动作用强。比如通用航空运营可服务于第一产业的农林喷洒、航空播种和航空监护等，服务于第二产业的航空探矿、管线巡视等，服务于第三产业的短途客运、短途货运、公务飞行、航空运动和旅游娱乐等。全球超过60%的通用航空飞行量来自于交通出行、运动娱乐以及医疗救援等飞行。

1.2.3 通用航空是综合交通体系的重要组成部分

通用航空是综合交通运输体系的重要组成部分，在现代综合交通运输体系建设与发展中扮演着重要角色。综合交通运输体系由基础设施、技术装备和运输服务三大部分构成，是各种运输方式分工协作、优势互补和一体化衔接形成的有机整体，其中蕴含了“全面发展”“系统发展”和“综合利用”等核心理念，既强调各种运输方式在经济社会需求下自成体系发展，更强调各种运输方式之间、不同区域之间以及交通运输系统与经济社会环境之间的协调发展。

交通运输是通用航空的本源属性，以往谈及通用航空服务，主要侧重于农林作业，其产品属性属于交通运输活动的衍生属性。实际上通用航空的交通服务是其基本属性，能有效延伸运输服务链条，扩大公共服务供给，满足居民出行、日常生产生活的需要。

通用航空具有小机型、小航线、小航程的特点，积极发展短途运输，有效弥补了偏远地区、地面交通不便地区公共运输服务覆盖不足的短板；通过提供多样化的机型服务，实现常态化运输，提升了运输服务的能力和水平，有效地保障了偏远地区、地面交通不便地区人民群众出行的基本需要。内蒙古根河、新疆阿勒泰等地区正在开展通用航空短途运输试点工作。

公务航空具有机动性强、私密性强、“空中办公室”的特点，能够有效满足公务人员的个性化、高效率出行需要。未来随着我国居民收入水平的提升和中高收入群体规模的壮大，公务航空作为高端运输方式将日益普及，将有效满足人们日趋个性化、多样化和高品质的运输需求。

国家对通用航空发展进行了顶层设计和发展安排，以宏观全局视角系统部署了通用航空业的发展目标和任务，提出了“加强通用机场整体布局规划，做好与各类交通运输方式的相互衔接”“统筹通用航空与公共航空运输协调发展”等系列具体政策措施。着力加快促进通用航空业发展，对扩大有效供给、释放市场潜力，加快构建安全高效、便捷畅通、绿色智能的现代综合交通运输体系具有重要意义。

1.2.4 通用航空是国防后备保障力量

通用航空器具有准军事化的作用，一旦爆发战争，它将作为重要的军事运输工具。在国家和平与建设时期，通用航空器可以作为立体化打击力量，用于追击嫌犯、打击恐怖主义、空中巡逻、交通巡查、灾难指挥和疏散引导等活动，对确保社会稳定意义重大。

当前，军民融合发展的“大战略”观念、国防和经济“一盘棋”思想正被广泛接受。通用航空是集“军民融合”属性于一身、富“寓军于民”潜质的民用领域之一。把精干的常备军和强大的低空后备力量相结合，是贯彻新时代国防建设发展要求、落实军民融合发展战略和富国强军发展战略的有益之举，是弥补我军低空保障的短板和不足，全面提升我军空中支援保障能力，确保部队能打仗、打胜仗的一项重要举措。

通用航空可弥补大型飞机战略投送力量在低空和短途运输保障上的不足，满足无机场甚至无公路条件下偏远地区、边境一线和海岛一线的保障需要。通用航空还可为现役部队在扩编时提供充足的低空力量，支援与配合现役部队完成低空支援保障任务。通用航空可以用于辅助军队加强低空力量，担负战役和战术级空中支援保障任务，协助地面力量完成物资运输、部队投送、空中观测、空中巡逻和医疗救护等任务，为全军承担低空保障、短途保障、小型保障、机动保障、野外保障和定点保障任务。

随着军民融合发展战略的持续推进和通用航空服务国防能力的不断加强，通用航空将成为低空支援保障的辅助力量。

1.2.5 通用航空是国家应急救援体系的关键力量

通用航空是国家应急体系之关键力量。通用航空在执行或参与执行抢险救灾、航空医疗救援、反恐、重点区域巡护和国际救助等方面有着不可比拟的优势。

我国航空应急救援目前主要依托军队航空兵。航空兵在历次抢险救灾等应急任务中发挥着骨干作用，做出了突出贡献。但同时，一些不足也逐渐显现，一是军用航空力量主要用于国防、安防服务，航空救援不是其主业，也很少接受航空救援专业培训，并不完全适用于实施多场景低空飞行救援任务；二是这些航空兵部队分散部署在全国各地，救援能力辐射范围有限，往往“远水解不了近渴”；三是航空兵装备主要用于军事目的，多数航空器不能用于应急任务，执行任务的主要是运输型直升机，其功能、灵活性、适应性受限。而通用航空的运营公司多、分布地域广、型号类型全，覆盖范围更广，应急更为方便、快捷，机型更为灵活实用，能够在航空救援中发挥出更多、更突出、更有效的作用，这已经在 2008 年汶川震灾救援及之后的历次应急任务中得到证明。

通用航空中异军突起的无人机在应急救援中正越来越展现出其独特的作用和价值。无人机在对受灾地区进行分布式灾情查看以及准确投放救灾物资等方面具有得天独厚的优势。通用航空未来的应急任务的实施或可采用直升机和无人机有效配合模式完成，如由无人机对周围灾情进行侦察、向受灾人员投放救生用品等，直升机负责接送受灾及救灾人员等。

随着通用航空规模的不断扩大及能力的不断提升，通用航空将成为国家应急救援体系的关键力量，应急救援将逐渐形成以军队力量为骨干、通用航空力量为主体、其他力量为补充的模式，对其进行合理组合，优势互补，以实现高效运转。

通用航空一直在抢险救灾、应急救援、环境保护与综合治理、人工降水、农林业航空等社会公共服务领域发挥着重要作用。在 2020 年年初暴发的新冠肺炎疫情的抗疫中，通用航空发挥了重要的作用。民航局发布的官方信息显示，疫情暴发后的短短 20 天内就有 123 家通用航空公司参与抗疫，605 家通用飞机参战，累计飞行 1 308h。抗疫期间，通用航空在执行小批量、多批次、高频率和点到点的人员物资运输及消毒灭杀等空中作业方面发挥了不可替代的重要作用，通用航空是紧急状态下的最佳作业力量之一。

1.3 通用航空产业链

1.3.1 产业链构成

如图 1-4 所示，可以按照供需关系和价值流动关系将通用航空产业链分为基础产业、航空制造业、运行保障资源、通用航空运营业和应用产业五个板块。图 1-4 中实线表示商品或服务的流动，虚线表示资金的流动。

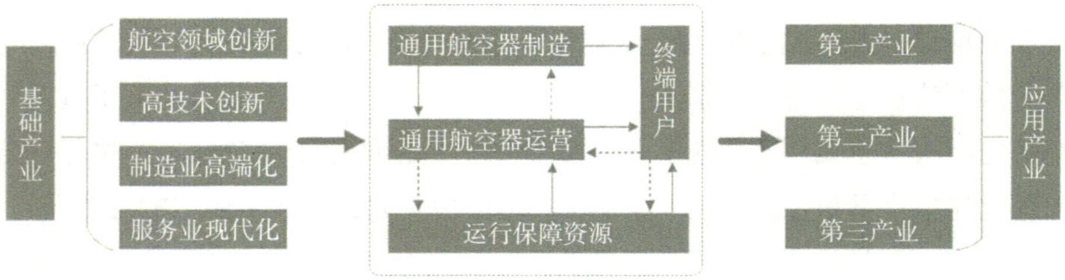

图 1-4 通用航空产业链

按照五大板块的性质，又可以分为通用航空核心产业和关联产业。核心产业包括通用航空器制造、通用航空运营和运行所需的各类保障资源三大板块，图 1-5 是通用航空核心产业示意图。

通用航空关联产业包含基础产业和应用产业，基础产业为通用航空的上游产业，为通用航空器制造提供资源保障，打下技术基础；应用产业是通用航空的下游产业，主要是将通用航空器作为生产工具或消费物品，服务于国民经济第三产业。通用航空关联产业如图 1-6 所示。

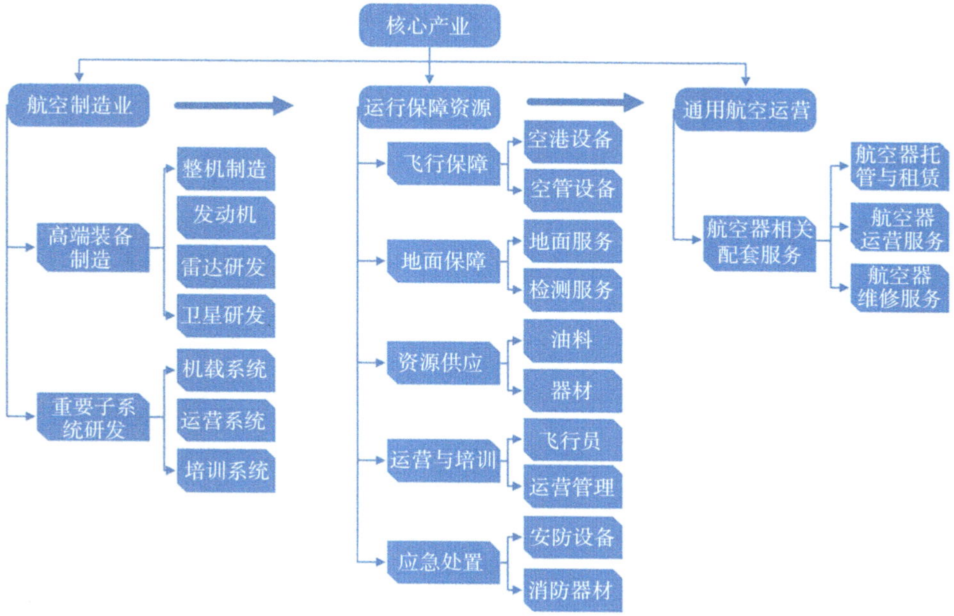

图 1-5　通用航空核心产业示意图

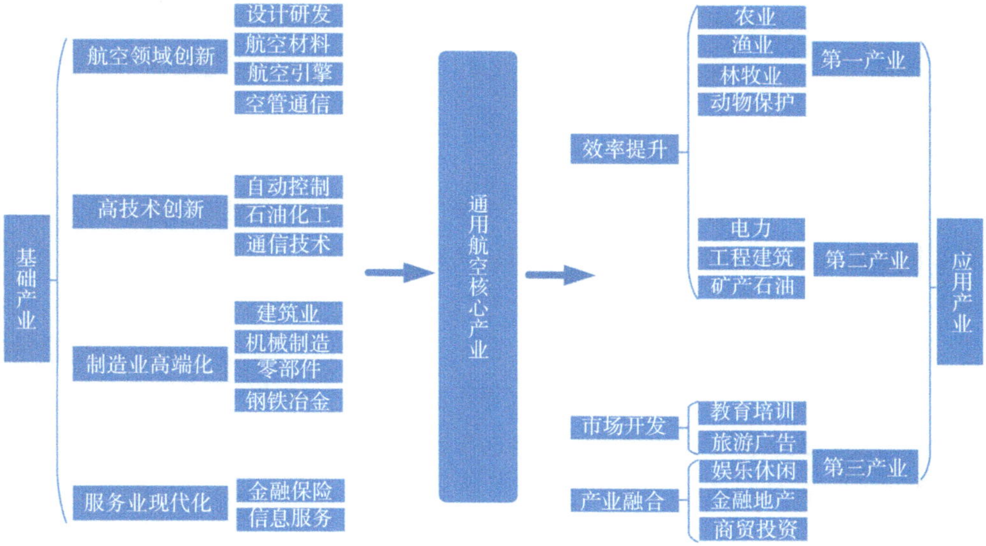

图 1-6　通用航空关联产业

图 1-7 是通用航空产业价值链，通用航空产业价值链也符合科技工业中的产业价值“微笑曲线”规律，其中，航空器的创新研发、设计具有较高的投入和产出，零部件、制造和运营的相对利润较薄，高端服务与保险、租赁位于曲线的另一侧，同样有着较高的附加值。

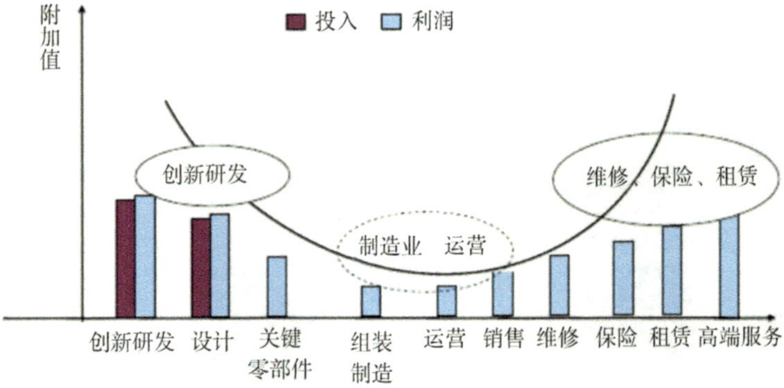

图 1-7 通用航空产业价值链“微笑曲线”

1.3.2 通用航空制造

通用航空制造是通用航空产业链的重要组成部分，是满足通用航空市场运营和服务保障需要的重要支柱，是支持整个产业发展乃至通用航空器飞行安全的基础，在带动相关行业发展、促进供给侧结构性改革和制造业转型升级、推动国民经济和科技进步等方面起着至关重要的作用。通用航空制造主要分为以下几个方面：

1. 通用航空器制造

通用航空器制造通常是指通用航空器整机制造，包括固定翼飞机、直升机、旋翼机、无人机及运动类飞行器的制造，涵盖研发设计、总装集成等环节。目前国内航空制造技术几乎覆盖了除涡喷公务机之外的通用航空机种。从附加值上看，超轻型飞机的技术门槛和附加值较低，在缺乏一定的需求量的时候难以形成产值规模；喷气式通用航空飞机、商务飞机等附加值较高，技术含量较高。从价格上看，高端的私人飞机、商务飞机的价格远高于轻型飞机。

2. 航空零部件制造

航空零部件制造主要包含航空发动机和机载设备制造。航空发动机是通用飞机的核心部件。相对于商用飞机而言，通用航空的机载设备比较简单，主要有一般目视飞行的航空器必备的飞行姿态仪表系统、夜间目视飞行的灯光系统；通用航空飞行的必要设备除目视飞行规则所需设备外，还需适航的导航设备和双向无线电通信系统、陀螺转弯速率指示器、陀螺仪、高度表、相应的发电机或变流机等。

3. 机场设备和空管配套产品制造

通用航空的发展还需要大量的机场设备和空管配套产品，机场设备主要包括通信系统、导航系统、雷达系统和机场地面车辆等；空管配套产品主要指用于低空监视、空中交通管制、空地通信及提供空中情报服务的产品和系统。

与航空制造业的整体情况相似，通用航空制造业的发展水平依赖于本国、本地区的经济发展水平，以及市场需求和航空工业基础。世界上通用航空发达的国家不仅具有发达的通用航空运营网络和基础设施，绝大部分制造能力也很强大。通用航空制造具有较强的辐射带动作用，发达国家通过以航空制造业为牵引，带动航空配套产业、航空运输业、航空服务业以及航空文化产业综合集聚发展的成功经验，对我国发展通用航空业具有重要的借鉴意义。

1.3.3 通用航空运营

通用航空运营包括公务飞行、私人飞行、通用航空短途客货运输、空中游览、航空运动与娱乐飞行、工农林业航空作业飞行、空中执法与交通疏导和航空应急救援等。纵观整个通用航空产业链条，主要包括上游的通用航空研发、制造，中游的通用航空运营，下游的保障、服务，中游的运营对两端有着巨大的拉动作用。目前，通用航空运营市场大致有以下几部分：

1. 传统应用市场

通用航空的传统应用市场主要为工农林等通用航空传统作业领域，包括石油服务、电力巡线、航空护林、航空喷洒（撒）、航空探矿和航空摄影等。传统的应用基本上是刚性需求，无论是海上石油平台利用直升机运载石油工人，还是特高压电力巡线用直升机低速巡检等，直升机是必不可少的工具。但是近年来技术替代性趋势明显，无人机等技术的快速发展使得无人机逐步取代了有人驾驶的通用航空器，逐步挤占传统有人驾驶通用航空的作业市场份额，比如无人机进行农业喷洒、电力巡线等。

2. 消费市场

通用航空的消费市场可以分为空中游览、短途运输、公务航空和私人航空等几个类别。

一般定义的空中游览是指在本场空域范围内（民航局方要求以起降点为中心、半径 40km）载运游客进行的观赏、游览；更宽泛的定义是除了此类外，也包括以通用航空短途运输方式连接两个人口密集区，兼具沿途赏景功能。按照《通用航空包机飞行（短途运输）经营管理暂行办法》规定，短途运输指通用航空企业使用 30 座以下的民用航空器，按照与用户所签订的文本合同中确定的时间、始发地和目的地，为其提供的不定期载客及货邮运输服务。公务航空指使用专用飞机为企业或个人提供商务旅行的航空服务，其面向的是高端消费者。私人航空包含私照培训、航空运动、航空科普和私人航空器托管等，其面对的是个体消费者，定位人群是中产阶级及部分高净值人群。私人航空市场是一个体量大、前景好的市场，未来可以期待出现航空运动活跃、私人飞行以及“打飞的”流行的局面出现。

3. 公共服务市场

公共服务市场主要包括城市消防、应急救援（不包括医疗救护，其归为消费市场）等领域，具有公益性的特征。国家对参与这部分作业的通用航空企业也都有补贴，这类飞行所需的飞行小时数基本平稳。

1.3.4 通用航空服务

通用航空服务包括通用机场及地面服务、航油航材保障、航空金融保险、航空维修和航空教育培训等；延伸的服务领域，如航空会展和航空文化等。大致分为以下几类：

1. 航空保障

通用航空保障服务是针对各类通用航空机场提供咨询、预研、规划、建设和评估等一系列的通用航空机场筹建服务，对固定运营基地（FBO）、飞行服务站（FSS）、维修基地（MRO）提供保障服务。

FBO 是设在机场为除了航班飞行之外的小飞机，特别是公务机和私人飞机提供加油、维修、旅客等综合服务的通用航空服务设施及服务企业。FBO 一般是由公务机和私人飞机候机楼、与候机楼连接的停机坪、机库以及维修车间等四部分组成的综合设施及建筑，其功能是为公务机和私人飞机提供停机服务、飞机和乘客地面保障服务、机组航务和签派服务、飞机航线及维修定检服务等。

FSS 源于通用航空发达的美国，在美国通用航空活动中发挥着重要作用。FSS 为通用航空提供广泛的飞行服务，包括提供气象服务、飞行计划服务、飞行情报和其他需要的帮助。通用航空的经营者通常可以通过互联网的方式，向飞行服务站申报备案飞行计划。私人飞行可到飞行服务站当面申报备案，或以电话、空中传递和空地对讲等方式申请飞行计划。

MRO 是必不可少的飞行保障服务业务，也是航空产业的一大构成部分。在航空业，MRO 一开始表述的是飞机及军用装备的维护保养管理，确保设备在生命周期中发挥最大作用。目前 MRO 普遍指飞机的维护、维修和大修。

2. 航空人才教育与培训

包括航空器制造人才、飞行人才及后勤保障人才的教育与培训。培训课程分为三类：第一类是科班层次的培训，目的是培育职业飞行员，合格学员将获得商业飞行员执照；第二类是针对高端消费人群需求的培训，目的是培训业余飞行爱好者，合格学员将获得私人飞行执照；第三类是通用航空产业的其他人才的培训和认证，包括机务维修人员和航空服务人员等。飞行驾照分类见表 1-5。

表 1-5　飞行驾照分类

分类	具体内容
运动驾驶员执照	根据航空器类别分为初级飞机、自转旋翼机、滑翔机、自由气球和小型飞艇五个等级。初级飞机根据级别又分为陆地和水上两个等级。运动驾驶员执照还可签注运动教员等级，运动教员根据航空器类别分为初级飞机、自转旋翼机、滑翔机、自由气球和小型飞艇五个等级
私用驾驶员执照	根据航空器类别分为飞机、直升机、飞艇和倾转旋翼机四个级别。飞机级别根据航空器级别分为单发陆地、多发陆地、单发水上、多发水上四个级别。根据航空器型别分为最大起飞全重在 5 700kg 以上的飞机、最大起飞全重在 3 180kg 以上的直升机和倾转旋翼机、涡轮喷气动力的飞机。私用驾驶员执照还可签注仪表等级，仪表等级分为仪表 - 飞机、仪表 - 直升机、仪表 - 飞艇和仪表 - 倾转旋翼机四个等级
商用驾驶员执照	根据航空器类别分为飞机、直升机、飞艇和倾转旋翼机四个级别。飞机级别根据航空器级别分为单发陆地、多发陆地、单发水上和多发水上四个级别。根据航空器型别分为最大起飞全部质量在 5 700kg 以上的飞机、最大起飞全重在 3 180kg 以上的直升机和倾转旋翼机、涡轮喷气动力的飞机。商用驾驶员执照同样可签注仪表等级，仪表等级分为仪表 - 飞机、仪表 - 直升机、仪表 - 飞艇和仪表 - 倾转旋翼机四个等级。商用驾驶员执照还可签注教员等级，教员等级分为基础教员、仪表教员和型别教员。基础教员又分为单发飞机、多发飞机、直升机、飞艇和倾转旋翼机五个等级，仪表教员分为仪表 - 飞机、仪表 - 直升机、仪表 - 飞艇和仪表 - 倾转旋翼机四个等级

（续）

分类	具体内容
多人制机组驾驶员执照	根据航空器类别和级别分别可签注飞机和多发陆地等级
航线运输驾驶员执照	根据航空器类别分为飞机、直升机、飞艇和倾转旋翼机四个级别。飞机级别根据航空器级别分为单发陆地、多发陆地、单发水上和多发水上四个级别。根据航空器型别分为最大起飞全部质量在 5 700kg 以上的飞机、最大起飞全部质量在 3 180kg 以上的直升机和倾转旋翼机、涡轮喷气动力的飞机。航线运输驾驶员执照与商用驾驶员执照一样可签注教员等级，教员等级分为基础教员、仪表教员和型别教员。基础教员分为单发飞机、多发飞机、直升机、飞艇和倾转旋翼机五个等级，仪表教员分为仪表－飞机、仪表－直升机、仪表－飞艇和仪表－倾转旋翼机四个等级

3. 其他航空服务

高附加值是通用航空产业的特点。由于通用航空产业的产业链庞大，产业下游应用产业的运营和高端服务等各个领域都有较高的附加值，这使得通用航空对于经济的直接影响和拉动效应极其明显。以下列举了几个常见的通用航空服务类型。

（1）航空金融（托管与租赁）　飞机托管者与飞机所有者通过签署托管协议的方式，向飞机所有者收取一定的管理费用，对私人飞机进行管理和运行。托管范围一般包括日常机务的维护、飞机的安全检查以及航线的申请等。

出租人与承租人签署租赁协议，以自有的飞机或向制造商订购的飞机向承租人提供飞机租赁服务。同时，根据承租人的需要，提供干租（不提供飞行机组）和湿租（提供飞行机组）的差异化服务。

据国际通用航空协会预计，到 2020 年，全球近半数的商用飞机将采用租赁模式。在全球范围内，航空公司机队中租赁和购买飞机的比例已达 6 ∶ 4，即 60% 的飞机需要通过租赁获得。

（2）航空主题乐园　通用航空主题乐园是航空产业基地的创新产业项目，是融合航空文化展览、航空科技展览、博物馆、主题游乐设施、飞行体验、主题度假酒店以及附带主题商业运营的大型综合性项目。主题乐园为消费者提供接近、了解、体验和喜爱通用航空的机会，不仅可以提升当前通用航空市场的消费水平，更为通用航空未来消费市场创造良好的条件和基础。其他项目还包括航空主题酒吧、航空文化主题酒店、航空俱乐部、飞行演艺中心和航空小镇等项目。

（3）会员俱乐部　定位于高端消费人群，如飞行爱好者俱乐部、机长之家、公务机会所和私人俱乐部等，为会员提供个性化和定制化的飞行体验、观光旅游、私人飞行、娱乐飞行等服务。

（4）特色商业街　围绕通用航空主题，打造集精品、通用航空纪念品、飞机手工艺品销售，以及特色餐饮、美食汇服务于一体的通用航空特色商业街。特色商业街还设立一些商业公司，以提供航空婚庆、产品发布和航空广告等一系列生活服务。

（5）影视文化　借助通用航空特色，吸引艺术家利用航拍技术拍摄影视剧作品，拍摄通用航空主题影视动漫作品，举办通用航空主题音乐节，打造通用航空文化传播平台。

1.3.5　通用航空机场建设

完善的通用航空机场网络是通用航空产业大发展的关键性前提条件。通用航空飞行只要有合适的起降场就可以开辟航线、开展通用航空飞行活动，一些小型通用飞机可以在土跑道上安全起降，某些低速飞机甚至可以在平整的麦田里降落。通用航空机场对于通用航空飞机的重要性，相当于加油站、停车场对于汽车的重要性。

通用航空机场的建设为通用航空市场的发展创造了条件。建设通用航空机场，需要相应地引进通用航空维修及航油、航材等一系列通用航空保障业务。通用航空机场的建设可为当地居民的出行提供便利，对旅游事业的开发起到促进和推动作用。对于一些偏远地区，因受经济、地理等因素制约，没有条件进行公路、铁路等大规模交通设施的建设，适时发展通用航空业务，可以挖掘旅游资源，同时带动当地交通设施发展。

通用航空机场的建设相比其他民用机场更容易。即便是要求最高的一类通用航空机场，其选址、机场排水工程的标准都较现行的运输机场建设标准更加宽松，从而使通用航空机场的建设在保障安全的前提下，能够尽量降低机场投资额和运行成本。

第 2 章　通用航空发展历史

2.1　世界通用航空发展史

2.1.1　通用航空发展简介

世界通用航空发展已有一百多年的历史，而“通用航空”一词的出现则是在第二次世界大战之后，在此之前，通用航空用的是“私人飞行”这个术语。1903年，莱特兄弟成功试飞“飞行者一号”，如图 2-1 所示，揭开了私人飞行以及现代航空发展的序幕。此后，随着飞机技术的不断发展，飞机的用途越来越多样化。直到第二次世界大战结束后，逐渐形成了以军事为目的的军用航空和以客载 / 货载为目的的商业运输航空两个成熟而独立发展的产业，而飞机除继续用于私人飞行外，还扩展了很多其他用途，如旅游观光、公司包机、警务执勤和农务作业等。这些航空活动在二战后被统称为“通用航空”。通用航空涉及的领域和范围广而复杂，既包括非商业性的飞行活动，如个人出行、飞行娱乐和空中作业等；也包含商业性的活动，如观光旅游、公务包机和飞行俱乐部等。而应用于通用航空的飞行器类别主要有固定翼飞机、旋翼飞机（或称直升机）、滑翔机、热气球（类）、飞艇和实验类飞机等。

图 2-1　莱特兄弟试飞“飞行者一号”

2.1.2　美国通用航空发展史

在国际上，美国的通用航空发展最具代表性，其通用航空发展历史悠久，起步较早，是世界上公认的通用航空最发达、最领先的国家。美国的通用航空发展可以分为四个阶段。

1. 起步发展期（1903—1913 年）

这一时期是私人飞行的初始期，也是美国航空的起步发展期。飞机、飞机公司、飞行表演和航校等都首次出现在这一时期，莱特兄弟和格伦•柯蒂斯三人对这一时期美国航空的发展产生了深刻影响。

1903 年，莱特兄弟经过多年的研究和实践，终于攻克机翼、发动机以及控制系统三大飞行难关，成功实现了人类首次动力飞行，拉开了现代航空的序幕，也为美国航空的发展奠定了基石。此后，莱特兄弟不断对飞机进行改进，1905 年 10 月实现飞行时间 38min3s、飞行距离 39.4km，使飞机开始成为具有实用价值并可销售的产品。1906 年，为了更好地展示并销售其飞机，莱特兄弟开始在欧洲、美国各地不断地做公开飞行演示，这可以说是飞行表演的最初原型。1910 年 3 月，他们成立了第一所飞行学校（Wright Flying School），培训可驾驶他们飞机的飞行员，并组建了一支专业的飞行表演队，以在各大航展上做专业表演。莱特兄弟早期的飞机主要用于飞行员培训和娱乐飞行，因此他们不但教授飞机购买者如何驾驶飞机，还有偿带领乘客翱翔于天空，这便是空中旅游业的雏形。

1909 年 3 月，美国人格伦•柯蒂斯先于莱特兄弟建立了第一家美国飞机公司，同年 8 月，在法国首届飞行大赛上获得飞行速度冠军。柯蒂斯对水上飞机的研发贡献巨大，他不断地进行水上飞机的研究和改进，于 1913 年研制出具有革命性意义的船身式水上飞机。1911 年，柯蒂斯的水上飞机成功营救了一名迫降在湖上的飞行员，开创了飞机用于水上救援的先河。

飞行赛事、表演和体验等极大地吸引了公众对飞行的兴趣，公众对飞行表演技术和速度越来越高的要求也推动了飞机向更高性能快速发展。这些公开飞行扫除了一切外界对通用航空的质疑。通用航空在政府、航空界以及公众中引起了轰动，尤其是在他们一直受到质疑的美国掀起了航空热潮。

在各种早期的飞行活动如火如荼进行时，飞行表演和培训中不断发生的坠机事故引起了人们对飞行安全的重视，以及对飞机技术成熟性的质疑。莱特兄弟的飞行表演队和航校因为安全问题，最后都被迫解散和关闭。另外，莱特兄弟发起的专利战也在很大程度上压制了当时美国航空业的强劲发展势头。从 1909 年起，莱特兄弟先后将柯蒂斯和很多欧洲飞行家及飞机制造商告上法庭，起诉他们侵权。莱特兄弟的强制垄断，在一定程度上阻碍了航空市场的良性竞争和健康发展。

2. 战争及战后发展期（1914—1979 年）

在这一时期，美国参与了两次世界大战，战争对美国航空业的影响是具有两面性的。一方面是不利的影响。在两次战争期间，美国政府、飞机制造商们由于只重视军事领域的发展，把经费和精力全部投入到了军用飞机领域，民用航空被忽视而导致发展一度停滞。另一方面，两次战争也极大地促进了整个航空业的发展。首先，正因为飞机在战争中发挥了重要作用，美国政府开始高度重视这个行业的发展，并愿意投入极大的人力和财力，推出各种政策以推动航空业快速发展；其次，技术经验在战争中得到大量的积累，使得飞机技术、安全性能和生产效率等在战后都得到了很大提高；最后，因战争需要而制造的大量军机、修建的大量机场以及培训的大量飞行员，在战后很多都流入了民间，这为美国通用航空的发展奠定了坚实的基础。

（1）美国通用航空在第一次世界大战（简称一战）后的发展（1919—1940 年）。一战后，美国政府认识到了飞机的巨大威力和重要作用，对航空业的发展变得极为重视。美国很多参与到一战中的飞机制造商们在一战后都得到了美国联邦政府的资金支持。一战后，飞机用途开始多样化，出现了实用类航空和公务航空。一战时很多人见识并体会到了飞机的威力和作用，一些富于创新冒险精神的人在战后开始将飞机逐步应用于实际的工作生活中，如空中摄影、农业喷洒和勘探执法等。这些领域后来吸引了大批的使用者，称为实用类航空。随着一战后经济的复苏和发展，一些大公司以及富人出于业务需要，开始将购买的飞机作为自用的专机，直接飞往商业航空与铁路未能覆盖的地区，从而节省时间和成本。这正是公务飞行的起点，飞机变得更为实用和有针对性。此外，一战后形成的大众航空商业市场面临着飞行事故高发、行业状态无序等的挑战，发展严重受阻，为了整顿行业、规范市场和安定民心，让航空业健康长远地发展，在一些业内领军人物的号召和催促下，美国联邦政府于 1926 年 5 月正式出台了首个航空业管理法案《空中商务条例》。该法案的内容涉及飞行员考试 / 资格证书制度、飞机的适航 / 审批 / 执照、安全条例的制定和执行、航线的定制和管理、空中交通导航协助和航空事故调查等。从此美国航空业的发展变得有法可依、有章可循。

（2）美国通用航空在第二次世界大战（简称二战）后的发展（1945—1979 年）。二战为美国奠定了全球航空霸主的地位，美国自此一跃成为世界上最大的飞机制造国和出口国。通用航空概念首次出现，用以定义除军用航空和商业航空以外的所有飞行活动。私人飞行、公务飞行和实用类航空市场的需求不断增加，通用航空也由此成为极具市场价值的产业。

这一时期，美国通用航空飞机制造商的发展经历了重大波折。战后第一年，飞机销售达到高峰，随后几年便遭遇了滑铁卢，私人飞机销量严重下降，很多制造商由此便一蹶不振，转业或倒闭。直到 20 世纪 50 年代，通用航空制造市场才开始在商务航空（Business Aviation）和实用类航空的发展带动下逐步回温，并迅速发展。从 20 世纪 50 年代开始，私人飞机市场复苏并迅速发展。在之后的 30 年时间内，美国国内良好的经济形势、不断增长的飞行员群体、政府的大力推动，为其通用航空市场的发展壮大创造了基本条件。1944 年颁布的《美国军人权利法案》规定政府将为老兵们支付飞行培训的费用，这也促使更多人成为了民航职业飞行员。另外，二战后美国政府为推动私人飞机市场的发展，采取了一系列举措。首先是引入先进的空中管理系统。1944 年，美国民用航空局做了成立一个可容纳 50 万架飞机的空管系统的计划，以应对预期爆发的航空业需求。其次，美国政府率先开放空域，将大约 85% 的空域划分给民用航空使用，并从 70 年代起将私人飞机主要的活动领域——3 000m 以下的大多数低空归为非管制区域。在这个空域中飞行的私人飞机，无需预交飞行计划，只需向塔台通报即可飞行；对于没有塔台的机场，只要在公用频道中互相通告即可起飞。空域的开放无疑保证并推动了美国通用航空业的高速发展。最后，美国各地方政府大力修建了上千个通用航空小机场，许多前军用机场转为民用。这些举措对美国通用航空业进入高速发展起到了不可或缺的推动作用。

在通用航空飞机方面，传统活塞式固定翼飞机依然是绝对主力军，用于私人飞行、飞行训练等。派珀、塞斯纳和比奇飞机公司成为通用航空飞机制造业三大巨头。随着公务航空的迅速发展，广泛应用于商业航空的喷气发动机开始被安装到通用航空飞机上，用作短距离点到点航空运输，喷气式飞机由此进入通用航空领域。另外，直升机在通用航空领域的应用越来越广泛，主要用于空中侦察、搜寻和营救、医疗护送和防火等。特别是直升机可垂直起降、空中悬停的功能，使其可到达其他交通工具到不了的地方，如半山腰、楼顶等。直升机尽管在通用航空业占较小的比例，但其价值和作用具有不可替代性。当时的直升机代表厂商是西科斯基（Sikorsky）飞机公司。同时，通用飞机也开始采用双发动机和其他先进技术，如雷达导航、无线电通信等设备的安装，减少了天气因素的限制，大大提高了轻型飞机的安全性和实用性，使其更多地被应用于商业活动中。另外，运动类飞机和家庭自制的实验类飞机发展迅速，自成一派。

二战时生产军机所采用的大规模量产技术被通用航空制造商沿用，大大提高了生产效率，节约了制造成本，使得轻型小飞机单价低廉，并保证了通用飞机产品的充足供给。再加上当时燃油便宜，经济形势良好，私人飞机对很多美国人来说并不是一件遥不可及的奢侈品。比起乘坐时间固定、票价高昂的商业航班，更多人愿意选择拥有一架私人飞机，将其作为自己出行的交通工具，这样也更具时间和成本效益。20 世纪 70 年代，私人飞机和公务机的生产和销售渐渐达到顶峰。1978 年，美国通用飞机出货量达到了近 2 万架。私人飞行市场一片大好，飞行员人数也急剧增加，各地航校层出不穷，但还是难以满足日益增长的培训市场需求。与此同时，大众化的飞行文化在美国得以普及。1953 年，完全由美国飞行爱好者们自发组织的美国试验飞机协会（EAA）成立。该协会每年夏天举办的 EAA 飞来者大会（EAA AirVenture）如今已是全球规模和影响最大的通用航空展会，也成为各种私人自制小飞机展示的最大舞台。FBO、飞行俱乐部、航空小镇等通用航空相关产业和业态在这一时期蓬勃发展。

3. 发展低谷期（1980—1993 年）

20 世纪 70 年代末期至 90 年代初期，美国通用航空业发展陷入低谷。1979 年美国商务部出台的《统一产品责任示范法》让小飞机制造商们陷入困境，诉讼缠身，赔偿价格高企，制造成本加大，产量骤减，很多老机型被迫停产。同时，因为缺乏技术创新，美国通用航空制造商的国际竞争力下滑。1979 年、1990 年的两次石油危机和 1987 年的美国股灾进一步推高了新飞机的购买和持有成本，提高了私人飞行的门槛，降低了其在国内运输系统中的竞争优势。这一时期，整个美国的通用航空市场发展陷入了恶性循环中。

1979 年，美国商务部出台的《统一产品责任示范法》忽略了航空业的特殊性质，要求通用航空飞机厂商对其设计和生产的飞机及部件负终身责任（约 40 年），这给制造商们带来了不断的安全责任诉讼和高额的赔偿重负。尽管之后证明绝大部分责任并非是飞机及其零部件的设计和生产缺陷所致，但诉讼需投入大量的人力和财力，并且小飞机的事故率相对较高，频繁和数额高昂的赔偿使通用飞机制造商们付出了极高的代价。短短几年间，通用飞机产销量最高的美国三大活塞式飞机制造巨头派珀、塞斯纳和比奇各自遭遇的诉讼案达上百件，诉讼损失过亿美元。通用航空制造商不得不大大缩减或停止活塞式 / 涡桨飞机的生产，如派珀挣扎于破产边缘，并停产了其非常受欢迎的 2 座超级小熊和 6 座 PA-32 飞机；塞斯纳在 1986 年就停止了其单发活塞式飞机的生产，将注意力转移到责任风险较低、利润更大的喷气公务机的生产上；比奇被收购后，全面减产活塞式螺旋桨飞机，也将重心转移至涡桨／喷气式公务机和军机的研发和制造上。这一时期，通用飞机年产量从1979年的上万架骤减至1993年的不足千架（含公务机），单发活塞式飞机减产量最大。一些制造商由于不堪赔偿重负而纷纷倒闭。根据美国国会1994年的《通用航空振兴法案》的审议记录，1980年，美国通用飞机制造商有29家，到1992年时只剩下9家，而国外制造商数量则增加了近一倍，从15家发展到29家。美国通用航空飞机制造商在本国和国际上都遇到了前所未有的严峻挑战。《统一产品责任示范法》也极大地打击了制造商们创新的积极性，它们不愿也无力开发新技术新产品。

这一时期，美国通用航空器价格全面大幅上涨，私人飞行变得高不可攀。飞机价格飙升，私人飞机市场进入厚利薄销模式。众多因素造成了小飞机价格的日益飙升。一方面，制造商们迫于诉讼压力纷纷降低产能，小飞机的大规模生产时期一去不返，很多低级别机型停产。飞机供应量减少，单机制造成本增加。另一方面，产品责任险增高，导致新飞机的价格不断上涨。1987年的美国股灾导致通货膨胀，新飞机价格进一步高涨。其他因素还包括两次石油危机导致的燃油费翻番、人工费和税费上涨等。而此时，应用于商业航空的大型喷气机技术不断发展，为人们提供了更安全、更舒适和更快速的出行方式，票价也降到了人们可承受的范围内，逐渐成为美国人远行的首选。不断升高的购机价格和持机成本让很多美国人放弃了购买私人飞机的计划。另外，飞行员人数也在减少。飞行培训费用随市场需求水涨船高，再加上飞行员培训时间一般较长，很少有人愿意再花费大量的金钱和时间去考取并不很实用的私人飞行驾照了。飞行员培训人员更多地是以从业为主要目的——考取商业驾照或航线运输飞行员执照（ATP）。根据美国联邦航空局（FAA）对持照飞行员的统计，从1980年起，美国持私照和商照的飞行员人数均逐年下降，尽管持有ATP的人数呈上升趋势，但至1994年，飞行员总数大幅减少了将近18万人。

这段时期美国通用航空业表现出的为数不多的积极方面包括小飞机二手市场的萌芽和发展以及通用航空事故率的降低。由于新飞机供应不足、价格昂贵等因素的影响，便宜的二手飞机开始在通用航空市场流通，这无疑为飞机购买者们提供了一个很好的选择替代品，当然这也增加了新飞机制造商们的竞争激烈程度。另外，通用航空飞行事故率大大降低。FAA的统计数据表明，1980—1993年间，飞行事故率降低30%，其中绝大部分事故是由于飞行员失误、天气不佳或飞机维修不利因素所致。

4. 恢复发展期（1994 年至今）

为了通用航空市场的健康发展和缓解日益严重的交通拥堵问题，美国政府和通用航空业各单位做了大量的工作和努力。1994 年 8 月，美国时任总统克林顿签署了《通用航空振兴法案》（General Aviation Revitalization Act，GARA），该法案将制造商对其生产的飞机和零部件应承担的法定产品责任年限下调至18年，以拯救颓废的美国通用航空制造业。当小飞机制造商的权益获得了合理合法的保障后，积极性大增，并恢复生产了很多之前已停产的机型，例如塞斯纳 1994 年就恢复了其最受欢迎的 3 个螺旋桨机型 172、182 和 206；派珀在次年也恢复其单发活塞式飞机 PA32 以及双发活塞式飞机的两种机型。飞机出产量有所回升，但轻型飞机的价格却未受到政策影响，依旧持续升高。GARA 法案生效同年，美国政府相关部门，如美国宇航局（NASA）和 FAA，连同业内各方机构、大学等组成政 - 民联盟，先后启动了先进通用航空运输机试验（AGATE）和通用航空动力（GAP）两个项目，分别研发更安全、更易操作、更经济的飞机和发动机系列以及先进的新技术和飞行系统。

伴随着 20 世纪 90 年代美国新经济的发展，在政府和各方的通力合作和大力推动下，美国通用航空业再现繁荣景象。首先是技术创新不断取得突破，如新型涡轮发动机、航空电子（简称航电）系统的 COTS 技术、先进的导航系统、新的防撞击进场系统、机舱内天气显示系统和液晶显示器仪表等。新一代安全且价格适中的通用飞机相继出现，如日蚀 500、西锐 SR-20 和 Lancair 哥伦比亚 300。

进入 21 世纪后，通用航空的地位和价值在美国被进一步肯定和提升，被认为将是“高速交通旅行的第四次革命”。通用航空作为 21 世纪重要的国家航空运输力量，被美国政府正式纳入其公共交通系统的规划中。NASA 于 2001 年提出建立“小飞机运输系统（SATS）”，并获政府批准和拨款。SATS 计划是将所有 AGATE 和 GAP 项目中的创新技术进行整合，在未来几十年中分三个阶段研发和验证更安全、更易操作且人们可负担的通用飞机，对航空法规、空域、基础建设等进行全方位的部署，从而逐步实现在美国人人可驾驶或乘坐小飞机去往绝大多数目的地（特别是偏远地区）的愿景，让民众的未来出行更加安全、快速和便捷。2013 年年底，美国时任总统奥巴马签署了《小型飞机振兴法案》（SARA），要求 FAA 对轻型飞机的认证标准和认证程序进行调整和简化，从而降低飞机及相关设备的升级改造成本和新飞机的价格，并鼓励创新。

这一阶段，美国通用航空业的发展进入平稳增长阶段。截至 2017 年，美国共有 21 万架通用飞行器，约占世界总量的 52%，其中活塞式飞机最多，约为 13.9 万架，占比为 66.2%。2017 年，美国通用航空的飞行量接近 2 500 万 h，其中活塞式飞机的飞行量最大，达 1 260 万 h，占比为 50.92%。

2.2 我国通用航空发展历程

在我国，通用航空原称专用航空，1986 年 1 月 8 日国务院颁发的《关于通用航空管理的暂行规定》中，正式改名为通用航空，与国际民航组织的统一分类保持一致。从 20 世纪 50 年代中期到现在，我国通用航空发展取得了可喜的进步，作业项目已由过去的两三种，增加到了遍及农业、林业、牧业、渔业、测绘、水利、电力、地矿、冶金、核工业、煤炭、石油、铁路、交通、邮电、城建、环保、海洋、气象、文教、体育、旅游、卫生和科研等的 10 大类 100 多项，作业范围遍及全国各个省、自治区和直辖市。我国通用航空发展大致可以分为三个发展阶段。我国通用航空发展阶段及标志性事件如图 2-2 所示。

图 2-2 我国通用航空标志性事件

2.2.1 发展开创期（1952—1977 年）

1951 年 5 月，军委民航局首次使用 C-46 型飞机执行广州市防治蚊蝇危害的飞行任务，揭开了我国通用航空发展历史的新篇章。1951 年 5 月 22 日，应广州市政府的要求，民航广州管理处派出一架 C-46 型飞机，连续两天在广州市上空执行了 41 架次的灭蚊蝇飞行任务。

1952 年，我国组建了第一支通用航空队伍——军委民航局航空农林队，基地设在天津，拥有 10 架捷克制爱罗 -45 型飞机，共有职工 60 余人，有专供通用航空生产作业的机场或起降点约 40 个，开展了多种通用航空作业项目的试验与生产，当年飞行总量为 959h。在 20 世纪 50 年代我国通用航空事业建设的过程中，得到了苏联政府的支持和帮助。

通用航空发展初期承担了一些重要的任务，取得了不错的成果。1953 年，林业部与军委民航局合作，使用一架里 -2 型飞机和新中国成立前遗留下来的美国 K-17B 航空摄影仪，在黑龙江省牡丹江大海林林区进行了 1∶25 万比例尺的航空摄影试验。1954 年 7 月，新中国第一架自制飞机成功首飞，该机起初被叫作“红专 -501”，后来被命名为“初教 5”。“初教 5”飞机的首飞成功揭开了我国航空史的崭新一页，成为我国通用航空自主研制历史的开端。

1956 年，为兴建长江三峡水利工程，民航专业航空大队首次对长江三峡进行航空测量。1956—1957 年，为开发西北，寻找石油和矿藏，解决西北地区无地形图的问题，民航局和地质部测绘局航空摄影队聘请苏联航测专家来华工作，在执行航摄任务的同时，帮助我国培养了一批航测技术人员。从 1956 年开始的石油普查航空物探工作，对发现和确定下辽河、胜利、大港、克拉玛依、任丘和中原等陆地油田和一些海底油田起到了先导作用。1960 年，通用飞行时间达到了 3.47 万 h，与航空运输齐头并进，在某种程度上支持了航空运输业的发展。1967 年，专业航空飞机在黑龙江省首次进行播种水稻试验，获得初步成果。此后，在 11 个省、自治区、直辖市进行了飞播水稻作业。1969—1971 年，为搞清“世界屋脊”西藏高原地质构造，民航派出安 -12 进行了航空摄影和探矿等作业。1974 年年底，对青藏铁路格尔木至拉萨段进行航空摄影，保证了该段铁路初步设计的需求，大大节省了人力、物力。1975 年 8 月，河南省驻马店地区发生特大洪水灾害，民航北京管理局派直升机空运空投救灾物资。

1963 年，民航总局下辖的 14 个飞行大队和 2 个独立中队中除了 3 个运输大队、3 个运输通用混合大队之外，其余都是通用航空飞行队伍，其中有 1 个是航测飞行大队，另外 7 个飞行大队和 2 个独立中队是农林飞行队伍。当时，中国民航运输机队的民航客机为 79 架，而通用航空飞机达到 283 架，通用飞机数量是运输飞机的 3 倍以上，通用飞机数量多于民航客机，这一状态一直延续到 1973 年。

此外，在 1966—1976 年期间，我国通用航空事业受到很大冲击。通用航空的主要用户——农业、林业、地质和测绘部门仍按国家计划按期提出通用航空任务，受政治经济形势影响，这一时期通用航空的投入严重不足，广大的通用航空技术人员虽然在极为困难的条件下坚持生产作业，但通用航空仅累计完成作业飞行 280 882h，是新中国通用航空发展史上的一个低潮期。

在我国通用航空开创期，通用航空作业共使用了包括爱罗 -45、雅克 -12、安 -12、运 -5、里 -2、波 -2、伊尔 -12、伊尔 -14 和直 -5 共 9 种机型的飞机和直升机。这些机型的飞机都是以活塞式发动机为动力，功率小、空机重量大、载重量小、油耗大，机载设备少而简陋，飞行员劳动强度大。受机型限制，当时仅能在平原、丘陵和海拔 2 500m 以下、地形高差较小的地区开展通用航空作业。

在此期间，我国还出台了一些重要法规制度。1956 年，民航局制定了《农业中应用安二飞机进行航空化学工作细则》；1962 年 1 月 10 日，民航总局颁布了《民航省（区）局专业飞行工作暂行规定（草案）》；1962 年发布了《航测领航事故差错标准》；1963 年 8 月 7 日，民航总局颁发了《航空摄影飞行规定》；1965 年发布了《中国民用航空农业飞行工作细则》；1972 年发布了《航空物探测量飞行工作细则》；1974 年 2 月，民航总局颁发了《航空摄影规范（试行）》。

2.2.2 恢复过渡期（1978—2007 年）

1978 年改革开放之初，我国经济建设百废待兴，虽然在此前后补充了各类通用航空技术人员，更新了部分飞机、直升机和专用设备，但通用航空生产能力仍有限，无暇顾及加强业务建设、改善经营管理和提升队伍素质等工作。十一届三中全会召开后，我国各项建设事业重新走上了健康发展的道路，在正确方针指引下，通用航空出现了新的转机。1980 年 3 月 15 日，民航总局脱离空军建制，划归国务院直接领导，这项决定有利于航空运输和通用航空运用经济手段，按照经济规律办事。

这一时期，通用航空同样开展了多项生产作业，业务得到了一定扩展。1978 年 5 月 24 日，Bo-105 型直升机为渤海石油勘探指挥部首次提供了直升机近海飞行服务。1980 年 10 月，民航北京管理局第二飞行总队首次派飞机在澳门半岛进行大比例尺航空摄影，1987 年 12 月对澳门地区进行第二次航空摄影，为澳门半岛的规划建设提供可靠依据。1985年，中国民航工业航空公司首次为山西省长治市进行城市建设大比例尺航空摄影。1987年，我国通用航空开始利用沙漠钢板跑道作业，在新疆塔中沙漠钢板跑道上实现了飞机的起降。

自1979年开始，我国先后购置了双水獭、空中国王B200、贝尔-212、拉玛和海豚等新型飞机和直升机，以及国产运-12、直-9型飞机和直升机，基本满足了高、中、低空和环境复杂地区航空摄影、航空遥感和航空探矿的需要。同时，根据近海石油勘探开发必须提供直升机服务的需要，租赁了贝尔-212、贝尔-214ST、S-76、S-61N和超美洲豹5种型号的直升机。在农林航空方面，购置了空中农夫、M-18和小松鼠等型的飞机和直升机。

在这一时期，我国通用航空业得到了一定的恢复和发展，先后引进的安-12、安-30、米-8和云雀等型的飞机和直升机，大都是以涡轮喷气发动机为动力，功率大、载重量大、油耗低，机载电子设备比较先进，升限范围大，飞机机动性好，一部分机型还配有自动驾驶仪，大大降低了飞行员的劳动强度，同时也扩大了通用航空的应用范围，使我国开展环境复杂地区的通用航空作业有了可靠的物质保证。

在此期间，我国同样出台了一些重要规章制度。1981年4月制定了《双水獭飞机探矿飞行暂行规定》；1981年12月10日，民航总局颁发了《民航专业航空工作人员服务守则》；1982年4月1日，民航总局以正干科字第3号下发了《航空摄影技术干部考核标准（试行）》，解决了航空摄影员的技术职称长期不明确的问题；1983年2月，民航局颁发了《民航农业航空作业质量技术标准与要求》；1984年12月24日，国务院、中央军委重新颁布了《关于使用飞机执行各项专业任务的规定》；1986年1月8日，国务院颁发了《关于通用航空管理的暂行规定》，进一步规范了我国通用航空事业的各项管理；1989年1月18日，民航局下发了《关于经营空中游览业务的暂行规定》。

从20世纪80年代开始，中国的航空运输业进入持续快速的发展时期，到1991年，航空运输总周转量已达32亿t·km，为1978年的10.7倍，平均每年递增20%。改革开放带动了航空运输的迅猛发展，民航局直属的航空公司购置了大量运输机，通用航空为航空运输培养、储备和输送了大批空地勤专业骨干和管理人才。这一阶段，虽然通用航空也有较大发展，但从趋势上看已呈严重下滑趋势：作业量下降较大，相应机型没有更新，飞机数量减少，整体实力日益下降。

针对这一情况，1995 年 12 月，民航总局召开了全国民航通用航空工作会议，在会议上发布了《中共民航总局党委关于发展通用航空若干问题的决定》（简称《决定》）。《决定》下发后在全国引起了强烈反响，经过多年的贯彻、落实，现已见成效。此后，我国通用航空进入了持续发展的时期。

在此期间，我国制定了一些重要规章制度。1995 年 10 月 30 日，全国人大常务委员会颁布了《中华人民共和国民用航空法》，该法把通用航空单列为一章，共设有 6 条 15 款，在国家的基本法律中确立了通用航空的管理地位和范围。1996 年 8 月 1 日，民航总局发布了《通用航空企业审批管理规定》，后经修订，于 2004 年 12 月发布了《通用航空经营许可管理规定》。2003 年 1 月 10 日，国务院和中央军委颁布了《通用航空飞行管制条例》，并于 2003 年 5 月 1 日开始实施。

2.2.3 正式起步期（2008 年至今）

2008 年 5 月的汶川地震抗震救灾，凸显了通用航空的重要性，对于我国通用航空发展来说是一个重要的历史转折点。但由于我国通用航空整体基础仍薄弱，仍处于起步期，我国通用航空产业发展处于正式起步阶段。

重大灾害的发生，一方面凸显了航空装备在应急救灾中的重要作用，另一方面也暴露了我国航空应急救援能力严重不足的困窘。近 10 年来，我国平均每年因自然灾害、事故灾难、公共卫生和社会安全事件造成的非正常死亡人数超过 20 万人、伤残超过 200 万人。在实施紧急救援过程当中，通用航空在运送救援人员、物资及伤员等过程中发挥了不可替代的作用。美国、加拿大、日本和德国等世界主要发达国家都已形成了符合各自国情、较为完善的航空应急救援体系。我国也在汶川地震发生后，形成了加快发展通用航空的广泛共识。2009 年 3 月，中国航空学会组织 27 位院士联合签署并向中央呈送了《关于建立国家应急救援体系的建议》；2009 年全国人大和全国政协共提出涉及通用航空发展的提案建议 17 件，创历史新高，通用航空的公共服务属性开始得到充分重视。

2010 年，国务院组织 25 个有关机构，调研编制了《国家航空应急救援体系规划研究报告》，确立了通用航空应用于国家应急救援的重要地位。2010 年 11 月，国务院、中央军委联合颁布《关于深化我国低空空域管理改革的意见》，对我国低空空域管理改革工作做出部署，提出逐步开放 1 000m 以下的空域。这是我国通用航空大发展的一个重要历史转折点，由此开辟了我国通用航空事业的新篇章。从图 2-3 可以看出，低空开放政策发布后，飞行小时数明显增长。

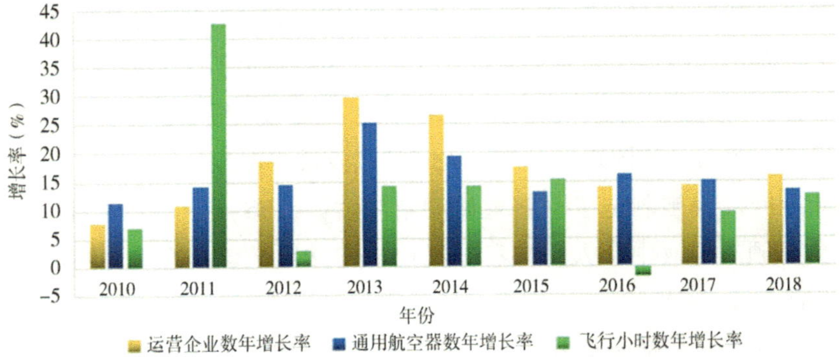

图 2-3　我国通用航空运营企业、通用航空器、飞行小时数年增长率变化情况

随后，通用航空的发展越来越受到重视，从国家规划到部委政策、从地方园区建设到企业投资等，通用航空成为了发展热点。特别是，2016 年 5 月，国务院办公厅发布的《关于促进通用航空业发展的指导意见》，为我国通用航空产业发展做了顶层部署。随后，通用航空相关的管理、规章和政策等不断改革，为通用航空产业发展创造了良好的环境，我国通用航空产业呈现良好的发展势头。

第 3 章　通用航空规章制度

3.1　国际规章制度

世界航空法律制度起源于 1919 年在巴黎签订的《关于航空中航行的公约》，即《巴黎公约》。《巴黎公约》是世界上第一部航空法法典，也是现存最完整、最重要的航空法法典。1928 年，由美国发起，多个国家在哈瓦那签订了《泛美航空公约》，又叫《哈瓦那商业航空公约》或《哈瓦那公约》。与此同时，英美两国都颁布了其国内的航空管理法规。1944 年，52 个国家在美国芝加哥召开国际航空会议并签署了《国际民用航空公约》，通称《芝加哥公约》。《国际民用航空公约》取代了《巴黎公约》和《泛美航空公约》，通过签订《国际民用航空公约》，明确了签订国的共同目标和各自承担义务，并建立国际民用航空组织（IACO），同时该公约对国际航空的航行规则、安全等方面做了许多规定，成为国际航空活动的基本法。我国也是《国际民用航空公约》的最早签字国和最早的批准国之一，1971 年，国际民用航空理事会通过决议，承认中华人民共和国政府是中国唯一的合法政府。1994 年，我国代理外长致函国际民用航空组织，承认 1944 年通过的《国际民用航空公约》。

《国际民用航空公约》是有关国际民用航空最重要的现行国际公约，被称为国际民用航空活动的宪章性文件，是指由国际民用航空组织在国际民用航空公约的原则下制定的，包括民航各个活动的具有约束力的技术文件。根据民航的发展形势和技术发展情况，国际民用航空组织逐年讨论和修改完善这些文件。国际民用航空组织各成员国均须根据这个文件，结合本国情况制定本国有关的法律和规章。《国际民用航空公约》附件 6 中规定了有关国际通用航空方面的标准和建议措施，该附件在 1969 年 4 月 2 日生效，在同年 9 月 18 日起开始实施。《国际民用航空公约》以及其附件 6 是迄今为止在国际航空法中最重要的有关通用航空的法规。《国际民用航空公约》附件列表见表 3-1。

表 3-1 《国际民用航空公约》附件列表

序号	附件名称	主要内容
附件 1	人员执照	提供有关飞行机组人员、飞行签派员 / 飞行运行人员、空中交通管制员和飞机维修人员执照的信息
附件 2	飞行规则	包含和目视与仪表飞行相关的规则
附件 3	国际空中航行的气象服务	规定国际空中航行的气象服务和航空器观察的气象报告
附件 4	航图	包含国际航空中使用的航图规范
附件 5	在空中和地面操作中使用的计量单位	该附件列出在空中和地面操作中使用的量纲系统
附件 6	航空器运行	该附件包含了各种规范，以保证全世界各种运行的安全水平保持在规定的最低标准之上。这个附件有以下三部分：第一部分是国际商业航空运输 - 飞机；第二部分是国际通用航空 - 飞机；第三部分是国际运行 - 直升机
附件 7	航空器国籍和登记标志	该附件规定航空器识别和登记的要求
附件 8	航空器适航性	该附件规定航空器审定和检查的统一程序
附件 9	简化手续	该附件规定过境手续的简化程序
附件 10	航空电信	第 1 卷规定通信设备和系统的标准，第 2 卷规定标准的通信程序
附件 11	空中交通服务	包括建立和使用空中交通管制、飞行情报和告警服务的信息
附件 12	搜寻与救援	提供搜寻与救援所必需的组织和使用有关设施与服务的信息
附件 13	航空器事故调查	该附件对航空器事故的通知、调查和报告规定了统一的做法
附件 14	机场	提供机场设计和设备的规范
附件 15	航行情报服务	包含收集和分发飞行所必需的航行情报的方法
附件 16	环境保护	包含航空器噪声的审定、噪声监测和供制定土地利用计划的噪声影响范围的规范（第 1 卷），以及航空器发动机的排放物的规范（第 2 卷）
附件 17	安全保卫	保护国际民用航空免受非法干扰，规定了保护国际民用航空免受非法干扰的方法
附件 18	危险物品的安全运输	包括危险品的标识、包装和运输的规范
附件 19	安全管理	将现行的安全管理规定整合成为一个单一附件，消除了当时在其他附件中存在的标准和建议措施的重复

3.1.1 美国

FAA 正式成立于 1958 年，其机构是随着美国民用航空业的发展不断演变和发展而来的。FAA 现隶属于美国联邦交通运输部，是纯粹的运行和安全管理机构，没有行政许可和市场监管职能；其总部设有机场管理司、空中交通管理局、航空安全司、民航权益司、运输司、通信管理司、财务司、政府和行业事务司、人力资源司、信息服务司、政策和国际事务及环境管理司、区域运行管理司、危险品安全司等部门，另外还设有首席法律顾问；FAA 的联邦和地区管理机构有民航地区管理局、适航审定办公室（ACO）、地区性机场管理办公室、地方性飞行标准办公室（FSDO）、地方航空器制造及检验办公室（MIDO）、飞机评价组（AEG）、国际事务办公室或办事处（IFO/IFU）、执照管理办公室（CMO）、危险品安全办公室、迈克航空中心、联邦航空学院、管理和领导关系中心、物流中心及威廉休斯技术中心等。美国是联邦制国家，各州都有独立的立法和司法权，各州还设有独立或兼管的民航管理部门，具体管理本州内的民航事务。

美国通用航空的规章标准定得适度。通用航空飞机和运输航空飞机不应采取等同的管理方式，通用航空的规章标准相对较为宽松。如联邦航空局对个人自制飞机的要求就较低，仅需制造者向联邦航空局证明 51% 以上的部件是自己制造的，联邦航空局不对其进行型号合格审定，但向其颁发试验类适航证。

美国现有通用航空的规章标准虽不如商业航空的规章标准严格，但也十分完善，基本涵盖通用航空飞行、维修、监察员的执照培训、各类通用航空的运行以及维修机构和训练学校的资质认证等。美国联邦航空局通用航空规章见表 3-2。

表 3-2　美国联邦航空局通用航空规章

序号	部号	规章名称
1	1	定义和缩写
2	3	一般要求
3	21	航空产品的取证程序
4	23	适航标准：正常类飞机
5	26	运输类飞机的持续适航和安全改进规定
6	27	适航标准：正常类旋翼机
7	29	适航标准：运输类旋翼机
8	31	适航标准：载人自由气球

（续）

序号	部号	规章名称
9	39	适航指令
10	43	维修、预防性维修、翻新和更改
11	45	标识和注册标记
12	47	飞行器注册登记
13	48	小型无人驾驶航空器的注册和标识要求
14	49	飞行器安保文件记录
15	61	飞行员、飞行教员和地面教员
16	63	飞行员之外的机组人员的认证
17	65	飞行机组人员之外的航空人员的认证
18	67	医疗标准和认证
19	68	某些无需医疗认证的小型飞行器运行的要求
20	71	A、B、C、D 和 E 类空域的确定；空中交通服务航路和报告点的划分
21	73	特殊用途空域
22	77	导航服务空域的安全、有效使用和保护
23	91	一般操作和飞行规则
24	93	特殊空中交通规则
25	95	仪表飞行高度
26	97	标准仪表飞行程序
27	99	空中交通管制的安全
28	101	系留气球、风筝、自制火箭、无人自由气球和特定模型飞行器
29	103	超轻型飞行器
30	105	降落伞运行
31	107	小型无人驾驶航空器系统
32	110	一般要求
33	117	飞行机组人员：飞行和职责限制、休息要求
34	119	认证：航空承运人和商业运营人
35	125	审定和运行：20 座及以上乘客座位，或具有 6 000lb 或更大载荷能力的飞机；以及适用于此类航空器人员的规则目录
36	129	运营：从事美国注册航空器公共运输业务的外国航空承运人和运营人
37	133	旋翼机外部负载运营
38	135	运行要求：通勤和即时运行以及机上人员管理办法
39	136	商业空中游览及国家公园空中游览管理

（续）

序号	部号	规章名称
40	137	农用航空器运行
41	139	机场的取证
42	141	航空器驾驶员学校
43	142	训练中心
44	145	维修机构
45	147	航空维修机务学校
46	151	联邦政府对机场的援助
47	153	机场运营
48	156	国家补助飞行员计划
49	157	机场的建设、更改、启用和关闭通告
50	158	旅客设施费（PFC）
51	170	空管服务和航行设施的建立和终止使用标准
52	171	非联邦航行设施
53	200	定义和说明
54	201	《美国联邦法典》第 49 部Ⅶ部分适用的航空承运人的管理当局
55	203	《华沙公约》的限制和防卫措施的免除
56	204	支持健康检测日期
57	205	飞行器事故责任保险
58	206	公共需求的认证：特殊授权和豁免
59	207	美国定期航班航空承运人的包租飞行
60	208	美国包机航空公司开展包租飞行业务
61	211	国外航空运营人的许可申请
62	212	美国和国外直接航空承运人的包租运行法规
63	213	国外航空承运人许可的条款和限制
64	214	国外航空承运人许可的条款和限制，仅限用于包租运输
65	215	航空承运人、国外航空承运人和通勤航空承运人的名称的使用和变更
66	216	国外航空承运人的监管盲区运输
67	217	国外航空承运人的民用定期航班、包租和不定期服务的报告交通统计
68	218	国外航空承运人或其他国外飞行器的含机组租赁
69	222	国外航空承运人的联合货运服务
70	240	账户和财产的检查
71	254	国内行李责任

（续）

序号	部号	规章名称
72	256	电子航空公司信息系统
73	271	提供基本航空服务的航空承运人补贴指南
74	272	自由联系邦的基本航空服务
75	291	州际航空货运的运行
76	292	国际货运
77	293	国际客运
78	298	航空包机和通勤航空运营人运行的豁免
79	303	航空承运人协议的评审
80	323	服务的终止、中止和减少
81	325	基本航空服务程序
82	375	美国境内为国外民用航空器提供航行服务
83	380	公共包机服务
84	398	航空服务基本要义具体指南

3.1.2 欧盟

欧盟成员国是欧洲地区通用航空立法的主体，然而一部分欧盟成员国并没有专门的针对通用航空的立法机构，而有些欧盟成员国虽然成立了通用航空立法机构，但是这些通用航空立法机构的位阶却很低，制定出的法律位阶也较低，实用性和执行力度不强。比如说，法国和德国就都没有专门针对通用航空产业进行立法。在法国，通用航空产业也仅仅是停留于颁布了一些相应的法令；在德国，根本就没有对通用航空产业进行立法，只是通过一般的法律以及德国民用航空总局颁布的一系列民航规章来确定并给予通用航空产业财政方面的补贴、税收减免以及简化程序方面的支持。欧洲对于有关航空使用空域的管制政策，几乎涵盖了航空活动的所有方面，包括空域管制、航空安全、运营人资质、航空安保、旅客权利和地面服务保障等。然而，欧盟制定的有关通用航空的规章并非对通用航空的所有运营人适用，规模较小的营运人不受诸如有关市场条件和旅客权利法规的影响，而安全、保安和空管法规对通用航空则更加重要，因为这些法规通常不会考虑营运人的性质和特殊情况。

在通用航空运营人的许可方面，欧盟内部航空运输自由化框架是由 1992 年发布的 EEC 第 2407 号《关于航空承运人许可证条例》、第 2408 号《关于共同承运人进入共同体内部航线条例》、第2409号《关于航空服务票价和费用条例》规章规定的。这三个规章通常被称为“自由化第三组合”，它们集中规定了内部航空市场的航空服务规则：关于航空承运人许可的规章，对于由无动力驱动的航空器、超轻型动力驱动航空器和不涉及在不同机场之间进行的旅客、邮件、货物航空运输，不适用。如果欧盟成员国国内法有运营执照的要求，那么，应当同时遵守欧盟和国内法关于航空运营人合格证的规定；对于仅仅从事最大起飞质量在1万kg以下和20座以下的航空器运营的承运人，规定了相对来说不太严格的标准。这些类型的航空器通常可用于公务包机。以上提到的规定，在新起草的欧洲议会和理事会关于欧盟航空运输服务运营一般规则中，原则上予以保留。

在欧洲，由于各国空中交通实行独立管理，导致欧洲空域分割现象严重，进而导致航班延误现象激增。因此欧盟启动了“欧洲单一天空计划”，用以改革欧洲空管的结构，在欧洲范围内建立一个统一的空管系统，满足未来容量和安全需求。《欧洲单一天空计划》由4部规章（框架规章、服务规定规章、空域规章和互用性规章）组成，这4部规章涵盖了欧洲空中交通管理系统的所有方面。欧洲委员会还制定了一些更详细的执行规定，作为对这4部规章的补充。

在建立单一航空市场之后，欧洲航空运输市场的需求与基础设施之间不匹配的矛盾越来越突出，其后果就是，欧盟繁忙机场的数量越来越多。为解决这一问题，1993年1月18日，欧盟委员会发布了《关于共同体机场航班时刻分配的共同规则的理事会条例》（EEC第95号条例）（其后有修改）。该条例对通用航空运营人也有影响，承认了通用航空有进入机场的权利：

1)在决定机场的容量状况时，应当征求经常使用机场的通用航空代表的意见。

2）应吸纳经常使用机场的通用航空代表作为机场协调委员会的成员。作为协调委员会的成员，通用航空代表可以对机场容量状况发表自己的意见，提出有效利用和改进机场容量的指导纲要。

3）随着欧洲机场中公务航空活动的增长，EEC第95号条例采用了特殊的规定，允许公务航空纳入航班时刻资源配置管理系统。根据计划运营的公务航空运营人有权申请一系列时刻，从“不豁免适用新法”规则和“时刻灵活性”规定中获益。

3.2 国内规章制度

我国的航空法律体系从结构上划分为三个层次：第一层次是全国人民代表大会常务委员会通过的并由国家主席签署主席令发布的法律。《中华人民共和国民用航空法》为我国民用航空法律的第一层次，也是国家法律，是民用航空法律体系的龙头和基础，位阶较高，任何民用航空法规、规章都不能与之相冲突，也是制定民用航空法规的重要依据。第二层次是由国务院总理以国务院令发布的法规。交通运输部（民航局）在国务院授权下发布了关于民用航空的行政法规，其中最主要的一部是《中华人民共和国民用航空器适航管理条例》。第三层次则是民用航空规章。民用航空规章是交通运输部部长以交通运输部令发布的各类民用航空规章的总称，是我国目前规范通用航空所有活动的最主要依据，也是对通用航空做出规定最多的规范，其内容最广、数量最多，涉及生产、经营面最广最全，是管理通用航空的重要依据，更是民航局对通用航空管理的重要手段。民用航空规章体系如图 3-1 所示。

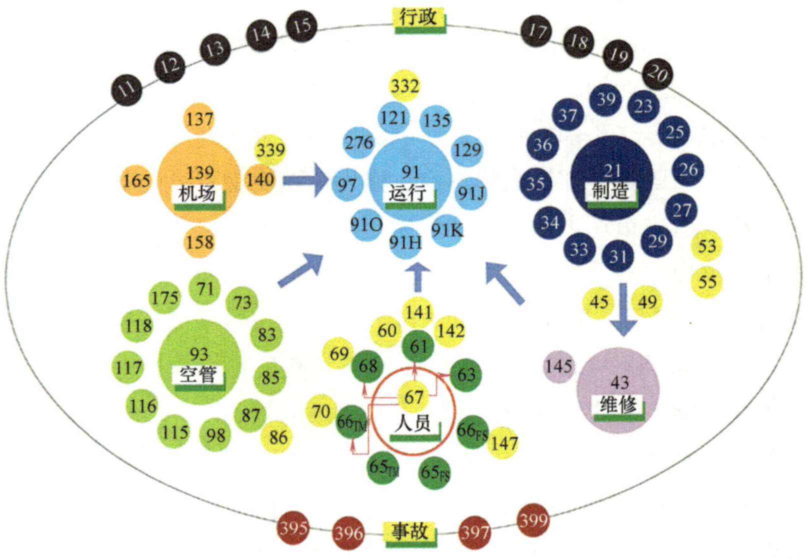

图 3-1　民用航空规章体系

注：图中的数字代表规章部号。

当前，我国涉及通用航空运行的法律有 1 部，法规有 8 部，民用航空行业规章有 78 部。

3.2.1　法律法规及规章

1. 法律

1996 年 3 月 1 日起施行的《中华人民共和国民用航空法》（以下简称《民航法》）

是我国民用航空的基本法。该法第十章对通用航空做了必要的原则性规定。具体有：通用航空的定义以及从事通用航空活动应当具备的条件；关于保障飞行安全、保护环境和生态平衡，以及应当投保地面第三人责任险的原则性规定。《民航法》关于通用航空的规定，为通用航空法规、规章的制定奠定了基础，指明了方向。

2018 年 12 月 29 日，十三届全国人民代表大会常务委员会第七次会议表决通过了包括《中华人民共和国民用航空法》（修改）在内的《关于修改〈中华人民共和国劳动法〉等七部法律的决定》，习近平主席签署第二十四号主席令，明确了无人驾驶航空器的立法授权。随着无人驾驶航空器的使用日渐普及，由此带来的安全问题越来越突出，亟需完善相关制度，加强对无人驾驶航空器的监管。考虑到《民航法》制定时无人驾驶航空器尚未投入广泛应用，相关管理制度缺少针对性。为了给无人驾驶航空器监管立法提供法律依据，本次修订新增了“第二百一十四条，国务院、中央军事委员会对无人驾驶航空器的管理另有规定的，从其规定”。

2. 行政法规

专门针对通用航空的行政法规有《国务院关于通用航空管理的暂行规定》和《通用航空飞行管制条例》。1986 年，国务院发布了《国务院关于通用航空管理的暂行规定》（国发〔1986〕2 号）。该规定首次将“专业航空”更名为“通用航空”，明确了通用航空管理机构、从事通用航空活动的审批程序和要求等。到目前为止，该规定仍作为实施通用航空企业赴境外开展经营活动的行政许可法律依据。2003 年 5 月 1 日起施行的《通用航空飞行管制条例》（国务院、中央军委令第 371 号）是管理通用航空飞行活动的基本依据。该条例规范、明确了从事通用航空飞行活动的主体提出飞行计划申请的时限和程序；对飞行保障部门和从事飞行活动提出了明确的要求；首次规定了“临时飞行空域”概念以及划设临时飞行空域的申请与审批权限，并规定一次申请、可长期使用（最长不超过 12 个月）。除上述两部专门行政法规外，涉及通用航空的行政法规还有《民用航空器国籍登记条例》《飞行基本规则》《民用航空器适航管理条例》和《机场管理条例》，内容包括：用于通用航空的民用航空器的国籍登记的条件和程序、国籍标志和登记标志；通用航空飞行有特殊需要时，经所在地大军区批准后由有关飞行管制部门划设临时飞行空域；在我国境内从事民用航空器（含航空发动机和螺旋桨）的设计、生产、使用和维修的适航管理规定；明确将民用机场分为运输机场和通用机场，规定通用机场的规划和建设按照国家有关规定执行，规定通用机场投入使用应当具备的条件、通用机场投入使用的申请及审批程序、通用机场安全环境保护。通用航空行政法规见表 3-3。

表 3-3 通用航空行政法规

序号	法规名称
1	《国务院关于通用航空管理的暂行规定》（国发〔1986〕2 号）
2	《中华人民共和国民用航空器适航管理条例》（1987 年 5 月 4 日国务院发布）
3	《中华人民共和国民用航空器国籍登记条例》（国务院令第 232 号）
4	《中华人民共和国民用航空器权利登记条例》（国务院令第 233 号）
5	《中华人民共和国飞行基本规则》（国务院令第 312 号）
6	《国务院、中央军委关于修改《中华人民共和国飞行基本规则》的决定》（国务院、中央军委令第 509 号）
7	《通用航空飞行管制条例》（国务院、中央军委令第 371 号）
8	《民用机场管理条例》（国务院令第 553 号）

3. 民航规章

民航规章大体可以分为 7 类，经济类的有《通用航空经营许可管理规定》等 12 部，航空安全类的有《民用航空器事故和飞行事故征候调查规定》等 2 部，飞行标准类的有《一般运行和飞行规则》等 17 部，适航类的有《正常类、实用类、特技类和通勤类飞机适航规定》等 15 部，机场类的有《民用机场运行安全管理规定》等 5 部，空管类的有《中国民用航空空中交通管理规则》等 20 部，另外还有《民用航空行政检查工作规则》等 7 部涉及通用航空的综合性规章。

1）经济类规章。《通用航空经营许可管理规定》（CCAR-290）。主要内容：明确了通用航空企业申请设立的条件要求、经营活动项目、审批时间和行政审批流程等，对通用航空资质准入及管理有了明确的规定。

此外，经济类规章还包括《非经营性通用航空登记管理规定》（中国民用航空总局令第 130 号）、《〈外商投资民用航空业规定〉的补充规定（二）》（中国民用航空总局令第 174 号）、《〈外商投资民用航空业规定〉的补充规定（三）》等涉及通用航空的规章。这些规章规定了非经营性通用航空单位申请设立的条件要求、经营活动项目，以及外国公司、企业及其他经济组织或个人投资民用航空业的投资范围、投资方式、投资比例和管理权限等。

2）航空安全类规章。《民用航空器事故和飞行事故征候调查规定》（CCAR-395-R1）。主要内容：规范民用航空器事故和事故征候调查。适用于对民用航空器事故和飞行事故征候的调查及相关工作。其目的是查明原因，提出安全建议，防止事故和事故征候发生。《民用航空安全信息管理规定》（CCAR-396-R3），其目的是规范民用航空安全信息收集、分析和应用，实现安全信息共享，推进安全管理体系建设。

3）飞行标准类规章。《一般运行和飞行规则》（CCAR-91-R2）、《小型航空器商业运输运营人运行合格审定规则》（CCAR-135）等规章，填补了中国民用航空“基础运行规章”的空白，对完善航空器运行管理规章体系发挥了重要作用，也对日益普及的航空作业和通用航空的管理提供了管理依据。《民用航空器维修单位合格审定规定》（CCAR-147）和《民用航空器驾驶员学校合格审定规则》（CCAR-141）规定了通用航空维修机构、通用航空飞行培训机构的设立标准及审核程序等。

4）适航审定类规章。《正常类、实用类、特技类和通勤类飞机适航规定》（CCAR-23-R3）、《正常类旋翼航空器适航规定》（CCAR-27-R1）等规章，主要是以保障民用航空器的安全为目标的技术管理规定，是政府适航部门在制定了各种最低安全标准基础上，针对民用航空器的设计、制造、使用和维修等环节制定的科学统一的审查、鉴定、监督和管理规章。

5）机场类规章。《民用机场使用许可规定》（CCAR-139CA-R1）、《民用机场建设管理规定》（CCAR-158-R1）等规章，主要是为加强民用机场的管理，保障民用机场安全、正常运行，对民用机场的使用许可，许可证的申请、审核、颁发，机场运行，以及民用机场建设的监督管理，建设程序等进行规范。

6）空管类规章。《中国民用航空空中交通管理规则》（CCAR-93TM-R2）等规章，主要是为保障民用航空飞行活动安全和有秩序地进行而制定的规范。空中交通管理的任务是有效地维护和促进空中交通安全，维护空中交通秩序，保障空中交通畅通。利用通信、导航技术和监控手段对飞机飞行活动进行监视和控制，保证飞机安全和有秩序地飞行。在飞行航线的空域划分不同的管理空域，包括航路、飞行情报管理区、进近管理区、塔台管理区和等待空域管理区等，并按管理区不同使用不同的雷达设备。在管理空域内进行间隔划分，飞机间的水平和垂直方向间隔是安全飞行的基础。由导航设备、雷达系统、二次雷达、通信设备和地面控制中心组成空中交通管理系统，完成监视、识别、导引覆盖区域内飞机的任务。此外，还包括《民用航空航行情报人员岗位培训管理规定》（CCAR-65TM-TV），此类规章规定了通用航空的专业技术人员资格的申请条件、考试要求及执照管理办法等。

7）综合类规章。主要是涉及通用航空的行政检查工作、行政处罚实施、行政许可、应急管理以及相应成果鉴定、科技奖励的规章。通用航空民航规章见表3-4，民用航空管理思维导图如图3-2所示。

表3-4 通用航空民航规章

序号	规章名称
经济类规章	
1	《中华人民共和国民用航空器权利登记条例实施办法》（CCAR-49）
2	《外商投资民用航空业规定》（CCAR-201LR）
3	《〈外商投资民用航空业规定〉的补充规定（二）》
4	《〈外商投资民用航空业规定〉的补充规定（三）》
5	《〈外商投资民用航空业规定〉的补充规定（四）》
6	《〈外商投资民用航空业规定〉的补充规定（五）》
7	《国内投资民用航空业规定（试行）》（CCAR-209）
8	《民用航空企业机场联合重组改制管理规定》（CCAR-229-R2）
9	《中国民用航空统计管理办法》（CCAR-241-R1）
10	《民用航空财经信息管理办法》（CCAR-243-R1）
11	《非经营性通用航空登记管理规定》（CCAR-285）
12	《通用航空经营许可管理规定》（CCAR-290）
航空安全类规章	
1	《民用航空器事故和飞行事故征候调查规定》（CCAR-395-R1）
2	《民用航空安全信息管理规定》（CCAR-396-R3）
飞行标准类规章	
1	《维修和改装一般规则》（CCAR-43）
2	《民用航空器驾驶员和地面教员合格审定规则》（CCAR-61-R4）
3	《民用航空器领航员、飞行机械员、飞行通信员合格审定规则》（CCAR-63FS）
4	《民用航空签派员执照管理规则》（CCAR-65FS-R2）
5	《民用航空器维修人员执照管理规则》（CCAR-66-R2）
6	《民用航空人员体检合格证管理规则》（CCAR-67FS-R2）
7	《民用机场和民用航空器内禁止吸烟的规定》（CCAR-252FS）
8	《一般运行和飞行规则》（CCAR-91-R2）
9	CCAR-91部运行合格审定程序
10	《航空器机场运行最低标准的制定与实施规定》（CCAR-97FS-R1）

（续）

序号	规章名称
11	《中国民用航空总局关于修订 <航空器机场运行最低标准的制定与实施规定> 的决定》（CCAR-97FS-R2）
12	《小型航空器商业运输运营人运行合格审定规则》（CCAR-135）
13	《民用航空器驾驶员学校合格审定规则》（CCAR-141）
14	《飞行训练中心合格审定规则》（CCAR-142）
15	《民用航空器维修单位合格审定规定》（CCAR-145-R3）
16	《民用航空器维修培训机构合格审定规定》（CCAR-147）
17	《民用航空飞行标准委任代表和委任单位代表管理规定》（CCAR-183FS）

适航审定类规章

序号	规章名称
1	《民用航空产品和零部件合格审定规定》（CCAR-21-R3）
2	《正常类、实用类、特技类和通勤类飞机适航规定》（CCAR-23-R3）
3	《运输类飞机适航标准》（CCAR-25-R4）
4	《运输类飞机的持续适航和安全改进规定》（CCAR-26）
5	《正常类旋翼航空器适航规定》（CCAR-27-R1）
6	《运输类旋翼航空器适航规定》（CCAR-29-R1）
7	《载人自由气球适航规定》（CCAR-31）
8	《航空发动机适航规定》（CCAR-33-R2）
9	《涡轮发动机飞机燃油排泄和排气排出物规定》（CCAR-34）
10	《航空器型号和适航合格审定噪声规定》（CCAR-36-R1）
11	《民用航空器适航指令规定》（CCAR-39AA）
12	《民用航空器国籍登记规定》（CCAR-45-R1）
13	《民用航空用化学产品适航规定》（CCAR-53）
14	《中国民用航空计量管理规定》（CCAR-379SE）中国民用航空总局令第 55 号
15	《中国民用航空部门计量检定规程管理办法》（CCAR-381SE）

机场类规章

序号	规章名称
1	《民用机场专用设备管理规定》（CCAR-137CA-R3）
2	《民用机场使用许可规定》（CCAR-139CA-R1）
3	《民用运输机场突发事件应急救援管理规则》（CCAR-139- Ⅱ -R1）
4	《民用机场运行安全管理规定》（CCAR-140）
5	《民用机场建设管理规定》（CCAR-158-R1）

（续）

序号	规章名称
空管类规章	
1	《民用航空情报培训管理规则》（CCAR-65-R1）
2	《民用航空电信人员执照管理规则》（CCAR-65TM-Ⅰ-R3）
3	《民用航空气象人员执照管理规则》（CCAR-65TM-Ⅱ-R3）
4	《民用航空情报员执照管理规则》（CCAR-65TM-Ⅲ-R4）
5	《民用航空空中交通管制员执照管理规则》（CCAR-66TM-Ⅰ-R4）
6	《民用航空空中交通管制培训管理规则》（CCAR-70TM-R2）
7	《民用航空空中交通管理运行单位安全管理规则》（CCAR-83）
8	《民用航空导航设备开放与运行管理规定》（CCAR-85-R1）
9	《民用航空通信导航监视设备飞行校验管理规则》（CCAR-86）
10	《中国民用航空空中交通管理规则》（CCAR-93TM-R2）
11	《中国民用航空总局关于修订〈中国民用航空空中交通管理规则〉的决定》（CCAR-93TM-R3）
12	《中国民用航空总局关于修订〈中国民用航空空中交通管理规则〉的决定》（CCAR-93TM-R4）
13	《民用航空通信导航监视工作规则》（CCAR-115TM-R1）
14	《民用航空使用空域办法》（CCAR-71）中国民用航空总局令第 122 号
15	《平行跑道同时仪表运行管理规定》（CCAR-98TM）中国民用航空总局令第 123 号
16	《民用航空预先飞行计划管理办法》（CCAR-73）中国民用航空总局令第 166 号
17	《民用航空气象探测设施及探测环境管理办法》（CCAR-116-R1）
18	《中国民用航空气象工作规则》（CCAR-117-R2）
19	《中国民用航空无线电管理规定》（CCAR-118TM）
20	《民用航空情报工作规则》（CCAR-175TM-R1）
综合类规章	
1	《民用航空行政检查工作规则》（CCAR-13-R1）
2	《中国民用航空行政处罚实施办法》（CCAR-14-R1）
3	《民用航空行政许可工作规则》（CCAR-15）
4	《民用机场航空器活动区道路交通安全管理规则》（CCAR-331SB-R1）
5	《民用航空科学技术成果鉴定办法》（CCAR-359SE）
6	《中国民用航空总局科学技术奖励办法》（CCAR-359SE-I-R1）
7	《中国民用航空应急管理规定》（CCAR-397）

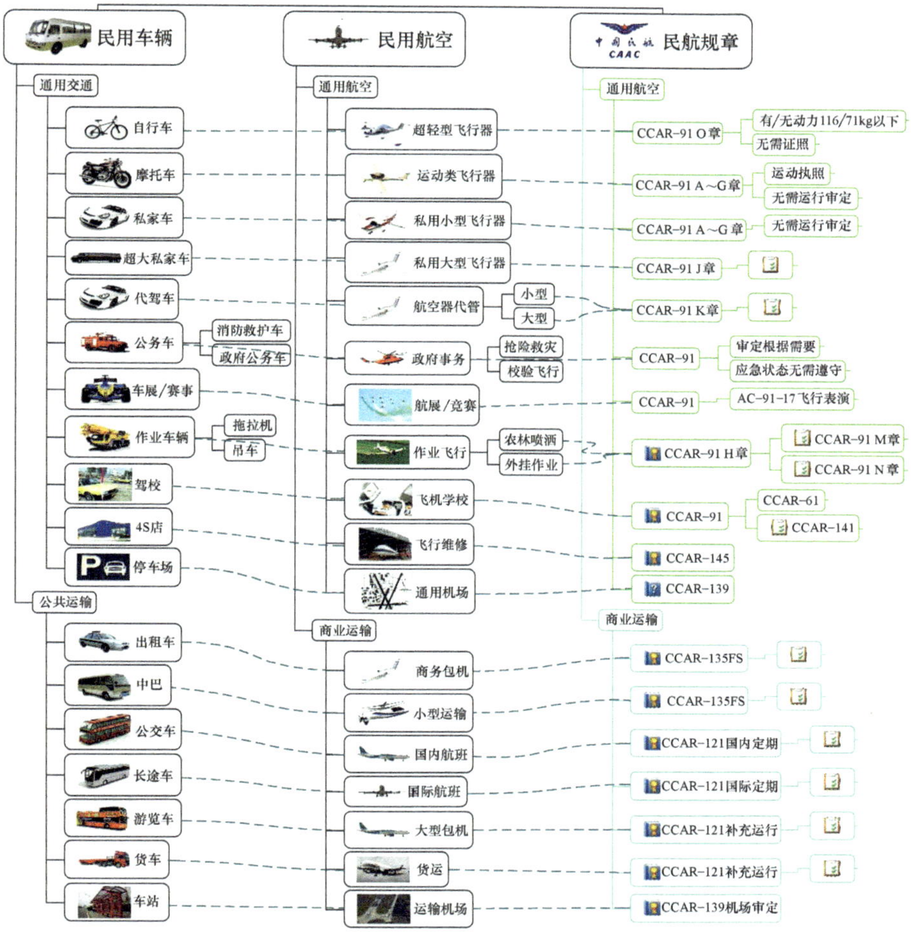

图 3-2 民用航空管理思维导图

3.2.2 行业管理部门及职责

当前，我国通用航空行业管理实行行政型管理模式，国务院设立中国民用航空局作为行业主管部门，执行管理职能和行政职能，管理全行业活动。通用航空作为民用航空的分支，也是按照行政型行业管理模式进行管理，具体是由民航局下属的运输司、飞行标准司和航空器适航审定司等部门进行管理。民航行政管理体系包括民航局、民航地区管理局（华北、东北、西北、华东、中南、西南和新疆地区管理局）、33 个省（区、市）航空安全监督管理办公室。管理机构分为民航局和民航地区管理局两级，航空安全监督管理办公室为民航地区管理局的派出机构。民航局的主要职责定位于民用航空的安全管理、市场管理、宏观调控、空中交通管理和对外关系五个方面，而每个职能中都包含通用航空的管理内容。

通用航空行业监管主要是指对行业安全和行业市场秩序进行监管。我国民航安全管理体系采用的是：“两级政府、三级管理”制，“两级政府”是指民航局、民航地区管理局，“三级管理”是指由民航局、民航地区管理局和安全监督管理局进行管理，承担着全部民航活动的监管工作。在民航局运输司下设通用航空处，统领全国的通用航空行业管理工作，研究制定政策及部门规章。民航地区管理局负责所辖区的通用航空行业事项的审批及市场监管，落实民航局提出的工作任务；安全监督管理局负责安全监管工作。为有效协调解决通用航空发展中的重大问题，民航局还将航空运输委员会更名为航空运输（通用航空）委员会，在民航局层面首次建立了通用航空的工作协调平台。

行业主管部门的通用航空职能主要有以下几个方面：

1）提出通用航空发展战略和中长期规划，起草通用航空方面的相关法规草案、规章草案、政策和标准，按规定拟订通用航空方面的相关规划和年度计划并组织实施和监督检查。

2）承担通用航空飞行安全和地面安全监管责任。负责民用航空器运营人和航空人员训练机构、民用航空产品及维修单位的审定和监督检查，民用航空器国籍登记和运行评审工作，通用机场飞行程序和运行最低标准的监督管理工作，承担民航航空人员资格和民用航空卫生监督管理工作。

3）负责通用航空空中交通管理工作。编制空域规划，负责民航通信导航监视、航行情报、航空气象的监督管理，保证空中安全。

4）拟订民用航空器事故及事故征候标准，按规定调查处理民用航空器事故。组织协调民航突发事件、处置应急事件，组织协调重大航空运输和通用航空任务，承担国防动员相关工作。

5）负责通用机场建设和安全运行的监督管理。负责通用机场的场址、总体规划、工程设计审批和使用许可管理工作，承担民用机场的环境保护、土地使用、净空保护有关管理工作，负责民航专业工程质量的监督管理。

6）承担通用航空市场监管责任。负责通用航空活动相关许可管理工作。

7）对通用航空器及相关技术设备在制造、使用方面制定的技术标准进行审核、发证，监督执行情况。

8）代表国家管理国际民航的交往、谈判活动，参加国际组织，负责民航国际合作与外事工作，维护国家航空权益。

9）开展与港澳台地区的交流与合作。

10）承办国务院及交通运输部交办的其他事项。

第二篇

国 际 篇

第 4 章　国际通用航空状况

4.1　全球产业现状

4.1.1　整体情况

从 1994 年开始，全球通用航空市场走向繁荣，到 2007 年达到顶峰，之后受全球金融危机的影响，通用航空市场急剧下滑，通用飞机年交付量从 2007 年的 4 277 架下降到 2010 年的 2 024 架。2010 年后，全球通用飞机市场有所复苏，但仍增长乏力，到 2018 年也仅交付了 2 443 架（如图 4-1 所示）。

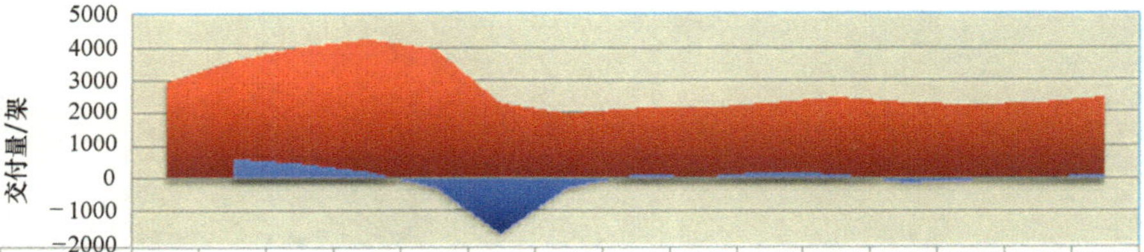

年份	2004	2005	2006	2007	2008	2009	2010	2011	2012	2013	2014	2015	2016	2017	2018
交付量/架	2962	3590	4054	4277	3974	2283	2024	2120	2164	2353	2454	2331	2262	2324	2443
增加量/架		628	464	223	−303	−1691	−259	96	44	189	101	−123	−69	62	119

图 4-1　2004—2018 年全球通用飞机交付量

从产业构成看，通用航空产业可以分为通用航空制造、通用航空运营、通用航空服务及通用航空延伸产业。

从通用航空制造业看，与航空制造业的整体情况相似，通用航空制造业的发展水平依赖于本国 / 本地区的经济发展水平、市场需求和航空工业基础。总体上，世界各地区、各国的通用航空制造业发展并不平衡，发达国家的水平相对较高，发展中国家的水平相对较低。目前，美国通用航空制造业处于世界领先地位，加拿大、法国、巴西、意大利、德国、英国、澳大利亚、奥地利、捷克和新西兰等国家的通用航空制造业也很发达。上述国家掌握着世界上先进的通用航空制造技术，引领着全球通用航空器的发展方向，其相关产品在世界市场上几乎处于垄断地位。

通用航空飞行具有区域性特点，所以通用飞机保有量基本上能反映一个国

家 / 地区的通用航空运营市场发展水平。从通用飞机总量情况看，2017 年，全球通用飞机的保有量为 44.6 万架，其中，美国有 21.1 万架，欧洲有 13.6 万架。全球主要国家通用航空器数量统计见表 4-1。美国是通用航空产业最为发达的国家，通用飞机保有量独霸全球，包括美国在内的欧美主要国家通用飞机保有量位居前列，且从中可以看出一个规律，通用航空产业的发展程度与一个国家的经济发展水平正相关。截至 2018 年，我国通用航空器保有量为 3 380 架，在全球位居第 15 位，远落后于欧美通用航空发达国家，与我国的大国地位及社会经济发展水平极不相称。令人欣慰的是，尽管我国通用航空保有量基数低，但近年来我国通用航空市场迎来了高速增长，2004—2018 年，我国通用航空器保有量的复合增长率达 12.6%，尤其是 2013—2018 年，年均增长量超过 300 架，年均增长率达 16%，我国已然成为全球通用航空最为重要的新兴市场。

表 4-1　全球主要国家通用航空器数量统计　（单位：架）

序号	国家	年份	航空器数量	序号	国家	年份	航空器数量
1	美国	2018	213 905	13	比利时	2018	4 023
2	加拿大	2018	36 723	14	捷克	2018	3 570
3	法国	2018	24 300	15	中国	2018	3 380
4	巴西	2017	24 256	16	瑞士	2017	3 066
5	意大利	2018	24 220	17	瑞典	2015	3 046
6	德国	2017	20 965	18	波兰	2018	3 012
7	英国	2018	19 810	19	日本	2017	2 796
8	澳大利亚	2018	15 565	20	奥地利	2018	2 220
9	南非	2018	13 381	21	芬兰	2016	1 496
10	西班牙	2015	6 738	22	丹麦	2017	1 475
11	新西兰	2018	5 291	23	挪威	2018	1 241
12	荷兰	2018	4 470	24	葡萄牙	2017	1 227

通用航空服务包括通用机场与地面服务、航油航材保障、航空教育培训和航空金融保险等，欧美仍然是通用航空服务市场最发达的地区，美国有近 2 万个机场可供通用飞机起降，欧洲服务于通用航空的机场数量也有 4 200 余个，我国目前的通用机场数量不足 300 个。全球飞行员培训也主要集中在美国和欧洲，美国的飞行培训教员就有 10 万多人。

航空会展、航空文化等通用航空延伸产业也是通用航空产业的重要组成部分。通用航空具有群众性、大众化特征，通用航空产业发达的国家都有庞大的航空爱好者群体，比如，美国通用航空的飞行员数量就达 50 余万人，除飞行员以外的航空爱好者更是不计其数。每年 7 月底在美国 Oshkosh 举办的著名 EAA 飞来者大会都吸引了 60 多万人，上万架飞机云集于此。除了 EAA 大会外，还有在美国佛罗里达州举办的 Sun'n Fun 国际飞行大会、在德国 Friedrichshafen 举办的 AERO 航展等全球著名的通用航空展会。除了世界级通用航空展会，在欧美国家还有众多的地区级 / 社区级航空会展或航空节活动。航空会展活动是展现航空文化的重要方式，航空博物馆则是常态化的航空文化园地。通用航空产业发达的国家有为数众多的航空博物馆，包括国家航空博物馆及州省级、社区级及私人航空博物馆。航空文化是通用航空产业发展的基石，且航空文化本身也是一个巨大产业。

航空小镇也是通用航空的一种产业形态。航空小镇是具有浓郁航空文化特色的集航空别墅及通用飞机停靠、通用飞机维护、航空文化交流和航空生活体验为一体的航空社区。在美国有大大小小的航空小镇几百个，位于佛罗里达州的最大航空小镇 Spruce Creek 围绕机场而建造，有超过 1 300 个航空别墅。

低空空域开放是通用航空发展的重要前提，通用航空发达的国家对低空空域管制都是持相对开放的态度，且对空域资源使用大多采取分级分类、动态调配的管理方式。比如，美国就把空域划分为六类进行管理，打通高、中、低空域，将运输航空、通用航空及军用航空作为一体进行空域融合管理，以保障空域资源能得以充分利用。

通用航空器既可以作为农林业作业的生产工具，作为客货运的交通运输工具，又可以作为休闲娱乐的大玩具，同时还可以作为政府服务于社会民生的重要抓手。通用航空在交通疏导、治安防范和应急救援等公共服务方面发挥着巨大作用。欧美发达国家的直升机应急救援服务响应时间甚至可以达到少于 30min 的水平。截至 2018 年 12 月，美国有 2 073 架救援航空器，其中直升机 1 168 架、固定翼飞机 905 架。全国设有 301 个救援中心、1 015 个救援点，覆盖 84.5% 的人口以及 60% 的洲际公路。德国建立了覆盖全国的航空应急救援体系。2018 年，德国有 74 个救援站、36 个基地和 106 架直升机，任何位置发生事故、灾难，15min 内就可以得到航空救援服务。

4.1.2 市场分布

从各地区通用飞机交付量来看，市场分布呈现出北美独大、欧亚紧跟的态势。2018 年通用飞机全球交付量北美占比为 59.7%，稳居全球第一；在第二梯队中，亚太地区活塞式飞机及涡桨飞机的交付量高于欧洲，欧洲的喷气式公务机交付量大于亚太地区，以巴西为主的拉美地区在涡桨飞机领域仅次于北美。2007—2019 年全球主要国家通用航空器市场分布如图 4-2 所示，2004—2018 年全球通用飞机交付量如图 4-3 所示。

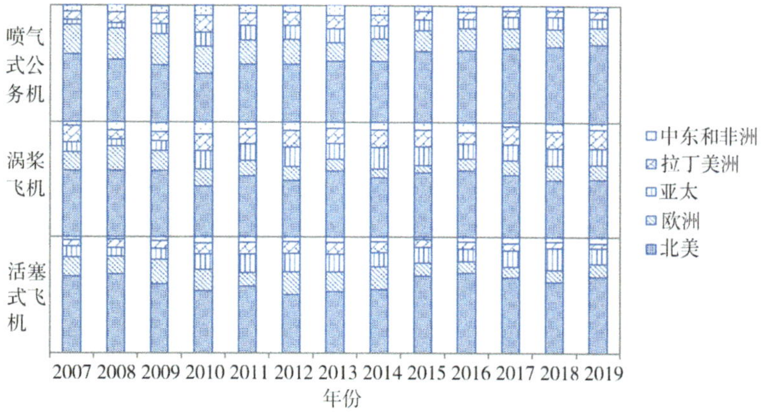

图 4-2 2007—2019 年全球主要国家通用航空器市场分布

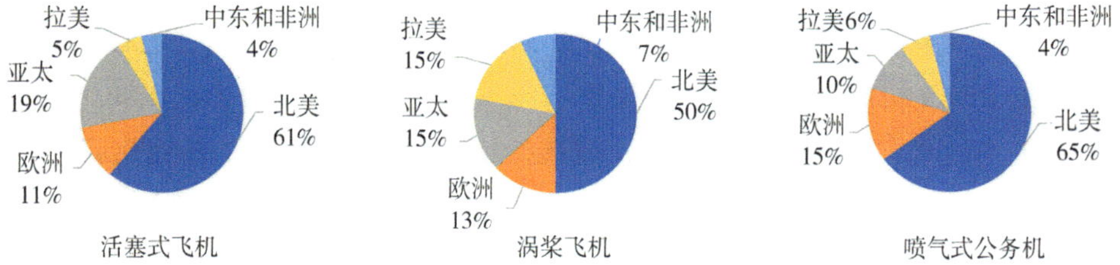

图 4-3 2004—2018 年全球通用飞机交付量

一般而言，通用飞机的飞行半径有限，通用航空飞行活动通常具有区域性特征，所以通用航空运营与服务市场也主要表现为区域性市场分布，一个地区的通用飞机交付数量及保有量基本上能反映该地区的通用航空终端应用及消费市场情况。

而通用航空运营中的公务航空则具有国际化特征。随着经济全球化的不断发展，在全球公务机保有量中，远程公务机的比重在逐年加大。全球公务航空的主要市场仍然在欧美发达国家。

在产品供应市场方面，从2019年的飞机交付数量看，在活塞式飞机市场，占据前5名的制造商分别为美国的西锐、派珀，奥地利的钻石，美国的赛斯纳，意大利的泰克南；在涡桨飞机市场方面，占据前5名的制造商分别为美国的空中拖拉机、比奇、赛斯纳，瑞士的皮拉图斯，法国的大合；在喷气飞机市场方面，占据前5名的制造商分别为美国的赛斯纳、湾流，加拿大的庞巴迪，巴西的巴西航空、美国的西锐；在直升机市场方面，占据前5名的制造商分别为欧洲空客，美国的贝尔、罗宾逊，意大利的阿维，美国的西科斯基。总体来看，欧美国家独霸着通用飞机制造市场。

除了通用航空制造、通用航空运营外，通用航空服务的产值大致占通用航空总产值的30%，包括通用航空航材航油、通用航空维修、机场及FBO等地面服务和航空培训等。美国、加拿大、澳大利亚的航空培训业务发达，为全球培训了超过50%的飞行员。FBO地面服务业务领域也具有国际化特征，在FBO领域也有几家全球知名的FBO连锁品牌在全球范围内开展通用航空FBO地面服务，如美国的Signature Flight Support、Atlantic Aviation、Landmark Aviation、Million Air和瑞士的Jet Aviation、TAG Aviation。

4.1.3 竞争格局

从生产厂商的市场竞争结构看，通用飞机整机制造行业有一定的市场集中度，但市场集中度不像民航客机整机制造业那么大。在民航客机整机制造领域，波音和空客在干线飞机制造市场占主导地位，巴西航空工业和庞巴迪在支线飞机制造市场占主导地位。2019年的全球通用航空器交付量数据显示，在通用飞机整机制造细分市场中，活塞类固定翼飞机的市场份额超过10%的厂商有5家，其中前3家厂商西锐、派珀和钻石的交付量占全球交付量的57.2%，前5家的交付量占全球交付量的85.3%。值得一提的是，其中位居第1位和第3位的西锐和钻石公司已被我国的中航通用飞机有限责任公司和万丰航空工业有限公司收购。涡桨飞机的市场份额超过10%的厂商有5家，其中前3家厂商空中拖拉机、比奇和赛斯纳的交付量占全球交付量的56.2%，前5家的交付量占全球交付量的85%。喷气式公务机的市场份额超过10%的厂商也有5家，其中前3家厂商赛斯纳、湾流和庞巴迪的交付量占全球交付量的61.3%，前5家的交付量占全球交付量的84.8%。直升机的市场份额超过10%的厂商有4家，其中前3家主要厂商空客直升机、贝尔和罗宾逊直升机的交付量占全球交付量的69.2%，前5家交付量占全球交付量的93.2%。2019年全球通用飞机位居前5名的厂商产品交付量见表4-2。

表4-2 2019年全球通用飞机位居前5名的厂商产品交付量

序号	厂商	交付量/架	市场占比（%）	市场前5名厂家交付量在全球市场的占比（%）
活塞式飞机				
1	西锐（Cirrus）	384	25.5	85.3
2	派珀（Piper）	246	16.3	
3	钻石（Diamond）	233	15.4	
4	赛斯纳（Cessna）	218	14.5	
5	泰克南（Tecnam）	205	13.6	
涡桨飞机				
1	空中拖拉机（Air Tractor）	119	22.7	85
2	比奇（Beechcraft）	93	17.7	
3	赛斯纳（Cessna）	83	15.8	
4	皮拉图斯（Pilatus）	83	15.8	
5	大合（Daher）	68	13.0	
喷气式公务机				
1	赛斯纳（Cessna）	206	25.5	84.8
2	湾流（Gulfstream）	147	18.2	
3	庞巴迪（Bombardier）	142	17.6	
4	巴西航空（Embraer）	109	13.5	
5	西锐（Cirrus）	81	10.0	
直升机				
1	空客直升机（AirBus）	300	28.1	93.2
2	贝尔直升机（Bell）	242	22.7	
3	罗宾逊（Robinson）	196	18.4	
4	阿维（AgustaWestland）	157	14.7	
5	西科斯基（Sikorsky）	99	9.3	

通用航空关键零部件制造行业的市场集中度更高，通用航空活塞式发动机全球市场基本上是由隶属于美国德事隆集团的莱康明发动机公司和中国航空工业集团公司旗下的美国大陆航空发动机公司占据，通用航空航电全球市场基本上是由

注册在瑞士、研发总部位于美国的佳明（GAMIN）公司垄断。

通用航空整机制造和关键零部件制造的市场竞争国际化特征明显，而由于通用航空运营和通用航空服务业务具有区域性特点，所以通用航空运营和服务行业的市场竞争更多体现在区域性竞争方面，国际竞争特征不太明显。

4.1.4 技术状况

由于全球各国政府及民众对安全性高度重视，民用航空业对新技术的采用较为谨慎，所以在过去的 20 年里，在航空器产品（尤其是民航客机）及技术研发上鲜有革命性的创新。但在民用航空业中，通用航空产业却又是最能体现创新精神、创新活动最为活跃的领域。尤其是近年来无人机的迅猛发展，给通用航空器带来了新的技术发展方向，即“通用航空 + 人工智能（AI）”，以近几年广受关注的无人载客飞行器、垂直起降飞行器（VTOL）等创新性通用航空器的出现为标志。还有一个技术发展方向是电动飞机，包括空客、西门子和优步等在内的知名公司都加入了创新性通用航空器的研发行列。2013 年，美国发布了关于通用航空的“奥巴马法案”——《小飞机振兴法案》，在很大程度上也是为了鼓励和刺激通用航空技术创新与新技术应用。出于同样的目的，欧洲航空安全局（EASA）在 2017 年发布的通用航空发展路线图中也提出了简化通用飞机设计和生产规章的要求。

4.2 主要国家和地区情况

4.2.1 美国：通用航空产业最为发达的国家

美国是世界上通用航空产业最发达的国家，其通用航空产业发展历史悠久，在机队规模、机场数量、飞行活动量和从业人数等方面均处于世界领先地位。截至 2018 年年底，美国通用航空器保有量 21 万余架，占全球通用航空器的 48%。在美国联邦航空局注册的飞行员有 633 318 名，年作业飞行量超过 2 500 万 h；有私人机场 14 112 个、公共机场 5 136 个，其中供定期航班起降的机场不到 500 个，多数机场为通用机场。大量分布在美国各地的通用机场带动了社区的发展，缩短了城市和乡村的差距。美国 85% 的空域为民用空域，其中的绝大部分又被通用航空使用，且空域等级划分图和航空图表都对外开放。这些基础条件成就了美国的通用航空产业。美国的通用航空产业包括飞机及零配件制造、飞行培训学校、航空俱乐部、固定运营基地（FBO）及航油供应商等。2019 年通用航空给美国带来了 2 470 亿美元的经济贡献，提供了 120 万个就业岗位。

美国的通用航空制造业依托于其自身巨大的消费市场，并有强大的航空基础工业作为支撑，长期以来遥遥领先于其他国家。2018 年全球交付的 2 443 架固定翼通用飞机中来自美国本土制造的有 1 746 架，占全球的 71.5%。2018 年美国通用飞机出货量与全球通用飞机出货量对比见表 4-3。

表 4-3　2018 年美国通用飞机出货量与全球通用飞机出货量对比

项目	总数	单发活塞式飞机	多发活塞式飞机	涡桨飞机	喷气式公务机
美国通用飞机出货量 / 架	1 746	771	58	444	473
全球通用飞机出货量 / 架	2 443	954	185	601	703
美国通用飞机出货量占比（%）	71.5	80.8	31.4	73.9	67.3

除了正常类通用飞机整机制造独霸全球市场外，美国还有众多实力很强的试验类套材飞机公司，如范氏（Vans）、珍尼斯（Zenith）、兰塞尔（Lancair）、兰氏（Rans）和格拉斯飞机（Glasair）等公司。

除了整机制造外，美国的动力系统、航电系统、机载设备等的制造能力也是世界领先的。美国拥有一批世界知名的涡轮螺旋桨和涡轮风扇发动机制造企业，如通用电气、霍尼韦尔和威廉姆斯国际，以及普惠公司下属的普惠加拿大公司，这几家公司的产品几乎占据世界 80% ～ 90% 的市场份额。而功率在 100hp（1hp=735.499W）及以上的汽油活塞式发动机市场几乎完全由莱康明和中国航空工业集团公司旗下的美国大陆航空发动机公司分享。哈策尔（Hartezll）、麦考利（McCauley）和森森尼奇（Sensennich）等螺旋桨制造公司在世界市场上也处于绝对优势地位。在航电系统领域，洛克韦尔 • 柯林斯、霍尼韦尔、佳明飞机制造公司，L-3 通信公司和 L-3 航电电子系统公司，艾维达因等厂商处于行业主导地位。在机载设备领域，霍尼韦尔、古德里奇、汉胜、帕克宇航、奎恩宇航电子公司、K&F 工业控股公司、德克兰宇航公司、特朗斯蒂姆公司（TransDigm Inc.）、赛科尔国际公司（Circor International Inc.）、EDO 公司和环球降落伞系统公司在全球占据很大的市场份额。此外，美国还有数以千计的通用飞机结构和系统零部件生产企业，以及众多的工具 / 设备 / 装备和原材料、专用系统 / 设备生产企业。比如，美国铝业公司、Hexcel 公司、M.C 吉尔公司等都是世界上最重要的航空结构材料供应商，而罗德公司（Lord Corporation）则是世界上最重要的密封剂、胶接剂和涂层材料生产商。

美国之所以成为世界上通用航空产业最发达的国家，原因很多：首先，美国是世界上最大的通用飞机消费国，市场需求刺激了整体产业的发展。其次，美国企业普遍具有机制完善、管理高效、创新能力强和竞争力强等优势；美国政府也比较重视通用航空产业的发展，为产业发展提供了良好的政策环境，鼓励企业在航空技术研究领域进行投资。再次，还有一个不可忽视的因素——美国拥有充足的人才资源。美国的航空文化底蕴深厚，滋养了众多极具创新精神的航空技术人才。在未来很长的一段时间内，美国将继续保持其在通用航空制造领域的优势地位。

4.2.2 加拿大：喷气式公务机领域市场占有率高

加拿大航空工业的规模在世界上名列前茅，航空产品销售额在世界排名中列第 4 位，仅次于美国、英国与法国。截至 2017 年年底，加拿大共有通用航空器 36 588 架（其中标准航空器约占 88.22%、休闲飞行航空器约占 11.78%）；飞行员 61 595 人（其中私人飞行员 27 743 人、商业飞行员 8 070 人、定期航线运输飞行员 11 315 人、直升机飞行许可 4 288 人、休闲飞行许可 10 179 人）；机场 1 700 个，年度作业时间约 450 万 h。

加拿大通用航空制造业发展历史悠久，20 世纪 80 年代末到 90 年代初，庞巴迪公司先后收购了德哈维兰公司、加拿大飞机公司、英国肖特飞机公司和美国利尔喷气公司后，将其整合成庞巴迪宇航公司，并以“挑战者”600 为基础开发“环球快车”超远程喷气式公务机和 CRJ 系列支线客机，取得了很大成功。为了在市场中保持竞争优势，庞巴迪公司正大力开发全新一代超远程喷气式公务机和全复合材料中型喷气式公务机。除了庞巴迪宇航公司之外，加拿大还有墨菲飞机公司（Murphy）、钻石飞机工业公司、维京飞机公司（Viking）等 10 多家轻型通用飞机整机制造企业。

在通用航空发动机领域，普惠加拿大公司是世界上最重要的中小推力涡轮风扇（简称涡扇）发动机和涡桨发动机供应商。埃夫科尔普公司（Avcorp）是重要的机体结构部件制造商，转包生产喷气式公务机部件。CAE 是世界领先的模拟机制造商，其产品包括喷气式公务机模拟机。

4.2.3 巴西：集中资源扶持优势企业

巴西的通用航空市场在 20 世纪 60—90 年代进入高速增长阶段，通用航空器从不足 2 000 架上升为 20 世纪 90 年代初期的近 1 万架。到 2017 年，巴西的通用飞机保有量已达 24 256 架，其中直升机有 2 590 架，通用机场有 2 498 个，通用航空作业飞行年度时间达到 1 500 万 h。作为一个发展中国家，巴西通用航空产业发展如此迅速值得我国学习和借鉴。

巴西通用航空产业的基础设施较完善，政府投资机场建设为通用航空活动的开展提供了完善的基础设施；巴西建立起了由民航局和培训机构组成的完善培训和认证体系，为通用航空产业发展提供了充足的飞行员资源保障。保利斯塔大街是在圣保罗的中心地带，也是世界有名的金融中心。这条大街的许多高层建筑上方都有私人飞机的停机坪。在圣保罗注册在案的直升机有 500 多架，全市高楼大厦上的停机坪达到 200 多个。

巴西的通用航空产业在南美洲地区处于领先地位，主要通过开发生产被美国和欧洲工厂所忽略的支线客机产品。经过多年努力，巴西飞机制造公司获得了巨大发展，巴西一跃成为世界上生产支线客机、教练机和通用航空飞机的主要国家之一。

巴西的通用航空制造业乃至整个航空制造业的核心企业是巴西航空工业公司（简称巴航工业）。在公务机发展方面，巴航工业首先选择在支线客机基础上衍生发展公务客机，此种发展方式投资小、风险低。巴航工业首先在 ERJ-135 支线客机基础上发展出莱格赛 600 公务客机，2002 年投放市场，取得了成功。之后，巴航工业瞄准超轻型和轻型喷气式公务机市场，推出了全新的飞鸿 100 和 300 喷气式公务机。由于市场定位准确、产品性能优异，该产品快速占领了市场，其市场份额甚至超越了老牌公司的传统产品。飞鸿 100 和 300 喷气式公务机成功的另一个重要原因是采用了全新的系列化发展方式，两者具有高度通用性，极大地增强了市场竞争力。之后，又推出 Embraer 190 衍生的公务客机“世袭”1000 以及莱格赛 600 的发展型莱格赛 650。接着，巴航工业瞄准中型 / 轻中型市场发展莱格赛 500/450 系列喷气式公务机，采用电传操纵等新技术，使飞机具有极高的综合性能，树立了该类飞机的新标杆。

巴航工业在短短 40 多年的发展历程中，研制了十多款不同类型的飞机产品，多数机型不但取得了技术上的突破，更实现了商业上的巨大成功。巴航工业的飞机总产量达到 7 000 多架，成长为世界级的航空制造企业。除了巴航工业外，巴西还有约 10 家小型通用飞机和机载系统制造企业。

4.2.4 澳大利亚：通用航空运营和市场具有优势

截至 2018 年，澳大利亚的通用飞机保有量为 2 220 架，其中直升机有 216 架。

作为连接东西方世界的桥梁的澳大利亚，长久以来依赖航空进行旅客和货物运输，同时通用航空被广泛应用于医疗和农业领域。澳大利亚公务航空业发展历史悠久，已经成为亚太地区最发达、最成熟的公务航空市场之一。澳大利亚拥有186架喷气式公务机，机队规模在亚太地区国家中名列第二。喷气式公务机平均机龄为20年，明显高于亚太地区其他国家机队5～10年的平均机龄。澳大利亚喷气式公务机机队中有1/4用于提供包机服务，主要包机运营商包括Air Affair-sAustralia、Global jet International和ExecuJetAviation等。

区域喷气式公务机市场的成熟进一步反映在二手喷气式公务机的变动上。在2017年，澳大利亚公务机机队净增5架喷气式公务机（相比2016年增长2.8%），其中新增二手喷气式公务机12架。

多年来，澳大利亚航空器拥有者及驾驶员协会（AOPA）、澳大利亚飞行员联合会（AFAP）和澳大利亚航空协会（TAAAF）等团体一直为受到高度管制的飞行训练学校和飞行员发声。这些学校和飞行员面临着过高的费用和过于严苛的执照要求。航空业存在的过度监管问题使得业内不得不从海外引进飞行员，一些飞行培训学校也被售予外国投资者。

澳大利亚民航面临着人才短缺的困境，澳大利亚通用航空和公务航空运营商与大型航空公司相比往往无法提供有竞争力的薪酬，因而人才短缺现象更为严重。人力资源的不足不仅体现在飞行员方面，还体现在机务、维修工程师等地面人员方面。

澳大利亚直升机机队常被用于多用途作业和海上作业。进行海上油气作业的直升机近年来数量有所下降。在此期间，海上直升机作业运营商尝试让自身机队的功能多样化，因而用于多用途作业的直升机数量增多。但随着全球石油价格的回升，石油开采活动将变得更加活跃，直升机海上作业市场前景看好。

澳大利亚的通用飞机制造企业有佳宝公司、吉普斯兰飞机公司、霍华德－休斯工程公司、海鸟飞机公司等十多家。目前比较知名的产品是GA-8飞机和Jab-iru、Hughes系列轻型飞机。历史上比较重要的通用飞机产品是原政府飞机工厂（GAF）研制的N22/24双发涡桨飞机。

4.2.5 其他国家和地区

与美国类似，欧洲的通用航空制造业也处于世界领先地位，有很多优秀的通用飞机制造企业。但欧洲的机载设备制造商相对较少，这方面的配套能力较弱。

所以，欧洲通用航空制造业的总体规模逊于美国。

在欧洲国家中，法国、德国、意大利、瑞士、捷克、英国和俄罗斯等国家的通用航空制造业相对发达，有很多优秀的飞机制造企业，产品闻名于世。如达索公司及其“猎鹰”系列喷气式公务机，空客直升机公司及其A319/318/320系列衍生的公务客机，皮拉图斯及其PC-12和PC-6单发涡桨飞机，索科达及其TBM850/900涡桨飞机，钻石飞机工业公司及其钻石系列通用飞机，格罗伯（Grob）公司及其G-115/120单发活塞式/涡桨全复合材料飞机，Extra公司及其Extra200和300特技飞机，还有意大利的Tecnam公司及其小型飞机/超轻型飞机，Flight Design公司和Remos公司的轻型/超轻型飞机等。欧洲的轻型活塞式通用飞机和滑翔机的研发水平也处于世界领先地位。另外，空客直升机公司（原欧洲直升机）和意大利阿古斯塔•维斯特兰公司目前是世界上知名的民用直升机制造商。2018年全球新交付的2 443架固定翼通用飞机中来自欧洲制造商的有600架，占全球交付量的近25%。

在动力系统方面，罗罗、赛峰等世界级发动机厂商的产品广泛用于通用航空领域。德国TAE公司（Thielert Aircraft Engines GmbH）和法国赛峰集团下属公司SMA发动机公司（SMAEngines）在航空柴油发动机开发方面也走在世界前列。此外，欧洲还有以奥地利Rotax为代表的众多小功率活塞式发动机制造商，以MT螺旋桨公司为代表的众多螺旋桨生产商等。

英国是世界航空工业强国，通用航空制造业有过辉煌的历史，但现在的行业状况不如以前，现有通用航空制造企业约10家。其中，罗尔斯-罗伊斯是世界上最重要的民用和军用发动机制造商之一，生产用于喷气式公务机和通用飞机/直升机的涡扇、涡桨和涡轴发动机；道蒂公司是世界上最重要的大功率螺旋桨供应商之一；穆格公司是飞机控制系统及部件制造商；史密斯航空航天公司（SmithsAerospace）是世界上重要的航电和飞机系统设备厂商；伊派科集团是重要的飞机内饰和座椅供应商。此外，还有多家小功率活塞式发动机公司。截至2018年，英国拥有19 810架通用航空飞机，其中直升机有1 256架。

法国是世界上少数几个拥有完整航空工业体系的国家之一，作为其整个航空工业体系一部分的通用航空制造业也非常发达。目前，法国通用飞机/直升机制造企业总数有30多家。达索是法国最富盛名也是世界排名靠前的喷气式公务机厂商，其“猎鹰”系列喷气式公务机享誉世界。索科达也是比较重要的通用飞机制造商，主要产品为TBM700/850/900系列6座、7座单发涡桨高端私人飞机、公务机。兰斯飞机公司（Reims Avaition Industries，现为 GECI 的子公司）曾经大量生产赛斯纳单发飞机，目前的产品为 F406 十座双发涡桨多用途飞机。在航空动力方面，法国的斯耐克玛公司已经把产品扩展到喷气式公务机领域，正在发展 Slivercrest 大推力涡扇发动机。SMA 发动机公司生产世界领先的航空柴油发动机。另外，还有多家小功率活塞式发动机和螺旋桨企业，如 JPX、Vija、e-Props 等。泰雷兹和赛峰都是世界级航电和机载设备供应商，它们有很多产品应用于通用飞机。Zodiac 是世界重要的飞机系统设备、座舱内饰和救生设备供应商，其产品广泛用于喷气式公务机和通用飞机。梅西埃 - 道蒂公司则是世界级起落架制造商，能为多款喷气式公务机提供起落架。圣 - 戈班苏利公司是重要的舷窗 / 风挡玻璃供应商。拉蒂考公司则大量承担喷气式公务机的部件和电缆制造工作，是十分专业的民用机部件转包商。截至 2018 年，法国通用飞机保有量为 23 383 架，其中直升机有 524 架。

德国是世界老牌航空强国，第二次世界大战后，其航空工业体系被破坏，但在 20 世纪 50 年代后期开始有所恢复，逐步建立起较为完整的航空工业体系，并重新达到国际领先水平。其通用航空制造业也得到了较好发展，代表性机型是道尼尔 Do28、128、228 系列高性能飞机。此外，德国在滑翔机、动力滑翔机、小型通用飞机领域也处于世界领先地位。目前，德国拥有格罗伯飞机公司等约 30 家通用飞机制造企业，有很多款极具竞争力和特色的优秀飞机产品。此外，在新能源领域，斯图加特大学成功研制了 E-Genius 双座锂电池电动飞机，并正在研制 Hydro Genius 燃料电池电动飞机。PACAero 公司也正致力于开发系列新型电动飞机。德国的 TAE 公司是世界上率先实现批量生产柴油航空发动机的公司，利勃海尔集团则是世界重要的机电系统制造商。近十余年以来，德国的通用航空飞机数量保持在 2 万架以上。截至 2017 年，德国的通用飞机保有量为 20 965 架，其中直升机有 729 架。

意大利的航空工业整体实力也比较强，目前拥有阿古斯塔 • 维斯特兰、比亚乔宇航、泰克南、Vulcanair 和 SG Aviation 等约 30 家通用飞机 / 直升机企业。比较知名的飞机产品有比亚乔 P180、泰克南 P2006 等。在直升机领域，阿古斯塔 • 维斯特兰近年来在民用直升机新产品开发、技术创新方面的成绩卓著，AW139/189 等极具竞争力的新产品成功赢得市场。截至 2018 年，意大利的通用飞机保有量为 24 220 架，其中直升机有 512 架。

瑞士的通用飞机 / 直升机企业数量不多，大概有五六家，其中最著名的是皮拉图斯飞机公司，该公司在通用飞机领域颇有建树，其生产的 PC-12 十座单发涡桨高性能多用途飞机和 PC-6 十座级单发涡桨通用飞机是非常优秀的产品，大量销往世界各地。目前皮拉图斯公司正在研制全新的 PC-24 喷气式公务机。在新能源通用飞机技术创新方面，瑞士的洛桑联邦理工学院成绩卓著，其研发的“阳光动力”长航时有人太阳能电动飞机实现了该领域的很多重大突破。截至 2018 年，瑞士的通用飞机保有量为 3 144 架，其中直升机有 310 架。

捷克的通用飞机技术很先进，尤其是超轻型 / 轻型运动飞机性能优异，大量出口到世界各地。捷克目前拥有爱维特飞机公司、捷克运动飞机公司和捷克飞机工厂等约 40 家通用飞机制造企业。爱维特飞机公司是发展比较好的公司，从 EV-97 单发活塞式双座超轻型飞机开始，实现了系列化改型发展。该公司与布尔诺大学联合研制了 VUT100 系列单发活塞式四座飞机，目前正在研制 EV-55 十座双发涡桨多用途飞机。值得一提的是，捷克轻型飞机协会很活跃，对推动捷克通用航空发展起到了举足轻重的作用。截至 2018 年，捷克的通用飞机保有量为 3 570 架，其中直升机有 174 架。

奥地利的通用航空制造业代表企业是钻石飞机工业公司和小功率活塞式发动机制造商 Rotax。钻石飞机工业公司从 1980 年开始生产全复合材料动力滑翔机，到现在已发展出系列通用飞机产品，在市场销售方面取得了较大成功。钻石飞机工业公司的主要技术特点是采用全复合材料（玻璃钢为主），具有高效的柴油发动机动力，飞机平台可选配柴油发动机和常规汽油发动机。钻石飞机工业公司在加拿大建有子公司，在中国滨州有合资公司滨奥飞机公司。目前，钻石飞机工业公司已被中国浙江的万丰航空工业有限公司整体收购。Rotax 发动机公司是世界第一大小功率活塞式发动机制造商，产品在国际市场上占有很高的份额。截至 2018 年，奥地利的通用飞机保有量为 2 200 架，其中直升机有 216 架。

俄罗斯有通用飞机 / 直升机制造企业约 30 家，有飞机项目近 100 个。比较知名的有雅克 -18T 四座单发活塞式飞机、雅克 54/55 单发活塞式特技飞机，苏霍伊苏 -26/29/31 单发活塞式特技飞机，别里耶夫别 -103 双发水上飞机等。在直升机领域，卡莫夫设计局、米里设计局以及喀山直升机工厂的研制生产实力雄厚，拥有众多性能优异的直升机产品，如米 -17、米 -26、米 -34、卡 -226、卡 -32 和卡 -62 和“安莎特”等。

此外，南非、新西兰也是通用航空制造业较强的国家。截至 2018 年，南非和新西兰的通用飞机保有量也分别达到了 13 381 架和 5 291 架。

第5章　国际通用航空产业发展经验

5.1　对通用航空制造业的支持

5.1.1 主要做法

美国通用航空制造业很发达，得益于政府及市场对通用航空制造业的支持，主要表现在：①通过国会法案推动通用航空制造业发展。针对在产品责任诉讼中令航空器制造商头痛的追诉期长的“长尾巴”责任，1994年，美国国会通过的《通用航空振兴法》为通用航空器的产品责任规定了除诉期，极大地激发了通用航空制造企业的热情。针对通用航空业持续下滑的局面，2013年，美国总统奥巴马签署了《小型飞机振兴法案》，要求美国联邦航空局采用新的认证标准，以降低新飞机的引进和现有飞机或航空电子设备升级改造的成本，以进一步刺激通用航空制造业发展，保证美国在通用航空领域有持续的主导地位与竞争力。②制定实验类航空器政策促进通用航空制造业大众创新。政府在保障公众安全的情况下，鼓励航空从业者和爱好者对通用航空器进行研发创新，政府对航空器的研发制造等生产环节的创新给予了最大程度的激励。③通用航空消费带动了通用航空制造业的良性发展。美国是国际通用航空制造业最为发达的国家，其通用航空制造不仅受益于整个航空工业的雄厚技术积累，而且受益于通用航空消费的驱动，美国是全球最大的通用航空产品消费市场。

德国政府出台了一系列政策及支持措施以支持通用航空制造业发展。①从国家层面制定了有效的通用航空制造支持计划，并通过推动校企合作，支持企业发展。如慕尼黑工业大学注重航空技术及产品研发，并将前沿的、具有竞争力的研发项目成果提供给企业，进行产品转化，企业则向院校赞助科研经费，并吸收相关专业的学生到企业实习，参与企业新产品开发。②德国大力发展航空应急救援事业，进而也促进了通用航空制造业发展。德国政府通过财政支持和统筹建设，在全境内建造了近60座救援站，每处均配有救援直升机及航空救援设施，对通用航空制造业发展起到了带动作用。

作为发展中国家的巴西也是全球通用航空制造业发达大国。巴西政府在支持通用航空制造业发展上的做法包括：一是政府强力推进飞机制造业发展。巴西政府要求国内承运人和军方必须优先采购国产飞机，并且还给予价格保护，政府和空军部门为通用航空公司的发展提供了大量的启动订单；二是支持通用航空业制造的产品在生产领域应用。巴西是全球重要的农业出口大国，规模化的农业发展模式对通用航空产生了需求。巴西通过政府补贴，推广通用航空农业作业，进而也带动了通用航空制造业发展。

欧洲在航空产业发展上更注重环保，欧盟委员会自 2007 年起就启动了“清洁天空”计划的首批技术项目招标工作，首批技术招标项目包括环保支线飞机、环保旋翼飞机、环保发动机、灵巧固定翼飞机和环保运行系统。

5.1.2 经验启示

1. 通过立法和出台具体的政策措施来促进通用航空制造业发展

纵观欧美国家通用航空产业发展的法律与政策，不难发现，法律是保障通用航空制造业发展的关键。首先，立法方面虽然有如俄罗斯等国家通过一部主体级别高的全面型航空业法律来囊括航空产业发展中所涉及的内容，但更加普遍的做法是如美国、加拿大等国家分别针对具体环节或问题作出单独规定。我国可以综合借鉴国外的经验，一是在我国正在制定的上位法“航空法”中全面地将通用航空纳入其中；二是可以考虑出台我国的“通用航空产业发展条例”，以便阶段性地刺激我国通用航空产业破局发展；三是依据国家航空产业发展中长期规划、国务院印发的《关于促进通用航空业发展的指导意见》等对通用航空制造业发展的重要部署和安排，出台具体的支持通用航空制造业发展的政策和措施。

2. 集聚通用航空制造资源，促进通用航空制造业集群化发展

美国堪萨斯州的威奇托市（Wichita）是通用航空研发制造产业集聚化发展的典范。威奇托市是一个拥有近 90 年飞机制造历史的城市，是全球重要的通用航空产业研发制造集聚地，被称为“世界通用航空之都（Air Capital of the World）”，这里不仅聚集了赛斯纳、比奇这样的飞机整机制造商，也有国家级的美国国家航空研究院（NIAR）和美国国家航空培训中心（NCAT），还聚集了 350 多家航空零部件企业。军民融合也是航空制造业的全球发展趋势，军民融合有效地促进了传统军工技术向民用航空包括通用航空制造业转移，其中表现最为典型的就是世界三大航空城——美国西雅图、法国图卢兹航空谷和加拿大蒙特利尔。

借鉴国外的经验，结合我国的实际情况，我国一方面应大力推动以军民融合的方式促进通用航空制造业集群化发展，因为我国的航空制造能力和资源都聚集在中航工业体制内的军工企业中；二是要鼓励社会力量参与通用航空研发制造，以增量资源投入带动存量资源调整，并据此解决传统航空工业系统的体制和效率问题；三是注重产业体系构建，形成通用航空制造全产业链集群，即培育骨干整机制造企业打造飞机整机制造的主干产业，形成由骨干整机制造企业，航空发动机、机载系统、航空大部件和航空新材料等分支产业，航空维修、零部件制造、转包合作、航空教育培训和航空旅游博览等相关配套产业组成的产业集群，并加强企业之间、企业与科研机构及高校之间的相互联系。

3. 以综合政策措施保障通用航空制造业健康发展

一是国家应出台相应的促进民族通用航空制造业发展的扶持政策和鼓励措施，比如，确定若干航空研发和制造基地项目，给予政府资金支持或建立专项研发、制造基金，以及出台减免购置国产通用航空器税费或对其进行补贴等政策；二是加大政府投入和引导力度，注重开发具有自主知识产权的通用航空技术与产品，创立民族品牌，提高国产航空器的制造水平和国际竞争力；三是鼓励民间资本投资通用航空制造业，大力支持一批有实力的民营航空制造企业，使其壮大发展；四是提供优惠政策和鼓励措施，促进国外先进航空制造技术的引进或与国外先进制造企业合资合作开发新技术、新产品，同时积极引进国外的生产制造企业；五是参照美国的做法，在适航管理方面采用灵活的审定、审批办法，对于实验类、运动类航空器，允许企业自己设计、生产和组装，达到适航要求的，发给相应的适航证。

5.2 低空空域开放

空域开放是通用航空发展的重要前提。各国的空域管理体制不尽相同，但从通用航空发达国家情况看，都把低空空域资源作为一种重要的经济资源。低空空域资源对公众都是持开放态度，采用的是有章可循的管理方式，这对我国正在进行的低空空域管理改革具有重要的借鉴意义。

5.2.1 低空空域

与土地资源和海洋资源一样，空域资源也是重要的经济资源，尤其是低空空域资源，因为低空空域资源主要用于通用航空领域，而通用航空比公共运输航空的市场领域更广，广泛用于工业、林业、农业、交通运输、社会公益和休闲娱乐，所以，一些国家都把低空空域资源是否得到有效利用作为空域管理的一个重要指标，注重低空空域的使用效率。当然这也涉及管理体制度的问题，不同的管理体制导致的管理导向不同，比如，有的国家低空空域归政府的经济与社会管理部门（如交通运输部或民航局）管理，着眼于经济与社会发展目标的部门管理低空空域自然就会注重低空空域管理的使用效率；如果低空空域归属于军方管理，则必然会把空域安全作为管理取向而忽视空域资源的使用效率。在保证低空空域安全的同时，也要考虑低空空域的使用效率，否则会造成低空空域资源的极大浪费。无论采用何种管理体制，都应该兼顾低空空域安全及低空空域使用效率，将这两者都纳入管理目标。当然，也应该看到这两个目标是有矛盾和冲突的。从管理角度来看，需要平衡好这两者之间的关系，使之达到有效的平衡，不失之偏颇。

5.2.2 国外低空空域管理经验借鉴

1. 空域分类管理及动态调配是实现低空空域有效管理的重要手段

将空域进行分类，不同的类别设定不同的管制强度及飞行规则，这是世界各国通行的做法。根据国务院、中央军委 2010 年发布的《关于深化我国低空空域管理改革的意见》，我国的低空空域被划分为三类，即管制空域、监视空域与报告空域，而对于中高空及机场进近和机场本场空域，则是划设 A、B、C 和 D 四类管制空域来进行管理，把通用航空使用的空域和运输航空使用的空域分设为两个类别系列，再加上军用航空使用的空域，事实上形成了三类相对独立的空域类别，这不利于空域的融合使用。

在美国，则是把运输航空、通用航空及军用航空所使用的空域都纳为一体，按照 A、B、C、D、E 和 G，划分为六类进行管理。其中 A、B、C、D 和 E 是管制空域，A 类是 18 000ft（5 486m）以上的高空管制空域，B、C 和 D 是围绕机场划分的进近及本场管制空域，G 类空域是非管制空域，基本上属于不受空管部门管制的自由目视飞行空域。多数 G 类空域在 1 200ft（366m）以下，但在人口稀少的区域，G 类空域的高度可以达到 14 500ft（4 420m）。其余的则归为 E 类空域。也就是说 G 类空域是通用航空自由飞行的空域，而除了 G 类空域外，通用飞机也可以在其他管制空域飞行，只要符合各类管制空域的飞行要求、遵守飞行规则，甚至可以穿越机场本场空域。无论是运输航空、通用航空还是军用航空，都按照这一分类标准、遵循统一的飞行规则，很好地实现了高中低空融合空域管理及运输航空、通用航空和军用航空对空域的融合使用及协调运行。美国空域分类及划分标准如图 5-1 所示。

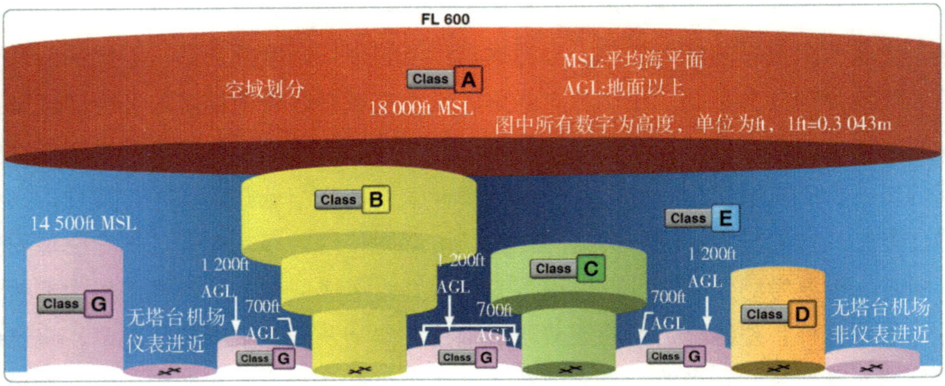

图 5-1　美国空域分类及划分标准

实现空域融合和协调管理的关键是空域资源的动态调配和融合使用。根据美国的空域管理规则，每个机场都有一个“倒蛋糕”式的空域划分形态，但机场的进近及本场空域并非由这个机场独享，只要时间上不冲突，不在该机场起降的航空器也可穿越使用该机场空域；高空空域的民航巡航航路也并非由运输航空独享，通用航空（公务机）也可以使用；更为广泛的 E 类空域则更多地体现为是融合使用空域。要知道，美国的航空器要远远多于中国，2017 年的通用飞机数量就达 21 万多架。如何才能满足如此众多的来自运输航空、通用航空和军用航空的航空器对空域的使用需求，诀窍就是“动态空域管理”，即从高度层及时间维度上进行空域资源的动态调配，说得通俗些，就是分层分时运行，你飞高空，我就飞低空，有冲突的话，你飞我不飞，飞过后空域自动释放，而不是“划空为牢”。

2. 完善的信息系统和良好的飞行行为是低空开放的重要条件

从国外的经验可以看到，所谓低空开放也不是随意开放。低空开放的前提，除了上面讲的对空域要进行分类并建立分类管理标准及分类运行规则外，还应该有完善的信息保障与服务体系，飞行员群体要有良好的飞行行为。

飞行服务站（FSS）的建设为通用航空飞行管理及航行信息服务提供了系统化解决方案。在美国有 180 个 FSS 和 58 个自动飞行服务站（AFSS）为美国所有的通用航空飞行活动提供飞行前期的气象、空中交通和飞行计划准备服务，以及飞行期间的气象交通实时情报数据、咨讯信息通告、危险告警、搜救告警和机场信息等信息服务。美国的 FSS 系统原来一直是由政府的 FAA

在运营与管理，后来由于受财务因素的影响，尤其是受“9·11”事件后FAA所获得的税收收入减少，造成FAA经营FSS比较困难，于是在2002年，FSS宣布启动FSS私有化计划。通过招标，2005年，洛克希德·马丁公司中标，开启了美国FSS的公司化运营模式。2018年9月28日，民航局发布了《低空飞行服务保障体系建设总体方案》，将我国低空飞行信息服务体系顶层设计及系统构建纳入了工作日程，提出将建成由1个国家信息管理系统、7个区域信息处理系统以及一批FSS组成的三级低空飞行服务保障体系。在我国低空飞行信息服务保障及FSS体系建设中，可以借鉴国外的经验，在军航、民航空管理部门的支持下，由民航管理部门主导，形成全国统一的衔接军航、民航管理部门、地方政府管理部门、机场及通用航空运营单位和飞行者个人的一体化的低空飞行信息服务保障及FSS体系，并尝试采取政府主导与商业化运营相结合的运营管理模式。

飞行员群体良好的飞行行为也是空域开放的重要前提。“规章+技术+飞行行为”是保证飞行安全的铁三角，尤其是对通用航空飞行员，一是因为通用航空飞行员人数众多，在美国70余万名飞行员中通用航空飞行员就有50余万人；二是因为通用航空飞行员的构成多元化，有职业飞行员，也有非职业化的个人飞行员；三是因为通用航空飞行活动具有灵活多样性。所以，对通用航空飞行员难以像对公共航空运输航线飞行员那样的管理方式进行管控，尤其是在G类不受管制的目视飞行空域，全凭自觉，这就需要养成良好的飞行行为，自觉遵守飞行规则的习惯，否则很难想象低空空域开放会带来怎样的后果。所以，通用航空发达的国家都非常重视通用航空飞行员群体良好飞行行为的养成，良好的飞行行为也是其浓厚的航空文化的重要组成部分。因此，要重视航空飞行安全文化的培育，像EAA（实验飞机协会）、AOPA（航空器拥有者及驾驶员协会）这样的行业协会在飞行安全文化培育方面起到了非常重要的作用。

5.3 通用航空市场开发

要把握好通用航空市场的发展规律。从国外的发展经验看，通用航空制造、通用航空运营和通用航空服务这三块业务的市场价值占比基本上是3∶4∶3，即通用航空制造的市场价值占30%、通用航空运营的市场价值占40%、通用航空服务的市场价值占30%。所以通用航空是一个典型的第二、第三产业融合的产业。

来自美国的数据显示，2017 年美国通用航空制造贡献了约 660 亿美元产值。其中整机制造贡献了 106 亿美元（与通用航空燃油消费额相当），占通用航空制造的 16%，占通用航空总产值的 5%。也就是说，在占通用航空总值 30% 的通用航空制造产值中，贡献最大的是通用航空零部件制造而不是整机制造。道理也很简单，通用飞机是一种可经过不断维修维护和零部件更换从而保持其持续适航的可延寿产品，使用寿命很长，在整个使用寿命周期中，需要不断更换零部件，所以航空零部件更像是“耗材”，需求量大，产值贡献大，有更大的市场空间。这给我国的一个重要启示是：通用航空产业不等于通用航空制造，通用航空制造不等于通用飞机整机制造，通用航空零部件制造有更大的市场空间。2017 年美国通用航空市场结构如图 5-2 所示。

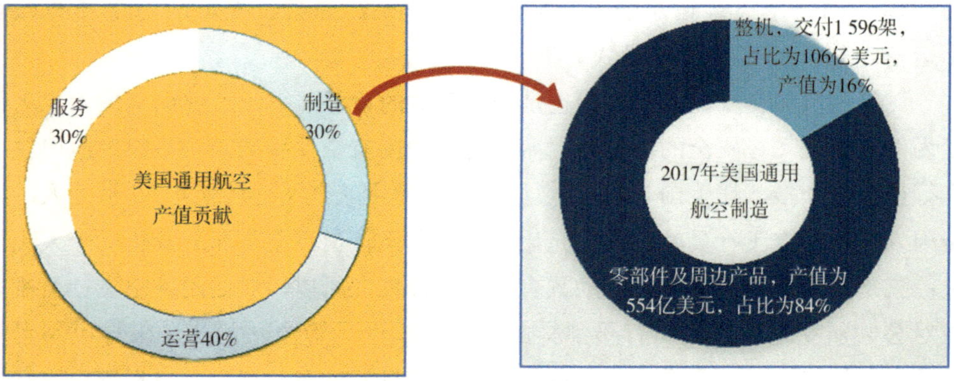

图 5-2　2017 年美国通用航空市场结构

我们再来看看通用航空市场价值占比为 40% 的通用航空运营业务的市场构成。近年来，美国通用飞机保有量保持 20 万架以上，其中用于消费类用途的占 80% 以上。消费类用途是指与人相关的通用航空飞行活动，包括个人娱乐飞行、公务飞行、空中的士、应急救援和空中观光等。在美国约 2 500 通用航空飞行小时中通用航空消费类活动飞行小时的占比超过 70%。也就是说，通用航空消费是通用航空运营的主要市场。而在我国，目前通用航空的主要飞行活动是通用航空作业飞行而非通用航空消费类飞行。现有的通用飞机机队中用于消费类用途的不到 20%，每年完成的 100 万 h 左右的通用航空飞行中 90% 以上是通用航空作业飞行。从通用航空消费入手，激发通用航空消费市场，应是当前我国通用航空产业发展的一个突破点。2017 年美国通用航空运营市场结构如图 5-3 所示。

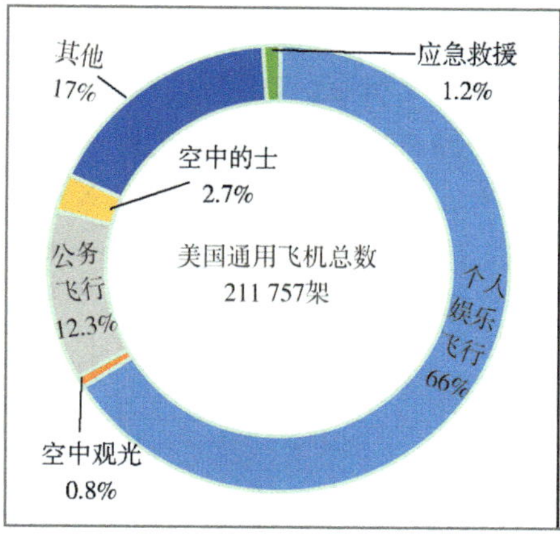

机队规模	数量 / 架	占比（%）		类别
美国通用飞机总数	211 757	100		
其中：个人娱乐飞行	139 700	66	83	消费类
公务飞行	25 947	12.3		
空中的士	5 828	2.7		
应急救援	2 530	1.2		
空中观光	1 711	0.8		
其他	36 041	17	17	其他

图 5-3　2017 年美国通用航空运营市场结构

通用航空服务在通用航空总体市场价值中的占比为 30%，包括 FBO、MRO 机场地面服务，航油航材保障、航空教育培训和航空金融保险等。这些既是通用航空运行的重要保障，也是通用航空市场的重要构成部分。比如，美国通用航空每年消费的航空燃油就达 450 余万 t，与美国的通用飞机整机制造年产值相当。通用航空服务的市场活动围绕机场而展开，在一个通用机场内会驻扎多家通用航空服务公司，甚至包括多个 FBO，形成既有竞争又有协作的竞合关系。

还有一个不容忽视的市场是通用航空文化、科普与会展。每年在全球各地举办的大大小小航展数不胜数，美国每年参加航展的人数多达上千万人次。在美国奥什科（Oshkosh）举办的全球最大的通用航空展会 EAA 大会，每年都会吸引 60 余万名航空爱好者、上万架通用飞机参会，2019 年的展会收入近 2 亿美元，仅门票收入就超过 6 000 万美元。近年来，航空展会活动在我国也越来越活跃，每年在全国各地举办的通用航空展会和飞行表演活动超过 15 场，且参与者众多，每场航空表演活动都会吸引上万人甚至超过 10 万人观看，说明我国不缺乏航空群众基础。不过现在各地举办的航展活动都是由政府出资举办，虽然政府支持是必要的，但也不能年年都依靠地方政府斥巨资买单，且还应忌同质化，否则难以持续。多样化、市场化、特色化与功能化应是未来各地通用航空展会的发展方向。在国外航展现场，有各具特色的航空科普体验项目、琳琅满目的航空文化衍生品，航空科普及文化产品市场也是通用航空市场的重要组成部分。

我国通用航空市场亟待破局发展，国外的发展经验给我国以启示，我国通用航空未来的市场发展逻辑应该是：应率先启动通用航空应用市场，尤其是通用航空消费市场，包括公务飞行、私人飞行、通用航空短途运输、空中观光、航空救援和航空运动等；通过应用终端市场的发展拉动通用飞机整机、零部件、机载设备及通用飞机周边产品市场发展；随着通用航空产品市场与通用航空运营市场的迅猛发展，必然带来航油航材、通用航空维修保养、通用航空人员培训、通用航空金融保险、通用机场与FBO/MRO地面服务等通用航空服务市场的规模化发展，带来航空会展、航空科普文化产品等航空文化市场的繁荣及发展。

5.4 通用机场建设

5.4.1 国外通用机场概况

美国是世界上通用航空最发达，也是通用机场数量最多、通用机场网络最健全的国家。目前美国拥有私人机场14 000多个、公共机场5 000余个，其中为运输航空提供服务的机场不到500个，公共运输枢纽机场也在为通用航空提供保障服务。美国高度发达的通用机场网络，既得益于政府实施的产业促进政策、适度监管政策、财税补贴政策及融资信贷政策的支持，也离不开法律体系支撑、基础服务供给、行业组织的作用及消费市场的拉动。

1. 政策支持

一是在顶层设计上将通用机场建设上升为国家安全和交通基础设施建设的战略高度并予以支持。在美国国会通过的《国家一体化机场系统计划》中把通用机场系统与国家运输网络、国防安全和应急救援等相衔接，纳入国家基础设施建设当中。二是制定通用机场投资政策体系，鼓励公民个人参与地方级（Local）和基础级（Basic）通用机场投资建设。1970年，美国出台的《机场和航线发展法》确保了FAA可以运用专门资金支持通用机场建设和地面服务设施建设与改进，凡纳入国家一体化机场系统规划（Nationnal Plan of Integrated Airport Systems，NPIAS）的通用机场，无论投资者是政府、企业还是公民，均可获得来自联邦政府的财政资助。三是在管理上采用宽严适度原则，将通用机场划分为5种：国家级（National）、区域级（Regional）、地方级（Local）、基础级（Basic）和未分类级（Unclassified，达不到基础级标准的临时起降点）；实施分类管理。四是明晰监管职责，通过基金和补贴来约束机场行为。美国政府规定，凡接受过FAA基金的机场必须向公众开放20年，并保证机场设施完整和安全运行。FAA对通用机场实施宏观管理和指导，负责对机场安全状况进行评估，审核机场申请FAA基金的申请报告，并视情况对机场进行补贴和投资。州政府负责对通用机场实行更直接的监管，定期对机场地面保障和服务设施进行严格检查，年检合格者发放营运证书。

2. 成熟的通用机场经营模式

一是将政府投资的通用机场定性为公共服务产品向通用航空用户开放。绝大部分 3 类（地区级）以上机场及配套设施由政府统一规划和投资建设，建成后的机场运营产生的亏损也由政府负担。二是政府鼓励民众建设机场，对机场经营活动“放开”审批，也不收取任何费用，以减少机场运行成本。三是对企业和个人投资修建的自用机场，可以向政府申请经费补贴，获得补贴的机场必须纳入国家机场系统规划并免费向公众开放。四是对通用机场运营给予与通用机场建设运营周期相对应的财政补贴政策支持，如开发补贴、租金补贴和利息补贴等分别对应机场建设运营的不同阶段，从而为通用机场自主发展提供全过程支持。通用机场的收入主要源于机场餐厅、飞机维修保养、机库出租、航空油料和政府补贴等，一般不对飞机起降收取费用。

3. 完善的基础服务保障体系

完善的基础服务保障体系为美国通用机场建设和运行奠定了坚实基础。一是导航设施完善。在美国，通用机场不建设陆基导航台，而是广泛使用 GPS 卫星导航，定位则由周边机场或航路的甚高频全向信标（VOR）或测距台（DME）提供服务，使得飞行导航覆盖全境。二是飞行服务网络完善。在美国，大量飞行服务站（FSS）为通用航空飞行提供免费服务，内容包括各种飞行数据信息获取、空中应急呼叫处置等。三是运营保障及时。通用航空飞行的关键是要使用低空目视航图，低空目视航图的信息均由 FAA 制定，并免费向社会公开发布；其余飞行信息如航路、天气和经停机场等，都可使用手机随时查看、下载，十分便捷；机场 FBO 为通用航空飞行提供燃油、维修保养、餐饮等后勤服务保障，第三方代理服务也十分完善。四是人才支撑有力。美国拥有众多航空院校和专业培训教育机构，培养了大批机场运营专门人才，为通用机场运营提供了人才保障。

5.4.2 国外通用机场建设管理经验

通用机场短缺成了除低空开放问题外影响我国通用航空发展的关键因素。近年来，我国通用机场建设速度逐渐加快，截至 2020 年年底，颁证或备案的通用机场数量已达到 271 座，已超过了运输机场数量。但相较于美国的近 2 万个可供通用飞机起降的机场，我国的通用机场还有很大发展空间。在我国通用机场的建设、管理及运营中，可充分借鉴国外的成功经验。

1. 简化审批程序，放松监管要求

一是减少通用机场建设审批环节。我国机场建设的审批层级高、环节多、时间长，虽然近年来这一问题有了很大改观，通用机场的建设核准权限已下放到省政府，但有许多细节问题需要解决，且审批时间需要压缩。我国的机场建设审批之难不是难在地面，而是难在天上。因为低空空域使用受到许多限制，阻碍了新机场的建设。实际上，同一空域资源是可以动态调配使用的，可以在使用时间上、空间上进行调配。如美国洛杉矶地区，在以洛杉矶 LAX 国际机场为中心的 1h 车程范围内就有 17 个机场（绝大多数为通用机场，见图 5-14 中蓝色标记），空域资源融合使用是其实现正常运行的关键，洛杉矶地区机场分布图如图 5-4 所示。

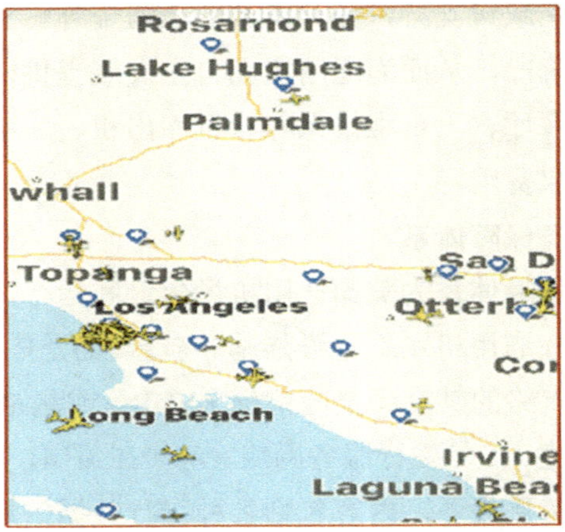

图 5-4　洛杉矶地区机场分布图

二是放松对通用机场的管制，把通用机场与公共运输机场区别对待，同时，通用机场也要进行分级分类管理，允许通用机场无塔台运行，对一般通用航空起降点和简易机场仅备案免运行许可审批。降低对机场围界、安检设施、消防设备和专业人员配备的要求及标准，与周边机场和社会共享远程塔台、消防与医疗设备、从业人员等资源。民航局正在推行的新的通用机场建设与管理规范在结合我国实际需要的同时很好地吸纳了国外的经验。

2. 明确机场定位，搭建机场网络

近年来，全国 20 余个省、自治区、直辖市陆续出台了通用机场建设规划，积极布局通用机场网络建设，地方政府和社会资本也对通用机场表现出很高的建设热情。在通用机场规划建设中也要借鉴国外的经验。一是要明确机场定位，尤其是其功能定位。根据功能定位来确定机场的建设规模、机场构型、空间布局及设施设备，避免同质化，避免把通用机场建设成为缩小版的支线机场，避免把通用机场建设成通用航空园区。产业承载型机场可以围绕通用机场建设通用航空产业园或通用航空小镇。而仅仅是为了满足低空旅游、航空作业和应急救援等单一使用需求而建设的通用机场可以建成简易机场、甚至是草坪机场。在美国的近 2 万个通用机场中有 8 400 多个是跑道没有硬化的通用机场。二是要注重通用机场建设的网络化，美国通用航空之所以发达，主要得益于数量充足的通用机场及完善的分级分类通用机场网络。所以，我国的通用机场规划建设也要进行区域统筹、网络化发展。尽快建设一批投资少、建设周期短的基本级通用机场，如单一短跑道机场、旋翼机停机坪和水上起降机场，这类机场可以满足基本的通用航空飞行需要，为短途运输、医疗救援、林草防火、救灾抢险和低空观测等提供服务保障。三是在中心城市或其周边规划建设一批设施完备的国家级或地区级通用机场，这类机场要能满足公务航空需求，这样既可以缓解大型枢纽机场的压力，在特殊情况下也可成为紧急航班备降机场。

3. 健全通用机场服务功能，创新机场运营管理模式

FSS、FBO、MRO 是通用机场需要配备的重要服务系统，也是通用航空运营的重要服务保障系统。国外也并非所有的通用机场已把这些服务系统配备齐全，但都会根据机场的服务功能定位配备相应的服务系统，通常航油加注站（也许就只是一台壳装设备）、FBO（也许只是一个非常小的、具备最基本功能的 FBO）系统是常备的基本系统。我国已启动国家级、地区级和省市级三级 FSS 系统建设，但也要借鉴国外的经验，探索如何建立一个能有效地衔接军航、民航管理部门、各通用机场、通用航空飞行单位的 FSS 系统。FBO 的建设也迫在眉睫，目前我国只是在北京、上海、广州、深圳和三亚等的民航运输机场建设有为数不多的 FBO，而在众多的支线机场、通用机场也需要建设更多的小型 FBO。同时，也要探索通用机场的经营管理模式。国内的通用机场投资和运营者都在抱怨通用机场经营困难、难以盈利，事实上国外的通用机场也并非都能盈利。机场作为公共设施，有公共产品属性，美国的通用机场通常会得到来自联邦政府和当地政府的机场运营补贴，我国应借鉴这一经验，制定出统一的针对通用机场运营的政府补贴政策。除了政府补贴外，通用机场管理者也要主动作为，探索商业化运营之道。在国外，大多数通用机场是不收起降费的，而航油销售、机坪及机库出租、经营场所出租、机场服务直营则是通用机场主要的收入来源；同时通过招投标等市场化手段选择入驻机场的商业化服务公司，同一个机场甚至可以入驻多家 FBO，以保持机场服务的适度竞争，避免价格垄断，还可提高服务品质。对于机场经营管理者，也可以由机场业主通过招投标方式进行市场化选择。

4. 加大财税补贴力度，创新融资方式

加大财税补贴力度。一是要制定与通用机场建设各阶段时序相呼应的财政补贴政策，如建设补贴、运行补贴和利息补贴等，为通用机场各阶段自主发展提供支持；二是通过“减、免、退”等降低税负，对重点通用机场立项项目，按“同等优先”的原则实施倾斜性利税支持；三是落实通用航空基础设施建设专项补助资金政策，鼓励企业和个人投资建设通用机场、飞行服务站及航油保障设施，按公益性项目对通用航空作业和服务保障、人力资源培养等项目予以支持。

创新融资信贷方式。通用机场建设与发展的关键在于资金保障。目前我国通用机场建设项目投资模式主要有三类：一是政府出资，把机场项目委托给投资公司，建成后交由政府运营；二是由企业投资运营，政府进行相关配套；三是“PPP模式，即由企业、政府和资本三方或者两方组成联合体进行投资运营。这三种模式各有利弊，还需要在实践中进一步验证。建议借鉴美国经验，在上述投资模式基础上，不断创新融资信贷方式，一是将通用航空机场纳入绿色产业，实施绿色信贷政策，促进投资结构调整，引导资本投入；二是运用资本杠杆，如设立风险投资基金、创业投资基金和通用机场发展基金等，对口支持通用机场建设；三是吸引社会资本参与通用航空设施建设和经营，鼓励金融机构对通用机场及配套设施建设提供优惠信贷支持。

5.5 航空文化培育

5.5.1 航空文化

航空文化是通用航空发展的重要基石。纵观全球通用航空发达国家，比如美国，全民航空文化的普及和兴盛是整个国家航空产业发达的基石。通用航空普及的标志是个人飞行盛行，蕴含了更多航空文化元素，是培养航空文化最好的载体。航空文化产业也是通用航空全产业链中的重要组成部分，例如航空博物馆、飞行俱乐部、航展和航空文化产品开发等，是拉动投资、促进消费和带动就业的重要产业之一。

欧美国家航空业的发展基本上起步于通用航空，由于历史原因，我国航空产业发展的顺序则是从军用航空到民用航空再到通用航空，因此，航空文化普及较为薄弱，大众对于航空知识了解甚少。尤其在青少年航空科普教育方面，与发达国家相比差距较大，大众普遍认为航空是属于“高大上”的产业，是属于特定人群职业需求的产业，离大众生活很远，导致航空人群基数低，成为影响我国通用航空发展的关键制约要素之一。因此，大力发展航空文化，培育航空大众消费市场，是我国航空产业目前亟待解决的问题和发展的关键。

5.5.2 国外航空文化培育经验

1. 国外航空文化活动开展情况及经验

美国是航空文化氛围最浓郁的国家。作为人类第一架现代飞机的诞生地，美国的航空业是从通用航空开始发展起来的，尤其是经过二战的洗礼，形成了深厚的航空文化，大众成为国家航空产业发展的主体和推动者，最终将美国推到了世界首席航空强国的地位。美国的航空文化发展路径和经验值得我国学习和借鉴。

（1）航空博物馆　欧美国家对博物馆非常重视，美国的航空博物馆更是航空文化的集中展示地。此处，其实用“博物馆”一词并不能整体概括美国的航空文化展示场景，美国的航空文化并不局限于博物馆，比如：一个不起眼的机库，一个废弃的空军基地，甚至是一位航空爱好者的办公室一角，都蕴含着数不尽的航空文化元素和故事。

大体来讲，美国的航空博物馆分为三类，第一类是国家、州、城市级博物馆，例如位于华盛顿州的国家航空及太空博物馆（National Air and Space Museum）、位于佛罗里达州的肯尼迪航天中心游客观光区（Kennedy Space Center Visitor Complex）以及位于加利福尼亚州的圣地亚哥航空航天博物馆（San Diego Air & Space Museum），都是集展览、教育、科普和文化传承为一体，是航空文化发展的重要载体，也是城市文化旅游的重要目的地和地方名片，这样的博物馆在美国有上百个。图 5-5 为美国国家航空及太空博物馆。

第二类是社区级航空博物馆，主要分布在众多城市的通用机场中。美国有近 2 万个机场，其中通用机场是主体，有 14 000 多个，到访过美国机场的朋友都会发现，很多机场尤其是通用机场，即使再小再偏僻，往往都会有一个航空博物馆。当然，规模很小的可能就是一个机库，甚至可能只是露天飞机展示区，只有一位老大爷坐在门口热情地欢迎着访客，讲述着这里发生过的航空故事以及从这里走出去的航空人物。这些大大小小的航空博物馆各有各的故事、各有各的特色，最主要的是进去后给你的感觉不是在参观，而是可以互动并融入其中的场所，这就是美国航空文化的精髓所在。这样的航空博物馆是美国航空文化的主体，遍布全国各地。图 5-6 是位于美国加利福尼亚州的奇诺市（Chino）机场的名机博物馆。

图 5-5　美国国家航空及太空博物馆

图 5-6　位于美国加利福尼亚州的奇诺市（Chino）机场的名机博物馆

第三类是私人航空博物馆。在欧美航空强国，随着航空业 100 多年来的发展，涌现出很多航空世家，比如美国的莱特兄弟家族、查尔斯林白家族和霍华德休斯家族，德国的多尼尔家族（Dornier）等，都在世界航空史上留下了浓墨重彩的一笔，也积累了数量可观且价值宝贵的航空藏品。这些航空藏品连同家族的故事一起珍藏在家乡机场或者私人机场的机库里，供后世子孙代代缅怀并学习。这些家族很乐意对公众开放航空藏品，也愿意与大家一起分享家族的故事，让那些航空英豪们永远活在家人和大众的心中。笔者曾经到访过位于美国弗吉尼亚州

Virginia Beach 市的机务维修学校 AIM 总部，在参观完总部和校园后，受 AIM 创始人 Gerald Yagen 先生邀请，参观了他们家族的私人航空博物馆。该博物馆里陈列着众多一战、二战的经典战机，而且得益于家族世代的精心保养，许多战机还处于可飞状态，展品价值及丰富程度不亚于一个大型航空博物馆，着实让人惊叹！图 5-7 为 Gerald Yagen 先生的私人航空博物馆。

图 5-7　Gerald Yagen 先生的私人航空博物馆

（2）航空会展

美国的航空会展和航空博物馆非常类似，也具备多等级、多层次、多种类、多覆盖和多频次的特点。美国的航空会展大概可以分为三类。

第一类是世界级 / 国家级大型航空会展，例如著名的 EAA Air Venture Oshkosh（EAA 飞来者大会）。2019 年 EAA 飞来者大会共吸引了来自全球的 64 万名观众，超过 1 万架飞机，863 家参展商。展会期间举办的与航空相关的论坛和活动达 1 500 场，为举办地带来了 1.7 亿美元的收入。除了 EAA，在美国还有著名的在佛罗里达州举办的 Sun'n Fun International Fly-In 等，这种类型的大型国际性航展在美国每年大概有 10 场，面向全球航空业内企业和航空爱好者，都是全球航空产业盛会，各有侧重，有的突出飞行表演和展示，有的突出展示交易。图 5-8 为著名的 EAA 飞来者大会会场盛况。

图 5-8　著名的 EAA 飞来者大会会场盛况

第二类是地区级 / 社区级航空会展，类似于上文提到的社区级航空博物馆，该类会展在美国数量众多，是美国航空会展文化的主流力量。地区级 / 社区级航空会展主要面对地区及其周边的航空爱好者，由地区的航空民间组织或者国家级大型航空组织的地区分部来组织举办，甚至由一个镇上的居民自己举办。位于佛罗里达州的世界著名的航空小镇 Spruce Creek（云杉溪航空小镇），每周五或者周末，镇上的飞行爱好者们都会自发组织飞行表演活动。该类航空展组织灵活，主题鲜明，尤其是参与度极高，除了航空以外往往还结合音乐会、机车和美食等文化活动，可玩性强，民众参与度高，是美国航空文化发展的重要载体。图 5-9 所示为 Spruce Creek 航空小镇的航空节活动。

图 5-9　Spruce Creek 航空小镇的航空节活动

第三类航空会展活动是航空节，美国很多城市和地区（例如芝加哥、旧金山等）都有例行的航空节活动。举办航空节活动的目的主要是促进民间和空军的互动。在航空节当天，从城市附近的空军基地起飞的军机会在城市上空进行飞行表演，当地的空军基地也会对外开放，民众可以进入基地，近距离参观最新款战机，甚至可以进入座舱内体验飞行员的日常工作。空军战斗机飞行员、机械师等也会和大众互动，尤其是给孩子们讲解战机的特征及飞行感受，培养他们的兴趣，这也可以为空军未来培育和储备兵源。此外，还有一些航空制造企业的对外开放日，例如在被称为世界通用航空之都的威奇托（Wichita）市，聚集了大量的国际知名航空制造企业，这些企业会在一些节假日对外开放，让大众参观工厂，通过近距离参观飞机设计和制造过程，培养青少年对航空科学技术的兴趣，为未来成为优秀的航空科学家和工程师播下种子。图 5-10 为美国空军雷鸟飞行表演队掠过芝加哥城市上空的照片及雷鸟飞行表演队送给本书编者之一高远洋教授的签名队徽。

在美国，不管是大型国家级航展、地区 / 社区级航展，还是航空节，都有一个共同点，即往往都能看到美国空军的身影。空军乐于参与民间航空活动，为民间活动增光添彩，同时也使民众和空军的联系更加紧密，为军方征兵和储备人才做了前期准备。可见美国在航空文化培育方面的“军民融合”做得非常好，值得我国借鉴学习。可喜的是，我国的空军现在也开始对民间开放，不再一直保持神秘感，例如 2019 年的长春空军开放日活动吸引了很多民众参与。图 5-11 所示为 2019 年长春空军开放日航展活动。

图 5-10　美国空军雷鸟飞行表演队掠过芝加哥城市上空及飞行表演队签名队徽

图 5-11　2019 年长春空军开放日航展活动

航空协会和组织是推动航空文化发展的主导力量，大多数航空会展活动是由 EAA（美国实验飞机协会）、NBAA（美国国家公务航空协会）、ICAS（国际航展委员会）、AOPA（航空器拥有者及驾驶员协会）等协会发起和组织的。

2. 国外航空文化培育给我国的启示

目前公认的制约我国通用航空产业发展的首要因素是低空空域未开放及通用机场短缺，但是还有一个重要因素容易被人忽略，那就是我国航空文化的缺失。从国外通用航空的发展中我们看到，航空文化既是通用航空发展的重要基石，其本身也是一个大产业。航空文化建设先行，而航空文化建设可以不受或少受空域管制限制，是现在就可以着手去做的重要工程。

2017 年 1 月 16 日，民航局印发的《通用航空发展“十三五”规划》将推广航空文化作为重要保障措施之一，提出“要鼓励各界参与通用航空的宣传、教育和推广，扩大通用航空爱好和消费群体。加强航空文化普及教育，在中、小学开展通用航空科普以及飞行爱好培养活动。培育社会公众参与通用航空的热情，支持通用航空文化体验馆、展览馆等文化基础设施建设，建设通用航空展示宣传与交流平台。充分发挥行业协会和航空俱乐部的平台作用，组织开展多种形式的通用航空文化宣传、实践体验活动，普及通用航空知识，提升社会对通用航空的认知水平”。这为我国航空文化的发展指明了方向，而关键是如何去实践和落实。根据我国目前航空文化普及的现状及未来通用航空发展的需要，借鉴国外的发展经验，我们提出如下建议：

一是扩大航空文化的普及面。随着国家对通用航空产业的重视和大力支持，近几年，全国各地在航空文化普及建设方面也加大了支持力度。以航空展和航空博物馆为例，全国各地的航空展数量猛增。2019年，从5月的山西长治航空展开始一直到年底，基本每月至少有一场航空展在某地举办，以至于有人说我国的航空展办得太多了。其实，与美国相比，我国现在的航空展数量远远不够。如上文所述，美国的航空展数量众多，从世界级、国家级、地区级再到社区级，形态各异，内容丰富多彩，民众参与体验性强，极大地促进了航空文化的普及。我国目前的航空展虽然发展势头好，但是基本是由政府主导，都注重规模而忽视了内在需求与功能，内容基本雷同，首先领导在开幕式上讲话，之后开始飞行表演，观众参观的是静态展品，3～5天后结束，这样的航空展长期办下去恐怕观众会渐渐失去新鲜感和兴趣，且不具备可持续性。我国也应该借鉴国外成功经验，除了举办大规模航空展外，也应该常态化地举办一些小规模、小成本但有特色的航空展和航空文化活动，让更多人参与进去，要注重大众的参与度和互动性，这样才能真正推动航空文化的普及。例如2019年阿拉善英雄会的航空活动，结合无人机秀、热气球和特技飞行表演等活动，并积极与观众互动，引起了现场阵阵欢呼。另外，从航空展举办模式上，也要从政府主导逐步过渡到市场化运作。

同样，在航空博物馆的建设上也要注重普及性。目前国内的航空博物馆屈指可数，应该建设更多的航空博物馆，不仅要在大城市规划建设大型航空博物馆，也要在全国各地有航空历史文化的地方、众多的通用机场，利用闲置的空军设施建设或将其改造成航空博物馆。航空博物馆的面积不在于大，而在于展品的历史意义、展品陈列的精心设计和与参观者互动的效果上。通过展品陈设，在普及航空知识的同时也讲述了有趣的航空故事，尤其要针对青少年开设以航空为主题的第二课堂，寓教于乐。

二是政府引导，社会化、市场化发展。搞航空需要严谨务实的态度，航空文化也需要不断地积淀和传承，需要多方参与和推进。我国目前在航空文化普及建设方面主要还是依靠政府的支持与投入，比如航空展、博物馆等，鲜见有社会资本投入。一方面，投资人可能会认为由于规模化的受众和消费市场尚未形成，企业的投资会入不敷出；另一方面，社会上呈现出来的则是航空文化场所和产品的匮乏。如何解决这个问题，我们认为：初期由政府来主导和投资是合理的、必要的，但要借鉴国外的经验，应逐渐过渡到社会化、市场化阶段，即鼓励社会力量、社会资本来参与。事实上航空文化不仅仅是一项公益事业，也是一个大产业。当然，航空文化的培育在任何时候都离不开政府的支持，只不过需要由现在的“政府主导”向“政府引导＋企业运作”的发展模式转变。

由政府来营造环境、给予政策支持，由企业来做专业化的航空文化活动策划、展品陈列设计、产品开发及市场运作。例如，位于成都的立巢航空博物馆，是国内首个由民间航空爱好者投资建设的航空博物馆，虽然规模不大，装饰也不豪华，但是处处可见创作者们的专业和用心，也得到了大众的认可和青睐，目前运营状况良好。如图 5-12 所示为成都立巢航空博物馆。

图 5-12　成都立巢航空博物馆

三是多途径、多渠道宣传。《通用航空“十三五”发展规划》中也提到“要建设通用航空展示宣传与交流平台”。目前我国航空文化欠缺的是宣传，更准确地说是欠缺行业内对行业外大众的宣传，这其中有很多现实的原因。首先，从宣传手段来讲，我国由于互联网尤其是近几年移动端自媒体的崛起，在宣传领域其实是处于世界领先地位的，各种直播、短视频、微博和微信等网络宣传工具异常丰富，但是传播的内容大多是大众娱乐化信息，专业的普及性内容不多，尤其鲜见航空科普内容。可以充分利用我国发达的宣传网络平台来普及航空知识，弘扬航空文化。其次，应该鼓励更多的航空从业人员通过开展和参与航空科普志愿者活动、开展互联网自媒体宣传活动，甚至通过打造航空领域的网红，吸引更多的人来了解航空、喜欢航空，最终参与到航空事业中。几年前笔者在参加美国 EAA 通用航空盛会时遇到一个来自欧洲的航空志愿者。他是一位近 80 岁的老飞行员，连续十几年自付国际旅费到 EAA 会场做自愿者。所以，我们也呼吁我国的飞行员群体及其他航空产业人员积极投入航空科普文化事业，为传承航空精神、弘扬航空文化做贡献。在此，我们要缅怀一位为我国航空文化普及做出卓越贡献的航空人——陈玮先生，他于 2011 年驾驶飞机完成了中国人的首次环球飞行，之后一直致力于推动我国通用航空事业及航空文化发展，但不幸的是，在2018年的一次飞行中因飞行事故遇难，他的精神影响和激励了很多中国的年轻人。图5-13为华人环球飞行第一人陈玮先生及他的环飞飞机。

图 5-13　华人环球飞行第一人陈玮先生及他的环飞飞机

5.6　政府安全监管

5.6.1　监管措施

在严密的规章体系下，本着松紧有度的原则对通用航空运行进行政府安全监管，是国外通用航空发展给我国带来的重要经验，我国正在推行的“放管结合、以放为主”的通用航空监管原则也体现了这一管理精神。

美国通用航空主要通过三级管理机构、规章标准和安全监察员来实施安全监管。其中，三级管理机构分别为地区管理局、现场办公室和认证办公室。美国联邦航空局在全国设有9个地区管理局，其中8个地区管理局设有飞行标准部门，全国设有108个现场办公室及13个认证办公室。总局负责规章标准的制定，地区管理局和现场办公室负责监督检查，既包括商业航空，又包括通用航空。在规章标准方面，包括各种通用航空飞行、飞行员培训、监察员执照培训、各类通用航空的运行以及维修机构和训练学校的资质认证等。在监察员方面，美国通用航空监察员共分为三类，即运行监察员、维修监察员和航空电气监察员。运行监察员负责对驾驶员考核、对通用航空人员的训练进行评估，包括对通用航空人员的训练大纲、训练设备（设施）进行评估；维修监察员负责评估维修人员执照和训练计划，并检查通用飞机的适航性；航空电气监察员负责所有通用航空飞机电气系统的监察。此外，以上三类监察员均参与调查和报告通用航空事故、事故征候及违章事件。除了三级管理机构、规章标准和监察监督外，美国通用航空的安全还依赖于数量庞大的通用航空机场、宽松的空域管理、专业的通用航空后勤服务站、高效的飞行服务站、规范的考试员制度以及航空知识的普及等，完善的行业保障体系促进了美国通用航空的健康发展与安全运行。

澳大利亚民航局（CASA）非常重视通用航空行业的安全教育，以提升行业人员的安全意识，专门设立了安全分析与教育司履行行业的安全教育职能。该司经常与澳大利亚空管公司（AA）、澳大利亚交通运输安全局（ATSB）、气象局（BOM）以及澳大利亚皇家空军合作开展一些针对飞行学员、私人飞行员的培训。与此同时，CASA 还定期举办会议、论坛，介绍飞机的保养维护知识，编制教材、宣传材料和风险管理口袋书，以提高大家的安全意识。在同一个空域内，无论是通用飞行还是运输飞行，都需要 AA 提供空管保障服务。为了保障空中交通安全，CASA 制定了《无塔台机场的运行程序》和《飞行员在被管制机场利用目视避让规则的责任》，要求飞行员在无塔台区域内通过与其他飞行员进行通畅沟通，来合理安排飞行顺序保持合理飞行间隔；CASA 与 BOM 在法律框架下提供澳大利亚航空气象服务，以此使每一个航空器驾驶员充分了解天气情况，合理安排自己的飞行计划；CASA 在空域及机场方面设有 5 名空管专业人员负责空管的安全信息管理与监察工作，具体来说，CASA 每三年会对 AA 提供的自我审计计划进行审查，提出当前运行或管理中需要改进的地方，以此降低风险，提高安全水平。图 5-14 所示为 CASA 监察员进行现场勘查。

图 5-14 CASA 监察员进行现场勘查

20 世纪 60 年代，加拿大政府颁布了《交通运输法》《航空法》《加拿大航空规章》和各种相关标准来加强通用航空的监管工作，还制定了较为详细的监察员手册，使监察人员在执法中能更为准确地运用法律和规章。加拿大通用航空监察员包括专业监察员和执法监察员。专业监察员主要负责生产安全、飞机维修与运营以及旅客安全，主要是确保生产活动符合国家标准，确保维修与运营达到国际法律法规的要求以及旅客在行途过程中人身安全有保障、没有携带危险物等；执法监察员拥有强有力的执法权力，在航空安全领域起主导作用。加拿大政府还设立了加拿大运输委员会，负责实施加拿大《交通运输法》和《航空法》中各种规制方面的职责，审查和颁发通用航空运营人营业执照。加拿大民航行政执法机关经常为航空俱乐部、学院、航空协会等讲授航空安全知识，来帮助他们提高安全意识。为了加强对通用航空监管行为的监督，加拿大政府还设立了一个较为独立的执法监督机构——加拿大运输申诉庭，其职责是审查执法行为的合法性。无论是执法还是监督，加拿大通用航空安全管理体系的各个行政执法环节都能紧密衔接，实现了执法的高效能，提升了安全管理水平。为避免过度竞争，加拿大政府还提高了市场准入门槛，且每年会突击检查通用航空企业的资质与自我监管水平，不符合标准的企业就会面临巨额罚款甚至停业整改的处罚，以鼓励优秀企业发展和筛除不合格企业，保证整个产业平稳、有序和安全发展。

5.6.2 国外通用航空监管经验

国外通用航空的政府监管经验给我国带来如下启示：

1）针对通用航空的特点制定适宜的通用航空安全监管法律法规。首先，完善的法律法规能够净化通用航空市场，因为严格详尽的法律法规能够提高市场准入门槛，使不具备资质的企业退出通用航空产业，甚至无法进入市场。其次，在发生通用航空安全事故时，依据法律法规能够快速明确责任人，进而锁定意外成因，归纳风险点，避免以后再次发生类似意外事故。最后，通用航空规章的标准要适度，管理通用飞机和管理公共运输飞机不应等同，规章的标准不能定得过高，过高不利于通用航空发展。与此同时，还需把一个个单独的法律法规编制成一套完善的体系，相互促进，相互补充，才能最大限度地发挥其作用，从根本上提高通用航空的运行安全水平。

2）明确空管服务边界，制定非管制空域的飞行规则。长期以来，我国空域的严格管制抑制了通用航空飞行活动的开展，是制约通用航空发展的一个瓶颈。随着我国通用航空的快速发展，应该在安全的情况下尽快合理开放并规划低空空域，为通用航空飞行活动的开展提供便利，并有效地减少政府监管成本。同时，在我国的低空空域管理改革过程中，首先要建立非管制空域（报告及监视空域、无塔台机场空域）的运行规则，以保证通用航空飞机在飞行过程中保持合适的自我监管能力。2019 年 12 月，民航局空管局正式发布了全国目视飞行航图，同步上线中国民航通用航空信息服务平台，为通用航空飞行提供服务保障，也为进一步制定非管制空域飞行规则奠定了基础。

3）培训专业的通用航空安全管理队伍。造成通用航空意外的因素有很多，但是无论是天气、机械还是飞行操作，归根结底都是人为因素，因此培养一批专业的安全管理人员至关重要。一方面，专业的安全管理人员是飞行安全与否的“预判器”，只依赖法律法规的追溯机制是不够的，因为有可能因为防范不及时而出现某些意外事故，造成严重后果，因此应该未雨绸缪，在事前发现问题、解决问题，充分发挥专业安全管理人员的作用。另一方面，专业的安全管理人员是飞行安全的“检察官”，可以弥补相关法律法规的空白点，进而使安全管理体系更加完善。

4）加强通用航空安全教育、宣传与专业知识的传播工作。90% 以上的航空安全事故都可以归因于人为因素，所以航空飞行安全的关键是航空从业人员的素质提升与安全意识加强，尤其是通用航空，因为通用航空的从业人员更具多元化，航空飞行活动更具多样性。目前，我国的通用航空飞行人员、专业维修人员、专业飞行管制人员严重短缺，通用航空行业的航空安全文化薄弱，从业人员普遍缺乏安全意识。所以，我国应该借鉴国外经验，一是要定期开展安全培训、通用航空安全文化宣传，使安全意识根植于每一个通用航空人员心中；二是要扩大专业航校建设，加强通用航空专业教育，只有这样才能从根本上降低通用航空运行的风险。

5）重视引导和发挥行业协会和社团的作用。行业组织和协会在沟通行业与政府监管部门关系、培育航空安全文化、促进行业自律和协助政府监管方面起到了非常重要的作用。我国有中国航空运输协会通用航空专业委员会、中国民用机场协会通用航空分会、中国航空器拥有者与驾驶员协会（AOPA-China）、中国交通运输协会路空协同立体交通分会和中国信息协会通用航空分会等与通用航空相关的行业协会，要充分发挥这些专业协会在安全监管工作方面的作用，鼓励这些行业协会参与国家相关标准的制定，积极制定和发布行业团体标准，发挥行业管理、行业自律以及在安全管理方面的积极作用。建议尽快成立通用航空专业领域的国家一级协会——中国通用航空协会。

第三篇

产　业　篇

第 6 章　我国通用航空产业

6.1　总体发展情况

6.1.1　产业规模实力

近年来，我国通用航空发展势头明显加快，自低空空域管理改革试点以来，在民航局注册的通用航空器年均增加 300 架以上。据民航局数据显示，截至 2019 年年底，全国通用航空器注册数量为 3 640 架，其中国产通用航空器数量为 800 余架；通用航空飞行量达 112.5 万 h，同比增长 13.8%；全国有通用航空公司达 478 家，已取证的通用机场有 242 家；注册的无人机超过 39.2 万架，较 2018 年年底的注册数量增长 45% 以上，获得无人机经营许可证的企业有 7 149 家，颁发无人机驾驶员执照 67 218 本，无人机应用场景不断丰富，飞行总量超百万小时。全国通用航空器数量及增长情况如图 6-1 所示。

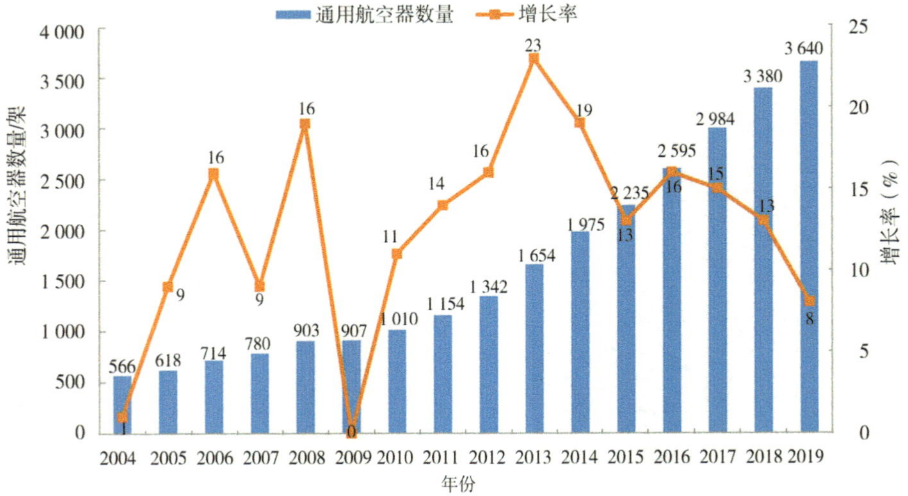

图 6-1　全国通用航空器数量及增长情况

6.1.2　整体技术水平

近年来，我国通用航空技术水平不断提升，在航空器研制、零部件配套、关键技术研发等方面都有很大的突破和提升，一些产品和技术甚至达到国际前列或国际领先水平。民航局发布的《已获批准的民用航空产品和零部件清单（2019年）》显示，2019年已取得型号合格证（TC）的40种民用航空产品中，大多是通用航空产品（见表6-1）。此外，获得民航局型号认可证（VTC）的产品也不少。

表6-1　已获中国民航型号合格证（TC）的航空产品名单

序号	证件编号	持有企业	型号	最新批准日期	最新颁证日期
1	TC001A	哈尔滨飞机制造公司	Y11B Ⅰ	1992-12-28	1992-12-28
2	TC002P	保定螺旋桨制造厂（现名：航空工业惠阳航空螺旋桨有限责任公司）	J17-G13	1993-07-06	1993-07-06
3	TC003A	陕西飞机工业（集团）有限公司	Y8F	2002-08-26	2002-08-26
			Y8F-100	2002-08-26	
			Y8F-200	2002-08-26	
			Y8F-400	2002-08-26	
4	TC0004E	中国航发哈尔滨东安发动机有限公司	WJ5E	1993-12-31	2017-05-26
5	TC0005E	中国南方航空工业（集团）有限公司	WJ6	2009-05-18	2009-05-18
6	TC006A	哈飞航空工业股份有限公司	Y12 Ⅱ	1985-12-24	2015-07-03
			Y12 Ⅳ	1994-07-03	
			Y12 E	2001-12-31	
7	TC0007E	中国航发哈尔滨东安发动机有限公司	WJ5A Ⅰ	1994-10-31	2017-05-26
8	TC008P	保定螺旋桨制造厂（现名：航空工业惠阳航空螺旋桨有限责任公司）	J16-G10A	1995-01-19	1995-01-19
9	TC009A	中航西飞民用飞机有限责任公司	Y7	1987-07-01	2017-12-26
10	TC0010E	中国南方航空工业（集团）有限公司	HS6K	2009-05-18	2009-05-18
11	TC011A	江西洪都航空工业股份有限公司	N5A型飞机	长期有效	2006-11-15
12	TC012P	保定螺旋桨制造厂（现名：航空工业惠阳航空螺旋桨有限责任公司）	J12B-G15螺旋桨	1995-11-02	1995-11-07

（续）

序号	证件编号	持有企业	型号	最新批准日期	最新颁证日期
13	TC013P	保定螺旋桨制造厂（现名：航空工业惠阳航空螺旋桨有限责任公司）	J16A-G10A 螺旋桨	1996-09-13	1996-09-13
14	TC0014E*	中国航空工业总公司第六零八研究所	WJ9	1997-01-22	1997-01-22
15	TC0015A	中航西飞民用飞机有限责任公司	Y7-100	1988-05-23	2017-12-26
			Y7H-500	1994-06-14	
			Y7-200A	1998-04-29	
			MA60	2000-06-22	
			MA600	2010-05-10	
			MA600F	2013-08-30	
16	TC0016E	中国南方航空工业（集团）有限公司	涡轴 8D（WZ8D）	2000-12-26	2001-04-09
			涡轴 8A（WZ8A）	2001-04-09	
17	TC0017A	中国直升机设计研究所	Z11（AC301）	长期有效	长期有效
			Z11MB1（AC301A）		
			Z11M-100（AC311）		
			AC311A		
18	TC0018A	哈飞航空工业股份有限公司	H410（Z9A）	2001-04-12	2015-07-03
			H410A	2002-06-24	
			H425	2004-12-31	
19	TC0019P	保定螺旋桨制造厂（现名：航空工业惠阳航空螺旋桨有限责任公司）	JL-2 螺旋桨	2002-11-22	2002-11-22
			JL-3 螺旋桨	2002-11-22	
20	TC0020A	中航通飞华北飞机工业有限公司	小鹰 -500	2014-05-07	2014-05-07
21	TC0021A	南京轻型飞机股份有限公司	AC500 型飞机	长期有效	长期有效
22	TC0022A	中国直升机设计研究院	直 8F-100（AC313）	2012-01-05	2012-01-05
23	TC0023A-HD	南京宏光通用航空装备技术有限公司	HG2 热气球	长期有效	长期有效

（续）

序号	证件编号	持有企业	型号	最新批准日期	最新颁证日期
24	TC0023A	中国商用飞机有限责任公司	ARJ21-700	2014-12-29	2014-12-29
25	TC0024A	哈尔滨哈飞航空工业有限责任公司	Y12F	2015-12-10	2015-12-10
26	TC0025A-ZN	襄阳宏伟航空器有限责任公司	RQ7-3A、RQ8-1、RQ9-1 型热气球	2017-06-30	2017-06-30
27	TC0026A	REMOS AG	Remos GX	2017-08-29	
28	TC0027A	Glasair Aviation USALLC	Merlin M-1	2017-11-30	
29	TC0028A-ZN	河南三和航空工业有限公司	SH-ZX-480-A、SH-ZX-480-AT（轻型运动类）	2018-02-06	2018-02-06
30	TC0029A-DB	辽宁通用航空研究院	RX1E、RXIE-A	2018-10-19	2018-10-19
31	TC0030A-DB	睿弛航空工业（靖宇）有限公司	JN-1	2018-03-18	2018-03-18
32	TC0031A	湖南湘晨飞机工业公司	XY-100 飞机	2018-05-29	
	TC0031A-ZN	湖南湘晨飞机工业有限公司	XY-100	2018-06-29	
33	TC0032A-ZN	湖南山河科技股份有限公司	Aurora SA60L/SA60L-T/SA60L-is	2018-07-20	
34	TC0033A-ZN	中国特种飞行器研究所	A2C、A2C-L、A2C-QC	2018-09-20	
35	TC0034A	AutoGyro GmbH	MTOspory	2018-10-18	
36	TC0035A	江西洪都航空工业集团有限责任公司	初教 6	2019-01-31	
37	TC0036A-XN	弥勒浩翔科技有限公司	DL — 2L	2019-02-27	
38	TC0037A-HD	威翔航空科技（厦门）有限公司	AJCT（Aero Jones CTLS）	2019-06-17	
39	TC0054P	航空工业惠阳航空螺旋桨有限责任公司	JL-5	2013-04-28	2013-04-28
40	TC0055E	中国航发南方工业有限公司	活塞 9（HS9）	2017-05-26	2017-05-26

表 6-2 为我国研发或在我国组装制造的通用航空产品及其地域分布。

表 6-2 我国研发或在我国组装制造的通用航空产品及其地域分布

产品种类	地域	代表机型
通用飞机	珠海	AG600 大型灭火 / 水上救援水路两栖飞机
	哈尔滨	运 -12E/F 双发涡桨通用飞机
	荆门	A2C 超轻型水上飞机
	株洲	山河 SA60L/SA160L 轻型运动飞机
	石家庄	"小鹰" 500 轻型多用途飞机
		运 5B 轻型多用途飞机
		赛斯纳 208B 单发涡桨轻型飞机
		"国王 350" 双发涡桨轻型飞机
	北京	P750 单发涡桨多用途飞机
	沈阳	锐翔（RX1E）电动双座轻型飞机
	营口	CC18-180 顶级小熊越野飞机
	滨州	DA40D 型通用飞机
	成都	SL600 轻型运动飞机
	福州	"野马" 600/610 轻型运动飞机
直升机	哈尔滨	AC312 中型直升机
		AC352 中型直升机
		H425 中型直升机
	景德镇	AC311/311A 轻型直升机
		AC313 大型直升机
		CA109 轻型直升机
		JH-2 轻型有人农林植保机
	青岛	H145 轻型直升机
	上海	S-300C 多功能直升机
		S-333 功能直升机
发动机	株洲	WZ-16 中等功率涡轴发动机（设计）
	哈尔滨	WZ-16 中等功率涡轴发动机（制造）

注：数据来源于《中国民用航空工业年鉴 2019》。

6.1.3 运营服务

近年来，我国通用航空产业在国家政策的大力支持和地方政府的积极推动下保持了较快发展，全行业完成通用航空生产作业飞行突破 100 万 h，飞行培训、工业和农业作业等飞行不断增多，通用航空运营企业稳步发展，通用机场、服务保障设施等方面的建设不断加快，但总体产业仍处于初创期。2019 年，我国新成立的通用航空企业有 72 家，注销了 16 家，净增 56 家，总数达到 478 家，全国通用航空企业的航空器保有量平均值为 5.5 架；颁证通用机场有 246 座，颁证的通用机场数量首次超过运输机场。

在通用航空的后勤保障基础设施方面，我国有 9 个 FBO 和 54 个主要的维护、修理和大修基地（MRO）。9 个 FBO 主要分布在北京、上海、广州和深圳等主要城市。通用航空产业正处于快速发展时期，FBO 是支撑通用航空产业发展的重要力量，许多 FBO 正在向更发达的市场学习并探索最适合中国的运营模式。另外，随着通用航空产业的发展，我国通用飞机的 MRO 也得到了快速发展 。截至 2019 年 6 月 30 日，共有 26 家主要的 MRO 公司为直升机提供大型维修（12 个月及以上的定检、维修或大修）服务，17 家 MRO 公司为公务机提供服务和 11 家 MRO 公司为涡桨飞机和活塞式飞机提供服务。我国的 MRO 公司主要有三类：飞机制造商直接或者合作设立的 MRO 公司、飞机制造商授权的 MRO 公司和其他在 CAAR-145 规章下运营的第三方 MRO 公司。此外，民航局推出了一系列促进通用机场发展的政策，计划到 2030 年，通用机场的总数将超过 2 000 个，这将最终促进 FBO、MRO 的发展。

在低空空域开放与管理方面，四川省通过建立由军队、民航及省直相关部门人员组成的“协同委”“低空办”，使原来分散地协调变为“军地民”常态化协同协调。同时借鉴世界通用航空飞行的主流模式，确立了目视自主飞行新模式，极大地提升了低空空域使用的灵活性和空域利用率。在企业发展模式创新方面，中航通用飞机有限责任公司（简称中航通飞）、辽宁通用航空研究院等加强运营企业建设，积极推动通用航空制造与运营融合发展，加快自主研制产品的推广应用。以“通用航空 +”特色旅游、运动体验和航展大赛等推动产业发展的形式开始在各地出现，通用航空消费市场不断被激活，航空俱乐部、飞机 4S 店和共享飞机等新的增值服务模式正在被推广。

6.2 存在的问题

我国通用航空产业发展还存在诸多问题，主要表现在规模体量小、体制机制制约、服务保障不足、制造水平低和人才短缺等方面。

6.2.1 产业规模偏小、市场需求不足

从通用航空器注册数量及国土面积较大的几个国家和地区的通用航空发展情况来看，我国人均通用飞机保有量很低，仅高于印度。与人均 GDP 同等程度的巴西、南非相比，我国通用航空器注册数量及人均数量都相差较大。世界各国通用航空人均保有量及人均 GDP 对比如图 6-2 所示。

近年来，我国通用航空年飞行小时数中，执照培训、一般经营和非经营性（指民航大学、飞行学院、校验中心等的飞行）各占 1/3，私人飞行几乎没有，通用航空企业单机日均飞行小时仅为 1h，60% 以上的企业只能靠补贴生存。同时，受波音 737MAX 停飞影响，飞行员数量增长明显放缓。同时，通用航空运营企业普遍盈利困难，2019 年上半年，新三板挂牌的通用航空企业有 5 家亏损，4 家终止挂牌，德奥通用航空、南山集团等相继退出通用航空领域。

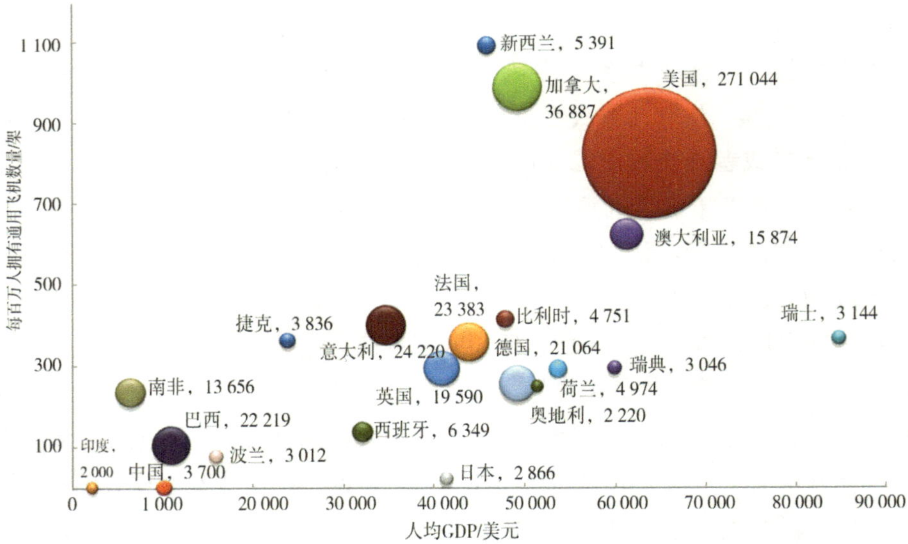

图 6-2　世界各国通用航空人均保有量及人均 GDP 对比

6.2.2 体制机制制约因素仍然较多

一是空域问题仍是主要制约因素。低空空域划设与用户需求不匹配，仍以管制空域为主，报告和监视空域数量少、位置偏远和利用率低，空域难申请、难获批的问题还十分严重，跨管制区飞行还很不顺畅，难以发挥通用航空机动

灵活的优势。目前我国对各类民用飞行基本实行无差别化管理，运输与通用航空都采用相同的任务审批、计划审批管理办法，采取相同的管制指挥办法。随着通用航空的快速发展，目前的管理模式越来越难以适应发展需求，主要表现在两个方面：一方面是空域分类不清晰，难以满足通用航空的需要。我国空域系统没有按照国际民航组织的标准进行明确分类，不存在非管制空域，采取的是需求模糊化的单一管理办法。军航、民航飞行管制部门和空中交通管制部门按照职责分工，分别为沿航路、航线飞行的民用航空器和军用航空运输机提供空中交通服务，并对航路航线之外的空域实施管制指挥。在管理方面，要求所有飞行活动必须预先申请，经批准后方可实施；在服务方面，要求提供间隔服务、情报服务和告警服务。这种空域管理办法和服务方式适合运输航空飞行需求，却难以满足通用航空的需要。另一方面，审批程序复杂，职责不明，实施的限制较多。通用航空活动对机动性和时效性要求都很高。在现行空域运行管理机制下，通用航空使用空域的审批事项多、涉及单位多和所需时间长，直接影响了飞行的组织与实施。同时，由于没有明确的固定单位来受理申请和提供保障，很难对通用航空飞行进行系统的规范管理。当跨越军航、民航管制区域的通用航空飞行较多时，容易造成狭小空域内的飞行活动复杂多变、严重的矛盾冲突现象发生。管制部门由于上述因素，在管理上就容易有较多顾虑，限制了通用航空机动灵活特点的发挥。此外，由于有的审批单位只管审批而不负责具体保障工作，容易造成使用空域需求与实际保障能力脱节，给空管部门的管理带来困难，也影响了飞行的组织与实施。

二是标准与法规缺失。法律法规体系不健全是影响通用航空发展的关键性问题。近年来，我国正在建立健全通用航空经济管理制度，目前已经制定了一些关于通用航空的法律规范。但是现存的法规和制度还很不健全，不能充分体现通用航空的特色。就目前的通用航空法规体系看，存在以下问题：①体系不够完整和系统，结构不合理。民航局颁布的现行有效的100多部民用航空规章中，公共航空运输和通用航空公用规章居多，专门适用于通用航空的单行规章只有10多部，缺乏针对性和时效性强的法规。②除《民用航空法》外，有关通用航空的法律规范仅限于法规规章以及标准，法律层次不高，缺少诸如美国的《通用航空振兴法》类的法律。③标准严重不足。以运输航空的标准对待通用航空，现行规章及事故等级分类标准未能明确两者间的差异。另外，安全管理系统（SMS）、安全监查员人员缺乏，在一些新型技术方面，如无人机、电动航空等领域，仍缺乏必要的标准。

6.2.3 低空飞行服务保障能力不足

一是通用机场数量少，配套支撑不足。虽然已取得使用许可证的通用机场数量越来越多，但飞 FSS、FBO 和 MRO 等的设施仍不足。通用机场建设工程中军民地协调审批周期长、难度大，通常从规划选址到获得使用许可至少需要 2 ～ 3 年的时间。

二是航油供应困难。通用航空的航油保障渠道狭窄，95 号、100 号航空汽油只有 3 ～ 4 家炼油厂生产，并且只接受大批量的定产，导致供应困难。通用航空企业没有能力与资金去自建储油设施，迫切需要国家、社会投资航油供应市场及联储联运服务项目。

三是保障能力缺乏，飞行安全存在隐患。长期以来，我国空管建设只注重军用航空和运输航空的发展需要，针对通用航空领域的投入很少，配套建设严重滞后。技术手段不足，安全没有保证，许多地区缺少基本的雷达、通信等基础设施，监控终端和基站等基础设施不完善，不能实现对低空飞行不间断的监视和联络，只能实行程序管制，无法按新的管理模式运行，试运行模式很难大范围推广。此外，由于民航气象服务的重点是保障运输机场和航路航线的运转，通用航空飞行作业所需气象信息也存在获取困难的情况。

6.2.4 通用航空制造水平有待提高

目前，我国通用航空 80% 左右的整机市场被国外机型占据，国内飞机普遍存在质量可靠性较差，发动机、材料和机载等配套设施不足现象，明显缺乏竞争力。我国自主研制的飞机数量占比虽然达到了 20% 以上，但将近一半是老旧的型号，飞行小时数仅占总飞行小时数的 4%，我国通用飞机制造业面临转型升级的压力。通用飞机整机制造业在我国一直未形成规模，积累的经验也不多，如何尽快缩短与国外的差距是行业面临的一个挑战。随着国内经济形势和通用航空市场的快速发展，国外通用航空制造业纷纷看好中国市场，并以各种方式打入中国市场，国外通用飞机在国内飞机市场的比例逐年提高，在市场销售、成本、技术和服务上越来越占有优势。

6.2.5 专业人才资源短缺现象严重

我国通用航空人才培养渠道不畅，市场化人才培养的良性机制没有形成，导致通用航空专业人才缺乏现象严重，飞行与机务人员短缺已经成为普遍问题。

我国通用航空专业人员的来源主要有：部队转业的飞行、机务维修人员；民航运输企业离退休的飞行、机务维修人员；地方非航空单位或院校调入经过培训后取得执照的飞行、机务人员。这些人员的年龄和知识结构很难满足和适应未来通用航空发展的需要。市场对于年轻、有学历、有技能和适应能力强的通用航空专业人才需求极为迫切。

长期以来，我国航空专业人才培养体系陈旧，培养能力有限。飞行学校申请运行的程序、注册手续繁琐，申办的门槛高，高额的前期投入、运营成本限制了飞行学校的发展。自 2005 年民航总局与空军明确要求飞行员在军转民时需提交推荐函以来，通用航空引进空军转业人员的成本大为提高。民航飞行院校及培训机构主要是面向运输航空培养航线飞行员，通用航空人才培养渠道有限。飞行员培养成本过高，专业人员培训费用昂贵，导致企业支付困难。

此外，在航空专业人才培养体系中没有考虑通用航空与运输航空的差异。实际上，通用航空飞行和机务人员只要满足通用航空需求即可，这样既可以加快专业人才的培养速度，又可以避免人才过度流向运输航空领域。

第 7 章 通用航空制造

7.1 发展情况

通用航空制造发展作为通用航空服务与通用航空运营发展的基础，是通用航空发展的核心，通用航空制造直接影响整个产业链的运转，也影响通用航空产业的布局。我国通用航空制造业起步于 20 世纪 50 年代。1954 年，新中国第一架自制飞机初教 -5 成功首飞，到目前为止，先后有数十款通用航空器、通用航空发动机等取得民航适航认证，通用航空产品的研制能力不断增强，企业竞争力不断提升，产业集群加快发展，产业体系不断健全。

7.1.1 产品研制能力不断增强

我国通用航空制造业经过多年自主研发及与国际合作的同步推进，已具备了研制生产多种型号直升机、轻型运动飞机、多用途飞机和特种飞机等能力。运 -5B、小鹰 -500、A2C 超轻型水上飞机、HG2 热气球、直 -9 民用系列及 AC 系列直升机等实现了批量生产；运 -12、山河 SA60L 轻型运动飞机等成功开拓国际市场，AG600 水上飞机、AC352 先进多用途直升机、锐翔 RX4E 电动飞机、小鹰 -700 飞机、冠一 GA20 飞机、CG231 飞机、彩虹 4 测绘无人机、F-500 重载共轴无人直升机、“魅影 -12”太阳能无人机，以及运 -5B、小鹰 -500、P750 等改型无人机纷纷实现成功首飞；涡轴 -16 发动机、AC312E 直升机等分别获得民航局颁发的型号合格证；万丰钻石 DA40 飞机、联航神燕泰克南 P2010 飞机、大连小熊 CC18-180 型飞机、大同轻飞 C42E 轻型运动飞机、威翔航空 CTLS 轻型运动飞机、湘晨 XY-100 自转旋翼机、芜湖钻石 AE300 系列通用航空活塞式发动机等分别获得民航局颁发的生产许可证；西锐国内生产线首架 SR20 飞机已正式交付；中国电科发布了全球首个用于智能无人集群系统的多功能处理单元。2018 年，我国通用航空器实现交付 31 架，其中，通用飞机交付 25 架，直升机交付 6 架；累计交付通用航空器超过 1 000 架。截至 2020 年 3 月，已取得民航局颁发的型号合格证的 50 种航空器产品中，通用航空器型号有 24 种、通用航空发动机有 8 种；已取得生产许可证的 110 种产品中，通用航空及发动机有 70 余种；民用无人机年产量超过 300 万架，产值规模为 230 亿元。

7.1.2 企业竞争力不断提升

随着通用航空制造投资审批权的下放，在国家对通用航空产业的推进和市场带动下，民营企业逐渐成为通用航空市场的主力军。一些新兴民营企业通过自行研制生产或引进国外总装生产线，迅速提升了在行业中的地位，如湖南山河科技股份有限公司（简称山河科技）、冠一通用飞机有限公司（简称冠一通飞）等；一些实力较强的企业正在加快收购国外先进机型或者知名制造商，加速向通用航空制造领域进军，如重庆通用航空有限公司收购了具有近 60 年历史的美国恩斯特龙直升机公司，万丰航空工业有限公司收购了全球第三大通用飞机制造公司奥地利钻石飞机公司。目前，国内已有 15 家民营企业所生产的通用航空器获得民航局 TC 证（或 TDA），占整个取得 TC 证通用航空器研制企业数量的一半以上，在轻型运动飞机、自转旋翼机领域占 90% 以上；有近 10 家企业正在按照中国民航 CCAR-23 部规章研制通用航空器；重庆宗申航空发动机制造有限公司、安徽应流集团和安徽芜湖航瑞航空动力装备有限公司等企业则在通用航空发动机领域不断发力，所研制的产品已应用于部分通用航空器上。深圳市大疆创新科技有限公司（简称大疆公司）更是持续占据世界消费级无人机市场 70% 以上的份额，行业级无人机企业广州极飞科技有限公司、亿航智能等也在大力开拓国际市场。随着外资投资的进一步开放，第一家外方控股的通用飞机整机制造企业——丽夏飞机制造（德清）有限公司在浙江德清成立，中国通用航空制造领域的外资企业也将不断增多。以航空工业通飞公司为主的国家队也在加快发展通用航空制造，不断提升产品研制能力，通飞公司并购美国西锐公司后，2019 年交付的飞机数量已达到 485 架，成为全球领先的通用飞机制造企业。

7.1.3 产业园区不断发展

我国通用航空产业在国家战略引导、地方积极推动及龙头企业带动下，在原有珠海、石家庄、荆门、景德镇和哈尔滨等国家级产业基地基础上，迅速发展起一批通用航空产业园区，通用航空小镇、航空城、航空产业基地和通用航空示范区等产业集群不断出现，所涵盖的产业涉及通用航空制造、运营及服务等全产业链。全国围绕通用航空制造、布局通用航空器整机制造项目的园区有 100 余个，除国家发展改革委批复的 26 个通用航空产业综合示范区外，近期一些新兴园区也在大力引进通用航空制造项目。如绵阳北川投资 50 亿元打造通用航空小镇，菏泽将投资 30 亿元建设国内最大无人机生产研发基地；总投资 128 亿元的中意直升机生产项目落户浙江平湖，投资 50 亿元的美国流速飞机制造项目落户六安舒城，投资 4.18 亿元的斯洛文尼亚蝙蝠电动飞机项目落户镇江，投资 20 亿元的比利时胜利者 T300 直升机产业化生产基地项目落户江苏盐城射阳等，包括制造业基础较薄弱的新疆、内蒙古、广西、海南、甘肃和云南等省（自治区），也都在大力发展通用航空制造项目。

7.1.4 产业体系不断完善

我国通用航空产业不仅具备了通用航空器整机的生产制造能力，而且已建立了较为完整的研发、试验、适航认证和服务体系，民航局已专门设立了通用航空器适航审定机构——江西航空器适航审定中心。我国通用航空产业已开始具备了整机，发动机和控制、传动系统，机载航电和机电系统等配套产品的生产制造能力。目前，一些民营企业及科研院所已经在航空活塞式发动机、重油发动机、中小功率涡轴涡桨发动机、中小推力涡扇发动机等领域研制出具有竞争力的产品，在综合航电系统上也有了获得型号合格证的产品，并且在通用航空运营、机场配套、维修培训及金融服务等方面也具有了一定规模，通用航空产业体系不断健全，全产业链的发展模式逐步形成。在发展形态上，飞行带市场、运营带制造的发展模式已被各地所采纳，制造运营的融合创新成为了发展的主流。

7.2 存在的问题

尽管我国通用航空制造业已取得了一定的成就，但仍存在一些突出的问题，主要表现在：

一是制造规模还较小，难以满足市场需要。近年来国际上的通用航空器生产比较稳定，但我国市场增长明显。我国每年新增通用航空器 300 ～ 400 架，然而国内产量仅有不到 100 架，每年需要进口的通用航空器占 2/3 以上。目前，我国市场上使用最多的前三大机型分别是罗宾逊 R44 II 直升机（196 架），塞斯纳 172R 通用飞机（179 架）和钻石 DA40D 通用飞机（176 架），在民航局注册的通用航空器数量排在前位的机型除运 -5 系列外，其余均为国外产品。2018 年，我国增长最多的是罗宾逊 R44 直升机，全年净增 38 架；其次为塞斯纳 172S，全年净增 35 架；净增前位的机型除几款热气球和山河 SA60L 外，其余均为国外产品。2009—2018 年中美及全球通用飞机生产交付数量与我国新注册的通用航空器数量对比如图 7-1 所示，2018 年在民航局注册的数量为 50 架以上的通用航空器排名情况如图 7-2 所示，2018 年在民航局注册的通用航空器数量同比增加情况如图 7-3 所示。

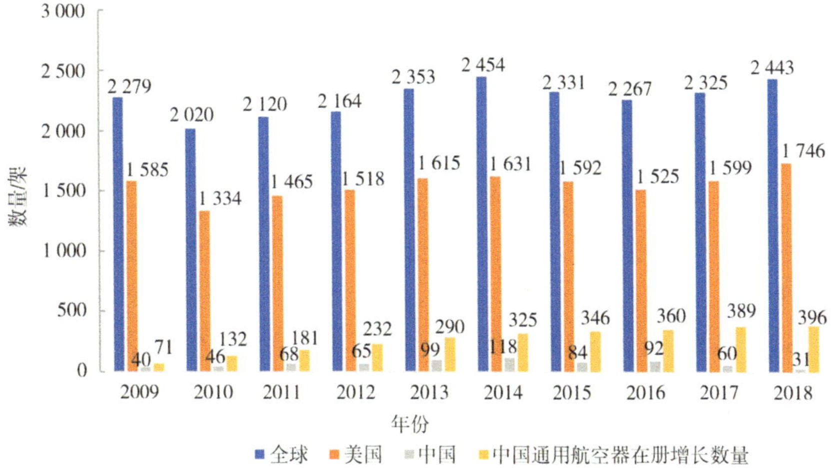

图 7-1　2009—2018 年中美及全球通用飞机生产交付数量与我国新注册的通用航空器数量对比

数据来源：通用航空制造商协会（GAMA）年度报告及《中国民用航空工业统计年鉴》。

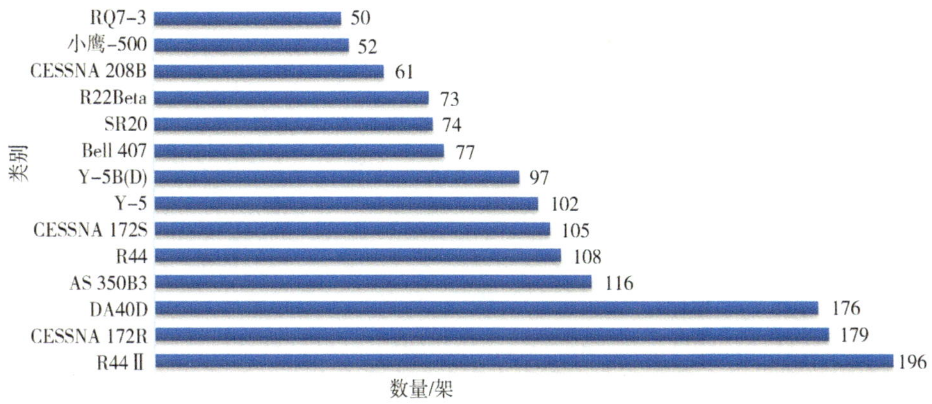

图 7-2　2018 年在民航局注册的数量为 50 架以上的通用航空器排名情况

数据来源：《2018 年适航审定部门年度报告》。

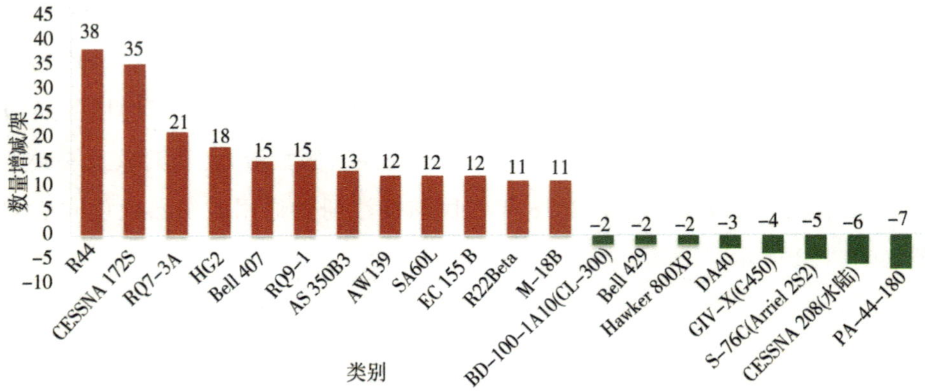

图 7-3　2018 年在民航局注册的通用航空器数量同比增加情况

数据来源：《2018 年适航审定部门年度报告》。

二是技术水平还很落后，产品缺乏竞争力。从价值链的角度看，通用航空制造业的价值链的高端环节是研发与品牌。目前，我国通用航空使用数量最多的国产飞机是运 -5，但运 -5 飞机服役多年，存在机型老旧、性能亟待改善等问题。符合适航标准的关键技术还没有完全掌握，例如尾旋、失速速度和抗坠毁性等技术。国内飞机普遍存在质量可靠性较差、综合竞争力低下问题，发动机、综合航电系统、材料、软件及传感器等一些关键技术和产品基本依靠进口。我国很多机型的研发设计能力欠缺，特别是不具备先进、成熟和成系列的飞机设计生产能力，经济适用又先进的新机型尚在研制或取证当中，短期内无法实现批量生产并投放市场。目前，虽然我国通用航空制造实施对外合作引入了许多项目，但缺少持续设计改进能力，未能充分吸收并创建出具有自主知识产权的知名品牌产品。我国通用航空器所用发动机情况见表 7-1。

表 7-1　我国通用航空器所用发动机情况

主要机型	所采用的发动机型号	发动机企业
AC313	PT6B-67B	PW
AC352	WZ-16	中法合作
AG600	WJ-6C	航发
运 -12	PT6A-10/11/27/65B	PW
运 -5B	ASz-62IR	波兰 PZL Mielec
小鹰 -500	IO-540-V4A5	莱康明

通用飞机取得适航证只说明该款飞机可以迈入市场大门，只有商业成功才是通用飞机研制的真正成功。我国通用飞机研制周期长、取证难和成本高，究其原因是我国没有建立起以用户需求为导向的完整通用飞机全价值链技术体系。近几年，通用飞机适航条例正逐步修订，结合通用飞机特性的验证方法有待研究。在型号研制过程中，研制厂家经常与民航部门一边研制，一边开始制定验证标准和规范，延长了型号的研制周期。需要面向市场开发满足市场需求的通用飞机产品，例如，为了适应市场需求，对通用飞机总体气动布局提出了新的方案；轻量化设计对通用飞机的市场竞争力产生了极其重要的影响，要求通用飞机的设计者必须采用更新颖的结构形式，重新认识强度指标，以达到减重的目的。我国的通用飞机研制要扭转目前 5 ～ 8 年研制一款飞机的局面，必须以基础技术体系建设为抓手。我国的通用飞机设计体系、流程和标准都是以军用航空技术体系为基础建立的，但面对通用飞机的市场化需求，我们的认识、设计理念和流程模式远远不能达到快速响应市场需求的目的。需要建立满足市场要求的设计规范和准则、制造规范和标准，需要重新梳理设计与制造的关系，需要建立面向用户的通用飞机快速设计基础数据库和构型库。

三是创新能力不强，产业体系有待完善。随着制造业与互联网融合的加速推进，智能、互联成为制造业提高产品科技含量、提升研发设计生产制造水平、加快服务增值的重要手段和途径。通用航空制造是与信息通信技术、互联网技术结合最紧密的产业之一，在运用新技术变革发展理念、创新发展方式等方面，我国还存在较大差距，特别是一些传统企业对国家创新创业环境的把握和资源的利用还不够。如市场化程度较高的民用无人机行业，所涌现出来的几乎是民营企业，传统国企和科研院所难以进入消费级无人机领域。同时，通用航空制造领域的企业向价值链两端延伸创新的能力也不足，如在研发设计、适航技术服务、维修服务和金融租赁等方面，专业的企业还较为缺乏。

7.3 主要机型介绍

7.3.1 固定翼飞机

运 -5（Y-5）是中国航空工业南昌飞机制造厂于 20 世纪 50 年代生产的一种多用途单发双翼运输机，其原型机为苏联安 -2 飞机，于 1957 年 12 月 23 日在我国制造成功，曾用名为“丰收二号”。Y-5 采用半硬壳式金属结构、后三点固定式起落架、普通双翼气动布局，多数配装波兰 ASz-62IR 活塞式发动机，可搭载机组人员 2 名、乘务员 6 名，具有良好的性能和广泛的用途，可用于客货运输、跳伞训练、应急救护、森林灭火、地质探矿、空中摄影和农林植保等领域，是目前我国自主研制的在民航局注册数量最多的飞机。截至 2018 年年底，在民航局注册的 Y-5 飞机的数量为 225 架，总产量超过 1 500 架。Y-5 主要有货运型、客运型、农业型、跳伞和空中支援型、救护型等机型，其最重要的改型是 Y-5B 型。Y-5B 由中航通飞华北飞机工业公司于 1986 年开始研制生产，1987 年取得了民航局颁发的补充型号合格证。Y-5B 还有多种小改型，包括 Y-5B（D）多用途型、Y-5B（K）旅游客运型等。Y-5B 飞机如图 7-4 所示。

图 7-4　Y-5B 飞机

运 -12（Y-12）是航空工业哈飞在 Y-11 基础上改进研制的轻型双发多用途运输机，于 1980 年年初开始设计，1985 年取得民航局颁发的首个民用飞机型号合格证，1986 年取得首个生产许可证。从 1990 年开始，先后获得英国民用航空总局（CAA）颁发的型号合格证、美国联邦航空局（FAA）颁发的适航证等证书，是目前我国唯一获得英、美适航认可的机型，已有上百架 Y-12 飞机销往 18 个国家。Y-12 系列飞机采用双发、上单翼、单垂尾、固定式前三点起落架设计，动力装置主要为普拉特 · 惠特尼加拿大公司生产的 2 台 PT6A 涡轮螺旋桨发动机，主要用于客货运输、空投空降、农林作业和地质勘探，还可改装成电子情报、海洋监测、空中游览和行政专机等。Y-12 系列飞机共有 Y-12 Ⅰ型、Y-12 Ⅱ型、Y-12 Ⅲ型和 Y-12 Ⅳ型四种。在 Y-12 系列飞机基础上，航空工业哈飞研发了适应高温高原环境的 Y-12E 以及新一代多用途涡桨运输机 Y-12F。Y-12E 是在 Y-12 Ⅳ型飞机基础上改进的，于 2001 年 12 月 31 日取得民航总局颁发的型号合格证；Y-12F

在 Y-12 基础上，大幅提高了飞机的舒适性、安全性和维修有效性，可搭载 19 名乘客，于 2015 年 12 月取得民航局颁发的型号合格证，2016 年 2 月取得 FAA 颁发的型号合格证。Y-12F 飞机如图 7-5 所示。

图 7-5　Y-12F 飞机

小鹰 -500 是由航空工业第一飞机设计研究院设计、中航通飞华北飞机工业公司生产，我国唯一按 CCAR-23-R2 规范进行设计、生产、试验试飞和适航取证并开始交付用户的 4 座、5 座轻型多用途飞机，具有完全自主知识产权。该机可用作初级教练机、私人飞机、旅游飞机和农林环保监测用机等。小鹰 -500 采用常规布局，即下单翼、全动平尾、前三点可收放式起落架式总体布局，动力装置选用美国莱康明的 IO-540-V4A5 型活塞式发动机，起降滑行间隔短，能够在小型机场甚至公路上轻松起降，飞机寿命达 10 000 飞行小时（20 000 个飞行起落），具有较好的性能和经济的使用成本，目前已交付国内外客户的有 80 余架。截至 2018 年年底，在民航局注册的小鹰 -500 飞机数量为 52 架。小鹰 -500 飞机如图 7-6 所示。

图 7-6　小鹰 -500 飞机

鲲龙-600（AG600）是我国自行设计研制的大型灭火/水上救援水陆两栖飞机，是世界上在研最大的水陆两用飞机，于2017年2月13日陆上成功首飞，2018年10月20日水上成功首飞。该机最大起飞质量为53.5t，最大航时为12h，大小与空客A320、波音737相当，采用单船身、悬臂上单翼、前三点可收放式起落架设计，配装了4台WJ-6涡轮螺旋桨发动机，配有综合航电系统、救援探测设备等，可用于应急救援、森林灭火和海洋巡察等方面。其一次汲水12t的时间不大于20s，一次最多可救护50名遇险人员。AG600飞机如图7-7所示。

图7-7 AG600飞机

山河SA60L（阿若拉）是山河科技自主设计与制造的一款单发双座轻型运动飞机。该机采用下单翼设计，主体结构采用碳纤维材料制作，最大起飞质量为600kg，最大航程为1 200km，具有运行成本低、起降场地要求简单、可实施陆地运输转场和续航时间长等特点，主要用于飞行培训、旅游观光和运动娱乐等领域。该机于2011年7月获得民航局颁发的型号合格证，是我国首个取证的国产轻型运动飞机。2019年7月8日，山河SA60L飞机获得FAA颁发的适航证；2019年8月20日，FAA正式将山河SA60L飞机纳入轻型运动飞机（SLSA）品牌/型号目录。山河SA60L飞机已发展出SA60L（标准型）、SA60L-T（高原型）、SA60L-is（电喷型）三种型号的标准版、航测版、遥感版、高原版和驱鸟版等多个机型版本，累计交付了上百架。山河SA60L轻型运动飞机如图7-8所示。

图 7-8　山河 SA60L 轻型运动飞机

GA20 是由冠一通飞于 2015 年开始研制的通用飞机，具有完全自主知识产权。GA20 为单发四座螺旋桨通用飞机，搭载了国际主流的先进动力和航电系统，采用轻质全碳纤维螺旋桨，以金属为主、碳纤维复合材料为辅的机身机翼结构，最大续航里程可达到 1 200km，巡航速度可达 265km/h，爬升率达到 5m/s，可用于飞行培训、旅游观光和私人飞行等多种用途。该机于 2018 年 9 月 19 日在南昌高新区航空城首飞成功，目前正进入取证试飞阶段。GA20 飞机如图 7-9 所示。

图 7-9　GA20 飞机

7.3.2　直升机

直 -9（Z-9）是航空工业哈飞于 1980 年 10 月引进法国 SA-365N 型“海豚”专利研制生产的双发轻型多用途直升机。该机有三种型号：Z-9，最初利用“海豚”专利生产的型号；Z-9A 是继 Z-9 后继续研制生产的型号；Z-9A-100，国产型。目前，Z-9 民用型直升机已升级为 H410 型多用途机，换装法国透博梅卡公司生产的“阿赫耶 2C”发动机后的 H410A 于 2000 年开始改型研制，2002 年获得民航局颁发的型号合格证。H410A 型以运输型为基本型，包括警用型、海监型等多个型号。航空工业哈飞以 Z-9 为基础研制开发了适应市场需求的 4t 级多用途双发民用直升机 H425（后改名为 AC312），该机的最大起飞质量为 4 250kg，最大客座量为 9 人，于 2004 年 12 月获得 CAAC 颁发的型号合格证。目前最新的 AC312E（H425-100）采用单旋翼、涵道尾桨的布局形式，配备高集成度的航电系统、数字式自动飞行控制系统等，具有良好的高温高原性能，可用于应急救援、公务执法和海上石油等领域。AC312E 直升机如图 7-10 所示。

图 7-10　AC312E 直升机

AC311 是航空工业直升机设计所设计、昌河飞机工业（集团）有限责任公司（简称昌飞公司）生产的 2t 级轻型民用直升机。AC311 直升机是以 Z11MB1 直升机为基础的最新改进型直升机，最大起飞质量为 2 200kg，可乘坐 6 人。该机于 2012 年 6 月取得 CAAC 颁发的型号合格证，采用全数字化设计和制造技术，机身和旋翼系统选用国产复合材料，装配 1 台 Honeywell 公司的 LTS101-700D-2 发动机或国产 WZ-8D 发动机，具有寿命长、可靠性高和使用维护成本低等特点，可广泛应用于边防巡逻、公安执法、抢险救灾、医疗救护、新闻采访、护林防火和观光旅游等领域。其高原型 AC311A 换装了 ARRIEL 2B1A 发动机，于 2016 年 8 月 16 日获得 CAAC 颁发的型号合格证。AC311A 直升机如图 7-11 所示。

图 7-11　AC311A 直升机

AC313 实际系列编号为 Z-8F100，由航空工业直升机设计所和昌飞公司共同研制，是我国第一个完全按照适航条例规定的要求和程序进行研制的大型运输直升机，采用单旋翼带尾桨、并列双驾驶构型，配有前三点不可收放式起落装置，配装了 3 台涡轴发动机，最大起飞质量为 13.8t，可搭载 27 名乘客。该机具有安全性高、空间大和运载能力强等特点，适合在海洋气候条件和其他复杂恶劣环境下使用，于 2013 年下半年取得 CAAC 颁发的型号合格证。AC313 直升机如图 7-12 所示。

图 7-12　AC313 直升机

AC352 是由航空工业哈飞与空客直升机公司联合研制的先进中型（7t 级）多用途直升机，采用宽机身、单旋翼带尾桨、前三点可收放轮式起落架设计，常规气动布局，最大起飞质量为 7.5t，可搭载 14 ～ 16 名乘客。该机装配了 2 台由中法联合研制的涡轴 16（WZ16）发动机，于 2016 年 12 月 20 日首飞成功。AC352 直升机如图 7-13 所示。

图 7-13　AC352 直升机

7.4　新技术新业态

7.4.1　无人机

1．行业概述

无人机是利用无线电遥控设备和自备的程序控制装置操纵的不载人飞机，包括无人直升机、固定翼飞机、多旋翼飞行器、无人飞艇和无人伞翼机，也包括临近空间飞行器，如平流层飞艇、高空气球和太阳能无人机等。无人机可以在无人驾驶的情况下完成复杂的空中飞行任务和各种载荷任务，可以将其看作“空中机器人”。

按照不同平台构型来分类，无人机主要有固定翼无人机、无人直升机和多旋翼无人机三大类，其他小种类无人机还包括伞翼无人机、扑翼无人机和无人飞船等。固定翼无人机是军用和多数民用的主流无人机，最大特点是飞行速度较快；无人直升机是灵活性最强的无人机，可以原地垂直起飞和悬停；多旋翼无人机是消费级和部分民用用途产品的首选，操纵简单，成本较低。

按不同使用领域来划分，民用无人机可分为工业级和消费级两大类，两类在性能要求方面各有偏重。

无人机产业是一个新兴的高科技产业，近年来从军用领域向民用领域快速扩展，市场潜力巨大。当前，世界各国都在积极拓展无人机的应用范围，随着技术的发展及低空空域的开放，我国无人机应用领域也越来越广，民用无人机产业呈爆发式增长态势。目前在航拍测绘、农业植保、娱乐自拍、快递运输、应急救援、观察监测、新闻影视和电力巡检等领域应用，大大拓展了无人机的应用范围并延伸了产业链。

2. 产业不断实现突破性发展，部分领域形成优势

一是无人机产业持续快速发展。在巨大的市场牵引下，我国无人机产业持续快速发展，2014—2017 年，我国无人机产业的产值复合增长率达 80% 以上。我国民用无人机制造企业数量增长迅猛，从 2013 年的 130 余家增加至 2019 年的 1 200 余家，占到了全球市场的 70%。2017 年，无人机出口额约 110 亿元，企业年产量超过 300 万架，同比增长 67%，国内保有量近 100 万架。我国深圳地区依托强大的电子零部件等产业配套能力、机械电子加工制造能力，以及优越的创新环境和发达的资本市场，已经成为全国无人机产业最密集的研发和生产基地，无人机产业几乎保持每年翻番的增长速度。2017 年，深圳市无人机整机生产企业已超过 300 家，全年出口无人机 258.1 万架，无人机产值超过 200 亿元。北京市无人机发展也同样有特色，依托强大的科研、人才等资源，形成了从无人机整机设计与集成、核心零部件和系统研制、无人机反制技术装备研发到无人机应用等的完整产业链。2017 年，北京有无人机企业 38 家，产值规模约 10 亿元。我国无人机产值规模及预测如图 7-14 所示，根据当初的预测，2017 年无人机产值规模预计为 120 亿元，而实际达到了 230 亿元，发展情况远好于当初的预测。

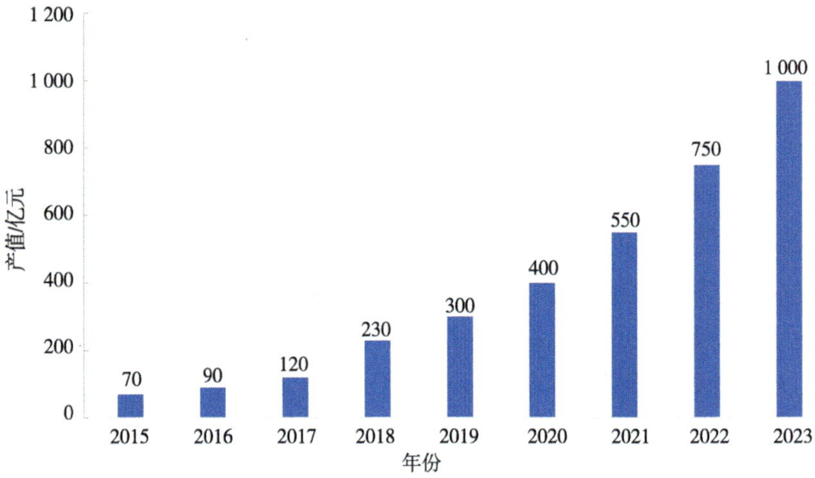

图 7-14　我国无人机产值规模及预测

二是出现了一批具有优势的龙头企业。我国除西工大、中航工业、航天科技等传统无人机研制生产单位外，近两年在民用消费娱乐类无人机领域迅速崛起了大疆、一电、零度、亿航、极飞和壮龙等一批领军的整机制造及行业应用服务企业。2017 年，大疆公司的无人机年销售量超过 200 万架，销售收入达 180 亿元；其消费级无人机已经占据了全球 70% 以上的市场份额，主要产品 80% 出口到欧美等发达国家，大疆公司也因此被权威商业杂志《Fast Company》评为 2015 年“全球十大消费类电子产品创新型公司”之一，2017—2019 年连续三年被美国《机器人商业评论》评为“全球最具影响力的机器人公司”之一；在国内，大疆公司的无人机整机及其飞行控制系统产品占据了 90% 以上的市场份额。大疆公司的运行数据显示，2019 年，大疆公司的产品在国内联网飞行已超过 256 万 h，总飞行里程达到 1 950 万 km。除了在全球消费级无人机市场占据霸主地位外，大疆公司也在积极拓展工业级无人机市场，2019 年大疆公司的农业质保无人机保有量突破 4 000 台，累积作业面积超过 2.3 亿亩（1 亩 =666.7m^2）。同时，我国无人机领域也出现了纵横、拓攻和无距等一批专业飞行控制系统生产及解决方案供应商。京东、顺丰、邮政快递、圆通等快递巨头企业也开始进入无人机领域，从事无人机产品开发、物流应用等，不断引领物流无人机的发展。

三是产品技术创新及安全性能水平不断提高。当前，我国消费娱乐类无人机控制系统技术已居于全球领先水平，大疆公司不断创新的无人机产品及其手势控制、指点飞行、精准悬停、飞控实时诊断和多传感器智能导航等技术，将继续引领全球消费级无人机发展。以深圳 AEE 一电科技为代表的一些行业应用类无人机企业经过自主研发或集成创新，所生产的产品的续航能力、价值含量等不断提高，一些产品迅速取得突破，甚至填补了我国在此方面产品的空白，企业技术水平、行业地位及影响力显著提高。截至 2017 年年底，我国无人机飞行控制系统的生产企业已有 203 家，排名前 5 位的大疆、纵横、极飞、拓攻和零度所生产的飞行控制系统市场占有率超过 30%。支持自主起降的无人机分别占产品种类和总产量的 80.8% 和 94.2%。同时，主要企业产品的电子围栏技术和在线验证激活飞行、失控自动锁定以及无人机实时在线监控等安全防范技术已基本成熟，已有 6 个无人机云系统获得民航局批准；全国无人机企业的产品支持身份识别，装有智能芯片，可实现主动避障的产品产量份额已达到 80% 以上。

3. 产业市场前景广阔，成为消费投资热点

随着全球无人化、智能化趋势的不断增强，专业作业领域应用的无人航空器也将成为未来的发展趋势，消费级无人机则逐渐成为热点电子消费产品，无人机产业持续受到市场关注。大疆、零度、极飞和深圳市科比特航空科技有限公司（简称科比特）等无人机生产企业纷纷实现了大规模融资，未来无人机用户的接受度、企业进入的积极性都将保持较高态势。近年来，全球民用无人机行业在融资规模和融资次数上都高速增长，2017 年，全球民用无人机企业共获得 110 次、约 5 亿美元的融资；与全球趋势一致，我国民用无人机投融资也呈爆发式增长态势，2017 年我国无人机行业的融资规模达到 18 亿元，占全球市场的近 60%；大疆的 10 亿美元竞价融资也火爆了资本市场。同时，随着导航、飞行控制和发动机等相关技术的不断成熟，成本逐步下降，无人机将广泛应用于农业植保、森林防火、电力巡检、石油管道巡检、防恐救灾、地质勘探和海洋遥感等领域，潜在市场空间极大，预计未来 10 ～ 20 年，无人机将步入发展的黄金时期。据《工业和信息化部关于促进和规范民用无人机制造业发展的指导意见》，到 2025 年，国内民用无人机市场规模将达到 1 800 亿元，年均增长率超过 25%。其中，预计航拍市场规模约 300 亿元，农林植保、石油和电力巡线等领域规模约 500 亿元，其他零部件、配套产业及延伸服务产业规模将达到 1 000 亿元。

据物流国家工程实验室与圆通研究院共同发布的《无人机现在与未来——前景解析与快递物流业应用》报告，未来无人机将在技术、应用和大数据三个方面获得拓展。一是技术演进，随着芯片、电机、能源介质等基础技术的升级，无人机将会在更多领域实现价值。二是应用拓展。越来越多的实体行业将依赖于空间领域的开发。需求端驱动无人机行业发展，无人机的应用更为广阔，尤其在物流配送等方面，无人机有较大规模的应用需求。三是大数据入口。无人机作为空中传感器，提供了一种立体化的全新数据获取方式，未来无人机不论在什么行业应用都将会为该领域的数据累计提供帮助，随着传感技术的进一步发展，无人机使世界万物数据化成为了一种可能。四是智能延伸。无人机作为人工智能的载体之一，在未来智慧城市、智慧家庭、工业 4.0 和物联网等领域将成为人类智慧发展的关键抓手。

4. 安全飞行十分紧迫，监管要求不断提高

一是无人机不安全事件频发已影响到产业健康发展。近年来，无人机不安全事件频发，引起了社会高度关注。特别是一些消费级无人机，其制造门槛低、获取容易，飞行时又难以被发现，不仅用于非法测绘、侵犯隐私，甚至走私物品等航拍活动，而且还对敏感区域和重大会议活动构成威胁，还会出现掉落伤人事件，如美国白宫、法国爱丽舍宫、俄罗斯克里姆林宫、日本首相官邸和韩国青瓦台等均出现了小型无人机飞过或掉落的事件。特别是大量由非正规厂家生产的不具备基本安全防范技术条件的无人机，违规飞行的安全隐患更大。我国也深受影响，2015年全国共发生无人机扰航事件4起，2016年猛增至23起。2017年，全国各地多个机场发生无人机入侵事件，严重危及航空运输飞行安全及社会公共安全，其中，仅成都双流机场就连续发生了十几起无人机扰航事件，导致百余个航班备降，数万名旅客滞留。由于缺少此方面的标准、制度及管控技术手段，一些地方为应对“黑飞”事件，出台了全域禁飞、起飞即抓等较为严厉的管控措施，对产业健康持续发展造成了一定影响。

二是管理制度顶层架构尚不健全，法规标准仍缺失。无人机作为快速发展的新兴产业，行业管理制度和标准规范滞后于市场发展的现象日益显现。无人机从生产到使用，涉及研制生产、销售流通、空域管理、飞行运行和人员培训等环节。目前，我国在此方面的法规尚未发布，在无人机管理中还缺乏强制执行的依据和可操作的标准。各部门的职能仍存在交叉重复现象，监管内容也不明确，对于如何促进并规范无人机这一产业发展，相关部门采取的方式、措施也不一致，给产业发展带来了困难。如现行空域使用和飞行体验规则还很不健全，空域申请等流程十分复杂，计划申报成本高，很多无人机操作者的安全意识薄弱，很少有飞行爱好者去申请空域使用权，使“黑飞”仍然非常普遍。无人机生产企业的安全防范技术已成熟，但缺乏行业标准来规范，缺少应用依据。一些地方政府出台的较为严厉的管控措施也缺乏上位法依据，致使无人机的能飞可飞环境不佳。这就需要尽快建立完善的无人机安全飞行法规标准、制度措施等来确保无人机“看得见、管得住、查得着”，既保障空域安全，也尽可能多地给予无人机用户自由飞行的权益，促进无人机行业的健康发展。

三是缺乏有效的安全管控技术手段。从当前阶段来看，对无人机飞行的约束不断增加，飞行环境越来越严苛，最主要的一个原因就是缺乏有效的能够确保其安全飞行的技术管控手段。目前，出现安全事故的主要是一些体积小、升空快和飞行高度低的轻小型无人机，这类无人机依托现有的雷达探测、无线电监测等技术很难被发现，一旦出现“黑飞”或影响安全的事情，发现后处置也很困难。这些无人机与航模相比，在飞行高度、速度和机体重量等方面存在相似之处，但在构造、用途和操控方式等方面存在明显差异，特别是无人机的用途广、数量大并且构型种类多，在农林植保、物流快递、航拍航测和警用安防等领域都可以用，不适合采用航空俱乐部的管理方式。民航局虽已批准了可以利用各类云平台管理系统实时监视无人机飞行，但仍缺少对无人机飞行过程的探测、识别、监视、控制及反制等全过程管控的技术手段，云平台主要还是由民营企业运营，缺乏公共属性，也缺乏统一性，而国家统一的监管服务平台的使用主体还不明确。同时，无人机系统的防破解、防改装和防反制等技术手段也不健全，给无人机安全飞行带来了潜在隐患。

7.4.2 电动航空

电动飞机是继多电飞机概念后航空界在驱动系统上进行的一场更具颠覆性的能量革命，从动力形式上彻底改变了传统飞机的能量系统。与使用燃油发动机的传统飞机相比，电动飞机具有效率高、排放低、噪声低的显著优势，可以有效地解决传统飞机推进系统带来的噪声、污染排放问题。

1. 我国电动飞机发展环境

（1）政府高度重视　2017 年 5 月，科技部和交通运输部联合发布的《“十三五”交通领域科技创新专项规划》中指出，“十三五”期间交通领域科技创新的两大发展重点首先就是新构型新能源通用飞机技术。规划要求，开展高效绿色轻型多用途通用飞机总体综合设计及系列化、模块化设计技术，通用飞机新概念布局设计技术研究，研究新能源电动飞机电推进系统技术，通用飞机轻质、高效整体化结构设计与制造技术，研制新能源电动飞机和先进通用航空轻型飞机，提升高效绿色轻型多用途通用飞机型号研发水平，发展我国通用航空战略新兴产业。另一发展重点是新概念新布局无人运输机及现有机型无人化技术，包括针对翼身融合布局 / 支撑翼布局等新构型与燃料电池、氢燃料、混合动力等新能源无人运输机概念方案。

（2）管理部门积极制定相关政策　2019 年以来，民航局先后发布了与 eVTOL（电动垂直起降）飞行器相关的重要文件，包括《基于运行风险的无人机适航审定的指导意见》和《特定类无人机试运行管理规程（暂行）》，从政策上为 eVTOL 型航空器的适航和运行建立了框架。eVTOL 机型已经可以依照这两个文件在我国开展试运行。

2019 年 10 月 16 日，在石家庄市举行的电动航空论坛上，有多家单位联合发起的“电动航空适航标准专业委员会”宣告成立。2019年11月26日，电动航空适航标准专业委员会第一次会议在北京召开，会议审议通过了《电动航空适航标准专业委员会章程》。

（3）伴随着我国交通业电气化的整体发展，航空业应顺势而为　交通业电气化在我国发展迅速，自2015年以来，我国已成为世界上最大的电动汽车消费市场，我国发展成熟的巨大电动交通市场为电动航空发展奠定了良好的政策、技术、用户心理、社会舆论和市场基础。电动航空特别是以垂直起降机型为引领的城市空中交通应用符合电动汽车产业提倡的电动大交通和空地一体化发展方向，以及智慧城市的总体规划要求。

2. 我国电动飞机发展现状

我国在电动飞机领域也开展了多项技术研究与产品研发工作。在基础技术领域，依托电动汽车行业的研究成果，锂电池的能量密度已接近300W • h/kg，处于世界先进水平；我国已开发出针对轻型运动飞机、城市空运飞行器等的相关电动飞机产品，典型的产品包括已取得适航证的RX-1E轻型运动飞机等，并对短途运输电动飞机进行电动化布局；我国的研究院所、相关科研机构及各大高校开展了新概念飞机的布局和关键技术的研究，在未来支线和干线飞机的总体布局方案、电推进系统、超导动力传输等方面开展了相关研究工作。

（1）锐翔双座电动轻型运动飞机RX-1E　RX-1E飞机是辽宁锐翔通用飞机制造有限公司研制的我国第一架新能源并排双座通用飞机，在2012年珠海航展上首次亮相。该飞机采用纯锂电电池作为动力源，通过稀土永磁电动机驱动螺旋桨作为动力。采用大展弦比、上单翼、前三点固定起落架的布局形式，机长6.61m，翼展14.5m，T形尾翼。采用机械式飞行仪表与电子数显动力仪表相结合的配置，采用以推 / 拉钢索为主的操纵系统。机体结构全部采用碳纤维增强复合材料，可承载2人，采用功率为30kW的A37K154发动机，续航时间为45min～1h，最大起飞质量为500kg，最大商载荷为162kg，最大平飞速度为150km/h，巡航速度为120km/h，最大飞行高度为3 000m。

RX-1E飞机创下了国内多个首次，是国内第一架具有自主知识产权的新能源轻型运动飞机，是民航局受理适航审定的第一架电动轻型运动飞机，是全球第一架按ASTM标准完成适航审定验证试验的双座电动轻型运动类飞机，也是全球唯一取得型号设计合格证和批量生产许可证的双座电动轻型运动飞机。锐翔双座电动轻型运动飞机RX1E如图7-15所示。

图 7-15　锐翔双座电动轻型运动飞机 RX1E

（2）锐翔增程型双座电动轻型运动飞机 RX1E-A　RX1E-A 是锐翔 RX1E 的增程型，于 2017 年 11 月首飞，2018 年 10 月 19 日取得民航局颁发的型号设计合格证（TC）。

锐翔 RX1E-A 的最大平飞速度为 160km/h，巡航速度为 110km/h，巡航高度为 1 000m，实用升限为 3 000m，动力飞行最大续航时间为 90min，最大航程为 180km，起飞滑跑距离为 330m，着陆滑跑距离为 380m，最大起飞质量为 600kg，最大商载荷为 160kg。锐翔增程型双座电动轻型运动飞机 RX1E-A 如图 7-16 所示。

图 7-16　锐翔增程型双座电动轻型运动飞机 RX1E-A

（3）昊翔 E430 双座电动载人飞机　昊翔 E430 是香港特别行政区昊翔电能运动科技有限公司（YUNEEC）研发的双座电动载人飞机，得到了德国联邦共和国超轻型飞行员协会（DULV）的批准并获得适航证。

昊翔 E430 装备有 1 台功率为 48kW 的降噪电动机，最大噪声为 45.5dB，最大飞行速度为 198km/h，飞行时间可达 2h。每小时运行成本为 6.6 美元，仅为双人座燃油螺旋桨飞机运行成本的 1/10。昊翔 E430 双座电动载人飞机如图 7-17 所示。

图 7-17　昊翔 E430 双座电动载人飞机

（4）亿航 184 自动驾驶飞行器　亿航 184 是由广州亿航智能技术有限公司独立自主研发制造的纯电动低空中短途载人级自动驾驶飞行器，2016 年在美国消费电子展（CES）上首次发布。截至 2019 年 4 月，该飞行器已经完成超过 2 000 架次的载人飞行。

亿航 184 的机长和宽度均为 4m，采用环氧基碳纤维增强复合材料和航空铝合金制造，采用 8 组电池驱动 4 组 8 个螺旋桨为飞行器提供动力，并进行了动力方面冗余设计。该飞行器的起飞和降落均为垂直向，以起始点和目标点的经纬度为依据做点对点直线飞行。亿航 184 自动驾驶飞行器如图 7-18 所示。

图 7-18　亿航 184 自动驾驶飞行器

3. 电动飞机对我国通用航空发展的重要意义

（1）有利于实现通用航空技术的跨越式发展　电动飞机引领的绿色能源新型航空产业将为我国航空业带来前所未有的发展机遇。我国航空企业与欧美企业在传统领域开展竞争面临较大困难，但在电动航空领域，目前全球所有参与企业的发展水平差距不大，以电动航空技术引领的技术革新为契机，我国航空业有望在特定领域快速赶上世界先进水平。对于我国航空业和相关企业来说，这是参与世界范围内航空技术创新的难得的历史机遇。

（2）有利于带动多领域融合创新发展　电动航空技术的产业链和价值链都较长，涉及的电池、混合动力、各类传感器、自主飞行控制、空地数据链和集群空管等技术与自动驾驶、人工智能、5G 网络和电动大交通等多个领域的技术密切交集，可以实现融合创新发展，带动我国高端制造业整体科研制造水平的提高。

第 8 章　通用航空运营

从功能属性看，通用航空兼具生产工具、交通工具、消费工具和社会公共服务工具的属性。其中，生产工具属性主要指通用航空能够为经济建设提供高效的作业飞行，包括各类工农林牧渔作业飞行；交通工具属性主要指通用航空能够作为综合交通运输体系的组成部分承担运输功能，包括短途运输和公务航空等；消费工具属性主要指通用航空能够作为承载消费升级需求的工具，满足社会公众的高端消费需求，包括各类航空消费、体验和娱乐类飞行，如低空旅游、航空运动、航空跳伞和私人飞行等；社会公共服务属性主要是指通用航空能够为应急救援、医疗救助、治安防范、环境监测和交通管理等提供作业飞行。因此，依据飞行作业的服务对象和性质，通用航空运营服务可大致分为航空作业、公共服务、航空消费和培训飞行等细分类型。

8.1　总体发展情况

2011—2019 年，我国通用航空飞行总量总体保持了较快发展态势，年均增速超过 10%。2019 年，通用航空飞行总量为 107.9 万 h，同比增长 15.1%。其中，通用航空消费类飞行增长最快，同比增长 35.7%；飞行培训类飞行同比增长 27.1%；包机、短途运输和工业作业类飞行同比分别增长 14.1% 和 10.3%。农业和应急类服务类飞行均出现一定程度萎缩，同比降幅分别为 4.5% 和 8.2%。2011—2019 年通用航空飞行总量增长情况如图 8-1 所示，2018—2019 年不同作业类别飞行量分布如图 8-2 所示。

据民航局发布的《2019 年通用和小型运输运行概况》，截至 2019 年年底，我国有 424 家实际运行的通用及小型运输航空公司，飞行从业人员 3 599 人（含中国籍飞行员 3411 人，外籍飞行员 58 人），注册航空器 2 368 架。实际在运行的通用及小型运输航空公司数量趋势图如图 8-3 所示。

图 8-1　2011—2019 年通用航空飞行总量增长情况

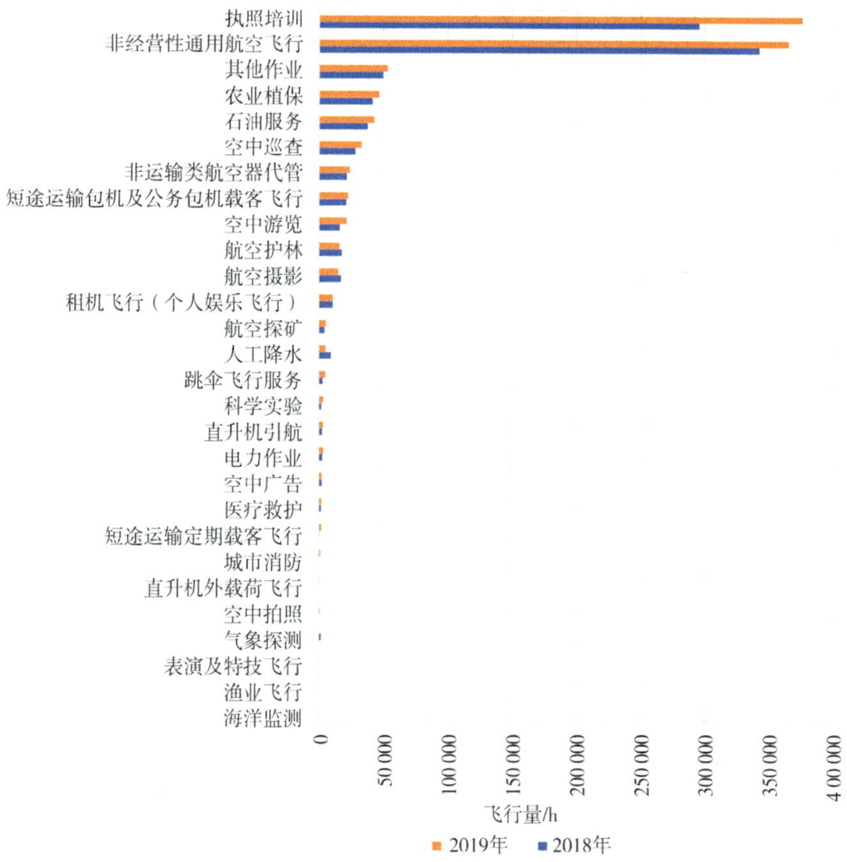

图 8-2　2018—2019 年不同作业类别飞行量分布

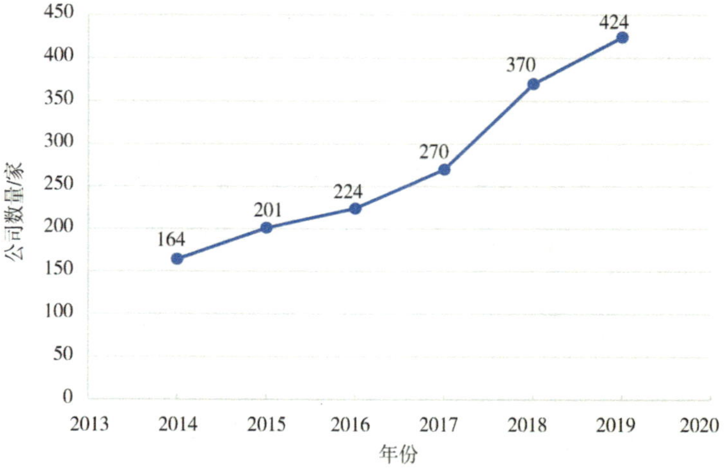

图 8-3　实际在运行的通用及小型运输航空公司数量趋势图

8.2　细分业态发展情况

8.2.1　生产作业

1. 工业作业

2009—2019 年，工业航空作业总体保持了快速增长态势，年均增长 7.2%，其中，在工业航空作业中占比最高的海上石油作业和航空摄影年均增速分别为 3.7% 和 5.4%。2018 年工业航空作业首次突破 10 万 h，2019 年达到 10.6 万 h，起降 9.6 万架次，全年共计 138 家企业参与工业通用航空服务，平均作业飞行时间为 764h，但中位飞行时间仅为 109h。

在海上石油作业领域，受地缘政治和国际局势影响，国际油价在低价位徘徊，我国原油进口量大幅增长，国内原油生产的热情受到抑制，受此影响，海上石油作业从 2015 年起呈现下降态势，2014—2017 年年均降幅达到 9.8%。但从 2018 年起，海上石油作业恢复增长，飞行量同比增长 15.4%，2019 年同比增长 13.1%，达到 4.29 万 h，复苏态势明显。

航空摄影除个别年份出现下降外，总体保持了较快的增长态势，显示出旺盛的市场需求态势。2019 年，航空摄影飞行量达到 1.53 万 h。2011—2019 年工业航空作业增长情况如图 8-4 所示。

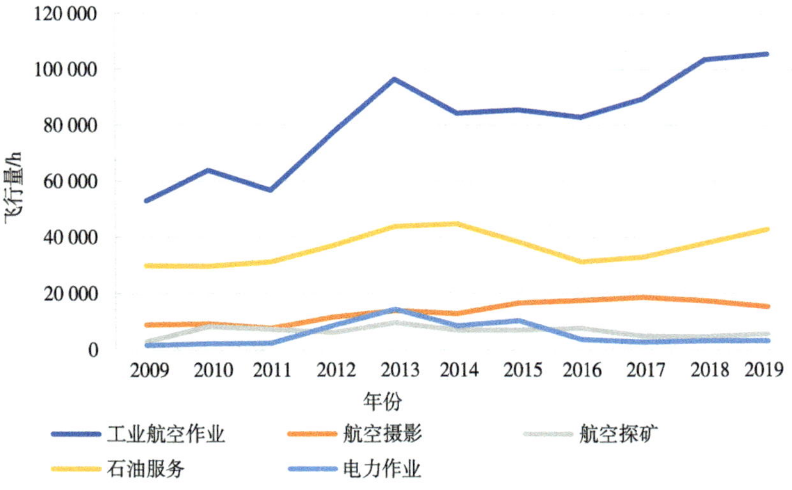

图 8-4　2011—2019 年工业航空作业增长情况

2. 农林作业

2009—2018 年，农林航空作业年均增长 11.4%，呈现快速发展态势。但 2019 年农林作业量同比出现下降，飞行总量 5.01 万 h，同比下降 27.7%。其中，人工降水飞行量为 0.54 万 h，航空护林飞行量为 1.61 万 h，农业植保飞行量为 2.86 万 h。通用航空农林业作业量下降的一个主要原因是无人机作业逐渐在代替有人驾驶航空器作业。2011—2019 年农林航空作业增长情况如图 8-5 所示。

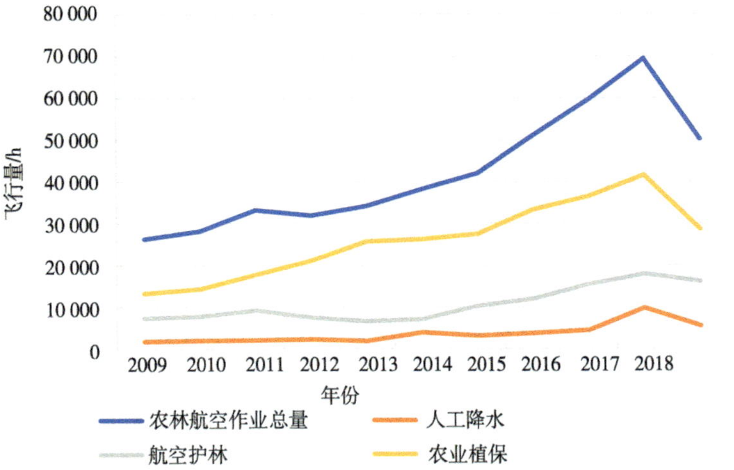

图 8-5　2011—2019 年农林航空作业增长情况

8.2.2 公共服务

1. 通用航空短途运输

通用航空短途运输是指通用航空企业以通用航空包机形式，使用 30 座以下的民用航空器（初级类航空器除外），按照约定的时间、始发地和目的地，为顾客或用户提供的不定期载客及货邮运输服务。

即使在交通运输体系发达的国家也存在一些交通不便的地区，通用航空短途运输在这些地区发挥着不可替代的作用。例如，美国阿拉斯加州的面积为 171 万 km^2，人口为 72 万人，地面交通不便，矿产富饶和景点众多，为解决居民基本出行需求并兼顾开展低空旅游等消费业务，全州共有通用机场 734 个、跑道 1 200 多条、通用航空器 5 526 架。与陆路交通方式相比，通用航空短途运输具有以下特点：①建设门槛低。与地面交通的高速公路、高铁相比较，一个小型通用机场的建设成本约为 2km 高速公路或 1km 高速铁路的建设成本。②受地形地貌限制较小。通用航空短途运输作为贯通起降两地空中路径的交通运输方式，仅需在起降位置合理布设机场即可开展运输作业，除考虑净空以外，基本不受地面条件限制，因而在地形、地貌限制较多的地区，更利于发挥其自身优势。③成本低、安全性好、适用灵活。我国西部、东南沿海岛屿地广人稀，交通需求相对分散且总量偏小，在上述地区使用传统公路、铁路等交通方式投入成本高，运行效率低，且出行安全性差，并不能很好地解决当地出行问题。通用航空短途运输以其成本低、安全性好等优势，较好地满足了当地出行需求，也不易造成资源的浪费。

2019 年，我国通用航空短途运输和包机飞行全年共计完成 2.52 万 h，同比增长 15.6%；飞行 1.98 万架次，同比增长 35.6%；搭载乘客 10.74 万人次，同比增长 51%；载货量为 100.6 万 t；全国共有 62 家企业参与运营，平均飞行时间为 405.7h。

目前，国内多个地区在通用航空短途运输领域开展了试点工程，区域性的短途运输网络初步形成。其中，内蒙古开通了十余条短途运输航线，与满洲里、海拉尔和鄂尔多斯等支线机场连通，打造了覆盖呼伦贝尔、锡林郭勒、鄂尔多斯和阿拉善地区的短途运输网络；“江西快线”已实现空中巴士常态化运营，首先飞往“老少边穷”地区，随后逐步形成打通干线、连接支线机场和通用机场网络，未来“江西快线”网络最终将延伸至重点景区、工业园区和有条件的城区；新疆开通了 4 条航线，初步覆盖了阿勒泰和伊犁地区；浙江舟山形成了以普陀山机场为基地，覆盖周边的岛际航空网络，极大地改善了位置偏远、交通不便地区的出行条件，对促进地区经济社会发展具有重要意义。我国已开通的短途运输航线（部分）见表 8-1。

表 8-1　我国已开通的短途运输航线（部分）

序号	航线（往返）	地区	性质	执飞机型
1	思茅—景迈	云南	通勤	DHC-6 双水獭 400 型
2	富蕴—喀纳斯	新疆	旅游摆渡	大棕熊 100
3	嫩江—漠河	黑龙江	短途运输	运 -12
4	霍林郭勒—锡林浩特	内蒙古	短途运输	PC-12 型
5	乌拉特中旗—呼和浩特	内蒙古	短途运输	PC-12 型
6	丹凤—运城	陕西、山西	短途运输	赛斯纳 208
7	富蕴—阿勒泰	新疆	短途运输	大棕熊 100
8	西双版纳—澜沧	广西	短途运输	DHC-6“双水獭”
9	肇东—佳木斯	黑龙江	短途运输	大棕熊 100
10	嫩江—哈尔滨	黑龙江	短途运输	空中国王 350
11	嫩江—黑河	黑龙江	短途运输	空中国王 350
12	普陀山—黄山	安徽、浙江	短途运输	赛斯纳 208
13	海拉尔—阿尔山	内蒙古	短途运输	空中国王 350
14	荆门—武汉	湖北	短途运输	—
15	包头—阿拉善左旗	内蒙古	短途运输	空中国王 350

2. 航空医疗救护

航空医疗救护飞行是使用装有专用医疗救护设备的民用航空器，为紧急施救患者而进行的飞行活动。主要在专业的航空及医疗人员共同参与下，使用航空器对急、危、重症伤病员或大型突发事件伤员进行空中快速救援或转运。

从任务模式看，航空医疗救护主要分为两类：一是运送伤员或人体器官，二是运送医疗救护力量。其中，运送伤员或人体器官是指使用通用航空器把救护对象或人体器官快速运送至最合适的医疗机构，通用航空器不仅作为交通运输工具，还作为飞行过程中重要的医疗救护工作平台；运送医疗救护力量是指使用通用航空器将医疗救护力量运送至救护现场，一般空运的是医疗队或物资等，通用航空器主要发挥运输工具的作用。

航空医疗救护是将通用航空与医疗卫生紧密结合后形成的业务类型，是能够充分发挥通用航空运输工具属性，具有明显的公共服务性质的作业类型。与传统的地面医疗救护方式相比，航空医疗救护具有速度快、机动灵活等优点，同时也受到空中管制、气象条件、起降机场、地面保障条件和病患伤病情等因素的限制。与通用航空其他业务类型相比，航空医疗救护涉及的医疗操作与设备设施较多，专业化程度较高。

2019 年，我国航空医疗救护飞行量为 2 395h，同比增长 9.7%；起降 3 298 架次，运送病人 4 652 人次。2005—2019 年我国航空医疗救护飞行量如图 8-6 所示。

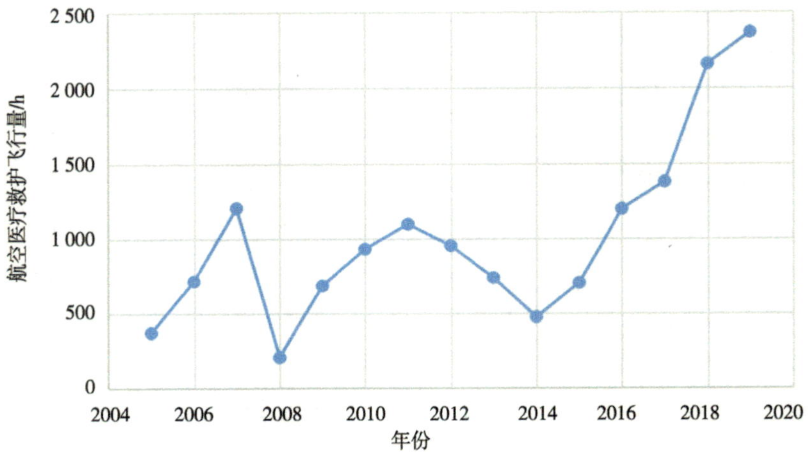

图 8-6　2005—2019 年我国航空医疗救护飞行量

近年来，国家各部委及民航局出台的多项政策文件中提出要加快推动航空医疗救护发展，发挥通用航空在民生保障领域的作用。2016 年，国务院办公厅《关于促进通用航空业发展的指导意见》，要求在自然灾害多发等地区以及大型城市等人口密集、地面交通拥堵严重地区建设通用机场，满足抢险救灾、医疗救护、反恐处突与公共管理等需要。《通用航空“十三五”发展规划》（2017 年）鼓励符合条件的通用航空企业积极开展医疗救护作业，培育医疗救护骨干企业。支持推广政府支持、通用航空企业运营、保险业及医疗机构等参与的商业模式，促进行业管理部门与医疗管理部门的协作等。《国家突发事件应急体系建设“十三五”规划》（2017 年）提出，要依托现有优质医疗卫生资源和通用航空企业等，在全国分区域建设一批国家航空医学救援基地，重点强化航空医学救援、航空器加改装、直升机起降点、培训演练等设施装备建设。建立健全通用航空企业、保险机构等参与航空医学救援机制，带动形成社会化航空医学救援体系等。《关于建立应急救援飞行计划申请绿色通道的通知》（2017 年），要求在申请时间上，所有涉及应急救援飞行计划的申请，不设申请时间限制，申请人可根据紧急程度随时申请应急救援飞行；对于情况紧急的医疗救助活动，可采取先“受理飞行计划、后补交医疗证明”的方式。2019 年，民航局和国家卫健委联合印发《航空医疗救护联合试点工作实施方案》，选取北京市、河北省、辽宁省、上海市、江苏省、浙江省、山东省、湖北省、广东省、重庆市、四川省和陕西省的 71 家医院和院前医疗机构开展试点工作，探索完善医疗机构与通用航空运营单位间信息沟通、协同联动的机制，为医疗机构开展航空医疗救护业务建立完善的相关标准规范体系，为完善航空医疗救护体系和提升建设能力积累经验。

3. 航空应急救援

（1）航空应急救援体系建设历程　自 2008 年汶川地震以来，通用航空在应急救援中的作用逐渐得到重视，参与广度和深度不断提升，通用航空的公共服务能力不断显现。

2008 年，汶川地震以后，国内 27 位中国工程院、中国科学院院士联名上书，建议尽快建设我国航空抗灾救援体系，这是国内首次系统提出建立航空应急救援体系的建议。

2012 年，由国务院应急办牵头，国务院办公厅印发了《国家航空应急救援体系建设“十二五”规划》，这是国内首次系统地针对航空应急救援制定的宏观规划。

2016 年，国家卫计委制定了《突发事件紧急医学救援“十三五”规划（2016—2020 年）》，提出到 2020 年年末，建立健全紧急医学救援管理机制，全面提升现场紧急医学救援处置能力，有效推进陆海空立体化协同救援，初步构建全国紧急医学救援网络，有效满足国内突发事件应对需要，同时发挥我国在全球紧急医学救援中的作用。

2017 年，国务院办公厅印发《国家突发事件应急体系建设“十三五”规划》，提出到 2020 年，要建成与有效应对公共安全风险挑战相匹配、与全面建成小康社会要求相适应、覆盖应急管理全过程、全社会共同参与的突发事件应急体系。并提出通过委托代建、能力共建、购买服务、保险覆盖等方式，支持鼓励通用航空企业增加具有应急救援能力的直升机、固定翼飞机、无人机及相关专业设备，发挥其在抢险救灾、医疗救护等领域的作用。

2019 年 11 月 29 日，中共中央政治局进行第 19 次集体学习，习近平总书记对应急管理体系和能力建设做出重要指示，强调要加强航空应急救援能力建设，完善应急救援空域保障机制，我国航空应急救援体系建设进入大力推进的新时代。

2019 年，应急管理部加快推进《应急救援航空体系建设方案》的编制及相关建设工作。

我国航空应急救援体系建设历程如图 8-7 所示。

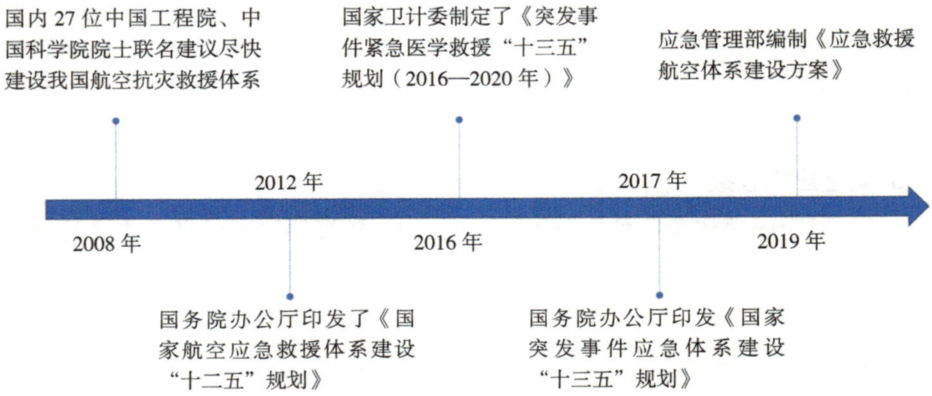

图 8-7　我国航空应急救援体系建设历程

从总体上看，近十年来，我国航空应急救援能力大幅提升，除军用航空和运输航空外，通用航空参与应急救援的广度和深度不断增加。2020 年，新冠肺炎疫情爆发以来，通用航空积极参与疫情防控工作，在其中发挥了重要作用。截至 2020 年 3 月 18 日，全国共有 140 家通用航空企业使用 963 架航空器执行了 345 次疫情防控任务，累计飞行 2 307h、6 992 架次，运送相关人员 63 人次，运送各类药品和物资 89t，开展航空喷洒作业 3 208 次，执行空中巡查任务 914 次，巡查面积为 4 881km^2，执行空中拍照作业 453 次、空中广告作业 640 次。其中在湖北地区共有 43 家通用航空企业使用 128 架航空器执行了 71 次疫情防控任务，累计飞行 508h、510 架次，运送各类药品和物资 78t。

（2）现有航空应急救援力量　除通用航空企业作为社会性航空救援力量外，我国目前在应急管理部、国家卫健委、交通运输部的下属企业已建立了多支成建制的航空应急救援队伍，在历次自然灾害和事故灾难救援中发挥了重要作用。

1）应急管理部消防救援局/森林消防局。应急管理部负责管理消防救援队伍、森林消防队伍两支国家综合性应急救援队伍，承担相关火灾防范、火灾扑救和抢险救援等工作，消防救援局、森林消防局分别作为消防救援队伍、森林消防队伍的领导指挥机关。消防救援局领导中华人民共和国综合性消防救援队伍，承担灭火救援和其他应急救援工作。森林消防局是应急管理部下设的组织机构，领导森林消防队伍承担相关火灾防范、火灾扑救、抢险救援等工作。

2）应急管理部南北方航空护林总站。南方航空护林总站成立于1961年，2018年7月由原国家林业局管理划至应急管理部管理。总站机关设在昆明，依托“总站”加挂有“南方森林防火协调中心”“西南卫星林火监测分中心”“西南森林防火物资储备中心” 和“南方森林航空消防训练基地”四块牌子，直属单位有成都、西昌、普洱、保山、丽江和百色6个航空护林站。目前，总站业务管理范围包括云南、四川、重庆、贵州、西藏、广西、广东、江西、河南、湖北、湖南、上海、江苏、浙江、安徽、福建、山东和海南18个省（自治区、直辖市），在12个省（自治区、直辖市）已经常态化开展航空森林消防业务，成立了21个航空护林站、50个季节性航空护林飞行基地，开辟航空护林航线333条，航线总长度116 798km，航空护林面积约247万km^2，约占我国国土总面积的25.7%。南方航空护林总站的主要航空应急救援方式有巡逻报警、吊桶洒水灭火、机腹洒水灭火、机降灭火、索降灭火、滑降灭火、火情侦察、空投空运、空中指挥、航空宣传和地空实训等。南方航空护林总站不仅要完成森林火灾扑救任务，还积极参与地震、洪灾、雪灾和医疗急救等应急救援工作，使用的主要直升机机型有M-26、M-171、M-8、K-32、H-MXA、H-225、H-125、EC-135、S-76、S-92、BELL-412、BELL-429和AW-139等，主要固定翼机型有Y-12、C-90和C-280等，以及长航时大型无人机和便携式小型无人机等。

北方航空护林总站成立于1952年，是在北方航空护林总站、北方森林防火协调中心、北方森林航空消防训练基地、东北森林防火物资储备中心、东北卫星林火监测分中心五块牌子一套班子管理机制下运行的机构，主要负责指导、指挥、协调和服务华北、东北、西北13个省份（北京、天津、河北、山西、内蒙古、辽宁、吉林、黑龙江、陕西、甘肃、青海、宁夏和新疆）的森林防火和应急救援相关工作。目前，北方航空护林总站中有8个省（自治区、直辖市）已经开展航空护林工作，天津、山西、甘肃、青海和宁夏尚未开展。北方航空护林系统现有26个航空护林站（北京、承德、根河、满归、海拉尔、扎兰屯、五岔沟、凉城、阿拉善、大连金普、敦化、哈尔滨、嫩江、黑河、幸福、伊春、佳木斯、牡丹江、加格达奇、塔河、宝鸡、延安、商洛、伊宁、阿勒泰和阿克苏），12 个起降点（红花尔基、二道白河、卧都河、麦海、新立、沾河、大平台、东方红、呼中、图强、韩家园子和椅子圈），巡护航线 91 条，总长度 37478km，巡护面积为 405 万 km^2，占我国国土面积的 42%，主要执行空中巡护报警、侦察火场、空中指挥扑火、机降灭火、吊桶洒水灭火、机群航化灭火、索（滑）降灭火、空中宣传防火、给养物资保障、火场急救和火场调查等任务，每年租用飞机 150 余架，航空护林从业人员 500 余人。

3）交通运输部救助飞行队。交通运输部救助飞行队是交通运输部的下属飞行队，2003 年成立，以直升机为主，负责海洋和山区急难救助。交通运输部救助飞行队包括北海第一救助飞行队、东海第一救助飞行队、东海第二救助飞行队和南海第一救助飞行队四支飞行队，海上救助范围已经覆盖渤海湾、长江口、台湾海峡、琼州海峡和西沙等重点海域，并能在接到报警后半小时之内起飞前往救助。在海岸线上每隔 200km 左右配置一架救援直升机是建设目标，目前共有飞机 35 架以上。

4）来自医疗机构及通用航空公司的航空救援力量。北京市红十字会紧急救援中心（999）隶属于北京市红十字会，现有急救车辆 300 余辆，急救站点 160 个；金汇通用航空成立于 2006 年，于 2015 年初启动了直升机航空医疗救援项目，累计投入了约 100 架 AW139、AW109，AW119 医疗构型直升机约 50 架；山东九九九空中救护有限公司在全省建立了 6 个救援基地，分布在烟台、潍坊、济南、青岛、临沂和济宁周边区域。

5）港台航空救援队。香港飞行服务队是香港特别行政区政府的一个部门，服务队负责的范围远达 700n mile（1 300km），机队共有 11 架飞机，除为香港提供服务外，服务队也应民航处和香港海事救援协调中心的要求协助执行任务；台湾 UIA——联合国际救援自 1989 年以来使用救护车、直升机和固定翼飞机，已经成功执行了 162 万件以上的各类医疗转运案件，其中有近 4 000 例是用航空器转运的。

8.2.3 航空消费

2019 年，全国共有 186 家企业开展了面向市场的通用航空消费类作业，包括通用航空包机飞行、空中游览、跳伞飞行服务、个人娱乐飞行等（不含航空运动），共计完成飞行 5.32 万 h，飞行架次 15.24 万架次，消费者 32.68 万人次。其中，通用航空包机飞行和空中游览分别占 42.9% 和 40.6%。2019 年航空消费类业务构成如图 8-8 所示。

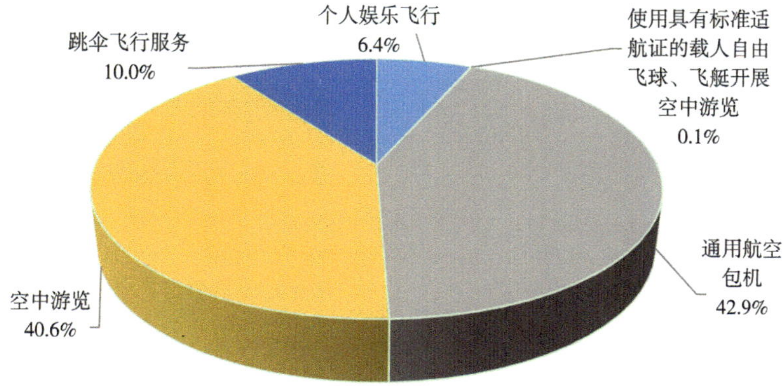

图 8-8　2019 年航空消费类业务构成

1. 空中游览

2019 年，全国共有 148 家企业参与空中游览项目运营，全年共计完成 2.16 万 h，飞行 10.33 万架次，搭载乘客 22.86 万人次，平均每家企业飞行时间为 145.86h，平均每个起降架次的载客量为 2.21 人次。目前，全国已累计开通 100 多条低空旅游线路，开展了近 200 个山水观光、城市游览的通用航空旅游项目，16 项示范工程已取得实质性进展。山东青岛、广东东部华侨城、浙江千岛湖、湖北清江画廊、四川都江堰等地已形成以空中山水观光为特色的低空旅游模式，新疆阿勒泰、陕西壶口瀑布推出了“短途运输 + 观光旅游”服务，黑龙江五大连池、湖南张家界开展山地直升机观光，宁夏盐池开展通用航空旅游嘉年华，全国逐渐形成多样化、特色鲜明的通用航空旅游发展格局。

2016 年，国家发展改革委、民航局、国家体育总局和国家旅游局共同印发了《关于做好通用航空示范推广有关工作的通知》（发改基础〔2016〕2363 号），推出了通用航空第一批示范工程，包括 16 项通用航空旅游示范工程。通用航空旅游示范工程通过与重点旅游区深度融合，拥有了良好的客源做支撑，更适宜发展多类型、多功能的低空旅游产品和线路，形成低空旅游环线或网络。我国通用航空旅游示范工程见表 8-2。

表 8-2　我国通用航空旅游示范工程

序号	景区名称	序号	景区名称
1	河北省唐山市唐山湾旅游区	9	广东省深圳市东部华侨城旅游区
2	内蒙古自治区包头市五当召旅游区	10	江西省吉安市武功山旅游区
3	黑龙江省黑河市五大连池景区	11	重庆市武隆县喀斯特旅游区
4	浙江省新昌市天姥山旅游区	12	四川省成都市都江堰旅游区
5	浙江省杭州市千岛湖旅游区	13	贵州省遵义市飞龙湖·飞龙寨旅游区
6	山东省青岛市崂山风景名胜区	14	陕西省延安市黄河壶口旅游区
7	湖北省宜昌市清江画廊旅游区	15	宁夏回族自治区吴忠市盐池长城观光景区
8	湖南省张家界天门山旅游区	16	新疆维吾尔自治区阿勒泰地区喀纳斯景区

2. 航空运动

在低空空域管理改革持续推进和航空运动产业规范发展的背景下，我国航空运动产业迎来快速发展期，产业水平有了较大提升，产业规模不断扩大，并在体育产业转型发展和经济社会总体发展中日益发挥重要作用。目前，我国已具备提供航空运动产品和服务的基本经济条件，已建成并命名的航空飞行营地超过 100 家，航空运动俱乐部超过 200 家，航空运动开展地域和消费人群覆盖面不断扩大。航空运动产业已初步发展成以服务业为引领，航空运动器材装备制造与销售、航空运动参与竞赛表演、航空运动中介与培训等协调发展的业态体系，并呈现出与科技、旅游、教育、健康和文化等相关产业融合发展的态势。

发改基础〔2016〕2363 号文，推出了 15 项航空飞行营地示范工程。航空飞行营地示范工程通过与地方旅游资源深度融合，发展趣味性、体验型和丰富多样的航空运动消费产品，能够满足航空体育消费需求。

为普及和推广航空运动项目，加快推动航空运动产业发展，激发航空运动产业和关联产业的发展潜力与活力，2016 年，国家发展改革委、国家体育总局、民航局等 9 部门联合印发《航空运动产业发展规划》，要求坚持以满足大众航空运动消费需求为中心，以体育产业供给侧结构性改革为主线，以夯实航空运动产业基础为重点，培育和挖掘市场潜能，加大改革创新力度，提升航空运动产品和服务供给能力和质量，推动航空运动项目和航空运动产业持续健康发展，为扩大消费需求、实现体育产业转型升级、拉动经济增长提供支撑和动力；到 2020 年，航空运动产业经济规模达到 2 000 亿元，建立航空飞行营地 2 000 个、各类航空运动俱乐部 1 000 家，参与航空运动消费人群达到 2 000 万人。

8.3 存在的问题

2016 年国务院办公厅颁布的《关于促进通用航空业发展的指导意见》和 2017 年民航局颁布的《通用航空“十三五”发展规划》提出，到 2020 年全国建成 500 个以上通用机场，通用航空器达到 5 000 架以上，年飞行量 200 万 h 以上。截至 2019 年年底，通用机场、通用航空器和年飞行量分别为 283 个、2 675 架和 107.9 万 h，与发展目标还存在较大差距，实现难度较大。

同时，目前我国仍然存在一些制约通用航空产业发展的问题。在管理上，通用航空管理体系与管理体制有待完善，管理部门之间、中央与地方、军用航空与民用航空、运输航与通用航空之间的协同不够，政策标准的针对性、操作性需强化；在供给上，关键资源短缺明显，低空空域、通用机场资源等通用航空发展要素资源的供给效率不高，通用航空器利用率低，供给与需求错位，科技支撑力偏弱，拉低了供给质量；在业态上，新业态规模偏小，潜在需求未能有效释放，通用航空全产业链未形成；在区域协同上，部分区域发展思路不清、路径不明和特色不突出，试点示范成效不显著，投入产出综合效益偏低，风险不可忽视。其中，当前亟待解决的问题主要包括：

1）低空飞行空域数量少。四川低空空域管理改革试点已取得了阶段性的成果，但在全国范围内，管制、监视和报告三类空域中，报告空域所占比例很小且未连接成片，绝大多数飞行活动还需要按管制空域报批；低空目视航线数量较少且多在管制空域内，难以满足各类通用航空飞行作业的需求，“有车无路”的现象依然存在。

2）飞行计划审批不顺畅。通用航空飞行计划的申请环节多、审批时间长；管理部门和通用航空企业间仍未建立有效的沟通渠道，飞行任务审批、飞行计划申报、信息传达等不畅，不利于统筹经营；不同地区的申请流程和要求不同，转场飞行审批较为困难，难以满足通用航空飞行活动的便捷性要求。

3）通用机场建设滞后。通用机场建设标准高、审批环节多，导致建设速度慢、成本高；通用机场数量少，导致配套空域少、转场飞行航线少等问题出现，制约了通用航空运行效率的提高和飞行量的增长。同时，我国仍未建设专属的公务机机场，公务飞行受制于北上广深等繁忙运输机场的航班时刻限制。

4）运输机场的保障效能未有效发挥。运输机场客观上确实存在时刻繁忙、缺少机位和安全压力大的问题，主观上缺乏为通用航空飞行提供服务保障的自觉意愿，也缺乏 FBO、FSS 这样的通用航空保障设施。

5）总体安全水平有待提升。2016 年以来，我国每年都发生多起涉及人员死亡、航空器损毁等方面的通用航空安全事故，虽然没有造成重大社会影响，但在我国大力发展通用航空的关键时期，可严重抑制人民群众对通用航空的消费需求，对通用航空业的快速、健康和持续发展产生不利的影响。

第 9 章　通用航空服务

9.1　通用航空培训

9.1.1　总体情况

2014—2018 年，我国飞行驾驶执照数量呈现出持续增长的发展态势，年均增速达到 11.4%。截至 2018 年年底，我国飞行驾驶执照数量为 61 492 个[1]，同比增长 10.27%。2018 年我国飞行驾驶执照数量如图 9-1 所示。

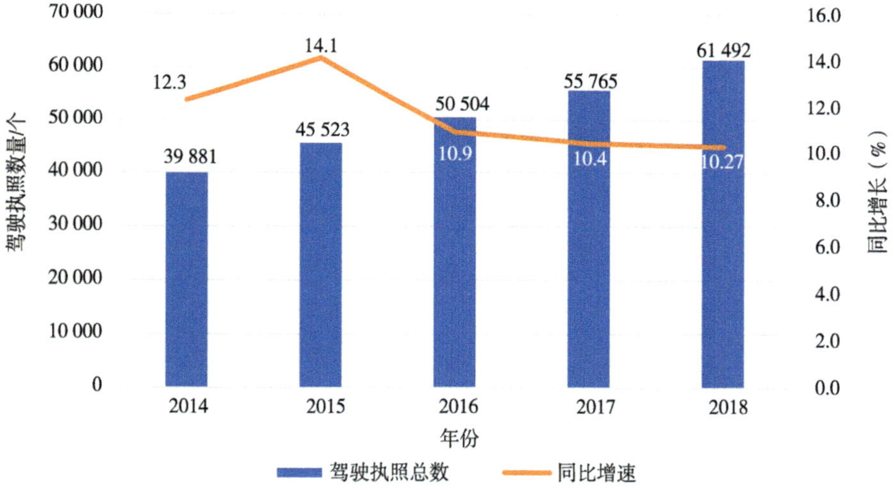

图 9-1　2018 年我国飞行驾驶执照数量

我国通用航空飞行员数量[2]也呈现出快速增长的发展态势，年均增速为 16%，高于民航全行业同期飞行员年均增速。截至 2018 年年底，我国通用航空飞行员为 3 504 人，同比增长 24.3%，占飞行员总数量的 5.7%。2014—2018 年我国通用航空飞行员数量如图 9-2 所示，近年来我国飞行驾驶执照数量增长情况见表 9-1。

[1] 数据来源于《2018 年中国民航驾驶员发展年度报告》。

[2] 主要包括 CCAR-91 和 CCAR-135 部企业飞行员数量。

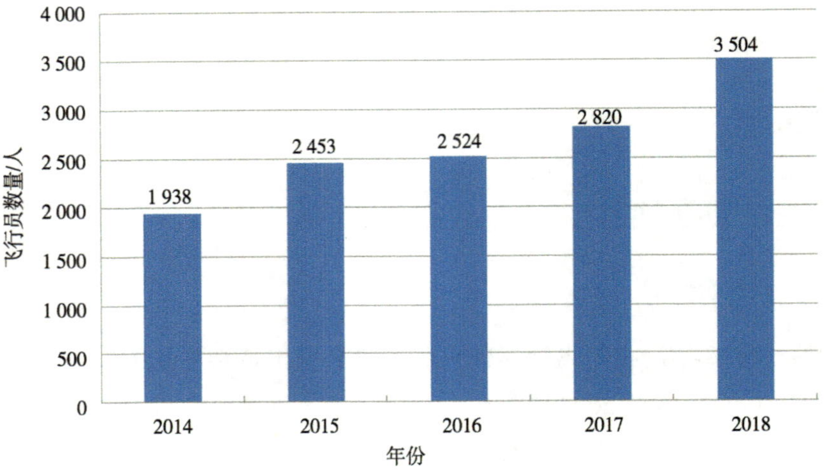

图 9-2　2014—2018 年我国通用航空飞行员数量

表 9-1　近年来我国飞行驾驶执照数量增长情况（单位：个）

执照种类		2012 年	2013 年	2014 年	2015 年	2016 年	2017 年	2018 年
飞机	私照	1 606	1 733	2 085	2 450	2 460	2 642	3 036
	商照	15 818	17 742	20 158	22 870	25 244	27 349	30 028
	航线照	12 470	14 372	15 654	17 602	19 693	22 195	24 373
	多人制机组	29	39	38	35	104	147	185
	合计	29 923	33 886	37 935	42 957	47 501	52 333	57 662
直升机	私照	345	403	458	651	679	724	719
	商照	386	626	837	1 154	1 468	1 757	2 116
	航线照	175	212	224	248	253	260	272
	合计	906	1 241	1 519	2 053	2 400	2 741	3 107

注：数据来自《2018 中国民航驾驶员发展年度报告》《中国民航统计年鉴》。

9.1.2　执照分类

我国民航驾驶员主要分布在按 CCAR-121 部审定的运输航空公司、通用航空公司（包括按 CCAR-91 部审定的通用航空和按 CCAR-135 部审定的小型航空器商业运输航空公司），按 CCAR-141 部审定的航校（包括教员和已持有私照和商照的学员）、体育运动机构、政府事务机构以及其他领域，其中政府事务机构包括交通运输部救助打捞局、中国民用航空飞行校验中心等，私用驾驶员主要指持有私用驾驶员执照的人员。我国驾驶员执照分类统计如图 9-3 所示。

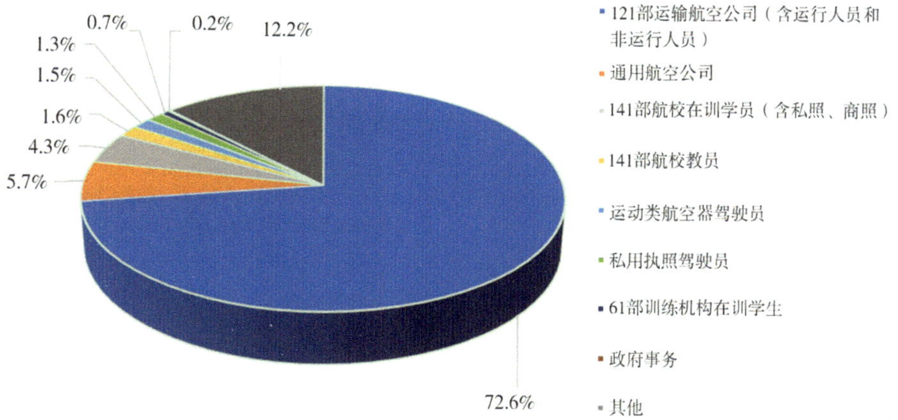

图 9-3　我国驾驶员执照分类统计

注：因四舍五入，总和不是 100%。

9.1.3　培训能力

截至 2018 年 12 月 31 日，我国境内的 141 部航校一共有 26 家，新增了 4 家。另外还有 31 家境外航校持有现行有效的 CCAR-141 部境外航校认可证书，2018 年度新增 4 家。境外航校主要分布在美国、法国、加拿大、澳大利亚、南非和捷克等国家和地区。境内 141 部航校合格证基本信息和整体训练容量统计见表 9-2。

表 9-2　境内 141 部航校合格证基本信息和整体训练容量统计

141 部飞行培训学校名称	主运行基地机场	训练容量 / 人
中国民用航空飞行学院	四川广汉机场	1 800
青岛九天国际飞行学院有限公司	日照山字河机场	258
湖北蔚蓝国际航空学校有限公司	湖北襄樊刘集机场	258
中国民航大学	辽宁朝阳机场	360
海南航空学校有限责任公司	湖北宜昌三峡机场	350
中国飞龙通用航空有限公司	加格达奇嘎仙机场	30
新疆天翔航空学院有限公司	新疆石河子花园机场	180

（续）

141 部飞行培训学校名称	主运行基地机场	训练容量 / 人
陕西凤凰国际飞行学院	宁夏固原六盘山机场	114
南航艾维国际飞行学院（南京）有限公司	徐州观音机场	—
山东南山国际飞行有限公司	山东东营机场	168
珠海中航飞行学校	广西梧州市长洲岛机场	180
河北致远通用航空有限责任公司	河北邯郸机场	150
西安航空基地金胜通用航空有限公司	陕西省安康五里机场	99
山东海若通用航空有限公司	山东东营机场	20
北京首航直升机股份有限公司	北京八达岭机场	—
鄂尔多斯市通用航空有限责任公司	内蒙古鄂尔多斯伊金霍洛机场	—
北大荒通用航空有限公司	黑龙江佳木斯佳西机场	30
吉林省福航航空学院有限公司	吉林通化机场	30
北京翔宇通用航空有限公司	内蒙古锡林浩特机场	30
中山雄鹰通用航空有限公司	广东中山三角机场	—
北京华彬天星通用航空股份有限公司	北京穆家峪通用机场	—
四川龙浩飞行驾驶培训有限公司	四川广元盘龙机场	120
飞行学院重庆通用航空培训有限公司	重庆龙兴通用机场	—
领航通用航空有限公司	北京密云穆家峪机场	—
新疆龙浩飞行培训有限公司	新疆克拉玛依市机场	30
中国民航大学内蒙古飞行学院	内蒙古自治区兴安盟乌兰浩特市依勒力特机场	90
合计		4 297

2013—2018 年，境外注册的飞行学员人数年均增长 8.8%，高于 5.5% 的境内同期增速。一方面，说明我国的飞行员培训资源严重不足；另一方面，表明国内 141 部航校面临来自境外航校的竞争压力越来越大。2013—2018 年境内外 141 部航校年度注册飞行学员数量如图 9-4 所示，2018 年境内外 141 部航校在训的飞行学员人数量与所批准的训练容量对比如图 9-5 所示。

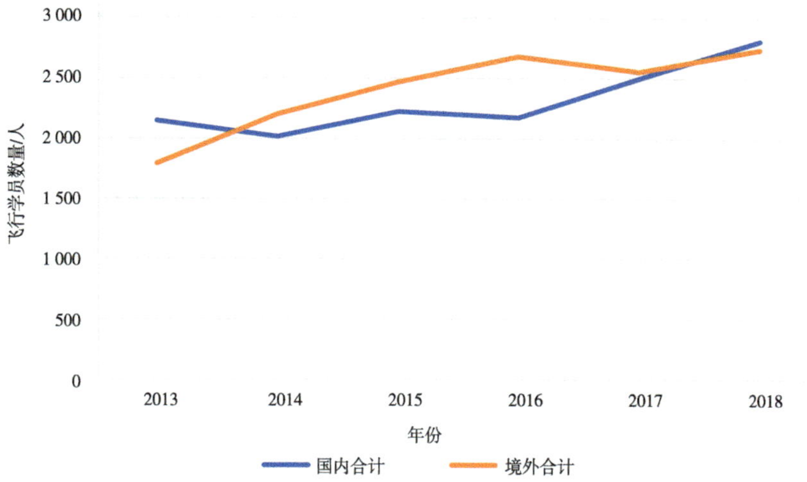

图 9-4　2013—2018 年境内外 141 部航校年度注册飞行学员数量

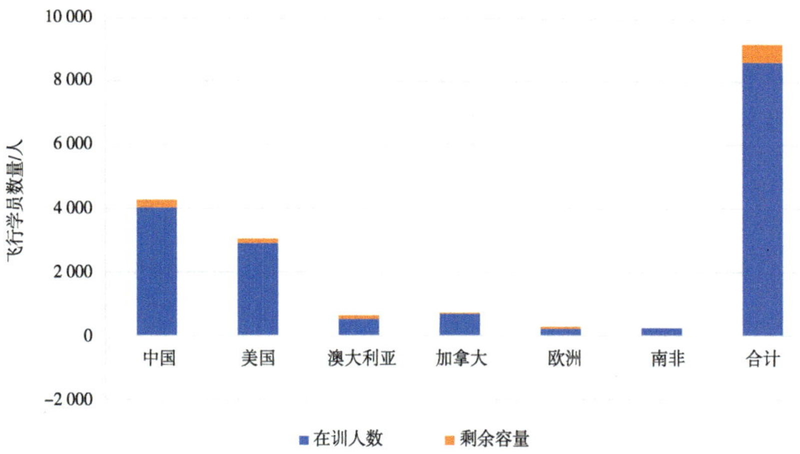

图 9-5　2018 年境内外 141 部航校在训的飞行学员数量与所批准的训练容量对比

9.2　维修代管

我国现有的通用航空维修以原厂进行核心部件和整体维修为主，通用航空企业负责日常维修，社会化的第三方专业机构较少。

通常来说，维修工作分为以下几大类：航线维护、定检、AOG 支援、发动机和零部件维修、改装、翻新、整装和内饰装修业务。

航线维护包括：经停检查，指在每次飞行任务结束之后，进行的例行检查、保养，如轮胎磨损、胎压、液压压力和刹车磨损等；航行前航行后检查，指每天第一个飞行任务开始和最后一个飞行任务结束之后的检查、保养工作，内容要求比经停检查稍多，如会增加一些重要飞行仪表的检查、测试；周检，要求比航行前航行后更严格、更全面；月检（30 天检），要求比周检更严格。

航线维护通常由航空公司完成，也可委托第三方完成。航线维护的技术要求较低，费用也较低。具体航线维护计划，由于托管航空公司、监管局、运行标准、飞机制造商的要求不同，也会有差别。例如月检在很多公司是没有的，有的公司有月检无周检，有的有周检无航前航后检。

定检是指每经过一定使用周期后对飞机进行的检修工作，通常分 A、B、C、D 四个等级。定检要求有机型维修资质的单位和人员执行。

所谓 A 检和 B 检，是指对飞机进行系统的检查，包括飞机外部、内部缺陷的目视检查和简单的无损探伤，对操纵系统、电子系统和电气系统进行测试。A 检可以与年检合并，以降低检修成本。B 检也称大 A 检，和 A 检项目类似，但更细致，往往会拆卸仪表，进行系统测试。A 检安排得当，只用一个夜晚即可完成，不影响第二天飞机使用。B 检原则上应进机库检查，使用一些大型检修设备，需要 1 ～ 3 天。A 检和 B 检的检修间隔与机型有关，当满足某种条件时，该间隔也会缩短或增加。如起落循环数的多少会影响间隔的长短。

所谓 C 检和 D 检，检修内容的深度和广度远超 A 检和 B 检，需要进机库停飞若干天。通常 C 检会涉及受力结构件的腐蚀和疲劳损伤检查，需拆卸所有的电气、电子仪表和设备检查。D 检也称作结构性大修，是将飞机彻底拆散，对主要受力构件如大梁、承力隔框的腐蚀和疲劳损伤进行全面检查和处理，然后将飞机重新组装起来。C 检和 D 检对维修单位的技术要求极高，只有经验丰富、具有适任此项工作的技术人员，才能担任此项工作，绝非是仅仅取得 CCAR-145 和相应机型资质的人员就能做的。C 检和 D 检费用更高，维修间隔更长。

AOG，即飞机遭遇严重性能衰减或部件失效 / 故障，致使无法执行飞行任务的状态。为了使飞机迅速恢复可用状态，需快速提供备件并由适任持证维修和放行人员提供技术支持。提供 AOG 服务的有公务机制造商，也有第三方授权单位。

发动机和零部件通常由大修厂进行维修，部分需要深度大修的零部件，大修厂也会外包给专业维修厂。

严格地说，CCAR-145R3 对维修的定义包括改装，但不包括翻新和整装。公务机翻新往往与翻修紧密联系，会涉及很多维修问题。整装和内饰翻新会改变飞机客舱的原有设计和装修风格，对原始的飞机维修手册（AMM）、图解零件目录（IPC）等涉及维修的文件做出调整，甚至需要取得直升机补充型号合格证（STC）。在实务中，此项工作通常由飞机大修厂完成，也可以由飞机制造商完成。

目前，在我国提供通用飞机维修服务的主要有以下几类单位：飞机厂商自有维修厂；通用飞机运营单位，包括公务航空公司等；民用飞机维修企业，包括大型、支线和窄通道飞机大修厂等；海外 FBO 在我国的分支机构等。

很多公务机制造商积极在华兴建自有维修厂，比如庞巴迪在天津建设公务机维修厂。达索也尝试过这方面的业务。湾流航空公司则行动最迅速，与北京首都航空有限公司（金鹿公务机）和大新华航空技术公司成立了合资公司——北京湾流。

我国法规要求航空公司可以拥有一个自有 CCAR-145R3 部维修厂，该维修厂也可以从事外包服务，因此，很多航空公司有自有维修厂。大部分航空公司的维修厂只做航线和低级别定检，如 A 检和 B 检，高级别检修会外包给经验丰富的专业维修厂。对于航线维护，航空公司也无法在每一个机场都部署机务维修力量，因此大部分机场的维修工作是委托第三方单位或由随机机务来完成的。

北京飞机维修工程有限公司（AMECO）、厦门太古飞机工程有限公司等属于大型民用飞机维修企业，他们也会参与部分通用飞机的维修业务，但这些业务不是其经营的重心。

此外，还有一些能够维修庞巴迪 CRJ 和巴航工业 E-Jet/ERJ 系列飞机的企业，这些企业是庞巴迪和巴航工业的授权维修中心，得益于这些民航飞机与一些公务机型号的同源关系，在公务机大修市场上有着明显的先天优势；而相关公务机制造商也因此在国内市场上有着显著的售后技术支持优势。这类企业首推山东太古飞机工程有限公司（简称山东太古）。山东太古的规模在民航维修业内位列全球 TOP20，拥有大量持有 FAA 和 EASA 认证的技术人员和能力认证证书，可以为在欧美注册的公务机提供维修和适航放行服务。

此外，很多全球连锁 FBO 很早以来就积极拓展中国业务，如 Signature 参与了香港商用航空中心（HKBAC）的运营管理，Jet Aviation 则在香港和北京、霍克太平洋在上海、Executive Jet 在天津建立分支机构。这些 FBO 或独资，或与本土合作伙伴合作设立公司。

此外，其他一些机构，比如 JSSI 等也积极拓展中国市场。无论是作为第三方保修服务商，还是作为制造厂商的项目保修服务商，其在中国市场上已经越来越受到认可。

由航空器维修衍生的通用航空器代管业务也在我国快速发展。按照民航 91 部 K 章分类，航空器代管业务分为两种。一种是小型航空器代管业务，主要用于作业飞行；另一种是大型航空器代管业务，主要用于私用远途飞行。截至 2019 年年底，我国从事航空器代管业务的公司有 41 家，其中从事大型航空器代管业务的公司有 29 家。代管大型航空器数量统计图如图 9-6 所示。

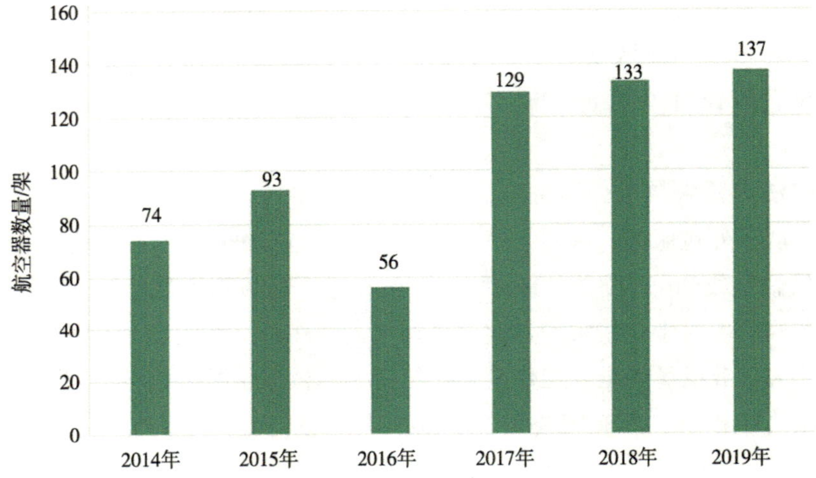

图 9-6　代管大型航空器数量统计图

9.3　航材保障

航材保障率是影响飞机安全和成本效益的重要因素，缺乏航材如同无米之炊，对通用航空企业运营效率和资金周转都有很大的影响。

我国通用航空业整体起步晚，发展缓慢，行业配套及服务创新模式严重滞后。目前国内通用航空企业有国有、民营和私人等类型，作业内容复杂，包括教学、农林、探测和巡线等，因此航材保障模式呈现多样性，大致可分为维修公司提供、飞机厂商支援和固定供应商提供三种。但无论何种航材保障模式，在面对国内通用航空企业不断增长的飞行需求时，都显得很吃力。具体来说，我国目前的通用航空航材保障面临的问题主要表现在以下两个方面。

首先是航材种类繁杂，资金周转率低。我国通用航空机队规模较小、机型庞杂，航材种类多，通用性较差。在我国已经成立的通用航空企业中，拥有少于 5 架飞机的企业占一半以上。再加上通用航空作业类型多的特点，加剧了航材资金周转的难度。部分公司如东方通用航空有限责任公司的航材库存资金已经占到该公司总资产的 20% 左右。

其次是通用航空维修主体规模小，企业议价能力低。目前，国内尚未建立起规模较大、业务种类较多的通用航空维修企业。据了解，截至 2019 年年底，除台港澳地区外，我国共有 CCAR-145 部批准的维修单位 266 家，其中航线维修单位有 107 家。除了少数具有飞机和发动机大修能力的军队维修单位以外，266 家维修单位中，能够进行飞机和发动机大修的单位仅 3 家。受限于国内维修企业的数量与能力，很多飞机一出故障，只能外出“求医”。对一些国外厂商提出的苛刻条款，甚至随意涨价、乱收费的不良行为，国内企业只能被动应对，毫无议价能力。

9.4 航油保障

航油是民航赖以生存的重要资源，我国通用航空现已进入发展的关键时期，但是航油资源短缺日益成为通用航空发展的掣肘。

随着航空发动机性能的不断改进和技术革新，航空燃料的发展经历了六个阶段：无发动机时期的人力和蒸汽动力源，内燃机系统中的航空柴油动力源，活塞式发动机系统中的航空汽油动力源，喷气式发动机系统中的喷气燃料动力源（多属于煤油型），超声速发动机系统中的高密度碳氢燃料，新能源发动机系统中的生物燃料或太阳能动力源。

目前，民航领域中使用的航空油料主要为航空汽油（Aviation Gasoline，Avgas）和航空煤油（Jet fuel）。在我国，航空汽油分为 75 号、95 号和 100 号三种。75 号航空汽油主要用于功率较小的活塞式发动机，95 号和 100 号航空汽油主要用于功率较大的活塞式运输机。我国的航空煤油标准沿袭国际成熟标准，最常用的航空煤油是以煤油为基础，再根据国际标准规格生产的 JET A-1 和以石脑油与煤油混合配制成的航空煤油 JET B。航空煤油比汽油具有更大的热值，价格较低，使用安全。

由于燃油紧缺和价格上涨，替代性航空燃料——生物燃油将是未来航空燃料的主要发展方向。2011 年，全球多家航空公司进行了使用生物燃油飞机的试飞，但是，这类燃料仍处于研发阶段，市场化的产品尚未成型。在我国，生物燃油的研发成本高，加之缺乏航空燃油的基础研究数据，因此很多技术瓶颈难以突破。

一言以蔽之，生物燃油替代传统航空燃料还需要很长的时间。

纵观全球的航油供应模式，基本可以分为欧洲、美国和亚洲三种供应模式。欧洲属于“专业经营”模式，美国属于“寡头把持”模式，亚洲属于“混合供油”模式。

欧洲的专业经营模式主要是机场的航油供应设施由多个石油公司（供油商）投资兴建，但这些兴建单位没有航油销售权，只负责提供专业化的储运服务，并收取设施使用费。为飞机提供加油服务的运营者是专业化的，它们既可以是石油公司也可以是独立的第三方。当然，在这种情况下投资兴建供油设施的公司拥有绝对的先行进入优势。

美国石油资源丰富，航油供应充足，其供应模式属于典型的垄断经营模式。美国拥有各类机场 1.9 万多个，大部分机场的航油供应被具有资金和资源优势的集团公司所控制，其他供油商很难进入。当然，个别机场也存在多家公司共同经营的情况，比如休斯顿布什国际机场就是由航空公司、供油商、分销商和加油商共同投资经营。

亚洲航油供应兼有欧、美供应模式的特点，航油供应模式大致可分为两类。一类是加油设施兴建方与运营方分开管理，加油设施由实行产权多元化的一家企业投资建设，加油服务则由两家以上公司提供；另一类是加油设施的投资建设和加油服务均由一家企业提供。

我国的香港机场属于第一类，其航油设施对任何一家供应商敞开大门，供应商只需支付一定的租金即可使用其设施。

我国航油供给一直受到政府的重视，1990 年中国航空油料总公司的正式成立标志着我国航油供应从分散管理走向集中管理，1993 年年底，我国形成了集航空油品采购、运输、储存、加注和销售为一体的垂直一体化的供应体系。伴随着我国民航的快速发展，航油供应服务市场也得到较快发展。2011 年，我国大陆的航油销量超过 1 700 万 t，不同规模的航油企业达到 12 家，其中，中国航空油料集团有限公司已成为亚洲最大的航油供应服务企业。然而，由于受到多种因素的影响，我国航油成本居高不下，短期内在国际油品市场上很难具有竞争力。

充分的航空汽油供给是保障我国通用航空健康发展的前提。目前，我国常见的通用飞机，如 Y-5/Y-5 系列、小鹰 -500、赛斯纳系列轻型飞机、TB 系列轻型飞机、钻石系列轻型飞机等活塞式发动机飞机都是用航空汽油。但由于用户需求量小、炼制工艺复杂等，航空汽油资源供应极少，通用航空企业面临着航空汽油产量不足、油价飙涨等问题。

据估算，航空汽油（95 号与 100 号合计，不含民航飞行学院的数据）的年需求量在 8 000 ～ 10 000t 之间，而我国冶炼 95 号和 100 号航空汽油的独一厂家是中国石油天然气集团有限公司所属的兰州炼油厂，2010 年该厂的航空汽油产出量仅为 3 000t，航空汽油产出收入所占总收入的比例不足 1‰。兰州炼油厂的单批最小生产量为 300t，如果通用航空企业的航空汽油采购量小于兰州炼油厂的最小经济批量（一般低于 2 000t），兰州炼油厂一般不予以生产。目前，我国的通用航空企业对航空汽油的整体需求较为可观，但是采购力量分散，加之通用航空企业规模较小、资金紧张等原因，企业“单打独斗”难以达到炼油厂的最低生产量，因此炼油厂会减少航空汽油的产量。

欧美等发达国家建设了大量的输油管线网络，日本、新加坡等使用海路运输，航油运输成本大幅度降低，而我国航油输送主要使用铁路和公路。受石油资源和运输条件的限制，我国的航油生产布局与需求尚不平衡，西南地区基本没有航油生产基地，进而形成了北油南调、东油西调的资源配置格局。

通用航空企业采购航油的普遍运输方式包括以下三种：一是油车运输。优点是门到门配送，车辆为中国石油化工集团有限公司（简称中石化）管理的专用油罐车，有保险，运输过程中的一切风险由承运方负责。二是桶装运输。适合少量采购的用户，优点是比较灵活，缺点是单位成本较高，而且存在一定的运输风险，物流一般不承运危化品，因此无保险。三是铁路运输。价格视距离而定，适合采购量较大的用户，优点是费用低，缺点是线路固定。

通用航空本身具有机动灵活、作业范围广和作业区域分散等特点，因此很多公司甚至被迫随机携带油桶。航空汽油易挥发，属于极度危险的易燃液体，随机携带油桶作业，存在极大的安全隐患。

9.5 航空会展

会展业是近年来航空领域飞速发展的第三产业，作为综合性的服务产业和现代服务业的有机组成部分，会展业的发展带动着服务业各方面发展。会展业具有产业关联度大、产业链条长的特点，会展活动所形成的商品、物资、人员、资金和信息流动，可带动交通、住宿、餐饮、零售、旅游、房地产、邮政、电信、广告、印刷、金融和保险等服务产业消费链的快速发展。国内包括通用航空在内的主要航展活动有珠海中国国际航空航天博览会、西安中国国际通用航空大会、石家庄中国国际通用航空博览会等。一些新兴的航空会展活动，结合飞行表演、商业展会和度假生活等主题活动，邀请来自全球的特技飞行表演团队、通用航空制造厂商、通用航空运营机构以及飞行爱好者参与，成为推动地方经济发展和航空文化普及的大型活动，所带来的航空签约项目也十分明显。陕西西安举办的2015中国国际通用航空大会实现签约项目共计89个，签约总额达313.53亿元；飞机销售签约项目共计19个，交易飞机453架。2016年珠海航展签约超400亿美元，同比上届大幅增长41.5%，卖出飞机187架。2017年以航空运动著称的安阳航空节签约44个项目，总投资近200亿元。飞行表演增长趋势如图9-7所示。

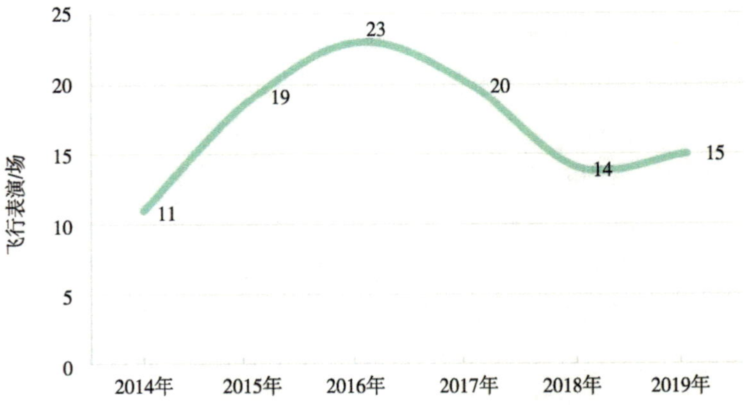

图 9-7　飞行表演增长趋势

自民航局《飞行表演》咨询通告下发以来，飞行表演和竞赛活动前期增长较快，2017年稍微下降，2019年出现了回升趋势。

9.6　通用航空融资

飞机的购买价格高，资金占用多，因此无论是航空公司、大型企业还是个人，以融资方式拥有飞机使用权是自然而然的需求满足方式。对于金融机构来说，飞机具有供给相对稀缺、实用性高、使用年限长、残值好和资产处理较方便等优势，被称为“可以移动的不动产”，因此金融机构也愿意为飞机购买者提供融资服务。有了供给与需求，飞机融资市场就逐渐形成。

为了有助于论述，我们先从商用飞机与通用飞机的资产特点对比入手。

商用客机、货机的融资市场经过数十年的发展已经相当成熟，大型商业银行、航空租赁公司、出口信贷机构都可为其交易提供资金支持，而商用飞机的主要用户 —— 航空公司也可以依靠增发股票、发行债券等方式筹集购机资金。

商用飞机融资市场发达的原因有以下几点：其一，融资目的明确，即引进运力投入载客、载货运营，获取收入利润；其二，还款来源相对稳定，一般在成熟的航空运输市场上，单架飞机的日均收入基本可以确定；其三，还款意愿较强，飞机是航空公司的生产工具，违约所造成的经济损失和信用损失是航空公司不可承受的；其四，政府信用背书或补贴，航空运输属于影响国计民生的基础行业且事关主权，因此大多数政府都会对航空业予以经济和政治方面的支持，甚至为数不少的航空公司的主要投资方就是政府；其五，资产流动性较好，商用飞机制造业属于寡头垄断性行业，产量可控，而航空运输市场，特别是亚太等新兴市场的需求又在增长，因此二手机市场较为活跃，即使客户违约，资产的再处理也相对容易。

通用飞机则有较大不同。首先，通用飞机的价格区间大、种类繁杂，从价值几亿元的喷气公务机，到价值数千万元的涡桨飞机、涡轴直升机，再到价值数百万元的活塞式螺旋桨飞机、直升机均有，且机型、型号、制造商的数量也远多于商用飞机。其次，通用飞机的经济属性不一，既有用于直接盈利的商务运输、空中观光和商业飞行培训，用于间接盈利的遥感物探、电力巡线、设备吊装和农林喷洒，也有用于消费的公务飞行、娱乐飞行和驾驶训练，以及公共服务性质的政府空中指挥、警务执法、应急救援、海岸巡逻和森林防火等。再者，通用飞机的购买主体多样化，通用航空运营商、航空俱乐部、高净值人士、企业以及政府都可能成为买家。

以上这些特点都使得通用飞机的融资难度高于商用飞机，因为融资机构最关心的几点 —— 融资目的、还款来源、还款意愿、还款能力和资产变现能力等，通用飞机都不如商用飞机。因此，通用飞机的融资状况需要按标的金额、经济属性、客户属性来分别看待。

9.6.1 公务机融资

这里提到的公务机主要是价值 800 万美元以上的私人或企业用飞机，特别是价值超过 3 000 万美元的超中型以上喷气公务机，以及少数高价值的涡桨公务机。对于这类飞机，国外的私人银行就可以为买家融资。因为公务机买家多为私人银行的长期忠实客户，相当多的资产委托私人银行管理。私人银行对其资产状况、信用状况了如指掌，为其提供融资不存在征信困难。而且，私人银行为客户提供的公务机融资条件会相当优惠，因为这是提升客户满意度的重要机会，私人银行即使在本次融资中收益不多，也可期待在该客户的未来其他业务上获得更多回报。

而在国内，给公务机融资的主体却变成了众多金融或融资租赁公司。形成这种局面的原因有以下几点：其一，国内商业银行对公务机融资项目认识不足，私人银行多经营高端零售业务而非真正地管理家族资产，因此均无法为客户提供信贷支持；其二，国内公务机市场快速成长的2009—2011年，与金融租赁公司成立发展的时机恰好吻合，部分租赁公司将公务机融资视为重点开拓领域之一；其三，部分租赁公司把握住了2008年国际金融危机后公务机价格的短暂低迷期，将商用飞机中常见的批量投机采购（Speculative Order）模式用到了公务机上，形成了一定的路径依赖；其四，经过数年的探索实践，保税区融资租赁逐渐成熟，在保税区设立单机SPV可实现进口环节关税、增值税的递延缴纳，增值税发票还可用于企业抵扣，在营业税等税收方面也有不同程度的优惠，可降低融资双方的交易成本。

公务机具有利用率低且使用时间不定的特点。目前在世界范围内，依靠公务机日常运营来获利都相当困难，因此公务机也被金融机构认作为消费性设备，而非生产性设备，融资形式也多以商业贷款或者融资性租赁为主，而很少有经营性租赁的案例。总部位于欧洲的VistaJet，其主要盈利模式是包机获利，应该说最有可能采取经营性租赁模式，但由于VistaJet的部分盈利来源于二手公务机溢价转让，因此还是采用了融资性租赁模式。

由于是消费性设备，因此国内金融机构对公务机融资项目的审核更类似于对贷款的审核，主要偏重于客户本身的资质，如客户个人或家族的资产状况、还款来源、还款意愿，以及客户所控制企业的运营状况和信用状况等，而对公务机本身的资产价值等情况的审核会相对弱一些。

另外值得注意的是，前文中提到国内租赁公司批量采购之后再融资租赁，对公务机市场的发展起到了相当大的催化作用，但在当前经济形势不甚明朗的情况下，该模式遇到了一些困难。对此，我们认为，该模式本身值得肯定，厂商、客户和租赁公司均能从中获益，然而不能因市场繁荣而忽视了对飞机资产本身价值的评估，以免产生什么样的机型都卖得掉的错觉。飞机的机型、机位和价格等要素对采购来说尤其重要，租赁公司需要均衡发展“买、租、管、退”的专业能力，才能将此模式运用得游刃有余。

9.6.2 涡轴直升机与涡桨固定翼飞机融资

这里提到的涡轴直升机与涡桨固定翼飞机主要是指价值在200万～700万美

元的机型，例如，起飞质量为 2 ～ 4t 的轻型直升机（Bell407，Bell429，EC135，AW109 等），以及起飞质量为 2 ～ 5t 的轻型固定翼飞机（Cessna208B，PC-12，PA-46，King Air C90 等）。为方便论述，以下可能对此类飞机以通用飞机代称。

在国外，此类通用飞机的用途广泛，二手机市场流通较好，残值有保障，加之融资金额适中，因此一些地区性银行都可以承接其融资项目。而在国内，此类飞机的融资尽管有不少成功案例，但更多时候遇到的是尴尬处境。

第一是标的物金额的尴尬处境。大型租赁公司和商业银行认为几百万美元的通用飞机与几千万美元的商用客机以及大型喷气公务机相比，需要投入同样的人力和时间，项目金额却相差 10 倍以上，因此不愿过多介入。而部分有意愿的金融机构的专业技术能力不够，无法迅速开展此项业务。

第二是融资主体的尴尬处境。正如前文所述，金融机构在审核项目时，最注重的是融资主体的还款能力和意愿。近些年民营通用航空公司如雨后春笋般发展起来，通用航空公司普遍缺乏财务记录、运营记录和安全记录，这使得传统的项目审查方法无法使用，但通用航空企业没有飞机就无法产生上述记录，从而陷入一个先有鸡还是先有蛋的死循环。反观国有或具有国资背景的通用航空企业，已有稳定且利润不菲的作业项目，外加政府对通用航空企业的补贴或拨款，又有母公司的资金以及人员支持，有的企业甚至已经上市，因而不缺乏飞机采购资金来源。总体来看，通用航空企业的“马太效应”相当明显。

第三是标的物性质的尴尬处境。通用飞机的用途广泛，特别是百万美元级别的飞机正是各类作业的主力机型，理应按照生产型设备来对待。然而，许多通用航空公司并没有可靠的作业订单和明确的盈利模式，这就使得金融机构无法将通用飞机按照常规生产设备来进行融资。如果采用类似公务机的消费性融资标准来审核，对于大多数通用航空公司来说又显得苛刻，一些增信措施，如土地和房产抵押，也让飞机融资偏离了本身的定位。

第四是运营环境的尴尬处境。尽管我国政府以及主管部门近些年为通用航空的发展做了相当大的努力，制定了多项鼓励政策，《通用航空飞行任务审批与管理规定》等实质性文件也已经出台，然而，离真正的自主飞行还有较长的路要走。没有宽松的运营环境，金融企业有心无力，虽然有一些租赁公司已涉足通用航空运营和机场建设，但实际上也有一些无奈之处。

第五是资产、流通的尴尬处境。通用飞机数量的增长与二手飞机市场的发展是正相关关系，通用飞机残值高、保值性好的特点，也是以通用航空飞行活跃，飞机需求量大为前提。目前，国内主流通用飞机多数为进口产品，由于存在适航标准、维修保障能力、关税增值税等方面的问题，使得引进和退出都存在一定困难，特别是国内二手机处置到国外，估价会比国外同等条件的同型号飞机低。而国内市场又尚未成熟，容量偏小，这些都使得通用飞机的资产属性优势难以发挥。尽管国产通用飞机数量也在增长，但拥有FAA或EASA适航证的机型寥寥无几，于是流通性更差一些。此外，国内缺乏飞机价值评估的人才和参照体系，也使得金融企业对通用飞机能否顺利被处置顾虑重重。

第六是成本收益的尴尬处境。尽管通用飞机融资面临着困境，按道理来讲，应该还是有愿意承担较大风险的金融机构来做此项业务，并索取较高风险溢价的。然而飞机融资的国际化程度高，一些资质好的通用航空企业甚至可以拿到境外出口信贷机构的低成本资金，这就制约了通用飞机融资价格的上浮。从已成交的国内通用飞机融资案例来看，各金融机构都在争抢为数不多的优质项目，也导致了通用飞机的融资价格走低，使得现有的和潜在的融资客户都对融资价格抱有较低的期望。面对目前国内金融市场资金紧张、融资价格普涨的现状，通用飞机显然属于机会成本较高的项目，导致不少金融企业都在问“通用飞机风险不确定，收益又不高，我们为什么要做”这个令人纠结的问题。

9.6.3 轻型运动飞机或教练机融资

这里提到的运动型飞机或教练机主要是指价值在30万～70万美元的活塞式固定翼飞机和直升机，如DA40、Cessna172、R44和269C等。轻型活塞式飞机广受国内客户青睐，保有量相对较多。但由于民航局对新筹建的通用航空企业有至少需要两架自购飞机的规定，因此，部分通用航空企业倾向自购此类飞机，以较低的成本来满足民航局的要求。此外，轻型活塞式飞机的标的金额对金融机构来讲过低，使得融资购买此类飞机的比例较低。

目前轻型活塞式飞机的融资案例多集中在航空学校的大规模采购上。由于航校的盈利模式相对其他通用航空业务更加明晰，而且国内对商业飞行员、通用航空飞行员的需求量较大，此类融资项目获得金融企业支持的可能性相对高一些。

轻型活塞式飞机是未来最值得期待的个人飞机融资项目。随着飞行文化的普及、低空开放政策的落实，中产阶级可负担起的，以短途娱乐飞行为主的个人通用航空消费会有爆发性增长，届时轻型活塞式飞机的融资也会像当今汽车贷款一样深入人心。尽管尚不能预期这个通用航空黄金时代何时到来，但有计划介入通用飞机融资的金融机构应当从现在开始就进行研究和布局。

综合以上分析，可以得出这样的看法：国内目前的通用飞机融资状况苦乐不均。高端公务机融资类似于大型企业融资，金融企业参与的积极性高，融资渠道较为通畅，融资成本也相对合理；以轻型涡轴直升机与涡桨固定翼为代表的百万美元级别飞机融资类似于中小企业融资，尽管不乏成功案例，但依然存在较大困难，市场供需矛盾非常突出；轻型运动型飞机或教练机除了航校批量采购之外，其融资形式更类似于个人小额贷款，市场有待开发。

通用飞机融资市场反映出国内整个金融行业资金紧张、偏好高收益大项目、偏好大型企业客户、偏好传统担保抵押手段的特点。然而，随着国家经济转型，以及金融市场竞争的加剧，金融企业必然需要转移视角，关注中小项目、创新性项目，提高物件融资的专业化程度。通用飞机融资正是兼具创新性和专业性的中小型项目，预计在短期内会经历探索、过渡和磨合阶段，逐渐从借助其他增信措施的类似企业信贷模式，向以飞机作为主要担保物的物件融资模式转型，最终完善成便捷、高效的融资业务。而通用飞机融资的标的物也会实现优胜劣汰，以经济性高、资产保值性好的机型为主。

9.7 适航审定

民用航空器要实现最终的商业成功，必须达到安全、经济和舒适三个重要目标，对其判定的基础工作就是适航审定。通用航空产品也是如此，包括通用航空器、发动机及机载航电系统等，都需要经过严格的适航审定，包括对通用航空产品的设计、生产制造、使用维修和进出口等进行全方位、全过程的控制管理。我国的适航管理从最初的“宣传、帮助、监督、检查”出发，通过 30 余年的实践，已形成完整的管理体系，在“保障飞行安全、维护公众利益、促进行业发展”三方面起到了关键作用，保障行业健康、安全、稳健和持续地发展。

适航，即适航性的简称。适航性是指民用航空器（包括其部件及子系统）的整体性能和操纵特性在预期的运行环境和使用条件限制下具有安全性和物理完整性的一种品质。我国民用航空产品的适航管理工作由民航局组织实施，包括负责民用航空器的国籍登记和注册，民用航空产品（包括航空器、发动机和螺旋桨）及航空材料、零部件、机载设备和民用航空油料、化学产品的适航审定管理等工作，其管理体系如图 9-8 所示。适航审定的具体实施由审定中心负责，其中，沈阳审定中心、南昌审定中心等具体负责通用航空产品相关的适航审定工作。

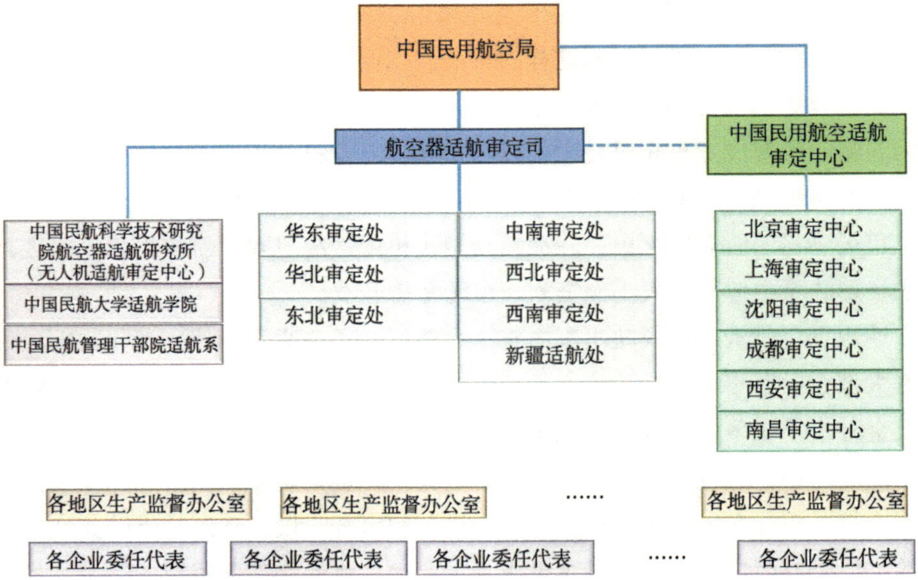

图 9-8　民航局适航管理组织机构

适航管理法规和文件体系同民航其他规章体系一样，分为两个层次：第一层次是法律、行政法规和规章；第二层次是为执行第一层次的法律、行政法规和规章而制定的实施细则，包括：管理程序、咨询通告、工作手册、管理文件、信息通报和表格等。适航证件的办理依据就是这些文件，相关条件和适用情况见表 9-3。

表 9-3　民航航空产品适航类型及条件

序号	类型	适用情况	申请条件
1	民用航空器（发动机、螺旋桨）型号合格证 / 型号认可证（TC/VTC）	研制	型号合格证申请人应具有民用航空产品设计能力。型号认可证申请人应持有或正在申请其所在国家民航管理部门颁发的型号设计批准文件，并且申请人所在国与申请国之间已经签署能涵盖该民用航空产品的适航协议、备忘录或技术性协议
2	民用航空器补充型号合格证（STC）/ 补充型号认可证（VSTC）	改装	补充型号合格证申请人应是中国企业或个人。补充型号认可证申请人应持有或正在申请其所在国家民航管理部门颁发的补充型号合格证，并且两国之间已经签署能涵盖该项目的适航协议、备忘录或技术性协议
3	民用航空器重要改装设计批准书（MDA）	改装	申请人应为国内厂家和个人。申请人应具有与所申请的改装项目相适应的设计能力

（续）

序号	类型	适用情况	申请条件
4	民用航空进口材料、零部件、机载设备设计批准或认可书（VDA）	进口	申请人应持有或正在申请其所在国家民航管理部门颁发的技术标准规定项目核准书（TSOA），并且申请人所在国与申请国之间已经签署能涵盖该项目的适航协议、备忘录或技术性协议
5	民用航空器（发动机、螺旋桨）生产许可证（PC）	生产	申请人需要至少符合下列一个条件： a）持有型号合格证或型号设计批准书； b）持有补充型号合格证或改装设计批准书； c）上述证件的权益转让协议书
6	民用航空器零部件制造人批准书（PMA）	生产	申请人应为国内厂家或个人
7	民用航空产品技术标准规定项目批准书（CTSOA）	生产	申请人需为国内厂家或个人
8	民用航空器标准适航证（AC）的申请和颁发	使用	1）申请标准适航证的民用航空器必须首先按照《民用航空器国籍登记规定》（CCAR-45-R1）的要求获得中华人民共和国国籍登记；适航证申请人应是该航空器的所有人或占有人。 2）申请标准适航证的民用航空器必须按照CCAR-21-R3取得型号合格证或者型号认可证
9	民用航空器特殊适航证（AC）的申请和颁发	使用	1）申请特殊适航证的民用航空器必须首先按照《民用航空器国籍登记规定》（CCAR-45-R1）的要求获得中华人民共和国国籍登记；适航证申请人应是该航空器的所有人或占有人。 2）申请特殊适航证的民用航空器必须按照CCAR-21-R3取得设计批准书或者获得民航局同意批复
10	外国民用航空器适航证认可书（VAC）的申请和颁发	—	1）申请外国航空器适航证认可书的民用航空器，必须具有现行有效的外国国籍登记证和适航证，且其型号已经适航审定司认可。 2）合法占有、使用上述外国民用航空器的中国使用人，可以申请该航空器的外国适航证认可书
11	民用航空器及其零部件出口适航批准书（EAC）	出口	任何出口人或其授权的代表可以申请国产Ⅰ类航空产品和使用过航空器的出口适航证
12	民用航空器特许飞行资格认可（SFP）	试飞	1）对于尚未取得有效适航证或目前可能不符合有关适航要求，但在一定限制条件下能安全飞行的航空器可申请特许飞行证。 2）申请特许飞行证的航空器应满足CCAR-45-R1的要求，尚未取得国籍登记的航空器应当首先申请临时登记标志并获得临时登记证书。 3）民用航空器的所有人或占有人可以申请该航空器的特许飞行证

（续）

序号	类型	适用情况	申请条件
13	民用航空器零部件适航批准	批准标签	PC、PMA、CTSOA 批准书持有人

通用航空产品适航申请也依据上述相关要求，其申请流程大体包括：提交申请、受理审查、核查确认、作出许可和颁发证书等，以型号合格证审定为例，具体流程如图 9-9 所示。

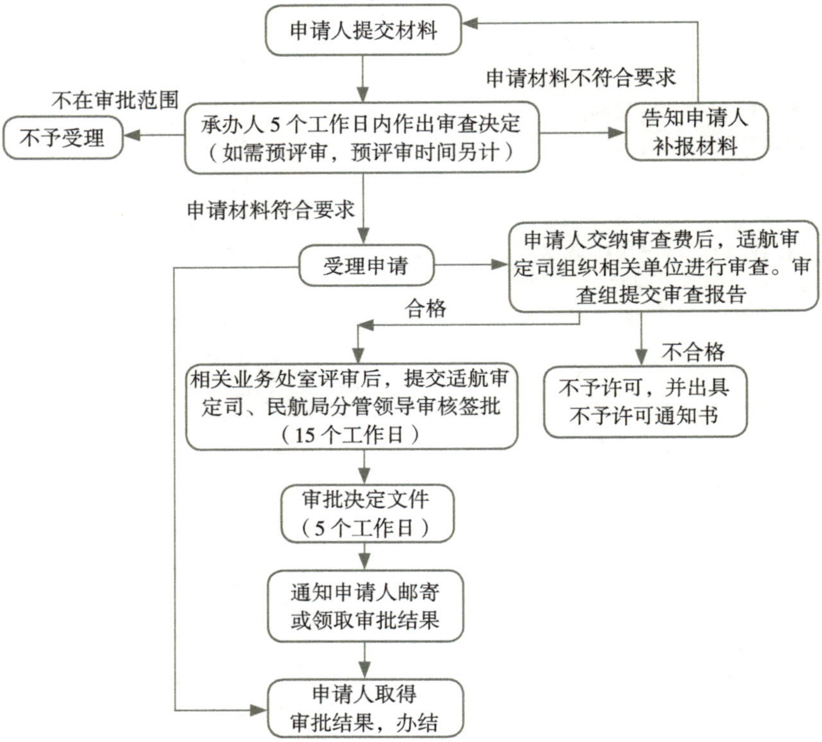

图 9-9　民用航空器型号合格证办理流程图

此外，民航局对于申请方 / 持证方内部适航管理体系的建设包含三大方面的要求，行业中通常称作：设计保证体系要求、生产质量控制系统要求和持续适航体系要求。

第 10 章　通用机场及地面保障

10.1　我国通用机场发展历程

从发展时序和阶段性特征来看，我国通用机场的建设历程可分为以下三个阶段：一是新中国成立前（1931—1949 年），当时已有军用机场和民用机场之分，但无运输机场和通用机场之分，仅有航空测量、航空摄影等通用航空作业飞行业务；二是计划经济时期（1949—1977 年），尤其在 20 世纪五六十年代是农林类通用机场建设的高峰时期，早在 1952 年便已经拥有可供通用航空作业起降的机场或者起降点 40 个；三是改革开放后（1978 年至今），这个时期的通用机场建设随着宏观经济发展和环境变化呈现出不同的阶段性特征。

10.1.1　新中国成立前（1931—1949 年）的通用机场发展

我国的通用航空商业活动起步于 20 世纪 30 年代。最早是浙江省水利局租用德国汉莎航空公司的 M18-D 型飞机在钱塘江流域进行航空摄影，这一飞行活动开启了我国近代通用航空事业的新篇章，这时期的通用航空活动主要集中在航空摄影、航空测量等领域；40 年代左右，通用航空飞行活动逐渐扩展到农业航空作业领域。

这个时期，频繁的战争使得全国各地建有大量的军用机场㊀，而民用机场则数量不多，因此该时期的通用航空飞行活动基本上是使用军用机场进行作业起降。

10.1.2　计划经济时期（1949—1977 年）的通用机场

在计划经济时期，我国通用航空的发展速度相对快于运输航空，这时期的大部分通用航空活动主要侧重于农林作业飞行或者航空体育活动，兼顾航空物探、航空摄影和抢险救灾等通用航空飞行活动，主要服务于经济建设或用于军用航空后备力量的培养，所使用的通用机场大多为简易机场，主要为土质道面跑道。在计划经济时期由国家林业部主导建设的林业类通用机场主要集中在东北地区，国

㊀ 根据 1950 年 5 月统计，全国各地共接管国民党军队遗留的机场 542 个，大部分为草地或碎石跑道的简易机场。

家体育运动委员会主导建设的航空体育类机场则集中在天津、河北、山西及江西等省市。而农业航空作业仍由民航专业飞行队负责，农用机场集中在新疆地区，从宏观背景和通用航空发展特征来看，计划经济时期的通用机场建设历程可分为以下三个阶段。

1. 开创发展时期（1951—1957 年）

这一时期分新中国成立初期（1949—1952 年）和第一个五年计划期间（1953—1957 年）两个阶段。这时期大多数是利用军用或民用机场开展通用航空飞行活动，这时期的民航有运输航空与专业航空之分，但机场尚无运输机场和专业机场之分。

新中国成立初期，新中国的通用航空事业刚刚起步，这时期的通用航空飞行活动所使用的机场，除了利用已有的军用或民用机场之外，主要整修改造国民政府时期遗留下来的停航、保留的机场，使其成为可利用的通用机场或临时起降点，至 1952 年我国已经拥有可供通用航空作业起降的机场或者起降点 40 个。1955 年中国民用航空局在北京组建专业航空队，下设农林业航测两个飞行中队，而后各民航地区管理局也相应组建专业飞行大队或中队，并配套建设了相应的基地机场。

“一五”期间，航空测绘、造林、护林和农化作业在全国各地发展起来，同时该时期的航空护林业和航空体育业已逐渐脱离民航系统而独自发展，并各自建设了一批专用机场。如 1956 年，国家林业部设立统一管理东北、内蒙古地区航空护林工作的嫩江航空护林总站，并增设嫩江、海拉尔、呼玛、桦南和敦化等五个航空护林基地，1957 年年初又在云南、四川等西南地区设立航空护林基地。

2. 超前建设时期（1958—1965 年）

这一时期的通用机场建设规模远超过通用航空飞行活动规模，具体可分为“大跃进”时期和国民经济调整时期两个阶段。

“大跃进”时期，当时的民航部门提出了“运输航空四通八达，专业航空遍地开花”的不切实际的口号，并将地方航线管理权限下放给各省、直辖市和自治区地方政府，为此在全国各地出现了大办地方航线的热潮，并大规模地建设民用机场。根据机场建设的目的和用途，这时期建设的机场类型可分为三类：一是地方航线机场，除了安徽省合肥市，宁夏回族自治区银川市和内蒙古自治区呼和浩特市等一些省会城市和自治区首府建设机场之外，一些中小城市也纷纷建设了地方航线机场，有的地方航线机场是新建或改扩建的民用机场，也有的是在空军机场设置航空站。仅内蒙古地区便先后突击建设了呼和浩特白塔、锡林浩特、乌兰浩特、通辽和赤峰等机场，广东的罗定通用机场也是该时期地方航线机场“大跃进”时代的产物。二是在全国各地建有一大批供工农林飞行作业的临时性通用起降点或永久性通用简易机场，如陕西的延安、安康，安徽的屯溪、阜阳，黑龙江的伊春等。三是国家林业部在东北地区主导修建了一批农林作业专用机场。这时期建设的机场主要用于农林作业飞行活动，部分也开通了短途运输航线。

在国民经济调整时期，尽管通用航空作业飞行总量下降，但由于国家加大了粮食生产力度和各地重视农业航化作业飞行，因此各地通用机场的建设力度不减，从“大跃进”时期到20世纪60年代中期，据不完全统计，仅华北地区先后修建了209个用于农林牧作业的简易通用机场或临时机场，这些机场的跑道长度一般为600～700m，采用土质或天然草皮道面（后来这些机场陆续停航或被废弃）；东北和西南地区则以航空护林机场为主，该时期的航空护林站普遍建有固定跑道、导航设施和加油设备。同时，该时期全国兴起了发展国防体育的建设高潮，航空体育机场也随之布局建设。仅华北地区体委系统就有北京、天津、保定、大同、太原、长治航空学校和训练基地。

3. 徘徊发展时期（1966—1977年）

这时期我国的通用航空业受到“文化大革命”的严重冲击，整个行业发展陷入低谷，但仍按照国家计划执行农林、航空物探、航空摄影测绘等飞行作业任务，通用机场建设的重点为农林用的简易机场。例如，1966—1977年间，林业部门组织的飞播造林作业区先扩大至华东和中南地区，而后又推广至黄河以北、长城内外的广大区域。为了减少飞机作业往返的时间和降低作业成本，仅在中南五省便根据飞播区规划选建了36个通用航空临时机场；东北的辽宁省则修建了11个农用机场，使辽宁省的主要产粮县都能够使用农业飞行作业；湖北也先后在全省20多个县、农场修建了临时简易通用机场，以满足农林业飞行作业的需求；湖南省、广东省、广西壮族自治区等省份各自兴建了10～20个简易通用机场。当然，如今这些机场大多已被弃用。

10.1.3 改革开放后（1978年至今）的通用机场建设

改革开放后，我国通用航空服务的重心由从事农林生产作业的农林航空领域逐渐转向服务于近海和陆上石油勘探、电力巡线作业的工业航空领域。至20与21世纪之交，空中观光、公务飞行和私人飞行等逐渐兴起，通用航空服务领域的多元化格局逐渐形成，由此使得通用机场类型也呈现多样性。例如，服务于东部海上石油作业的直升机机场和服务于陆上石油勘探的新疆钢板机场也已完成布局建设；海南三亚、浙江千岛湖和广东深圳等邻近水域的地区也开始陆续建设水上机场；高架直升机机场、直升机海上平台等各类直升机机场正在逐渐走向普及应用；内蒙古阿拉善盟通勤机场试点、根河林民合用机场试点的成功也逐渐将通用机场开展短途运输服务的模式由内蒙古试点地区向全国推广应用。根据通用航空发展的阶段特征和通用机场建设的规模水平，可将改革开放后的通用机场建设历程分为以下四个阶段。

1. 恢复与充实时期（1978—1991 年）

这个时期的国家工作重心逐渐转向经济建设，使得通用航空业在传统农林飞行作业基础上，显著增加了工业航空的应用领域，通用航空作业的服务对象空前广泛，涉及农、林、牧、渔、测绘、水利、电力和地矿等几十个行业，通用航空经营的多元化作业项目类型也前所未有地扩展到 10 大类 100 多项，通用机场的建设与发展模式也随之调整。

在工业方面，为了满足近海石油勘探开发的需求，20 世纪 90 年代初，广州直升机公司、上海直升机公司等企业先后成立，其作业除了使用沿海的民用机场外，还新建了珠海九洲直升机机场以及湛江坡头、深圳蛇口和天津塘沽等直升机起降点。1983 年，以深圳南头机场为基地的中国海洋直升机专业公司成立，而后该公司又在湛江、上海和天津等地的沿海滩涂建设直升机机场，建立了覆盖整个东部海域的直升机海上作业服务体系。除沿海外，工业作业机场也向内陆延伸，1984 年，为了向新疆塔克拉玛干沙漠的陆上石油勘探开发工作队提供运输和救援服务，中国民航工业航空服务公司在沙雅、库尔勒设立了飞行基地。

在林业方面，该时期的林业系统通用机场体系已基本成形，形成了东北和西南两大航空护林机场体系。至 1989 年年底，东北航空护林局先后组建了嫩江、加格达奇、塔河、根河、海拉尔、扎兰屯、敦化、伊春、黑河、佳木斯、呼兰浩特和牡丹江等 15 个航空护林站，巡护区基本覆盖了大小兴安岭、张广才岭和完达山脉等东北林区。西南航空护林总站下辖成都、西昌、百色、思茅、保山和丽江 6 个航空护林站，另有昆明、安顺和柳州 3 个护航点，巡护区覆盖滇、川、黔和桂 4 省重点林区的 40 个地州（市）的 230 个县（市）。

在航空体育方面，该时期我国滑翔运动由以向空军、海军输送业余滑翔员为主的国防体育体制逐渐转向体育竞赛体制，国家体委在 10 个省市调整选建了 10 所航空运动学校，调整后的航空运动机场主要分布在北方地区的甘肃、陕西、河北、山东、山西、天津、黑龙江、辽宁和吉林等省市，南方地区仅保留了四川省。

2. 平稳发展时期（1992—2002 年）

20 世纪 80 年代初期，我国运输航空业进入持续高速发展时期，通用航空发展相对平缓，作业飞行量下降较大，通用机场建设也几近停滞，通用航空业的整体实力日益下降。针对通用航空业发展下滑的严峻局面，1996 年 1 月，中国民用航空总局颁布了《中共民航总局党委关于发展通用航空若干问题的决定》，经过数年的贯彻落实，政策效应显现，我国通用航空转而进入持续平稳发展的时期，通用机场数量也随之增加，1999 年甚至出现北京平谷农民自行集资建设农用机场的现象。

这个时期的农林作业飞行仍是通用航空作业的主流，仅东北地区主要用于通用航空农林作业的机场就达 100 余个，这些通用机场现在多数已升级为水泥混凝土硬化道面。

另外，航空体育运动重新兴起，中国航空运动协会积极推动体育类通用机场的建设，至 2000 年，体育系统有使用权的机场 31 个，开展活动的航校 18 个。

3. 通用航空市场培育时期（2003—2010 年）

2003—2010 年为通用航空市场培育期，这时期以完善传统作业飞行市场和健全相关通用航空政策法规为主，如 2009 年 12 月中国民用航空局下发的《关于加快通用航空发展的措施》是中国民用航空局历史上第二次在通用航空事业发展的关键时期出台重要政策，其中第四条专门提出要“加快通用机场起降场的布局与建设”。在我国经济快速发展的带动下，公务航空、私人飞行、通用航空、短途运输和航空培训等新兴的通用航空市场开始起步，各类航空学校蓬勃发展，专业化通用航空继续拓展服务领域，共同推动了通用航空飞行总量的快速增长。

该时期，尽管通用航空飞行量增长加快，但通用机场建设缓慢，通用机场和临时起降点数量基本没有增长。截至 2010 年年底，已获得证件的通用机场共有 71 个，仅比“十五”时期增加两个，而且这两个机场还是在临时起降点基础上扩改建而来的，临时起降点仍保持为 329 个，这些通用机场和临时起降点主要集中在华北、东北、华东以及广东和四川等地，中西部地区的一些省市在通用机场建设方面仍是空白。

4. 快速发展时期（2011 年至今）

该时期，国家对通用航空日益重视，先后出台并逐步落实了许多鼓励政策，地方政府和社会资本对通用航空业的关注和投入也空前高涨，使得近年来我国通用航空业的发展速度显著加快，通用航空飞行需求日渐旺盛，行业规模日益扩大，应用领域不断扩展，业务种类日益增多，空管、航空油料和航材等配套设施设备逐步完善，通用机场建设也由此进入了快车道。2014 年 10 月国务院修订了政府核准的投资项目目录，向地方政府全部或部分下放了通用机场项目核准权限，这直接激发了省、市、县三级政府建设通用机场的积极性。截至 2019 年 10 月底，我国已取证的通用机场数量达到 240 个，实现了通用机场数量首超运输机场数量的历史性跨越。另外，这一时期，通用航空主要应用于经济建设、航空消费及公共服务三大领域，通用航空应用的多元化和高端化，使得通用机场的主要使用机型多样，跑道技术标准差异大，通用机场的建设等级标准也相应提高。

10.2 通用机场建设发展现状

2012 年，以民航局在全国范围内展开通用机场大普查为标志，通用机场作为民用航空的基础保障设施，正式进入国家行业管理部门重点关注领域。近十年，是国家高度重视通用航空工作的十年，在通用航空利好政策推动和市场积极培育的合力作用下，省、市、县三级地方政府发展通用航空的积极性被调动起来，我国的通用机场建设由此进入了崭新的快速发展时期。这一时期，通用机场从布局、规划、审批，到建设、运营、支持，各方面的工作都取得了显著成效，通用机场建设呈现出新的阶段性特征。

10.2.1 政府主导、各方协力，机场布局规划日趋合理

我国曾于 2011 年启动编制全国通用机场布局规划，但鉴于通用机场涉及种类繁多、投资主体多元化、制约因素较多等，又适逢国家意欲下放通用机场项目的审批核准权限，故全国通用机场布局规划没有对外公布。2016 年 5 月 17 日发布的《国务院办公厅关于促进通用航空业发展的指导意见》，明确了通用机场布局规划编制、审批的责任主体分别是省级发展改革部门和省级人民政府。同时明确，省级人民政府按照批准的规划对省内新建通用机场项目实施审批（核准）。

各地规划建设通用机场的热情高涨，截至 2019 年年底，全国 31 个省级行政单位以多种形式明确了辖区内通用机场的规划方案。其中，北京、河北、天津和山西等 24 个省（直辖市 / 自治区）出台了通用机场布局规划或通用航空业发展规划，明确了省（直辖市 / 自治区）内通用机场的布局、建设和功能体系方案；福建、宁夏和内蒙古 3 个省（自治区）在其本省（自治区）发布的促进通用航空

业发展的实施意见中，明确了省（自治区）内通用机场的建设目标；广东、辽宁两省在其“十三五”综合交通发展规划中，陕西省在其《政府和社会资本合作（PPP）三年行动计划（2017—2019 年）》中，分别明确了“十三五”期间省内通用机场的建设任务。全国通用机场规划情况见表 10-1。

表 10-1　全国通用机场规划情况

序号	地区	发布文件	发布时间	规划内容
1	北京	《北京市通用机场布局规划（征求意见稿）》	2016.10	规划形成“5+8+N”的通用机场体系，即 5 个一类通用机场，8 个二类通用机场，若干个三类通用机场
2	上海	《上海市城市总体规划（2017—2035 年）》	2018.01	在青浦规划预留大型通用机场，以公务机起降服务为主要功能，兼顾城市管理、应急保障需求。在长江口、杭州湾等地区布局若干个小型通用机场，以城市管理、应急保障需求为主要功能
3	河北	《河北省通用机场布局规划（2016—2030 年）》	2017.09	到 2020 年，新建通用机场 20 个；到 2030 年，全省通用机场达 50 个左右
4	天津	《天津市通用机场布局规划（2017—2030 年）》	2018.02	到 2025 年，全市建成 5 个 A1 级通用机场和 4 个 A2 级通用机场
5	山西	《山西省通用机场布局规划（2018—2030 年）》	2018.07	到 2030 年，全省布局 38 个 A2 级及以上通用机场，22 个跑道型 A3 级通用机场，若干个直升机起降场
6	江苏	《江苏省“十三五”及中长期通用机场布局规划》	2018.07	到 2035 年，全省通用机场布局 35 个，远期布局约 70 个，其中，区域级通用机场 10 个、地区级通用机场 60 个
7	山东	《山东省民用机场布局规划（2018—2035 年）》	2018.06	2022 年，A1/A2 级和 B 类通用机场达到 40 个；2025 年，达到 57 个；2035 年，达到 94 个
8	浙江	《浙江省通用机场发展规划》	2015.09	至 2030 年，布局 7 个一类通用机场，30 个二类通用机场，若干个三类通用机场
9	安徽	《安徽省通用机场布局规划（2019—2035 年）》	2019.12	至 2025 年，规划 A2 级以上通用机场达到 30 个；2035 年达到 65 个
10	黑龙江	《黑龙江省通用机场布局规划（2018—2030 年）》	2018.03	至 2020 年，A2 级以上通用机场达到 19 个；2025 年，达到 46 个；2030 年，达到 68 个

（续）

序号	地区	发布文件	发布时间	规划内容
11	吉林	《吉林省通用机场布局规划（2016—2030年）》	2017.05	至2020年，通用机场总数达到21个；2025年，达到40个
12	湖北	《湖北省通用航空中长期发展规划（2016—2030年）》	2017.02	至2030年，新建汉南、蔡甸等42个通用机场，通用机场总数达到46个
13	湖南	《湖南省通用机场布局规划（2016—2030年）》	2019.05	至2020年，通用机场数量达到10个；2030年，达到25个
14	河南	《河南省通用航空发展规划（2014—2020年）》	2014.12	至2020年，在全省建成安阳、新乡、周口和驻马店等15个通用机场
15	江西	《江西省通用机场布局规划（2016—2030年）》	2017.06	到2020年，建成20个以上通用机场；到2030年，建成50个以上通用机场
16	广西	《广西通用机场规划布局方案》	2017.11	至2030年，布局90个二类以上通用机场和一批三类通用机场，其中“十三五”期间建设南宁青秀区、柳州城区和桂林兴安等16个二类以上通用机场
17	海南	《海南省“十三五”通用机场布局规划》	2016.12	至2020年，规划新建18个通用机场，含7个一类机场、7个二类机场、4个三类机场
18	四川	《四川省通用机场布局规划（2016—2030年）》	2017.03	至2020年，全省二类以上通用机场数量达到27个；2030年，达到80个
19	重庆	《重庆市通用航空业发展行动计划（2017—2019年）》	2014.07	力争到2018年，全市建成、在建通用机场及临时起降点超过10个；到2019年，基本实现通用机场服务网络地市域全覆盖
20	贵州	《贵州省通用机场布局规划（2016—2030年）》	2017.06	至2030年，全省布局17个A1级通用机场，54个A2级通用机场，一批A3级通用机场
21	云南	《云南省通用机场布局规划（2016—2030年）》	2016.06	至2030年，在昆明、会泽等地布局建设一类通用机场20个，在安宁、宜良等地布局二类通用机场30个
22	西藏	《西藏自治区通用航空发展规划（2014—2030年）》	2015.07	至2022年，建设林周、聂拉木等10个通用机场（含起降点）；2030年前建设尼木、墨竹工卡等19个通用机场（含起降点）

（续）

序号	地区	发布文件	发布时间	规划内容
23	新疆	《新疆通用航空机场布局规划（2018—2035 年）》	2018.02	至 2020 年，全疆 A2 级以上通用机场达 33 个；2025 年，达 65 个；2030 年，达 89 个；展望 2035 年，进一步增至 98 个
24	甘肃	《甘肃省“十三五”通用航空发展规划》	2016.11	规划期内布局建设通用机场 25 个，其中一类通用机场 8 个、二类通用机场 6 个、三类通用机场 11 个
25	青海	《青海省“十三五”通用航空业发展规划》	2017.02	至 2020 年，建成 16 个通用机场，其中 5 个一类、3 个二类、8 个三类；至 2030 年，再新建 24 个通用机场，其中 3 个一类、7 个二类、14 个三类
26	内蒙古	《关于促进通用航空业发展的实施意见》 《关于促进通用机场有序发展的实施意见》	2016.10 2019.01	到 2020 年，力争通用机场总数达到 37 个，初步形成东北部、东南部、西南部、西部 4 个通用机场群，通用机场逐步由点状分布向连通成网发展
27	福建	《关于促进通用航空业发展的实施方案》	2017.07	至 2020 年，建成二类以上通用机场 10 个以上；2030 年，通用机场实现“县县通”
28	宁夏	《关于促进通用航空业发展的实施意见》	2017.04	至 2020 年，建成红寺堡、同心和隆德等一批通用机场
29	广东	《广东省综合交通运输体系发展“十三五”规划》	2016.01	“十三五”期间，在广州、珠海、汕头和东莞等市新建一批通用机场
30	辽宁	《辽宁省通用机场布局规划（2018—2025 年）》	2019.06	至 2025 年，新规划布局通用机场 28 个，通用机场总数达到 41 个
31	陕西	《陕西省全域旅游示范省创建实施方案》 《陕西省推进政府和社会资本合作（PPP）三年行动计划（2017—2019 年）》	2017.07 2017.08	加快建设西安、富平、黄陵和壶口等一批通用机场和低空飞行服务站，通用机场和起降点达到 80 个 “十三五”规划建设旬邑、神木和汉阴等 12 个通用机场

省级通用机场布局规划明确了各省在通用航空和通用机场建设方面的发展目标。从各省规划来看，以通用机场为代表的通用航空基础设施先行先建和通用机场网络体系的分步构建，已成为各地的共识。根据各省规划，到 2020 年，各地规划建设的通用机场数量约达 600 个，将初步构建起各省通用机场网络的基础框架，基本实现通用机场或兼顾通用航空服务的运输机场覆盖地级城市、通用航空

研发制造集聚区、农产品主产区、主要林区和5A级旅游景区，初步满足地区经济社会发展需要；到2030年左右，全国各类各级通用机场数量约达1 400个，将基本形成层次分明、功能清晰、兼容互补的机场网络体系，基本覆盖通用航空服务需求较强的偏远地区、地面交通不便地区、枢纽机场周边地区、自然灾害多发地区、人口稠密地区、农产品主产区、主要林区、景区和通用航空产业培育区，将有力推动通用航空在应急救援、工农林业、运动旅游、科技应用和商务飞行等方面实现广泛应用。

除省级通用机场布局规划外，全国还有100余个地级市也编制了辖区通用机场布局规划或者通用航空发展规划。地市级通用机场布局规划是对省级规划的进一步细化和落实，往往与辖区内通用航空产业发展一并进行研究。与省级通用机场布局规划相比，地市级规划更加注重通用机场规划的落地、各机场之间错位发展与协同发展，以及通用机场与运输机场之间的融合发展等。根据发展的产业类型合理确定通用机场的建设规模，以通用机场促进通用航空产业发展，以通用航空产业引导通用机场建设，形成通用机场与通用航空产业良性互动的局面。

10.2.2 建设标准逐步规范，审批流程不断优化

在建设标准方面，自1999年起，为了适应通用航空的蓬勃发展，国家质量技术监督局发布了《通用航空机场设备设施》（GB/T 17836—1999），民航局出台了《通用机场建设规范》（MH/T 5026—2012）、《通用航空机场空管运行保障管理办法》（AP-83-TM-2013-01），民航局空管行业管理办公室出台了《通用航空飞行服务站系统建设和管理指导意见（试行）》，七大民航地区管理局陆续出台了通用机场建设管理程序或办法，为通用机场和运输机场建设标准分离提供了思路，初步降低了通用机场建设标准，明确了通用机场建设、配套设备设施及航空服务保障体系建设的具体要求。2017年，民航局发布了《通用机场分类管理办法》，对全国通用机场建设与运行管理做了具体规定，将空管设施、安保设施和航油设施从通用机场必要设施清单中去除，改为按需设置，进一步规范和简化了通用机场的建设标准。同时，根据适飞机型、场地条件和服务对象等，分别制定了适用于陆地型跑道机场、直升机场、水上机场和飞行营地等不同类别机场的技术标准。通用机场技术标准汇总见表10-2。

表 10-2　通用机场技术标准汇总

序号	技术标准	机场类型
1	《通用机场建设规范》（MH/T 5026—2012）	所有通用机场
2	《民用机场飞行区技术标准（第一修订案）》	跑道型通用机场
3	《民用直升机场飞行场地技术标准》（MH 5013—2014）	直升机场
4	《水上机场技术要求（试行）》（AC-158-CA-2017-01）	水上机场
5	《航空飞行营地及设施标准》（航管字〔2014〕395 号）	航空飞行营地
6	《体育场所开放条件与技术要求　第 13 部分：热气球场所》（GB 19079.13—2005）	热气球释放场

在审批流程方面，通用航空建设的具体流程涉及选址、可研（项目核准）、设计、施工和开放许可五个环节，涉及空军、政府及民航地区管理局。监管方式由原来的全过程监管向重视“头”（场址审核）和“尾”（使用许可）转变，审批程序由过去重程序、重审批向重效果、重服务转变，切实简化了通用机场建设运营管理的程序。通用机场建设审批流程如图 10-1 所示，通用机场建设各方作用见表 10-3。

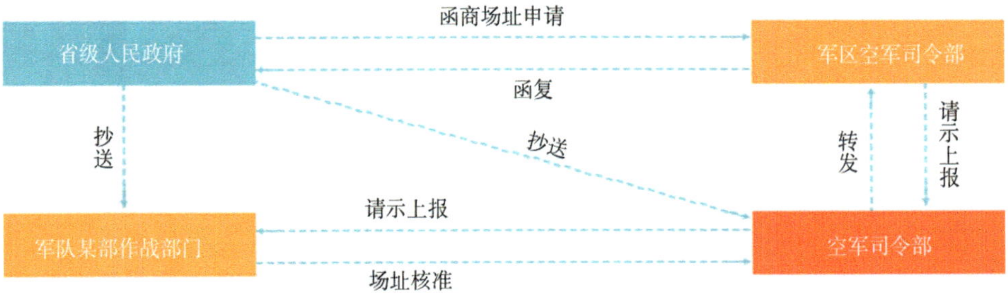

图 10-1　通用机场建设审批流程

表 10-3　通用机场建设各方作用

建设方	作用
军方	选址阶段的空域与临时起降点审批，验收审批阶段的空军司令部验收及日常使用阶段的年度复核
政府	政府方面主要涉及选址审批与立项审批。需要项目法人委托相关单位进行勘察、检测并出具相应报告，然后获取相关委办厅局批复后，由所在地发展和改革委向省级发展改革委申请立项批复。4C 以上的机场仍需要国家发展改革委审批

（续）

建设方	作用
民航地区管理局	负责受理、批复通用机场的选址、建设与使用许可。具体包括选址设计阶段的立项审批行业意见、选址报告审批、民航专业工程建设的监理、组织试飞、行业验收、信息报送等

10.2.3 通用机场建设加快，配套设施逐步完善

2009—2017 年，已获得证件的通用机场数量年均增加约 5 个，2017 年 4 月，民航局出台了《通用机场分类管理办法》，简化、规范了通用机场颁证程序，2018 年新增已颁证通用机场 126 个，是历年已获得证件通用机场总和的 1.7 倍，基础设施建设进入爆发期。2018 年有 202 个通用机场，其中，A 类通用机场为 84 个，占总数的 41.6%；B 类通用机场为 118 个，占总数的 58.4%，A1、A2、A3 级通用机场占 A 类通用机场总数量的比例分别为 69%、17.9% 和 13.1% ㊀。2010—2018 年已颁证通用机场数量如图 10-2 所示。

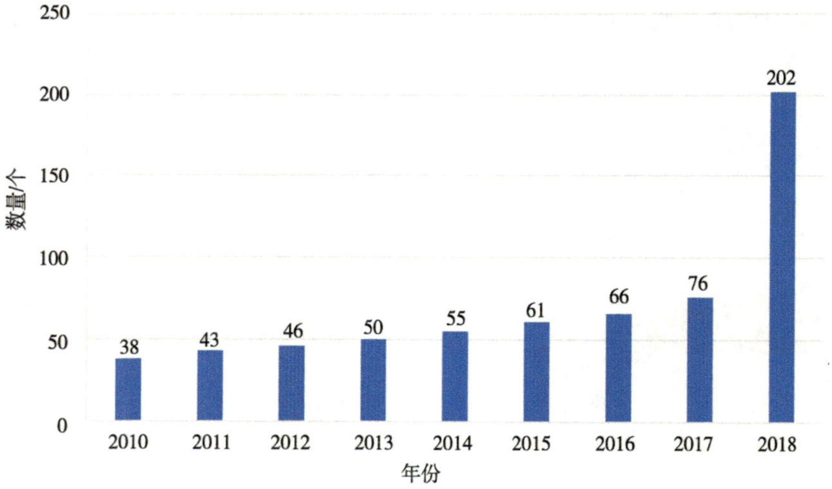

图 10-2　2010—2018 年已颁证通用机场数量

10.2.4 投资渠道不断被拓宽，投资模式发生了转变

国家出台了一系列利好政策，吸引多元化投资主体进入通用机场建设领域。自 2010 年起，先后出台了《国务院关于鼓励和引导民间投资健康发展的若干意见》

㊀ 数据来源：《民航局通用航空管理系统》通用机场信息平台。

（国发〔2010〕13号）和《国务院关于促进民航业发展的若干意见》（国发〔2012〕24号），鼓励银行业金融机构对机场及配套设施建设提供优惠的信贷支持，鼓励民间资本参与通用机场建设，越来越多的民营资本参与到通用机场建设中。《民航局关于鼓励社会资本投资建设运营民用机场的意见》（民航发〔2016〕117号）提出，全面放开通用机场建设，对投资主体不作限制。《国家发展改革委 民航局关于促进通用机场有序发展的意见》（发改基础〔2018〕1164号）提出，鼓励和吸引社会资本投资建设通用机场，鼓励政策性、开发性金融机构对通用机场建设提供多样化的金融服务和融资支持，拓宽融资渠道，降低企业融资成本。随着国家政策的鼓励，行业门槛的逐步放低，行业资质的日渐宽松，通用机场建设投资呈现出地方政府、各类央企、地方性投资集团或代表性国企，以及大型民营企业等多种投资主体多元化发展的良性态势。

10.3 通用机场建设与运营情况

截至2019年10月底，全国共有已颁证的通用机场240个，其中，A类通用机场92个，含A1级通用机场66个，A2级通用机场17个，A3级通用机场9个；B类通用机场148个。从机场机型上看，跑道型机场148个，直升机场77个，跑道型兼表面直升机场14个，水上机场1个。

由于B类通用机场主要用于航空护林、农垦作业和电力作业等专业生产活动，并不对公众开放，且其中一半的B类通用机场位于黑龙江省，由农垦系统以及林业部门管理，其运营模式并不具有代表性。因此，在运营层面，本书重点研究了A类通用机场，尤其是A1级通用机场。

10.3.1 A1级通用机场

全国A1级已颁证的通用机场共66个，其中，跑道型机场44个，表面直升机场14个，跑道型兼表面直升机场8个。从机场种类看，跑道型机场的占比远远高于表面直升机场。从功能定位看，A1级通用机场基本定位于服务区域性短途运输、低空旅游等多样化的通用航空活动，同时满足固定翼飞机和直升机两类航空器的保障能力，因此跑道型机场或跑道型兼直升机场的占比最大。A1级直升机场的分布与地理地形特点关系密切，14个表面直升机场主要位于舟山群岛、粤港澳等我国的东部、南部沿海地区，上述地区也是进行直升机载客飞行活动探索最多的地区。

通用机场建设主导方与机场所有人密切相关。我们统计、归纳了A1级通用机场所有人的类型和分布结构。从类型看，A1级通用机场所有人包括政府、国资企业、民企、个人和军方五种。从分布看，国资企业占比最大，共有35个A1级通用机场归国资企业所有，11个归地方政府所有，12个归民营企业所有，3个归个人所有，1个归军方所有。值得注意的是，在35个国资企业所有的通用机场中，有18个是政府成立的机场建设运作平台公司建设的，有4个是有国企背景的地方性投资集团建设的，其余是通用航空运营企业和航空器制造企业建设的。A1级已颁证通用机场所有人类型分布如图10-3所示。

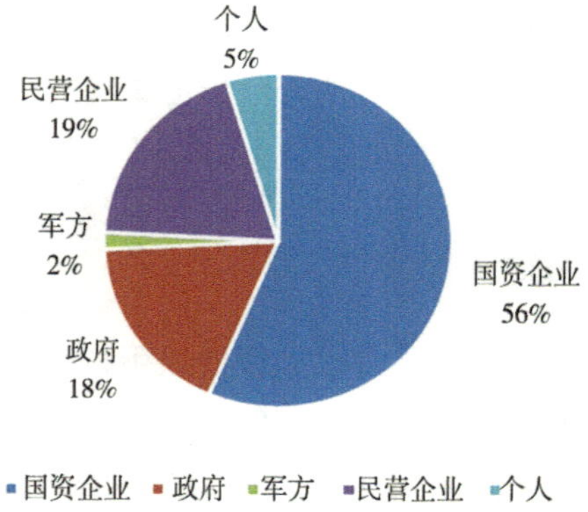

图10-3　A1级已颁证通用机场所有人类型分布

综合来看，政府、政府设立的平台公司、有政府背景的投资集团拥有50%以上的A1级通用机场，可以认为，由政府推动和建设的A1级通用机场数量最多，地方政府在现阶段的高等级通用机场建设中发挥了最重要的作用。除此之外，各类通用航空运营企业是主导通用机场建设的第二大力量，且其中有国企背景的老牌通用航空公司与新近成立发展起来的民营通用航空公司各占50%左右。值得注意的是，北京平谷、根河敖鲁古雅和乌拉特中旗3个通用机场，虽然其所有人登记为个人，但其背后分别代表民企、航空护林站和地方政府，因此可以认为，我国现阶段并不存在纯粹由个人拥有和管理的A1级通用机场。

通用机场运营模式与运营人属性密切相关。我们统计、归纳了A1级通用机场运营人的类型和分布结构。从类型看，A1级通用机场运营人包括政府、国资企业、民企、个人和军方五种。从分布看，66个机场中，2个归政府直接运营，44个归国资企业运营管理，16个归民营企业运营管理，3个归个人所有，1个归军方所有。分析发现，几乎所有由政府投资兴建的 A1 级通用机场，都由有国资背景的机场运营公司运营和管理，且这些国资企业几乎与机场所在地政府都有直接关系，或是政府直接成立的公司（政府 100% 控股），或是与社会资本合资成立的公司。除此之外，由通用航空运营企业投资建设的通用机场，其运营人往往与所有人为同一企业。但新时期，通用机场运营人与所有人也在逐渐分化，出现了政府或企业委托专业的机场管理公司进行运营的模式。A1 级已颁证通用机场运营人属性分布如图 10-4 所示。

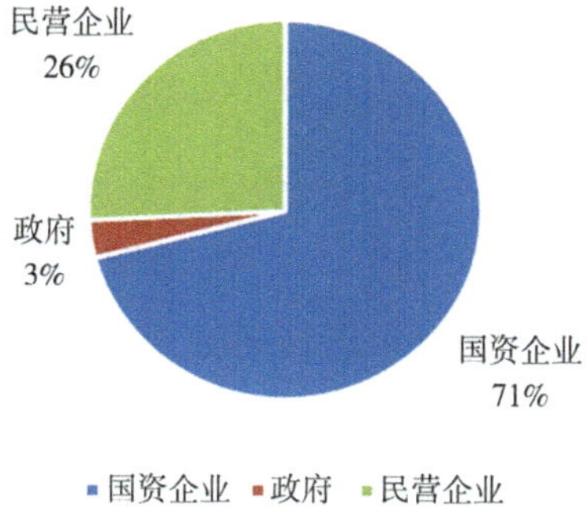

图 10-4　A1 级颁证通用机场运营人属性分布

10.3.2　A2、A3 级通用机场

在 A 类通用机场中，相对于 A1 级通用机场，A2、A3 级通用机场数量较少，情况较为简单。

从机场种类上看，17 个 A2 级通用机场中共有 6 个跑道型机场以及 11 个表面直升机场，9 个 A3 级通用机场中有 3 个跑道型机场和 6 个表面直升机场；A2、A3 级通用机场中跑道型与直升机场的比例均接近 1∶2，与 A1 级通用机场相比，A2、A3 级通用机场中该比例出现了对调。A2 级通用机场以成都地区和长三角地区最为密集，A3 级通用机场则以东北地区最为密集。

10.3.3　B 类通用机场

B 类通用机场，是指不对公众开放的通用机场，即除 A 类通用机场以外的通用机场。现阶段，我国 B 类通用机场往往都是服务于农业、林业和电力等生产作业的专用机场，功能模式一般相对单一。

B 类通用机场主要集中于黑龙江省、华东地区以及华北地区。其中黑龙江省已颁证的B类通用机场共计76个，占全国已颁证的B类通用机场数量的一半以上，主要用于航空护林站以及农垦作业，其中，航空护林站有 15 个，农垦作业类通用机场有 61 个。护林机场以直升机场居多，15 个航空护林站中共有 5 个跑道型机场和 10 个表面直升机场；而农用机场以跑道型机场居多，61 个农业作业类通用机场中共有 60 个跑道型机场，仅有 1 个表面直升机场。由此看出，业务模式以及相应业务使用的主流机型，与通用机场的建设类型具有最密切的关系，因为护林作业主要依靠直升机进行空中巡查等作业，而农业作业主要使用 Y-5 等固定翼飞机实施低空喷洒。

华东地区的 23 个 B 类通用机场中，共有 4 个跑道型机场以及 19 个表面直升机场；华北地区的 15 个 B 类通用机场中，共有 11 个跑道型机场以及 4 个表面直升机场。这种分布上的差异，一方面仍然说明机场类型与业务类型具有直接相关性。比如华北地区的 4 个表面直升机场中，1 个由中国北京红十字 999 运营，主要用于航空医疗救援；1 个由秦皇岛丽岛机场管理服务有限公司运营，主要为秦皇岛、北戴河和山海关旅游景区的低空游览直升机提供保障。另一方面，机场类型也与机场所处区位的地形直接相关，即华北地区多为平原，有条件建设占地面积更大的跑道型机场；而华东地区多丘陵，土地资源宝贵，机场建设往往因地制宜。

机场所处地区的地形特点与机场发展的业务模式也存在相关性。华东地区 B 类通用机场更多地服务于观光游览以及航空救援，比如徐州半月湾通用机场、扬州观音岛通用机场主要面向景区直升机停泊、维护，上海国际赛车场直升机场主要面向赛车场转播用直升机的停泊、维护，上海高东直升机场面向航空救援。而华北地区的 B 类通用机场多用于航空培训、航空体育运动，如山西省长治航空运动学校的沙家庄机场、翼飞航空学院运营的翼飞通用机场、唐山南湖航空运动俱乐部有限公司运营的唐山南湖机场等，都是利用了当地良好的低空空域资源和净空条件，发展了飞行培训、航空运动培训业务。

10.4 通用航空地面保障平台现状

固定运营基地（FBO）、维修基地（MRO）、飞行服务站（FSS）统称为通用航空三大地面保障平台。

10.4.1 固定基地运营商

目前，我国对 FBO 的定义尚未明确。业内人士一般认为，FBO 是设在机场为除了航班飞行之外的小飞机，特别是公务机和私人飞机提供加油、维修、旅客等综合服务的通用航空服务企业。也有部分学者根据 FBO 运营模式将其定义为：位于机场或者邻近机场的为通用航空飞机、公务机和私人飞机提供停场、检修、加油、清洁、休息等服务的基地或服务商。

可以明确的是，FBO 商业模式是从美国引入而来。美国 FBO 的发展历程表明，FBO 在机场中扮演的角色随着时代发展而不断变化，对机场运营环境的变化非常敏感。近年来，在美国几乎所有机场的通用航空飞行活动都在减少，随着飞行爱好者年龄的增长、客户服务偏好及燃油购买习惯的转变，FBO 的角色也随之发生了变化，到 2016 年美国的 FBO 数量从 1 万家减少到 3 440 家。

业内重大的结构性变化，使得机场运营商和 FBO 及时进行了结构调整。在一些机场，FBO 破产，机场接管了 FBO 服务。未破产的私营 FBO 成为被收购的目标。大型 FBO 连锁企业开启了疯狂的收购之路，如 Signature 收购 Landmark，Atlantic Aviation 收购 Black Canyon Jet Center 后成立“新”Ross 航空连锁企业，从而消除了美国司法部对机场内 FBO 间过度商业竞争的顾虑。对于较小机场的自营或私营 FBO，目前可以选择与大型 FBO 网络结盟，加入燃油供应商网络或签订航空服务合同的方式提供相关服务。随着业内结构的变化，多种 FBO 服务模式应运而生。

依据 FBO 不同的运营模式，可将其分为若干类：①机场运营商自营的 FBO。②私营 FBO（1 ～ 2 个运营点）。③小型 FBO 网络（3 ～ 5 个运营点）。④大型全资或附属 FBO 网络（＞ 5 个运营点）。机场运营的自助加油设施通常由燃油供应商运营并对油品进行质量控制、培训员工和进行营销推广。与私营 FBO 合作的机场和燃油供应商，为 FBO 提供品牌服务及市场营销。一些私营 FBO 和较小的 FBO 网络正在组成产业联盟，以共享 FBO 服务资源、市场推广及营销服务。大型 FBO 网络拥有广泛的资源和服务计划，可为客户提供高水准的服务。FBO 的细分类型如图 10-5 所示。

图 10-5　FBO 的细分类型

从 2018 年开始，美国对 FBO 进行了重新分类，分为私有、公有和高校持有三类，总计 3 661 个，其中，私有 FBO 有 2 099 个，公有 FBO 有 1 543 个，高校有 19 个。为便于对比，我们仍采用 2016 年数据进行分析，其各类 FBO 的数量及占比见表 10-4 和图 10-5。从表 10-4 中可以看出，机场自营的 FBO 数量最多，拥有 1 630 个运营点，占 FBO 总数的 47%。在过去 10 年中，机场自营的 FBO 数量有所增加，部分原因是小型机场的通用航空活动减少使得一些私营的、无补贴的 FBO 难以为继。令人心酸的是，机场自营和私营的 FBO 占 FBO 总数的 89%，也表明了美国国家机场系统大部分是由小型机场组成的。虽然表 10-4 中大型 FBO 网络运营点相对较少，但大型 FBO 网络承担了绝大多数通用和商务航空活动的服务保障工作。

表 10-4　美国 FBO 的运营模式（截至 2016 年 8 月）

运营类型	运营点数量 / 个	占比（%）
机场自营	1 630	47
私营	1 437	42
小型 FBO 网络	92	3
大型 FBO 网络	281	8
总计	3 440	100

表 10-5 将 FBO 的运营模式按机场跑道长度分成了两组（机场跑道长度 ≤ 5 000ft 和 > 5 000ft）。机场自营和私营 FBO 占短跑道机场总数的 98.3%。大型 FBO 网络主要集中在跑道较长的机场。

表 10-5　美国 FBO 运营类型（按机场跑道长度分组）

运营类型	主跑道长度 /ft		占比（%）	
	≤ 5 000 ft	> 5 000 ft	≤ 5 000 ft	> 5 000 ft
机场自营	967	663	62.2	35.2
私营	561	876	36.1	46.5
小型 FBO 网络	16	76	1.0	4.0
大型 FBO 网络	11	270	0.7	14.3
总计	1 555	1 885	100	100

回顾我国通用航空发展历程不难发现，我国通用航空长期以来主要开展生产活动、飞行培训等业务，这些业务几乎不需要 FBO 提供服务保障。近 10 年来，随着国内公务机业务量的快速增长，公务机 FBO 应运而生并快速发展，从而形成了以入驻运输机场服务公务机为主，少量分布于通用机场的 FBO 总体格局。

目前，我国的 FBO 建设刚刚起步。2008 年 2 月，金鹿公务航空有限公司在海航北京基地规划建设了公务机 FBO，并将此 FBO 作为其拓展市场的根据地。2010 年 3 月，中国大陆第一家具有完善功能和设施的全天候公务机专用地面保障基地 —— 上海虹桥国际机场公务机基地 FBO 启用，为世博会期间进出上海的公务机提供了良好的地面保障服务；2010 年 5 月，北京首都航空有限公司（简称首都航空）在海航北京基地规划建设了公务机 FBO，开展国内外公务包机、执管和公务机代理等多项业务；2010 年 7 月，美国西锐公司通用飞机 FBO 运营与服务基地在珠海动工兴建，这是我国首家私人飞机服务站。2010 年年末，中南地区唯一独资经营且取得完整营业资质的公务机基地 —— 深圳金鹿 FBO 投入使用。该基地实现了公务机的空中和地面服务的有机结合，根据旅客需要确定航程及飞行时间，为其提供专业性服务。另外，为了充分保证其私密性，其基地规划将公务机旅客与乘坐普通航班的旅客隔离开。2012 年 11 月 1 日，海航集团旗下的金鹿公务航空有限公司三亚 FBO 在凤凰国际机场开业。三亚成为继北京、上海、深圳和珠海之后又一个可为公务机提供地面保障服务的基地。截至 2018 年年底，全国 14 个省级行政区的 18 个公共运输机场建立了专为公务航空提供地面保障服务的 FBO，其中 7 个位于吐吞量排名前 10 位的“千万级”机场，初步构建起中国公务航空 FBO 服务网络，与我国公务航空的区域分布特征基本一致。

公务机 FBO 设施主要由公务机候机楼、与候机楼连接的停机坪、机库以及维修车间四部分组成。从功能上看，现有公务机 FBO 中，拥有独立机库的只有广州白云机场、北京大兴国际机场、上海虹桥机场和深圳宝安机场，大部分 FBO 拥有独立检验检疫通道（CIQ）、VIP 休息室，能够提供地勤服务和航空燃油服务。目前国内公务机 FBO 的主要分布及服务内容（不含港澳台）见表 10-6。

表 10-6　目前国内公务机 FBO 的主要分布及服务内容（不含港澳台）

FBO 名称	机场	机库	独立 CIQ	VIP 休息室	地勤服务	航空燃油
广州白云公务机航站楼	广州白云机场	√		√	√	
首都公务机	北京首都国际机场		√	√	√	√
Million、首都公务机	北京大兴国际机场	√	√	√	√	√
金鹿公务航空	海口美兰国际机场		√	√	√	√
	南宁吴圩国际机场		√	√	√	√
	三亚凤凰国际机场		√	√	√	√
	西安咸阳国际机场		√	√	√	√
	长沙黄花国际机场		√	√	√	√
	桂林两江国际机场		√	√	√	√
	杭州萧山国际机场		√	√	√	√
上海霍克太平洋	上海虹桥国际机场	√	√	√	√	√
深圳卓怿	深圳宝安国际机场	√		√	√	
天津滨海国际机场公务机楼	天津滨海国际机场		√	√	√	√

除机场主导的 FBO 建设外，国内最大的公务航空运营商——金鹿公务航空有限公司也很早涉足 FBO 建设领域，通过与各地方机场合作，布局公务航空 FBO 服务网络。自 2010 年起，金鹿公务先后在西安、长沙、南宁、桂林、三亚、海口、杭州和唐山等地的机场建立了 11 家 FBO，形成了目前国内最大的 FBO 网络。以三亚、海口 FBO 为例，FBO 均设有专用候机楼、停机位、机库及相应设施设备。2018 年，这两个 FBO 共为超过 2 000 架次公务机提供了服务。

近年来，随着国家一系列促进通用航空发展利好政策的相继出台，短途运输、私人飞行等新兴消费类通用航空活动快速发展，部分通用机场积极探索短途运输 FBO、飞行俱乐部等商业模式，如石家庄栾城通用机场、北京密云通用机场等。随着新兴消费类通用航空活动的快速发展，我国 FBO 未来将会逐步发展成类似于美国 FBO 的多元化运营结构，从而助力通用航空快速健康发展。

10.4.2 通用航空维修基地

维护、维修和大修基地（MRO）通常是指在实际生产过程中不直接构成产品，只提供维护、维修和运行设备的物料和服务。在航空业，MRO 一开始表述的是飞机及军用装备的维修保养管理，是指对设备的维护、保养和维修，以确保设备能够在其生命周期中发挥最大作用，维持正常运行。目前 MRO 普遍是指飞机维护、维修与大修基地。

2005 年 5 月 23 日，《民用航空器维修单位合格审定规定》中的“维修”，是指对民用航空器或者民用航空器部件所进行的任何检测、修理、排故、定期检修、翻修和改装工作。

MRO 为飞机和驾驶员提供必要的支持。随着通用航空产业的发展，通用航空 MRO 行业也得到了快速发展。截至 2018 年，共有 25 家主要为直升机提供大型维修（12 个月及以上的定检、维修或大修）服务的 MRO，24 家为公务机服务的 MRO 和 12 家为涡桨飞机和活塞式飞机提供服务的 MRO。目前，国内通用航空 MRO 主要分为三类：飞机制造商直接或者合作设立的 MRO，飞机制造商授权的 MRO 和其他在 CAAR-145 规章下运营的第三方 MRO。国内通用航空维护、维修及大修基地（MRO）概览见表 10-7。

表 10-7　国内通用航空维护、维修及大修基地（MRO）概览

类型	数量	名称
公务机 MRO	24	北京飞机维修工程、北京航空、北京鼎实通用航空、北京通用航空、波音服务中心、庞巴迪服务中心、中飞通用航空、东方公务机、中国南方航空、金鹿公务航空、天骄通用航空、宜捷海特、广州飞机维修工程、湾流北京（合资）、上海太古飞机工程、厦门太古飞机工程、海航集团、中一航空、南山公务机、上海霍克太平洋、四川飞机维修工程、山东太古飞机工程、北京山太公务机和浙江万丰通用航空
直升机 MRO	25	中航工业－昌飞、中航工业－哈飞、亚飞太平洋、北京首航直升机、北京鼎实通用航空、北京合力飞安、北京通用航空、中国通用航空、广州冠飞、南航珠海直、重庆通用航空、中信海直、四川大川通用航空、飞龙通用航空、上海捷德、广州宏城通飞维修、海飞特直升机、江西昌河阿古斯特、捷联飞机维修工程、金汇通用航空、华彬天星、国网通用航空、穗联直升机、西林凤腾通用航空和镇江华运航空

（续）

类型	数量	名称
涡桨飞机、活塞式固定翼飞机 MRO	12	中航通用航空、北京鼎实通用航空、滨奥飞机维修工程、中国民航飞院、中航塞斯纳、中飞通用航空、中国通用航空、东方公务机、广州宏城通飞维修、山东海若通用航空、湖北蔚蓝国际航校和青岛九天国际飞院

10.4.3 飞行服务站

FSS 源于通用航空发达的美国。通用航空飞行服务站好比天空中的“灯塔”，主要承担通用飞机的导航及保障飞行安全的各项情报服务，是通用航空安全飞行、正常运行所不可或缺的关键硬件设施。

美国建立了国家空域系统、自动化飞行信息服务中心、飞行服务站三级飞行服务体系。2005 年，美国约有 180 个飞行服务站和 58 个自动化飞行服务站，几乎每个州都有飞行服务站。随着飞行服务技术和设施的升级改造，美国的飞行服务站也在逐步进行整合更新，数量逐渐减少。截至 2018 年，美国大陆共建有 3 个大型自动化飞行信息服务中心和 17 个自动化飞行服务站（除阿拉斯加州以外）。

而在我国，随着低空空域改革的稳步推进和通用航空产业的蓬勃发展，FSS 逐渐走入大众的视野，行业的发展也亟需 FSS 的保障。民航局于 2012 年下发的《通用航空飞行服务站系统建设和管理指导意见（试行）》，对通用航空 FSS 的功能进行了界定，即通用航空飞行服务站系统是为通用航空活动提供飞行计划服务、航空气象服务、航空情报服务、飞行情报服务、告警服务、应急救援和其他相关支持的空中交通服务系统。意味着 FSS 在各类通用航空活动中担负着重要的功能和作用，是服务低空空域用户的窗口和平台。

我国接触 FSS 始于 2005 年，由民航局空管局、飞标司、西南地区管理局、西南空管局和民航西藏自治区管理局等单位各有关部门人员组成中国民航精密导航技术运行考察团，分别对美国西雅图、安克雷奇、阿拉斯加等地的机场进行考察。2012 年，民航局印发《关于珠海开展航空服务站试点建设有关问题的意见》，正式将 FSS 纳入民航空管行业管理体系，并由民航局负责指导和规范 FSS 的建设和管理。同年 6 月，国务院　中央军委空中交通管制委员会（简称国家空管委）

开始组织实施“两区一岛”低空空域管理服务基础设施试点建设，分别在沈阳法库、珠海三灶、深圳南头和海南东方建设了首批通用航空飞行服务站。2018年10月，民航局加快推进低空飞行保障体系相关建设工作，出台《低空飞行服务保障体系建设总体方案》，提出按照三级建设目标，加快建设提供飞行计划、航空情报、航空气象、飞行情报、告警和协助救援等服务的功能完善、门类齐全的服务体系，配套设施建设进一步完善。

目前，绝大部分国内的个人用户需要挂靠在通用航空公司才能执行飞行活动，因此，多数通用航空公司有一套自己的保障规范。随着飞行服务站的建立，通用航空飞行将面向所有类型的用户（包括个人用户）——也就是说，即便不通过通用航空公司，个人用户也可以实现自主飞行。一般认为通用航空市场发展成熟的标志，是私人飞行的大发展及其在通用航空市场份额中的占比较大。业内普遍认为，飞行服务站的成立，是触发通用航空市场进行结构性调整的原因之一。

截至2019年1月，包括东北、西北、新疆通用航空区域信息中心，以及北京、哈尔滨、长春、沈阳、大连、法库、锡林浩特、乌兰浩特、西安、兰州、银川、西宁、大同、长治、上海龙华、杭州、新昌、千岛湖、南昌、景德镇、合肥、济南、珠海、海口和三亚共18省市的3个中心及25个服务站签署了《通用航空飞行服务站战略合作倡议书》。我国已有、在建或规划建设的飞行服务站 / 中心名单（不完全统计）见表10-8。

表 10-8 我国已有、在建或规划建设的飞行服务站 / 中心名单（不完全统计）

分布区域	服务站名单
东北地区	沈阳法库通用航空飞行服务站、黑龙江通用航空飞行服务站、吉林通用航空飞行服务站
华北地区	北京八达岭机场通用航空飞行服务站、天津港保税区临港飞行服务中心、乌兰浩特机场通用航空飞行服务站、锡林浩特机场飞行服务站、河北省低空飞行服务站、乌海机场通用航空飞行服务站、山西省长治市通用航空飞行服务站、山西省低空空域运行管理中心、中国民航大学通用航空飞行服务站
中南地区	海南通用航空飞行服务站、珠海三灶通用航空飞行服务站、深圳南头通用航空飞行服务站、三亚通用航空飞行服务站、宜昌低空飞行服务站、河南通用航空飞行服务站、湖北空管分局低空通用航空飞行服务中心、荆门低空飞行服务站

（续）

分布区域	服务站名单
华东地区	龙华航空服务中心、济南通用航空空管信息服务站、青岛通用航空空管信息服务站、东营优凯飞航空服务中心、江苏镇江大路飞行服务站、江苏湖州通用航空飞行服务中心、浙江千岛湖通用航空飞行服务站、浙江新昌飞行服务站、江西南昌通用航空飞行服务站、江西景德镇飞行服务站、合肥园江飞行服务中心
西南地区	重庆龙兴通用航空飞行服务站、四川广元通用航空飞行服务站、四川省低空空域协同管理运行中心、贵州安顺通用航空飞行服务站、四川通用航空飞行服务中心
西北地区	陕西省通用航空飞行服务站、宁夏空管分局通用航空飞行服务站、甘肃空管分局通用航空飞行服务站、青海空管分局通用航空飞行服务站、西北地区通用航空区域信息服务中心、张掖丹霞通用机场飞行服务站
新疆地区	新疆石河子低空飞行服务站

在通用航空飞行服务站投资建设模式方面，主要研究通用航空飞行服务站的投资主体与建设方式，是飞行服务站系统建立的基础。在美国通用航空飞行服务站的投资建设主体中，政府是绝对的主角，持续提供资金保证飞行服务站系统更新换代，同时还制定法律法规引导与监督通用航空发展及其基础配套服务的投资建设，帮助通用航空业健康快速发展，是以政府为主导的典型。从我国当前发布的通用航空管理政策来看，飞行服务站系统的投资建设主体主要包括政府、行业集团公司、社会其他组织以及主体之间的联合投资。按照投资主体的不同，我国飞行服务站的主要投资建设模式可分为政府全额投资、行业集团投资、社会资金投入以及多元投资四种模式。我国通用航空飞行服务站投资建设模式见表 10-9。

表 10-9　我国通用航空飞行服务站投资建设模式

模式	说明	特点
政府全额投资	政府拨款或者通过其他方式吸纳资金，主导通用航空飞行服务站建设，通过委托或者招标等形式选择合作企业，对通用航空飞行服务站进行开发建设。如珠海三灶通用航空飞行服务站	资金投入持续性、规划一致性强，安全标准高
行业集团投资	实力雄厚的机场集团、大型航空企业等进行投资建设。如山西省低空空域运行管理中心	规划一致性强、建设效率高、确保公共性

（续）

模式	说明	特点
社会资金	在国家宏观政策的指导下，结合市场需求，通过合理指导与规划设计，从市场经济以及自身发展需要的角度出发，由实力雄厚的企业通过合作的方式合力投资通用航空飞行服务站。如浙江千岛湖通用航空飞行服务站、北京八达岭机场通用航空飞行服务站	产权私人化、资产要求高
多元投资	多个主体联合投资飞行服务站，主体间按照一定比例进行资金投入，并约定风险分担与利益分配机制	多元主体投资协调

目前，我国的飞行服务站建设处于初期阶段，市场参与者较少，竞争不充分。目前，通用航空飞行服务站建设的主体主要为国有航空企业、国有投资单位或地方政府，民营企业基本未能参与到通用航空飞行服务站的建设中。由于我国对低空飞行实行的是监管机制及飞行服务站服务的特殊性，短期内通用航空飞行服务站的建设投资、运营主体仍然以国有航空企业及地方政府为主，市场竞争主要以省级区域竞争为主，地方政府对飞行服务站建设招投标影响力较大，市场竞争主体较少。随着低空空域的逐渐开放，民营企业、通用航空企业等多元化的投资主体将有机会参与到B类通用航空飞行服务站的建设中，通用航空飞行服务站建设市场将逐渐放开。

10.5 存在的问题

虽然近年来我国在通用机场建设方面取得了可喜成绩，但同时也应看到，通用机场领域的压力依然很大，其在规划、建设和运营阶段均存在突出问题。

10.5.1 规划阶段：重机场数量、轻功能协调

各省通用机场的布局规划，注重通用机场数量，对通用机场的分类分级、功能定位、建设实施缺少深入研究。具体表现在：一是对于机场网络构建和机场规模缺乏科学和合理的认知，可能导致机场规划布局没有因地制宜，造成通用机场重复性与盲目性建设；二是对于通用机场与公共运输机场协调规划建设，以及通用机场与周边交通衔接，缺乏相关规划和研究；三是规划出台后，由于缺少建设推进实施方案和实施细则，导致通用机场无序建设，无法快速搭建起布局合理、功能配套、满足市场需求的通用机场网络。

10.5.2 建设阶段：建设周期长、推进困难

“十三五”期间，全国各省级行政单元规划新建的通用机场总数约为600个，其中约30%的通用机场在2016年就已经启动了前期工作，但至今获得证件的新建通用机场仅为20余个，大部分通用机场尚停留在选址阶段。据统计，通用机场从立项到建设多数耗时3～5年，其建设推进的困难程度可见一斑。分析原因，主要存在以下几点：

1. 审批程序繁琐、层级较高

通用机场的建设审批涉及军方、民航行业及地方政府三方，从规划、选址到竣工验收，再到获得使用许可证，审批审查环节有近50个步骤，流程繁琐、时间长且程序严格。现阶段，民航行业与地方政府的审批权限已逐级下放至民航地区管理局和省级投资主管部门，程序也进行了简化；与之相对应的是，军方审批层级上提、程序更加严格、复杂，这势必增加审批时间。

2. 工作协调不畅

通用机场的建设实施一般由县级政府实质推进，但上报和与军方协调的工作均在省级政府层面进行。由于通用机场影响范围较小，审批难度很大。另外，在通用机场的选址和立项阶段，需要征求交通、规划、水利、电力、电信、环保和气象等众多部门的意见并需出具书面说明，增加了通用机场建设的难度。

3. 资金压力大

运输机场的建设资金一般由民航发展基金、省财政资金、各地市财政资金构成，均属于国家财政资金，建设资金申请要求、审批流程较为明确。与此相对应的是，在通用机场建设划分为地方事权的大背景下，来自国家层面的通用机场建设专项补贴可能会暂停或取消，地方政府势必要扛起通用机场建设的支出重任。与运输机场多由地市级政府直接推动不同，通用机场建设一般由县一级政府组织，动辄几千万元甚至几亿元的建设资金，对某些财政力量不强的县级政府而言确实压力巨大。

4. 土地难度大

运输机场新增土地属于国家重点扶持的能源、交通、水利等基础设施用地，可以通过划拨方式供给，同时由于此类用地已纳入城市规划，土地协调

难度小。而通用机场建设用地主要通过土地使用权租赁方式、土地作价出资方式及土地使用权出让方式取得。同时通用机场在选址时经常要面临地形或净空条件恶劣、土石方投资高，或是需占用农用地或林地、建设用地协调困难的困境。取得建设用地的投入多、难度大。土地已成为制约通用机场建设的一个重要因素。

10.5.3 运营阶段：经营模式单一，盈利困难

盈利难一直是困扰通用机场持续健康发展的关键问题，从全国通用机场的财务状况来看，仅个别机场能基本实现自负盈亏，大部分通用机场长期处于亏损状态，即使如浙江千岛湖通用机场这类国内通用机场的样板企业，虽然运营时间已达 10 多年，但目前仍未实现完全盈利。

通用机场盈利困难的原因主要有三点：

1. 营收能力不高

与运输机场不同，通用机场的运营收入绝大部分来源于服务于飞机飞行作业起降需求的航空性收入，缺乏如广告、商业等类的非航空性收入。受空域、基础设施和人才等要素短缺的限制，我国通用航空市场发展还不成熟，通用机场驻场的通用航空企业少，通用航空飞行小时数少，通用航空的收入结构和来源较为单一，这些都使得通用机场的航空性收入偏低；加之专业人才稀缺、维修基地和固定运营基地等设施不足，通用机场难以向客户提供快捷、灵活和高效的服务，进一步影响了机场的市场认可度。

2. 运营成本高

现阶段，我国的通用机场从设计、建设再到运营，习惯于照搬运输机场的模式，尤其是通用机场运行、专业人员管理、安全管理和设备配置四大体系的标准偏高、适用性差，导致通用机场运营成本居高不下。

3. 负债高

我国通用机场的财务管理不成熟，财务结构不科学，建设资金成本占比过高。通用机场建设投资大，投资回收周期长，且大部分属于长期固定资产，折旧费用较大。加之机场日常运营收入较低，使得机场运营业主的现金流压力大，还本付息等能力减弱，造成机场负债过高，资本结构严重不匹配，这将直接导致通用机场企业的经营处于亏损状态。另外，通用机场的权益资本来源渠道单一，经营收

入政策不完善，未形成“政府补贴、债务融资和运营收入”三者相结合的资金来源体系。

必须认识到，通用机场的本质属性是公共基础设施，尤其是面向公众开放的A类通用机场，其功能重点是增强地区航空服务的覆盖面，提升航空链接活性，为短途运输、社会公共服务等活动提供服务保障。即使在通用航空高度发达的美国，通用机场本身也并不赚钱，诸如起降费、停场费和燃油费等航空业务收入往往难以填补机场运营费用。地方政府和行业单位在投资建设通用机场时，必须要对通用机场本质的公共基础设施属性有深刻认识，期望依靠机场建设和运营带来大量直接收益是不现实的。

第四篇

园 区 篇

第 11 章 综合示范区

11.1 政策内涵

近年来，在市场需求与国家政策的双重推动下，我国通用航空产业持续保持快速增长态势，已成为国家供给侧结构性改革、培育发展新动能的重点行业之一。2016 年 5 月 17 日，国务院办公厅出台《关于促进通用航空业发展的指导意见》，提出“优先在空域、土地等条件具备的地方，建设 50 个综合或专业示范区，促进通用航空业集聚发展”。2017 年 1 月 4 日，国家发展改革委印发了《关于建设通用航空产业综合示范区的实施意见》（以下简称《实施意见》），提出：面向通用航空产业发展的紧迫需求，以提升通用航空制造水平为主线，以完善通用航空基础设施为支撑，以优化通用航空产业运行环境为保障，拓展通用航空市场，深化低空空域管理改革，建设一批通用航空产业综合示范区，推动通用航空研发制造、运营管理、服务消费、人才培养、基础设施建设等全产业链协同发展。同时，按照“总体统筹布局、条件具备先行、有序分批建设”的原则，以点带面、以创促建、试点先行，确定北京市、天津市、石家庄市、沈阳市、大连市、吉林市、哈尔滨市、南京市、宁波市、绍兴市、芜湖市、南昌市、景德镇市、青岛市、郑州市、安阳市、荆门市、株洲市、深圳市、珠海市、重庆市、成都市、安顺市、昆明市、西安市和银川市 26 个城市作为全国首批通用航空产业综合示范区。各示范区实施方案均在 2017 年陆续通过了国家发展改革委批复，并在 2019 年在国家发展改革委统一组织下进行了评估。

按照《实施意见》，通用航空产业综合示范区的选择，坚持“市场主导、政府引导，需求引领、供给创新，自主发展、开放融合，集聚发展、示范先行”的原则，以集聚示范任务为核心，强化顶层设计，注重分类指导，体现差异化和特色化。明确应具备的基本条件：一是通用航空产业发展基础良好，通用航空制造业或服务业已形成明显的集聚效应，产业综合实力位居全国前列；二是通用航空产业发展环境优越，优先考虑现有航空产业基地、园区以及具有通用航空机场规划建设等重要基础设施配套、已出台支持通用航空产业发展的政策文件或编制通用航空产业发展规划的地区；三是通用航空产业发展潜力较大，区域体制机制改革走在全国前列，在产业供给创新和消费需求引领等方面示范带动能力强，对稳增长、调结构具有重要作用。同时示范区建设必须符合国家战略导向，结合地方各自优势和特点，研究制定具体实施方案，明确建设目标、重点、时间表和路线图。重点围绕构建通用航空产业发展的新体系、新平台和新环境，在通用航空器研制、配套零部件发展、新产品新业态方面综合发展，在支撑通用航空产业发展的通用机场及基础设施方面率先配套建设，在产业协同发展环境、产业发展体系及平台构建方面探索经验，在空域开放、飞行安全监管、飞行服务、产品研制和运营补贴等方面推动改革政策先行先试，探索统筹资源支持示范区建设的新模式，形成有效的机制、模式和经验，实现发展环境新突破、形成产业发展新支撑、取得自主发展新优势。总的来说，示范区建设要达到以下三个方面的作用和效果：

一是紧紧围绕国家战略部署，加快通用航空产业供给侧结构性改革。建设通用航空产业综合示范区，重点是突出需求导向，加快供给侧结构性改革，通过部署实施“促进制造水平升级、大力发展通用航空发动机及机载系统等配套产业、加强创新创业能力建设、加快通用机场规划建设、积极拓展运营服务、促进产业融合与协同发展、推动改革政策先行先试、鼓励开放合作发展”八项重点任务，创新支持政策、优化发展环境、加快项目布局，促进通用航空制造业转型升级，实现通用航空产业经济规模 5 000 亿元，从而达到更高质量、更有效率及更可持续发展，满足通用航空市场发展需要。

二是突出综合示范引领作用，为地方发展通用航空产业提供方向和指导。当前，全国各地的通用航空产业投资热情持续高涨，园区建设大量兴起，但实际产业集聚发展的思路并不清晰，产业发展重点、发展方向还不明确。通用航空产业综合示范区的建设重点和标准就体现在“综合”“示范”上，通过选择一批通用航空产业发展基础好、发展环境优、发展潜力大的城市，统筹支持建设综合示范区，以点带面、以创促建、试点先行，在自主研发制造、通用机场建设、低空空域管理、产业集聚发展和投融资体制改革等方面，形成一批可复制可推广的建设模式和典型经验，为地方培育通用航空产业、发展产业集群提供指导。

三是发挥市场导向作用，挖掘通用航空产业市场潜力和应用价值。在通用航空发达的美国，通用航空产业每年带来 2 000 多亿美元的经济收入，带动 120 万人就业，其关键就是充分释放了通用航空的市场潜力，发挥了市场导向作用。产业体量如此之大的通用航空在我国还属于尚未真正起步的新兴产业，是目前我国改革开放以来唯一没有开发开放的大产业，发展前景非常广阔。通用航空产业的发展，将在很大程度上拉动投资、促进消费和带动就业，服务国防和经济建设。推动通用航空产业综合示范区建设，主要是要发挥地方的积极性，坚持市场主导，创新思路，探索试验，为发掘通用航空产业的潜力提供良好的环境。

按照《实施意见》，通用航空产业综合示范区建设主要应从以下三个方面开展工作：

一是加大政策支持力度，发展有特色有潜力的综合示范区。各通用航空产业综合示范区，不仅要按照要求编制实施方案，而且要建立统筹推进工作机制，加强组织保障，出台相关配套政策，加大土地、资金和人才等要素的支持保障力度，加强监督考核和经验推广，最大限度地发挥通用航空产业综合示范区的带动作用。应充分结合当前国家战略、区域发展战略以及地方实际，在通用航空产业军民融合、国际合作、自主研制、产城融合和产业生态体系构建等方面形成特色和优势，在产业发展思路、发展模式、发展环境和发展支撑等方面实现创新突破，形成良好的经济效益和社会效益，为通用航空产业发展做出示范。

二是创新发展思路，加快培育通用航空市场。发展通用航空产业，不能囿于传统思维，关键还是要创新变革。在解决通用航空上天难的空域问题、落地难的机场建设问题等方面，应有创新的思路，应进行改革方面的探索和试验。在通用机场规划建设方面，充分发挥社会资本的作用，因地制宜、因业布局通用机场；在推动低空空域管理改革方面，积极学习借鉴四川军民融合低空空域管理改革试点等经验，优化低空空域划设，建立动态灵活的使用机制；在结合地方实际方面，因业施策，结合国家全域旅游规划，在旅游景点或特色景区发展低空旅游、飞行营地等项目，构建全域飞行网络；结合国家应急救援需求，在边远地区、城市拥堵地区建立通用航空应急救援体系，提升通用航空的服务供给质量。

三是围绕制造核心，推动制造与运营融合发展。建设通用航空产业综合示范区，一个很重要的目标就是要推进自主研发制造。应鼓励通用航空制造企业主动适应市场发展需要，加大新产品、新型号的研发投入，尽快实现突破，形成中国标准、核心技术。鼓励制造业加强与运营企业合作，或延伸产业链组建运营企业，或通过融资租赁、产权共享等形式，推广应用自主研发制造的通用飞机，促进通用航空制造与市场融合、互动发展。

11.2 发展情况

首批通用航空产业示范区以集聚示范为核心，围绕构建通用航空产业发展的新体系、新平台和新环境，在产业发展、基础设施建设和体制机制改革等方面都取得了进展，形成了各具特色的发展模式。

其中，西安、哈尔滨、景德镇和安顺等以传统军工企业为核心，实现了自主研发制造的新突破；芜湖、重庆、绍兴和青岛等以引进先制造项目为核心，以创新性发展实现“弯道超车”；安阳、荆门和深圳等分别以航空运动、航空文化创意、无人机研发制造为核心，培育出特色产业集群；北京、吉林和银川等以通用航空运营旅游为特色，带动了通用航空制造、服务等全产业链发展；天津、株洲和南京等分别以中航直升机、航发南方和爱飞客等龙头企业为助力，实现产业集聚和示范发展；石家庄、沈阳和南昌等依托制造业的基础能力加快建设产业发展平台，大力培育品牌航展；郑州、大连、宁波和昆明等依托特有区位，打造对外通用航空发展新优势；成都、重庆和珠海等通过低空空域管理改革试点，积极推动通用航空全产业链布局和发展。

通过示范区的带动，我国通用航空产业取得了明显进展。分别首飞成功的珠海 AG600 两栖飞机、沈阳锐翔 4 座电动飞机（RX4E）、南昌冠一通飞 GA20 飞机均分布在主要的示范区中，石家庄小鹰 -500 飞机成功进入南非市场，空客青岛首架 H135 直升机实现交付，西安贝尔 407 直升机中国组装线开工建设，绍兴万丰航空收购钻石飞机取证工作进展顺利，重庆恩斯特龙直升机、大连小熊 CC18-180 型飞机和芜湖钻石 AE300 系列通用航空活塞式发动机等自主研发和国际合作项目先后获批生产。首批示范区的建设，不仅使一些地方的通用航空产业的产值、经济效益、企业发展、产品技术水平得到了提升，而且通用航空产业带动了地方经济发展。如 2018 年，郑州航展项目签约额达 267.5 亿元，珠海航展达 1 400 亿元；2019 年，西安航展、石家庄航展均实现签约超 100 亿元，南昌飞行大会签约达 280 亿元。

但是，我国通用航空产业发展还存在诸多问题，综合示范区的引导作用仍有待加强。目前，全国 26 个示范区有近 300 个项目，真正有核心技术和发展潜力的不足 30 个，缺少具有品牌优势和具有国际知名度的产品和项目。一些示范区对通用航空示范模式、示范方向还没摸透，存在发展缓慢甚至停滞的现象；一些地方对落地的项目缺乏指导，存在重复落地、虚假落地等现象，造成资源浪费。

11.3 典型示范区

11.3.1 石家庄通用航空产业综合示范区

近年来，通用航空产业发展受到了国家高度重视，一系列国家通用航空产业政策的颁布为通用航空产业发展指明了方向。石家庄一直大力发展通用航空产业，也得到了国家和河北省的支持。从国家战略定位来看，《民用航空工业中长期发展规划（2013—2020年）》中明确指出，要重点依托石家庄等优势地区发展大中型通用飞机、公务机和特种飞行器。《京津冀协同发展规划纲要》指出，京津冀协同发展将以“一核、双城、三轴、四区、多节点”为骨架进行空间布局，石家庄作为其中一个重要节点，通用航空产业迎来了历史性的重大发展机遇。2017年，石家庄开始开展建设通用航空产业综合示范区试点工作。从河北省的战略定位来看，河北省出台了《关于促进通用航空业发展的意见》《促进通用航空产业发展贯彻落实方案》，并与中航工业集团签署了“深化通用航空产业战略合作协议”，致力于将石家庄等地打造成为我国通用航空全产业链发展的基地。

1. 发展现状

石家庄市作为全国重要的通用航空产业生产和研发基地，拥有众多行业领先企业，包括中航通飞华北飞机工业有限公司（简称中航通飞华北公司）、河北恒拓电子科技有限公司等通用航空器研发制造企业及中国宏泰等通用航空运营、通用航空服务及产业市镇建设企业。其中，中航通飞华北公司是中航通用飞机有限责任公司的核心骨干企业、北方主基地，是国内领先的通用飞机专业化制造企业，建有多型通用飞机生产线，并积极拓展通用航空运营业务。中航通飞华北公司拥有多个在产先进机型，在国内市场覆盖率达75%，市场占有率超过20%，石家庄爱飞客航空俱乐部、呼伦贝尔中航通用航空公司和河北中航通用航空公司都是中航通飞华北公司旗下的公司，中航通飞华北公司围绕通用航空装备制造、通用航空运营以及通用航空服务全产业链进行布局，在业界发挥了很好的示范引领作用。

石家庄通用航空产业综合示范区主要发展航空制造、改装维修、航空运营、科技研发、会展销售、航空运动和航空培训七大核心产业板块。作为石家庄通用航空综合示范区的龙头企业，中航通飞华北公司的主要航空产品包括小鹰-500轻型飞机、Y-5B多用途飞机和赛斯纳凯旋208B型飞机等，这些产品均是国内通用航空市场的主力机型，市场份额在同类飞机中占据主导地位，产销量逐年上升。

其中，小鹰-500轻型飞机已经进入国际市场，出口到了东南亚和南非等地。

石家庄市通用航空产业综合示范区拥有中航通飞华北公司、河北恒拓电子科技有限公司等通用航空器研发制造及通用航空运营、通用航空服务企业，已经初步形成较为完整的通用航空产业体系。通过不断加大研发投入，大力发展通用航空器核心关键零部件等配套产业，推动通用航空全产业链发展。

目前，以中航通飞华北公司为依托的石家庄栾城通用航空产业园区已初具规模，形成了以固定翼通用飞机为代表的较为完整的航空产业体系。石家庄通用航空产业综合示范区以专业化、规模化和集群化为方向，积极推进国际合作，支持优势企业做大做强，提升产业整体配套水平，打造一批具有核心竞争力的骨干企业，支持众多中小企业集聚创新，形成制造优势明显、运营服务完善和发展环境优良的具有较强国际竞争力的通用航空产业集群。

2. 发展经验

（1）产业推进经验

一是推动通用航空全产业链建设。石家庄通用航空产业综合示范区大力发展航空制造、改装维修、航空运营、科技研发、会展销售、航空运动和航空培训七大核心产业。充分发挥中航通飞华北公司在通用航空器制造方面的优势，开展小型固定翼飞机整机制造业务、水陆两栖飞机整机制造、涡桨多用途飞机整机制造、中型公务机整机制造业务。大力发展无人机服务产业，吸引更多航空配套企业发展飞机零部件、发动机生产制造和机载设备制造等产业。依托栾城通用航空产业园大力开展支线与通勤航空运输，建设石家庄通用航空综合维修服务基地，为机场通用航空运营企业提供全寿命周期维修、保养服务，新飞机装饰等服务。充分依托现有航空科技研发优势和产业基础，发展飞机型号研发、飞机产品改进研发、航空材料研究、生产工艺研发、新技术新产品转化研究等产业。围绕每年举办的通用航空飞行大会，吸引全国及国际高端旅客，重点发展相关展览、论坛和通用航空产业推介等活动。

二是促进通用航空产业合理布局。石家庄通用航空产业综合示范区合理布局通用航空产业，形成以通用航空产业园为核心，辐射京津冀和华北区域，支撑石家庄装备制造产业园及其他地区产业发展，承接外溢、产业协作、产城融合的合理结构模式。其中，核心载体石家庄市通用航空产业园根据园区产业发展需求及土地利用现状，结合圈层式空间布局模式及产业发展需求和布局结构，先期发展运营服务、飞机展销、飞行支持中心、客户服务中心、通用航空培训、培训教育、飞机大部件、无人机研发与服务、航空衍生先进装备制造和配套综合社区等业务，依据各产业的相关性及其对机场的依赖程度，按时序进行合理化布局。同时，结合地区特点及发展情况，打造适宜石家庄产业优势的通用航空小镇，通过产业市镇建设带动河北省通用航空产业发展规划的制定与实施，通过通用航空小镇与机场、旅游和商业活动等的紧密衔接和互动，促进通用航空产业一体化链条形成。

三是积极争取国家和地方政策支持。石家庄通用航空产业综合示范区积极对接《“十三五”国家战略性新兴产业发展规划》《中国制造 2025》等国家相关产业政策，落实市政府《石家庄市加快通用航空产业发展的实施意见》，积极争取国家、省政策支持。石家庄市加大对通用航空产业的资金支持力度，重点支持通用航空产业基地建设、航空项目引进和技术开发等工作。在总体规划、土地使用、综合性立法保护、建设投资、行政事业性收费减免和财政税收扶持等方面出台配套政策。石家庄市有关部门以通用航空产业高层次人才引进、培养、使用和激励为重点，不断优化人才结构，重视人才引进，特别是引进掌握关键核心技术、带动产业发展的领军人才和团队。

（2）园区建设经验

一是大力营造创新环境。发挥中航通飞华北公司、中国宏泰等企业平台的作用，与航空院校、企业进行战略合作，围绕通用航空产业发展，建设特色鲜明、创新资源集聚和配套完善的专业性众创空间，发展创客空间、航空主题咖啡吧、创新工场、飞行模拟体验中心等多种形式的创新创业创意中心，组织非营利性质的创业路演、创业大赛和创业论坛等创业活动。围绕产业转型升级的技术需求及京津冀协同创新，打造以企业为主体、市场为导向、产学研相结合的通用航空产业技术创新体系。依托创新优势企业和通用航空重点产业，开展产业关键、共性技术联合攻关，建设创新孵化器、检测中心和工程研究中心等，引导创新要素向通用航空整机和关键零部件研发制造等领域、重点创新企业集聚。

二是完善基础设施建设。以航空市镇建设为依托，保障石家庄示范区通用航空产业发展，加快基础设施及功能配套设施建设。基于产城融合发展原则，充分发挥 PPP 模式，加快石家庄通用航空产业市镇、栾城通用航空产业园的基础设施建设步伐，推进以全产业链发展带动城市建设，以城市服务配套完善支撑产业升级的良性发展模式。完善示范区产业园区的商业服务、职工居住和市政交通等基础设施，围绕通用航空小镇建设生产性服务业区域。加强与京津保等地的优质资源对接，有效提高示范区“软基础设施”的建设水平。

三是积极构建低空航线网络。石家庄通用航空产业综合示范区通过布局一批通用机场及起降点，对接河北省及京津冀地区通用机场整体布局，形成区域通用机场网络全覆盖，为发展跨区飞行、往返京津冀周边地区飞行提供良好的机场环境。建设通用航空旅客服务设施和固定运营基地，并做好逐步开通的低空航线机场品牌的推广工作，建设京津冀低空交通示范区，保障私人飞行和公务飞行活动。充分利用民营企业力量，积极与军方协商，促进机场建设及低空空域开放，积极争取石家庄进入国家低空空域管理改革试点范围，与周边地区空域做好衔接。

11.3.2 景德镇通用航空产业综合示范区

景德镇是我国直升机的发源地，具有一套较为完善的直升机研发生产及配套体系，具备研制和批量生产多用途、多系列和多型号直升机和航空零部件的能力，在直升机研发制造领域拥有核心优势。近年来，景德镇的直升机产业持续快速增长，产业聚集发展态势良好，直升机产销量占国产直升机产销量的 60% 以上，已成为我国重要的直升机研发生产及运营基地，是首批国家通用航空产业综合示范区之一。景德镇坚持规划先行与重点突出相结合、自主研发与对外合作相结合、政府推动与市场主导相结合、体制改革与机制创新相结合、做强产品和强化服务相结合等原则，围绕直升机主业，抢抓国家加快促进通用航空发展的机遇，按照“研制为主、配套延伸、平台支撑、融合发展”的总体思路，大力推进以直升机为特色的军民深度融合的通用航空产业综合示范区建设，从完善通用航空产业链着手，着力打造我国通用航空产业健康快速发展的样板区域。

1. 发展现状

景德镇是享誉世界的千年瓷都，是一座宜居宜业宜游的魅力名城，是浙赣皖重要的交通枢纽之一，被誉为我国直升机工业的摇篮，也是国务院首批公布的全国 24 个国家历史文化名城之一和国家甲类对外开放地区。“十二五”期间，景德镇市人均 GDP 超过了 4 000 美元，已经达到发展通用航空产业所需要的经济水平和规模条件。

经过近 50 年的努力，景德镇建立了一套较为完善的直升机研发生产体系，已具备研制和批量生产多用途、多系列、多型号直升机和航空零部件转包生产的能力，在直升机研发制造领域拥有核心优势，产业聚集发展态势良好，先后创造了海军运输直升机、陆军运输直升机等多个机型研发生产的“第一”，已形成“产能百架、产值百亿元”的规模化产业集群，直升机产销量连续三年年均增速超过20%，占国产直升机产销量的60%以上，已成为我国重要的直升机研发生产及运营基地。

景德镇市现有整机企业3家，配套企业40余家，从业人员过万人，专业技术人员超过5 000人，各类试验生产仪器设备有7 000余台（套），主要承担国内新型和改型直升机的研发任务，掌握了直升机总体设计和系统集成的核心技术，具备总装、试飞、铆装、锻铸和机加等生产能力。通过自主开发与对外合作引智相结合，景德镇已研制生产出多个型号的直升机，并不断优化产品结构，目前已具备了现代直升机总装集成能力，已初步具备1t（AC310、S300/S33）、2t（Z-11、AC311）、3t（A109）、5.2t（S-76）和13t（AC313）等民用直升机及无人直升机的研发、生产能力，其中AC311、AC313等系列直升机还获得了民航局的TC适航证和PC证，为今后5～10年实现直升机大规模生产创造了条件。景德镇直升机代表机型如图11-1所示。

1）Z-8

2）Z-11

3）AC313

4）CA109

图 11-1 景德镇直升机代表机型

5）AC311

6）AC310

图 11-1　景德镇直升机代表机型（续）

景德镇通用航空产业科研体系完整，拥有 1 个国家级科研单位，4 个省级以上技术中心，5 个科研机构，2 个国家级国际科技合作基地，1 个国家级高新技术产业开发区，还有昌河飞机工业（集团）有限责任公司的具有一级理化计量资质的理化检测中心、生产力促进中心等多个科技中介服务机构，以及航空工业直升机设计研究所（602 所）的直升机低速风洞实验室、电磁兼容实验室、噪声试验室、强度试验室、计量理化中心（具有相应国家资质）等一大批可服务于通用航空产业的先进试验设施。

602 所是我国唯一以直升机设计、试验为主的综合性科研单位，也是我国唯一的直升机主机研究所。602 所拥有总体气动、结构强度、航电系统、旋翼设计、液压传动、飞行控制、环境控制等 40 多个专业和 16 个系统设计试验室，设计研究手段先进，技术开发力量雄厚，拥有直升机总体设计和系统集成的核心技术。602 所的业务覆盖 1 ～ 13t 级直升机的常规设计、试验，试验手段先进和设施齐全，其中，旋翼试验塔、工程模拟器、地面联合试验台等设备设施填补了国内直升机行业空白，达到了国际先进水平，直升机旋翼试验能力已跻身世界先进行列。

通过与国际先进的直升机企业合作，景德镇通用航空产业已经掌握了部分直升机数字化技术，生产体系和质量保证体系正逐步与国际接轨；通过技术攻关，基本掌握了先进的复合材料零部件制造工艺和技术。已掌握的先进工艺和技术包括复合材料制造技术和桨叶等复杂载荷零件制造技术、桨叶除冰技术等。景德镇通用航空产业目前已形成直升机研发、生产及配套较完整的产业体系，成为全市经济发展的强劲“引擎”。景德镇围绕国内唯一的直升机整机设计研究所——602 所和全国最大的直升机制造基地——昌飞公司，聚集了包括江西景航锻铸、江西昌兴航空装备等在内的 40 余家航空零部件配件企业。景德镇直升机产业重点配套企业见表 11-1。

表 11-1 景德镇直升机产业重点配套企业

企业名称	主要产品及产能
航空工业直升机设计研究所	直升机系列研发、综合科研等，主要产品有：AV200、AV500 无人直升机、直升机模拟训练设备、机载产品和保障设备等
中航工业昌河飞机工业（集团）有限责任公司	年产直升机 200 架
景德镇兴航科技开发有限公司	油箱密封组件，年产值 800 万元
景德镇兴泰机械有限公司	航空零部件，年产值 1 500 万元
江西景航航空锻铸有限公司	飞机中小型机构件，年产值 3 亿元
江西明兴航空锻压有限公司	飞机零部件、飞机发动机、飞机液压件、飞机起落架等锻件，年产值 5 亿元
景德镇景航晶鑫铸造有限责任公司	航空铸件，年产值可达 8 000 万元，实际为 2 000 万元左右
江西信航航空科技有限公司	旋翼和动部件锻件；目前的产能可配套 40 ～ 50 架机，实际年产值 4 000 万元
江西省瑞民科技有限公司	航空锻铸零部件深加工，年产值可达 1 亿元，实际产值为 3 000 万元左右
江西天一航空装备有限公司	飞机结构件；年产值可以达到 1 亿元，实际年产值为 6 000 万元
江西万平真空电器有限公司	真空电容器，年产能为 10 万只； 真空继电器，年产能为 2.5 万只； 真空开关管，年产能为 30 万只； 直流接触器，年产能为 30 万只
江西景光电子有限公司	金属零部件，年产值为 3 000 万元
上海和利通用航空有限公司景德镇分公司	通用航空服务、飞行员培训，200 万元 /a

2. 发展经验

（1）产业推进经验　规划先行与重点突出相结合。充分考虑通用航空产业发展现状和长远发展需求，将通用航空产业综合示范区建设纳入城市总体规划，重点为通用航空产业预留足够的发展空间，力求多规合一，并实现产业、城市融合发展。

自主研发与对外合作相结合。深入推进军民融合、厂所融合，加强研发平台和人员队伍建设，培育以科研单位和重点企业为主体的自主创新体系，突破制约我国直升机发展的瓶颈技术，着力提升通用航空研发制造和运营服务整体水平。同时，坚持引进来和走出去，积极参与通用航空产业的国际合作与竞争。

政府推动与市场主导相结合。以市场为导向，突出通用航空企业的主体地位，推动企业在机场建设、空域开放和运营服务等方面的创新思路和方式，加快培育通用航空市场。充分发挥政府引导作用，全力争取国家改革试点政策的支持，形成“政府推动、市场主导、协调发展”的良好格局。

体制改革与机制创新相结合。加快体制机制改革，为通用航空及直升机产业发展创造良好的环境。支持军工企业建立现代企业制度，使符合条件的军工企业基本完成股份制改造，实现投资主体多元化，推动社会资本投资通用航空类的研制生产和机场建设等，促进军民融合发展。优化空域资源配置，提高空域资源使用效率，开展低空空域军民共享共用改革试点。

做强产品和强化服务相结合。围绕直升机主业，做强做优产品，继续巩固国内军用直升机市场，着力扩大国内外通用航空市场。集中精力，强化服务，大力推进支撑产业发展的平台建设，促进科研单位和企业的非涉密试验生产设备、试飞运营设施向市场开放。

（2）园区建设经验 根据《关于建设通用航空产业综合示范区的实施意见》要求，抢抓国家加快推进通用航空、军民融合和特色小镇发展的历史机遇，紧紧依托“景德镇直升机产业区域集聚发展试点”等多项国家战略，按照“昌飞公司和602所品牌、政府平台、市场机制”的发展原则，坚持“研制为主、配套延伸、平台支撑、融合发展”的总体思路，以军民、厂所、产城和产融“四个融合”为统领，以景德镇高新区通用航空小镇为载体，以军民深度融合为主线，以平台构建和重大项目建设为抓手，集聚人才、技术和资本等要素，全力构建直升机产业体系，加快建设以直升机为特色的军民深度融合通用航空产业综合示范区。

围绕“世界格局的企业布局、国际范围的产业竞争”，深入开展对外合作，从完善通用航空产业链着手，加快直升机研发生产、试验设施和运营服务体系建设，着力搭建产业集聚发展平台，推动通用机场建设和低空空域开放，促进设计研发、生产制造、销售运营、维修服务、飞行培训和租赁金融等全产业链协调发展，创建“研制与运营相融合、总装与配套为一体、航空企业集中连片发展”的国家通用航空产业综合示范区，打造我国通用航空产业健康快速发展的样板区域。

重点挖掘景德镇通用航空产业的独特优势，发挥引领示范作用，以通用航空研发制造为核心，打造景德镇航空小镇，规划建设航空研发制造产业区、航空零部件配套区、通用航空产业发展区和通用航空文化旅游休闲综合服务区四个主功能区。

11.3.3 芜湖市通用航空产业综合示范区

芜湖在安徽省率先规划建设航空产业园，举全市之力强力推进。产业园的规划面积为 $32km^2$，其中起步区规划面积为 $8.43km^2$，重点发展通用航空产业和临空经济，规划有机场专用、空港物流、整机制造、航空装备制造、航空维修、通用航空运营和航空主题公园（航空小镇）等功能板块，目标是逐步建成华东通用航空网络运营区域骨干枢纽、国家通用航空研发制造基地和国家级临空经济示范区。

1. 发展现状

芜湖航空产业园规划起点高，以通用航空产业集聚发展为目标，以通用飞机整机及核心部件项目为龙头，大力引进航空配套企业，围绕通用航空制造，打造通用航空全产业链。截至 2018 年，已经引进包括通用飞机、无人机、高空风能设备及航空发动机、螺旋桨、复合材料、航电等 32 个航空要素项目，总投资 200 多亿元，初步构建起较完整的通用航空产业链，迅速形成了通用航空产业集聚示范区。

由于产业园的聚集作用，芜湖通用航空产业在整机制造、航空装备制造、航空维修和航空运营等方面取得了显著成就。在整机制造方面，代表性企业有中电科芜湖钻石飞机制造有限公司、芜湖万户航空航天科技有限公司和芜湖中科飞机制造有限公司；在航空装备制造方面，代表性企业有安徽航瑞航空动力装备有限公司、芜湖钻石航空发动机有限公司、安徽华东光电技术研究所和安徽卓尔航空科技有限公司等。

芜湖发展通用航空产业特别注重开展国内外并购及国际合作，支持重点航空企业采取并购重组、资产整合和购买技术等方式，快速掌握先进技术、抢占市场资源，不断增强企业规模和竞争力。在通用飞机整机方面，中电科芜湖钻石飞机制造有限公司引进奥地利钻石飞机公司 DA42（四座双发）、DA20（双座单发）两种型号的飞机，在国内进行研发制造；中电科芜湖通用航空产业技术研究院有限公司与德国西门子公司合作开发混合动力通用飞机及提供电动驱动系统，与捷克 Evektor 公司开展通用航空零部件制造方面的合作，与 AG 公司、Advanced materials 公司、flytech 公司、Garmin 公司等欧美知名企业进行航空部附件、材料等方面的合作；芜湖中科飞机制造有限公司引进了奥地利钻石飞机公司的现有成熟技术，研发制造 TA-20 教练机；中电科芜湖钻石航空发动机有限公司引进、消化和吸收奥地利 Austro Engine 公司先进的航空发动机技术，逐步形成独立研制通用航空发动机的能力。

2. 发展经验

芜湖发展通用航空产业注重探索自主创新和国际合作相融合的发展方式，充分利用国际资源，大力推进招商引资、招才引智及技术合作，推动引进消化吸收再创新，促进芜湖通用航空产业与国际等高对接。芜湖充分发挥航空产业的基础能力和优势，坚持“整机牵引、配套集聚、开放创新、军民融合”的总体战略，以建设综合示范区为载体，打造区域经济转型升级的新引擎和供给侧结构性改革的新亮点，把芜湖通用航空产业综合示范区建设成为集通用飞机研发制造、飞行培训、运营服务、维修交易和空港物流于一体的全国重要的通用航空产业研发制造基地。

在省级层面，出台了《安徽省关于促进通用航空业发展的实施意见》《安徽省战略性新兴产业“十三五”发展规划》等支持通用航空产业发展的文件。在市级层面，编制了芜湖航空产业发展规划、空港物流园规划、芜湖航空产业集聚发展基地实施方案等。除了政策支持外，芜湖在组织领导方面，也进行了大胆尝试，成立了以市长为组长的航空产业园建设领导小组，组建了产业园建设指挥部等。芜湖县将芜湖航空产业园建设列入全县“十大工程”之一，成立通用航空产业发展及芜宣机场建设工程推进组，切实加大人员配备、资金投入等的力度，健全了重点航空项目定期调度机制，协调解决项目建设中遇到的各种问题。2016 年，以中电科芜湖钻石飞机制造有限公司为牵头发起单位，成立了安徽省通用航空协会，以进一步统筹通用航空资源，凝聚通用航空人才，服务通用航空企业，引领安徽省通用航空产业有序发展。

除了地方政府的大力支持外，芜湖还积极组织并指导航空产业园区企业申报国家专项建设基金项目。芜湖航空产业园的安徽航瑞航空动力装备有限公司的“航空发动机研发生产”、芜湖钻石航空发动机有限公司的“AEC 系列通用航空发动机产品开发”、安徽卓尔航空科技有限公司的“航空螺旋桨研发生产”等 9 个项目共成功争取到 12.23 亿元国家专项建设基金贷款支持。

11.4 经验总结

各示范区的发展模式与经验见表 11-2。

表 11-2 26 个示范区

序号	示范区	基本情况				
		制造	运营	机场	空域	综合及其他
1	北京市	拥有一批制造总部、研发创新中心、无人机及航空零部件制造项目	共有约 40 家运营企业，涵盖低空旅游、科普文化、应急救援和公务航空等。北京商务航空活动频繁，起降量占全国起降量的比例近 60%	北京拥有 6 个通用机场和 30 个起降点。6 个通用机场分别是：密云、八达岭、北安河、金海湖、马坊和定陵通用机场	金海湖机场拥有北京市唯一的监视空域	北京市通用航空产业基地是示范区的主要载体，现有马坊通用航空园区和金海湖通用航空园区，前者已举办过两届航空博览会，累计飞行 6 500 余架次，12 120h，完成了 P750、PC-6、泰克南、阿古塔斯等多款飞机的复装，交付 24 架，聚集了 20 余家运营、销售、维修和培训单位，总驻场飞机有 39 架；后者现有北京搏翼通用航空有限公司（简称搏翼通用航空）、北京泛亚通用航空有限公司（简称泛亚通用航空）、京东无人机、国网无人机研发中心等 7 家单位长期驻场运营
2	天津市	有中航直升机有限责任公司总部，直升机基地具备年产 70 架三型直升机的能力，天津开发区有无人机企业百余家	天津市共有 6 家通用航空运营企业，建有天津港保税区临港飞行服务中心	有 4 个通用航空机场，分别是：中航直升机天津机场、东方通用直升机场、塘沽机场和窦庄机场	宝坻无人机遥感科技创新与产业基地项目有部分测试空域	天津通用航空产业初具规模，聚集了中信海洋直升机股份有限公司（简称中信海直）、一飞智控（天津）科技有限公司（简称一飞智控）等国内知名企业。在空客 A320 和 A330、中航直升机等龙头项目的带动下，初步形成了集飞机制造及维修、飞机零部件及机载设备加工、通信导航设备、航空复合材料等于一体的航空制造业产业链。天津直博会是我国唯一的国家级国际直升机专业展会，已成为全球第二大直升机专业展览会，2019 年现场签订和意向销售直升机 141 架，销售额超百亿元。天津东疆港保税区在飞机租赁业务领域占据了全国 80% 的市场份额
3	石家庄市	航空工业通飞的华北基地，拥有小鹰 -500、Y-5 等型号飞机，并与塞斯纳合资生产 208 等机型飞机	石家庄拥有十几家重点通用航空企业	主要有栾城通用机场	拥有 1 400km^2 的低空开放领域	石家庄初步形成了集通用航空研发、制造和运营于一体的全产业链发展格局，栾城通用航空产业园区形成了以固定翼通用飞机为代表的较为完整的航空产业体系，2019 年的石家庄航展有国内外 165 家龙头企业参展，观众有 50 多万人

发展总结表

主要特点	发展模式	未来规划	重点举措
科技研发力量集中，在公务航空、低空旅游及应急救援等领域处于国内领先地位	市场牵引型	重点围绕满足城市功能需求和应急保障能力建设、低空安全管控体系建设、产业创新平台建设和低空运营网络体系建设等方面发展	以马坊起降场为核心，把握通用航空高精尖的发展先机，加快发展研发测试、安全防控、应急救援、维修保障和航空文化等服务，努力推动大部件组装、高端制造等通用航空产业环节落地，构建通用航空产业健康发展的生态体系
以总部为依托，制造配套项目集聚，飞机租赁模式国内领先，直升机研发、航空培训、航空会展、服务等有优势	制造驱动型	到2020年，完成3园、6机场通用航空基础设施网络化布局，形成通用航空先进制造业和通用航空现代服务业两大支柱产业，成为国内大中型直升机重要研制基地，国内外具有重要影响力的航空产业城，天津航空航天工业总产值力争达到40亿元	加大各级政府专项资金在航空航天领域的支持力度；推广实施政府与社会资本合作等模式，依托天津市海河产业基金等，积极引导和鼓励社会资本投资和发展航空航天产业；鼓励金融机构创新服务和金融产品，拓宽航空航天领域重大项目融资渠道，鼓励有条件的企业利用上市平台开展资产证券化工作
航空小镇、通用航展、人工增雨等有优势，Y-5等相关机型改型无人机全国领先，周边城市密集，短途运输有潜力	制造驱动型	依托中航通飞华北公司龙头制造企业优势，构建以通用飞机及配套制造为主，以拓展航空作业及服务集聚区和构建新型城镇化集聚区为发展两翼，形成由通用整机制造与运营、航空及衍生服务、航空新城镇三大功能支撑的“一体、两翼、三支撑”发展体系及“制造＋平台”集聚资源的发展模式	石家庄人民政府发布的《关于加快通用航空业发展的实施意见》指出： 1.市政府成立通用航空产业发展领导小组，建立领导小组联席会、季度例会等工作机制。 2.设立石家庄市通用航空产业发展基金，吸引社会资本参与，基金总体规模不低于50亿元。 3.对投资超过10亿元，或者全市航空工业重大关键招商项目，实行“一事一议”政策激励措施。 4.对通用航空产业化项目建设的高新技术成果持有人和产业化项目投资人，给予50万～500万元的高新技术成果落地奖励。 5.对通用机场建设给予最高2 000万元的建安费补助

序号	示范区	基本情况				
		制造	运营	机场	空域	综合及其他
4	沈阳市	拥有辽宁锐翔通用飞机制造有限公司、辽宁联航神燕飞机有限公司、辽宁壮龙无人机科技有限公司等一批制造企业	有通用航空公司8家	有1个通用航空机场——法库财湖机场	沈阳管制区低空试点区域拥有全国最大的低空空域以及东北地区独有的无人机专用空域	沈阳是我国航空工业重镇，有合资生产塞斯纳162的经验，目前在电动飞机的生产制造方面走在行业前列。法库通用航空产业基地是辽宁发展通用航空产业的核心区域，是国家级无人驾驶航空器检测基地、无人驾驶航空器实训基地，法库航展取得了较大的影响力。浑南航空产业园以发展航空零部件加工、高端装备制造和新材料为主
5	大连市	大连现引入美国小熊飞机制造项目，并发展九成通用飞机设计制造（大连）有限公司（简称大连九成公司）的3座教练机	有通用航空运营企业2家	大连将新增3个通用机场	区域内军用机场及航线网络多，可利用空域资源受到诸多制约	大连无大型制造企业，重点发展空中游览、航空体育、公务商务飞行等业务，将低空旅游培育成产业创新融合发展的旅游新业态。大连航空产业园已有大连汇程铝业有限公司、大连天翔通用航空航天技术有限公司、小熊飞机制造有限公司等企业、通用飞机组装企业和中航“爱飞客”航空综合体、欧亚直升机等通用航空运营服务企业进驻，登沙河产业区涉及航空产业的工业总产值近6亿元

（续）

主要特点	发展模式	未来规划	重点举措
有航空制造技术基础，在电动飞机、无人机和航展等方面有优势	制造驱动型	到2020年，沈阳市通用航空产业建成相对完善的体系，通用航空形成“一基地双园区”“两核心多节点”和“三环三带”总体布局，将以法库国际飞行大会为载体，发展教育培训、科技会展以及空中游览、通用航空工业旅游等产业	沈阳市人民政府办公厅发布的《沈阳市加快推进沈阳国家通用航空产业综合示范区建设工作方案》指出： 1. 开展中小型固定翼通用飞机制造、开展新能源通用飞机制造、进一步促进无人机发展，发展通用飞机新材料、零部件及导航设备，发展通用航空机场地面及空管制造设备，重点发展通用航空培训业务、扩大公益服务行业应用、大力发展通用航空培训及运动飞行，提升飞行保障能力，扩大航空会展影响力，制定《沈阳市无人机产业发展规划》，完善通用航空机场飞行配套保障能力，培育壮大消费市场。 2. 成立推进沈阳国家通用航空产业综合示范区领导小组，建立沈阳通用航空产业发展专项基地
大连在公务航空、航空应急救援、低空旅游领域具有一定的基础，目前正在积极发展通用航空产业	市场牵引型与制造驱动型	1. 力争到2020年，建成东北地区通用航空产业集聚区、国家主要的海洋通用航空基地。 2. 争取到2025年，初步建成东北亚重要的公务、出租和通勤运营枢纽，基本建成以公务飞行、通勤飞行、旅游飞行、航空培训、物流和保障服务为特色的东北地区重要的通用航空服务中心	大连市人民政府办公厅发布的《大连市通用航空产业发展规划（2013—2025年）》指出： 1. 全面开展运营服务，立足东北和环渤海地区，面向东北亚，重点推动发展公（商）务飞行、公共服务飞行等航空租赁和运输服务，建设东北亚重要的公务机营运枢纽。 2. 以通用航空器及航材的交易和物流为重点，积极开展飞行员培训、后勤维护保障及外包服务，完善通用航空机场等基础设施，建设东北地区主要的通用航空综合服务和保障中心。 3. 利用大连产业基础和对外开放优势，重点发展航空航天材料研制和生产，积极发展通用航空精密零部件研发制造，适时发展通用飞机组装、分系统和零部件研发制造及维修等，争取在用于海洋的航空器及发动机研发生产方面有所突破。 4. 在大连试行最长可达30天的宽松免签待遇和更优惠的保税政策等措施

序号	示范区	基本情况				
		制造	运营	机场	空域	综合及其他
6	吉林市	拥有瀚星格莱赛尔飞机、山河科技轻型飞机及吉林航空维修飞机零部件制造和发动机维修等项目	已落户中航货运航校及水上飞机项目、山河通用航空运营项目、吉林福航航空学院培训项目	拥有吉林二台子通用机场，将规划建设舒兰、磐石、蛟河、桦甸和北大壶等通用机场	全国"两区一岛"空域改革集中试点区域	以吉林航空维修有限公司为核心的飞机维修产业体系布局已展开，吉林航空维修有限公司在军机业务基础上，已建成东北最大的Y-5维修基地，以及新舟60和波音737维修机库，吉林市江机机械设备制造有限公司正在为民用飞机配套生产制造典型绞链、连接类零部件
7	哈尔滨市	哈尔滨拥有航空工业哈尔滨飞机工业集团有限责任公司（简称哈飞）、中国航发哈尔滨东安发动机有限公司（简称东安）等重点企业，有AC312、AC352和WZ16等重点产品	有通用航空公司4家，是我国通用航空运营发展最早的地区之一，中国飞龙通用航空有限公司（简称飞龙公司）规模已位居国内前列	黑龙江省的通用机场数量位居全国第一，哈尔滨有11个	属于沈阳管制区低空试点范围	目前已初步形成了以原材料、电子和化工为上游产业，以飞机、直升机、无人机、发动机和直升机传动系统为核心产业，以航空运输、通用航空服务、维修、培训和航材保障为下游产业，集产品技术研发、生产制造、航空材料、通用航空服务及相关配套产业协调发展的航空产业链条。民用航空制造业实现产值约200亿元

（续）

主要特点	发展模式	未来规划	重点举措
在航空维修方面具有优势，在通用航空运营、飞行培训等方面发展具有一定基础	市场牵引型	吉林市规划建设面积为57.78 km^2 的吉林市航空产业园，将与中航建设集团投资有限公司合作建设航空产业军民融合园；将打造东北最大的航空器维修基地，建设吉林省航空应急救援基地，打造吉航公司通用飞机维修基地，重点推进大青山航空冰雪旅游文化小镇、丰满航空旅游农业田园小镇等特色小镇建设，推进京东智慧物流园项目	吉林省人民政府办公厅发布的《支持通用航空产业发展的若干政策》指出： 1. 优化农业航化、护林防火等飞行申报审批流程，将飞行计划上报时间由任务实施前1日16时前调整为当日任务实施2h前。 2. 划设抢险救援飞行专用空域和绿色通道，在有条件的地区为空中游览等飞行活动划设临时使用空域和航线。 3. 建立公安、体育、市场监管、民航等部门与军方协同共管协作机制 4. 加快通用机场建设，首批布局建设和龙、舒兰等18个通用机场，支持运输机场开通通用航空业务。 5. 发挥农机购置补贴政策引导作用，设立植保无人机购置补贴试点。 6. 成立吉林省航空运动协会，支持创建通用航空制造业创新中心。 7. 积极吸纳和对接国内外通用航空飞机制造优质资源，将固定翼轻型飞机、无人机等产品纳入首台（套）保险补偿机制。 8. 在普通高校开展3～5个通用航空新工科人才培养试点。 9. 将通用航空短途运输纳入航线补贴范围，提供的农林病虫害防治、植物保护等业务免征增值税
在直升机整机、传动系统和发动机方面具有优势和潜力	制造驱动型	力争实现通用航空飞行条件成熟、保障体系完善、产业规模提升、核心竞争力增强、发展要素集聚，“一核四基地”建设初见成效。到2020年年末，自主研制的通用航空器对新增市场的贡献率达到50%，全产业总收入达到500亿元	哈尔滨市人民政府发布的《哈尔滨市促进通用航空产业发展的若干政策》指出： 1. 对于符合全市通用航空机场布局规划的新建通用机场，市财政按照建安费的15%给予补助，单个机场最多不超过1 000万元。 2. 对新取得通用飞机整机或发动机型号合格证和生产许可证并在哈尔滨市生产和入统的，每个型号给予一次性奖励资金500万元。 3. 对于新增先进产能并入统的通用航空制造企业，新建总投资亿元以上项目，按照新增固定资产投资的10%给予补助，单户企业最高不超过5 000万元。 4. 对本地通用航空运营企业采购哈尔滨市生产的通用飞机，按照购机价格的10%给予补贴，单架最高不超过300万元

序号	示范区	基本情况				
		制造	运营	机场	空域	综合及其他
8	南京市	拥有航空工业南京金城液压工程有限公司（简称航空工业金城）、中航工业宏光空降装备有限公司（简称宏光热气球）、南京奇蛙智能科技有限公司（简称南京奇蛙无人机）等企业	有通用航空运营企业2家。中航工业集团公司投资50亿元的爱飞客控股有限责任公司（简称爱飞客总部）落户南京江北新区	南京拥有马鞍机场，将布局8个通用机场，分别是江宁、南京老山、石佛寺、南京经开区、滨江新城、六合、溧水和高淳	全国低空空域开放推广试点改革规划范围	南京着力在航空运营、机电设备、机载设备、通用航空设备、航空辅材等产业链环节发展，开展航空维修、培训项目，提高航空租赁等服务业发展水平。建设固定运营基地、爱飞客航空俱乐部、飞行器展销中心、飞机维修、托管中心、通用航空学院、物流仓储及航材交易中心等
9	宁波市	宁波通用航空研发制造以零配件为主	有1家通用航空企业，即宁波东海通用航空有限公司	宁波杭州湾新区通用航空机场正在建设，未来将建4个通用机场	全国“两大区、七小区”空域改革集中试点区域	宁波宁海滨海通用航空产业发展区、梅山保税港区、杭州湾新区都在布局通用航空产业。宁波依托宁波捷德航空技术有限公司，利用梅山保税港区的政策优势，率先建立直升机全国销售基地和人才培训基地
10	绍兴市	有万丰航空工业有限公司等优势企业，已收购钻石飞机等多个品牌	建有万丰航空小镇	拥有3个通用机场	属于杭州管制分区空域改革试点范围	目前，全市拥有通用航空产业链企业50余家，在建的万丰航空小镇占地总面积为2 500亩（1亩=666.7m^2），总投资达100亿元。整个小镇布局成“一核两翼”，“一核”为飞机整机制造，“两翼”为航空装备和航空服务，打造全国综合性全产业链航空特色小镇

（续）

主要特点	发展模式	未来规划	重点举措
爱飞客总部的落户带动了南京市通用航空运营发展	市场牵引型	立足长三角，大力发展通用航空运输和租赁服务，努力把南京建设成为东部地区通用航空运营、保障服务中心。计划建设“两基地一小镇”，打造通用航空产业基地、通用航空物流中心	1. 设立通用航空基金支持产业发展，基金规模为 20 亿元。 2. 航空工业通飞与南京航空航天大学将发挥各自优势，在联合办学、业务交流、科技合作、人才培养与员工培训等方面，建立起全方位、多层次、紧密型的战略合作伙伴关系。 3. 发展低空旅游可获奖励 50 万元
宁波立足长三角地区开展直升机引港、消防、旅游等项目，建设海陆空一体医疗救援服务体系	市场牵引型	到 2020 年，全市拥有各类通用机场 3 个以上，培育形成 3 ～ 5 家核心通用航空运营服务企业和 10 家左右关联服务企业、10 ～ 15 家关键配套企业，举办通用航空主题展，通用航空产业体系初步形成，经济规模达到 300 亿元	1. 财政每年设立最高不超过 1 000 万元的专项资金，采用政府购买通用航空服务的方式引领通用航空服务市场发展。 2. 对新取得国家航空器整机和发动机型号合格证、生产许可证、适航许可证的企业给予 800 万元的补助。 3. 鼓励企业积极投入基础科研保障条件建设，按照其科研基础设施投入（不含土地购置）给予不超过 30%、最高 2 000 万元的资金补助。 4. 列入创建或认定名单的通用航空产业专业园，给予管理机构一次性 300 万元奖励。 5. 二类及以上通用机场选址获得审批通过的，给予其管理机构一次性 500 万元补助
绍兴市通用航空产业龙头企业的带动比较好	制造驱动型	计划到 2020 年，绍兴市通用航空产业总规模达到 1 000 亿元以上；到 2035 年，规划建设 6 个机场	加强组织保障，对市通用航空产业发展领导小组及人员进行调整完善，组建专门机构，进一步明确分管领导、工作职责和具体工作任务，统筹全市通用航空产业发展，编制通用航空产业发展规划，研究部署通用航空产业发展的重大问题

序号	示范区	基本情况				
		制造	运营	机场	空域	综合及其他
11	芜湖市	拥有中电科芜湖钻石飞机制造有限公司、芜湖中科飞机制造有限公司、芜湖钻石航空发动机有限公司、安徽华明航空电子系统有限公司等众多制造公司	联合北京航空航天大学、中国民航大学飞行学院、中信海洋直升机股份有限公司等在芜湖建设通用航空运营项目	拥有芜湖三元通用机场、芜湖宣州机场等	芜湖宣州机场距空军芜湖机场40km，空域不冲突	在全省率先规划建设航空产业园，共引进通用整机、无人机、航空发动机等航空要素项目40余个，已建成并投产的项目17个，总投资56.52亿元，涵盖通用飞机、无人机、初级教练机、动力滑翔机及航空发动机、螺旋桨、复合材料和航电等领域
12	南昌市	航空工业江西洪都航空工业集团有限责任公司（简称洪都集团）在农用飞机、教练机等方面具有优势，此外，还有具有完全自主知识产权的冠一GA20飞机	有洪都集团（长江通用航空）、江西快线通勤航空有限公司（简称江西快线）、江西天祥通用航空股份有限公司、南昌白龙马航空科技有限公司、南昌华梦达航空科技有限公司、江西鸿鹄航空有限公司、华夏九州通用航空有限公司等15家通用航空企业	有2个通用航空机场，分别是洪都南昌青云谱机场、瑶湖机场	气候及空域条件较好，可试飞时间长，试飞空域广阔	目前已落户的江西适航审定中心服务平台、航空产业投资服务平台、低空空域管理和服务平台、航空军民融合产业服务平台、通用航空服务平台、航空技术研发制造平台等7大平台助力通用航空产业发展

（续）

主要特点	发展模式	未来规划	重点举措
芜湖通过合作大力引入通用航空制造项目，带动产业链全面发展	制造驱动型	到2020年，在通用航空制造、运营、服务保障等主要产业领域内形成产业集群，通用航空产业力争实现总产值300亿元，占全国通用航空产业产值规模的1/30。其中，通用航空制造业实现产值200亿元，通用航空运营服务业实现产值100亿元	着重整机研制，促进制造水平升级；围绕全产业链，加快培育配套产业；搭建创新平台，加强研发能力建设；加快机场建设，完善基础设施配套；构建服务体系，推动通用航空运营普及；注重临空经济，促进产业融合发展；加强沟通协调，争取在低空空域改革试点工作中将芜湖纳入试点范围；面向国际市场，鼓励开放合作发展
依托洪都集团的飞机设计研发和试验能力，成立适航审定中心，加快推动通用航空产业聚集	制造驱动型	2020年，南昌航空产业规模达到500亿元，在南昌打造“一核、双擎、一轴、一带、五片、多点”的通用航空产业空间布局	1. 人才：对高层次人才创办的符合条件的航空产业小微企业，贷款额度最高不超过600万元，并按规定进行贴息。 2. 市场：整合省级农业、林业、测绘等现有通用航空公共服务市场，优先支持省内通用航空企业发展，确保每年市场份额不低于8 000万元。 3. 研制：对新取得通用飞机整机型号合格证和生产许可证的企业，给予每款新机型总研制费用20%以内的资金补助，最高不超过1 000万元。 4. 机场：对新建通用机场给予不超过1 000万元的资金补助。 5. 展会：对参展企业的展位费及内陆交通运费等给予50%以内的资金补助

序号	示范区	基本情况				
		制造	运营	机场	空域	综合及其他
13	景德镇市	国内直升机制造的承载区，拥有多款直升机、无人机等产品	拥有上海和利通用航空有限公司景德镇分公司、江西通用航空有限公司、江西快线等企业	建有吕蒙机场及吕蒙通用航空小镇，将建设3个通用机场及10个起降点	目前试飞空域有4个，主要用于直升机试飞保障	直升机产业集聚区已形成功能齐全、体系完整和特色鲜明的航空产业集群
14	青岛市	已落户空客H135总装生产线、中科院小涡扇发动机等项目	有通用航空运营企业7家，包括青岛九天飞行学院、青岛直升机航空有限公司、青岛云世纪信息科技有限公司等重点企业	有青岛流亭国际机场（可保障通用飞机飞行）、青岛西海岸通用机场，未来将新建7个通用机场	全国“两大区、七小区”空域改革集中试点区域	构筑了以“一区一园”为重点、多点发展为支撑的通用航空产业发展格局，“一区一园”即青岛通用航空产业核心区、胶州通用航空产业园，以及平度市、莱西市等多点地区
15	郑州市	具有啸鹰小型商务机、穆尼飞机等项目	入驻的通用航空运营及关联企业有51家，机队规模达到73架	拥有上街通用机场，将在登封、中牟、新密、新郑和巩义规划一批通用机场	河南省大力支持郑州市低空开放，建有上街区航空城	2018年郑州航展期间签约的28个项目包括航空物流园区建设项目、飞机维修基地建设项目、高端机械制造与加工项目等，签约金额达267.5亿元
16	安阳市	安阳制造基础较为薄弱，有安阳全丰航空植保科技有限公司等植保无人机制造企业	安阳航空运动学校是中国最大的航空俱乐部和航空体育训练、比赛中心。拥有“亚洲第一”的林虑山国际滑翔基地	有1个通用机场，其建在安阳航空运动学校内	2015年率先划设低空空域开放试点，拥有3 000m以下、4 420km^{2}的低空报告区域	安阳通用航空产业初步形成“一区三园”的发展格局，已有15家通用航空企业落地，正在形成以安阳机场为中心，市区和林州、汤阴、内黄机场联动的半小时通用航空圈，成功举办了11届安阳航空运动文化旅游节，连续多年举办国际滑翔比赛

（续）

主要特点	发展模式	未来规划	重点举措
依托航空工业直升机设计研究所的技术，形成以直升机为特色的研发生产和试飞、应用产业体系	制造驱动型	到2020年航空产业经济规模达到600亿元，培育产值超百亿元的企业2家、50亿元的企业1家。 整机产能为600架左右，销售收入年均增长率达20%以上，本地配套达35%以上。通用航空产业经济规模达到150亿元以上	成立景德镇通用航空产业综合示范区建设工作领导小组，制定《景德镇市建设通用航空产业综合示范区实施方案》，设立20亿元规模的通用航空产业引导基金，优先办理人才常住户口调动手续，积极争取开通4 000m以下通往周边景区的低空航路
在直升机总装、医疗救护、海上作业、航空培训和低空旅游等方面发展较好	市场牵引型	促进直升机在医疗、旅游、警务、港口、勘察、监测和救援等公共服务重点领域的应用，推动通用航空器在大众消费领域的推广应用	将人才作为通用航空产业发展的第一资源，深入推进人才集聚行动和高层次人才团队引进计划。加快引进通用航空领域领军人才，对持有外国人永久居留证的外籍高层次人才在青岛创办通用航空类科技型企业，给予其国民待遇。畅通人才服务“绿色通道”，为高端人才提供居留和出入境、落户、工商税务、子女入学、医疗保障等服务。推进北京航空航天大学、哈尔滨工程大学等青岛校区建设，支持高校开设通用航空类相关专业
通过举办以通用航空展览和特技飞行表演为主题的航展，大大提升知名度	市场牵引型	到2020年，郑州将培育5～8家规模化的通用航空公司，形成覆盖全市的通用机场体系和辐射周边的航线网络	将积极推进空中的士协会的成立，并与国际先进国家和地区对接，打造空中的士信息服务平台。郑州还将鼓励和引导私人飞机、私照培训及航空旅游观光等消费类通用航空产业快速发展，制定相关优惠政策和补贴措施，降低购机门槛，刺激私人购机需求，带动飞行私照培训、航空旅游观光和航空运动等一系列消费通用航空产业发展
围绕航空运动，重点发展相关配套产业，包括运动装备制造、航展、教育培训、维修保障、医疗保险，以及运动与文化、旅游相结合的产业	市场牵引型	明确“中国航空运动之都和低空经济发展试验区”的战略定位，并把通用航空制造产业作为培育千亿元级高端装备制造的主导产业，完善航空运动全产业链、打造航空城市品牌、建设国家级航空人才基地、推进基础设施建设。2020年，全市涉航企业将有50家，通用航空产业总产值达100亿元，利税20亿元	1. 产业：举办航空运动文化旅游节，积极引入航空运动装备器材项目。加快推进无人机研发制造基地建设，建成了无人机飞行中心及检验检测中心。 2. 保障：成立安阳通用航空产业综合示范区建设领导小组和安阳通用航空产业指挥部。 3. 人才：与国家体育总局安阳航空运动学校签订了整体搬迁建设合作协议，规划建设中国航空运动学院

序号	示范区	基本情况				
		制造	运营	机场	空域	综合及其他
17	荆门市	605所在浮空器、水陆两用飞机和超轻型飞机等方面具有优势，晨龙天使飞机已完成首飞	有通用航空运营企业2家	有2个通用航空机场，分别是漳河机场、冷水机场	低空飞行限制多	荆门市集聚了航空工业特种飞行器研究所（605所）、荆门通用航空有限责任公司、荆门爱飞客航空俱乐部有限公司等优势骨干企业，初步形成了“研发、制造、运营、创意服务”通用航空产业体系。累计投入30多亿元，重点建设爱飞客镇及航空产业园。截至2018年年底，荆门航空产业园已落户的企业达14家
18	株洲市	拥有中小型航空发动机、山河飞机等制造项目	有通用航空运营企业1家	拥有芦淞通用机场	属广州管制区低空试点范围	株洲是国内中小型航空发动机生产基地，占国内90%以上的市场份额。株洲航空城已入驻航空类企业34家，初步形成了集发动机研制、整机制造、通用航空运营和配套衍生于一体的产业体系，航空产业产值150亿元
19	深圳市	以大疆公司为核心，集聚科比特、深圳前海疆域智能科技有限公司（简称疆域智能）、深圳市智航无人机有限公司（简称智航无人机）等一批领军企业	有通用航空运营企业7家，多家无人机运营企业	拥有南头直升机场及飞行服务站、维修站等，正在开展国家级无人机飞行管理试点，试运行综合监管平台	珠三角空域精细化管理改革试点区域	深圳是“无人机之都”，已发展成为全球无人机研发中心和制造中心，目前拥有300多家无人机企业，占据全球70%的市场份额、全国90%的产值

（续）

主要特点	发展模式	未来规划	重点举措
荆门依托特种飞行器研制，在浮空器、航空旅游和航展等方面具较好的发展基础	制造驱动与市场牵引型	规划构建“一核、两区、多点”的荆门通用航空产业总体空间发展格局。到2020年，建成5个通用机场、5个水上飞机码头，培育10家以上通用航空制造企业和5家以上通用航空运营公司，通用航空业经济规模达200亿元	1. 每个板块选择一两家创新力强、成长性高、关联度高的重点企业，绘制个性化扶强路线图。 2. 将向民航主管部门争取漳河机场本场成为低空空域飞行指挥管制权和三级二类飞行服务站试点；向空域主管部门争取将荆门全域纳入湖北省低空空域开放试点区。 3. 将聘请专业团队深度挖掘“通用航空文化潜力，大力发展“通用航空+新兴服务业”。 4. 将积极筹建湖北通用航空学院，培育一支高素质、多层次的通用航空专业人才队伍
中小型航空发动机基础扎实、产业链完善、产业集中	制造驱动型	将按照一体两翼两结合思路，积极推动航空产业链向发动机研发制造、整机制造、通用航空运营、配套衍生四大领域拓展延伸，大力实施“通用航空+”工程，力争2020年通用航空产业产值突破400亿元	1. 发行总规模为30亿元的通用航空产业承接引导基金。 2. 在低空空域试点开放与管理改革上，株洲将根据产业发展需求，向民航华南地区管理局申请低空航线，加快低空旅游与短途运输产业发展。探索地方政府、军方和民航局三方协调机制，推动株洲低空空域试点开放与管理改革。 3. 启动通用机场二期跑道延长工程，加快航空城基础设施项目建设
深圳拥有良好的智能硬件产业生态环境，形成了以直升机海洋石油作业、公务航空和无人机制造为主的产业体系	技术驱动型	到2020年，力争实现航空航天产业规模1 500亿元。初步建成高科技特色鲜明、细分领域优势突出、国际知名和国内领先的航空航天产业基地和区域创新中心。促进产业集聚发展，构建无人机研发、设计、测试和总装集成全产业链	1. 将无人机列为未来发展重点产业，提出“无人机腾飞工程”，重点支持建设无人机产业基地，设立最高1 500万元资助额度的深圳市航空航天产业发展专项资金，重点支持无人机、通用航空现代服务等八大领域。 2. 将推动粤港澳大湾区空域体制机制改革和低空空域协同管理改革，推进空域精细化管理改革试点，合理划设深圳市低空空域，实行低空飞行备案制，加强飞行服务保障体系建设，建立低空空域管理政策标准体系，通用航空起降点实现全市域范围20min空中覆盖

序号	示范区	基本情况				
		制造	运营	机场	空域	综合及其他
20	珠海市	是航空工业通飞公司总部所在地，拥有AG600、AG300等自主研制型号的飞机，并拥有珠海雁洲轻型飞机制造有限公司（简称珠海雁洲）、珠海市海卫科技有限公司（简称海卫轻型飞机）及珠海紫燕无人飞行器有限公司（简称紫燕）、珠海隆华直升机科技有限公司（简称隆华）等无人机企业	有通用航空公司6家	拥有珠海通用机场，是粤港澳大湾区机场体系的重要组成部分	珠三角空域精细化管理改革试点区域	珠海以龙头企业引领航空制造业发展，依托航空工业通飞公司形成了集市场营销、研发、制造、试飞交付和运营服务为一体的通用航空全产业链发展体系平台；引进培育了10余家航空器整机系统及零部件研发、制造企业。珠海航空产业园2017年规模以上企业实现工业总产值为425.26亿元，同比增长127.84%
21	重庆市	引进了皮拉图斯、恩斯特龙等项目，研发CG111直升机及CG231飞机	重庆市共注册了7家通用航空运营企业	拥有万州、黔江、武隆、巫山4个支线民用机场，将建设永川、万盛和两江等通用机场	通用航空发展综合配套改革试点地区	通用航空领域形成了“直升机+固定翼飞机+无人机、制造+运营+服务”的产业集群式发展格局

（续）

主要特点	发展模式	未来规划	重点举措
珠海拥有国内最大的航展，最大的通用飞机制造商，拥有多个型号的飞机生产制造能力，并在航空培训、通用航空运营方面有独特的优势	制造驱动型	到2021年，逐步建成国家级通用航空研发制造基地和珠三角通用航空网络运营区域骨干枢纽，力争实现通用航空产业总营业收入300亿元。打造成服务大湾区、辐射华南的一流通用航空产业综合示范区	《珠海市关于促进航空产业发展的意见》指出： 1. 设立珠海市航空（航天）产业发展扶持专项资金，市政府每年安排不少于5 000万元。 2. 在投资项目用地范围内，允许将投资项目总用地面积的7%的土地用于行政及生活配套设施。 3. 投资项目可以从扶持资金中申请1～3年的贷款贴息，贴息最高限额为该项目贷款年利息的50%。 4. 按照投资项目投产后的增值税地方留成部分的50%比例在扶持资金中给予投资项目技术研发补助资金，补助年限为3～5年
凭借重庆区位优势发展通用航空应急救援，成立重庆通用航空产业集团有限公司（简称重庆通用航空），大力引入制造项目	制造驱动与市场牵引型	到2020年，重庆将基本建成具有全国影响力的一流航空产业园。至2020年预计实现产值350亿元，逐步形成通用航空整机及零部件研发制造体系	将加快通用机场网络建设，发展航空运动、应急救援和旅游观光等多种通用航空业务，强化通用航空专业人才培训，加大通用航空器及相关设备系统的研发投入力度，建立低空目视航图的动态管理机制，推进飞行服务站建设。同时，建立滚动计划实施机制

序号	示范区	基本情况				
		制造	运营	机场	空域	综合及其他
22	成都市	拥有航空工业成都飞机工业（集团）有限责任公司（简称成飞）、成都飞机设计研究所（简称611所）、中电科航空电子有限公司、四川腾盾科技有限公司（简称腾盾）等重点企业，在无人机、监视设备和航空维修等方面具有优势	拥有西林凤腾通用航空有限公司（简称西林凤腾）、四川驼峰通用航空有限公司（简称驼峰通用航空）等一批通用航空运营企业	建设有3个通用机场	军、民、地低空空域协同管理改革试点区域	成都市通用航空产业基础优良，航空工业规模占全国的1/4，已经初步构建起较完整的航空装备生产体系
23	安顺市	依托中航贵州飞机有限公司（简称航空工业贵飞），开展无人机的研制和生产	将培育与航空相关的企业50家以上	将建设1个通用航空枢纽基地，4～7个通用机场，30个起降点	贵州省重点打造覆盖安顺及黔中经济圈的通用机场网络和低空航线网络	依托贵阳－安顺地区航空制造业基础，打造安顺民用航空国家高新技术产业基地，建设具有飞机研发生产、航空维修、航空培训和保障服务功能的通用航空产业全价值链

（续）

主要特点	发展模式	未来规划	重点举措
依托制造基础及地域优势，发展无人机制造、发动机制造和低空旅游等重点产业	制造驱动与市场牵引型	力争构建国内航空发动机、无人机等的重要基地，形成“三位一体”大通用航空发展格局。加快构建以低空旅游为重点，应急救援、短途运输、公共服务和新型消费等全面发展的市域通用运营体系，着力打造国家级都江堰通用航空旅游示范工程，全市通用航空产业经济规模达300亿元	1. 对未来产业、支柱产业和优势产业项目按需“随供随用”。 2. 参与国家重大专项最高奖励1 000万元。 3. 相互采购产品给予单户采购方采购额5%的奖励。 4. 首台（套）最高奖励250万元
依托航空工业无人机的生产基地，促进鹞鹰无人机等军转民项目的发展	制造驱动型	1. 以教练机、军用无人机研制生产为基础，逐步发展中小型通用飞机以及小型公务机，进一步研发民用无人机，形成型谱系完整的通用飞机产品系列。 2. 实施“114+30”机场建设计划，到2020年，建成通用航空制造、航空枢纽和航空旅游基地。 3. 完善航空装备制造产业链，力争实现通用航空产业经济规模达500亿元	《安顺市通用航空产业综合示范区建设三年行动计划（2018—2020年）》指出： 1. 建立动态项目库，实施一批军民融合重点项目。 2. 鼓励通用航空企业通过募集上市、债股联动发行企业债、公司债等方式提高资产证券化水平。 3. 加大对通用航空企业和院校创新平台建设的支持力度，优先纳入市级科技创新平台建设培育计划，给予立项支持。 4. 围绕战略性产业实施“123人才引进计划”，支持大专院校和职业学校开设通用航空类专业

序号	示范区	基本情况				
		制造	运营	机场	空域	综合及其他
24	昆明市	制造基础薄弱	共有10家已注册的通用航空公司和3家航空俱乐部	昆明市将建设9个通用机场	全国“两大区、七小区”空域改革集中试点区域	云南省通用航空制造业以滇中地区为核心，以昆明高新区通用航空产业园为重点，积极引入通用航空制造业和服务业，重点引进和布局通用飞机及零部件制造、航空文化、展示、体验飞行、休闲旅游、飞行员俱乐部和培训中心、维修服务等
25	西安市	西安是航空工业重镇，现有航空单位300余家，拥有小鹰700飞机、贝尔407直升机等重点产品，以及中航西飞民用飞机有限责任公司（简称西飞）、西北工业大学等科研单位	有通用航空公司12家，建有西北空中应急救援中心，飞行培训、石油管道及电力巡检作业和农林作业和低空旅游等运营服务稳步增长	拥有2个通用机场，分别是航天基地机场、蓝田机场，警航通用航空点达20个	通用航空低空空域监视与服务试点区域	西安阎良国家航空高技术产业基地是全国重要的以航空为特色的基地，已聚集了500余家企业，涉及航空大部件锻造、零部件制造、新材料研发制造。西安爱生技术集团公司是国内最大的专用无人机研发及生产企业。两年一度的“西安航展”是国内规格最高、规模最大的通用航空专业展会
26	银川市	银川制造基础较为薄弱，目前正在引入建设“火神”通用飞机项目	成立西部（银川）通用航空产业投资控股有限公司［简称西部（银川）通用航空］、银川滨河通用航空产业服务（集团）有限公司等公司	建有银川月牙湖通用机场，具有32个固定翼飞机停机位及3个直升机停机位	目前确定了银川月牙湖通用机场划设4个低空临时飞行训练空域	银川地势平坦，无高大障碍物，飞行净空条件佳。宁夏年平均日照时数有3 000h、可飞行天数270天，是我国年可飞时间较长的地区之一，未来在航空培训和航空旅游方面具有较大的潜力

（续）

主要特点	发展模式	未来规划	重点举措
依托市场环境发展通用航空飞行、教育培训、应急救援等产业	市场牵引型	到2020年，通用航空装备业实现产值20亿元，到2030年，通用航空产业实现产值300亿元	1.积极引进国内外通用航空器设计研发、制造、运营及其综合保障等企业。 2.新建通用机场补助5 000万元。 3.支持通用航空企业发行企业债券、中期票据、短期融资券等筹集资金。 4.对从事支线运营、通勤飞行和公务机运输的企业，在购机阶段提供融资、贷款和贴息等金融政策扶持
西安在通用飞机和无人机研制方面具有较强的科研实力，依托制造基础及西北工业大学等资源，吸引了大疆、顺丰、京东等企业的无人机研发项目落户	制造驱动型	以飞行带市场、以市场拉产业、以产业促发展，办好1个中国国际通用航空大会，建设1个航空基地通用航空产业核心区及5大园区，实施5大任务和5大工程，到2020年，形成特色突出、优势明显的产业集群，培育2～3家整机制造企业，力争实现通用航空产业经济规模达300亿元	《西安航天基地颁布加快通用航空产业发展的扶持办法》指出： 1.入驻航天机场的通用航空类企业和无人机、无人车企业，自租赁之日起实行连续3年房租补贴政策。 2.对在航天基地范围内研制生产的载人航空器、航空模拟机向外销售时，每架（台）销售给予采购发票总价（不含税）2%的补贴。 3.对于开辟省内短途运输航线且年飞行小时超过100h的通用航空企业，给予每条航线年补贴100万元。 4.对于获得国际一流航空企业授权并在基地设立固定运营基地（FBO）、飞机维修基地（MRO）等平台的通用航空企业，给予不超过30万元的奖励。 5.在航天基地举办航展、飞行表演、空中跳伞、飞行体验和空中游览等活动，根据活动规模和影响力，给予不超过50万元的奖励
银川目前通用航空运营主要以旅游和培训为主，定位于打造西北通用航空消费中心区	市场牵引型	积极构建“一核一心一带多点”的银川通用航空产业空间布局，到2030年，通用航空保障能力要满足全市通用航空产业发展的需要，年组装制造能力超过100架；通用航空飞行总量达到5万h左右，机队规模超过100架；通用航空产业直接产值超过20亿元，带动产值超过200亿元	《银川市促进通用航空产业发展扶持政策（试行）》指出： 1.对落户的通用航空企业，每年给予每架飞机通用机场使用费50%的补助，最高不超过5万元。 2.对落户银川通用航空产业园区的通用航空企业，租赁标准厂房、办公用房给予36个月免租期。 3.在银川开展通用航空私照、商照、运动类驾驶员执照培训，对培训合格且取得相应证件的，按照私照每人1万元，商照每人3万元、运动类驾驶执照每人0.2万元的标准给予企业奖励

各示范区的发展经验主要有：

一是依托自身优势发展通用航空产业，发展通用航空产业与发展地方经济相结合。如一些传统航空制造业基地——西安、哈尔滨、石家庄、南昌和景德镇等，依托其制造基础，布局较大型通用航空器的研发制造；如安阳等一些新兴示范区，重点发展适合其地区特色及市场需要的航空运动、植保无人机等；北京依托其人才、科技优势，发展与通用航空相关的科技研发及总部经济。

二是聚焦制造、运营和服务产业链三大环节谋发展，形成制造驱动型、市场牵引型或两者相结合的发展模式。通用机场建设、空域开放作为保障产业发展的重要方面去推动。

三是紧跟通用航空发展形势及趋势，发展符合市场需求的产品和服务。如根据我国通用航空飞行培训市场未开发且未来将持续保持市场主导地位的情况，各地按照 CCAR-23 部在研及取证的通用航空器，主要定位于教练机，如南昌冠一通飞的 GA20、大连九成公司的 JC-100N 三座教练机、重庆通用航空的 CG231 等；根据通用航空“玩”起来“飞”起来，航空运动率先兴起来的特点和趋势，大力发展轻型运动类航空器，如沈阳锐翔电动飞机、荆门特飞所 AG50、西安飞豹小鹰 -100 和南京宏光 HG2 热气球等。

四是引入重大项目实现产业链的带动效应。如芜湖依托中电科芜湖钻石飞机制造有限公司的通用飞机制造项目的引入，形成涵盖通用飞机整机、发动机及零部件的产业发展格局。

五是加快建设通用机场，推动低空开放，形成通用航空发展的市场环境。特别是在低空空域管理改革试点地区，通过地方自下而上的推动，尽快形成可适飞的空域，加快发布低空目视航图，便于通用航空飞行作业。如四川转变空域管理模式，由原先的军、民航分块管理转为军、地、民三方协同管理，取得了很好的试点效果。

六是构建通用航空产业发展的政策支持体系。从各示范区来看，给予资金补贴、土地优惠、落户便利和人才支持是主要的举措。同时，从整个通用航空产业链和产业发展方面构建完善的政策支持体系。

第 12 章 通用航空小镇

国家发展改革委《关于加快美丽特色小（城）镇建设的指导意见》明确指出："特色小（城）镇包括特色小镇、小城镇两种形态。特色小镇主要指聚焦特色产业和新兴产业，集聚发展要素，不同于行政建制镇和产业园区的创新创业平台。特色小城镇是指以传统行政区划为单元，特色产业鲜明、具有一定人口和经济规模的建制镇。"

广受关注的通用航空小镇，具有独特的航空和飞行等主题，虽然它不是真正行政区划上所指的"镇"，但因为聚焦通用航空产业，为城市建设注入创新要素，顺应我国新型城镇化建设和供给侧结构性改革理念，由此也成为了我国特色小镇的典型代表。

纵观通用航空小镇的的发展脉络，其概念最早来源于美国的 Airpark（私人小机场）一词，Airpark 分为生产型和居住型，其中居住型又称为 Fly-in（飞行社区），是我国通用航空小镇发展最初的概念设想与实践。通用航空小镇比通用航空园区的概念更加丰富，理论上其可以依托通用机场和通用航空核心业务逐步建设成为新型城镇化集聚区，发挥通用航空产业与城镇化建设相互融合的作用。其中，通用机场是通用航空小镇发展的前提条件，围绕机场发展的通用航空主营业务是通用航空小镇发展的经济动能，其能吸引更多的相关企业和人才向该集群集聚，从而带动周边新型城镇化聚集区的发展。机场、通用航空产业、新型城镇化集聚区三者相辅相成，互为依托，最终形成一个成熟的通用航空小镇。

12.1 通用航空小镇发展模式

我国通用航空小镇概念引入之初立足于飞行社区的打造，但由于空域飞行条件、受众范围、投资回报等现实因素的限制，通用航空小镇不断拓展了其内容，也出现了各种发展模式。本章节为读者系统介绍国内外通用航空小镇的发展模式。

12.1.1 以美国为代表的国外通用航空小镇发展模式

美国作为通用航空产业最为发达的国家之一，拥有健全的通用机场体系，通用航空小镇较多依附于通用机场的发展。据统计，美国近 3 000 个通用机场中，周边聚集形成通用航空小镇的超过 650 个，比率约为 22%。国家级机场通常聚集形成大中型通用航空小镇，其产业及配套功能完备，小镇占地面积多为 4 ～ 5km²；中小型通用航空小镇占地面积在 3km² 上下，一般依托区域级通用机场的发展，飞行及配套产业基本形成；还有一些较小规模如面积为 1 ～ 1.5km² 的通用航空小镇，利用地方级或者基础级通用机场的空侧、陆侧条件发展，布局简单，是飞行爱好者的自然居住和生活所在地，或者飞行是当地与外界通达的重要交通方式之一。

全美通用航空小镇分布呈现非均质化特点，主要集中在较为成熟的城市群附近。如以加利佛尼亚州为代表的西海岸地区，以佛罗里达州为代表的东南海岸地区，以伊利诺伊州、印第安纳州和俄亥俄州为代表的五大湖地区。城市群的地理位置、社会经济、自然环境和人口聚集等因素，为通用航空小镇的形成提供了客群基础、消费基础和物质基础，也推动了不同发展模式通用航空小镇的成型和发展。从普通的通用机场到聚集人气形成宜居或宜业小镇的模式各不相同，我们可将国外的通用航空小镇分为三种类型。

第一种是依托机场的跑道及相关飞行资源逐步发展成的有产业属性的通用航空小镇，可概括为航空产业主导型通用航空小镇。典型代表有美国约翰 · 韦恩机场（John Wayne Airport）的商务服务型通用航空小镇。该机场年起降班次约为 25 万次，客流量约为 920 万人次，有超过 500 架私人通用航空飞机以此为基地。机场内除两家全服务型 FBO 外，还有提供加油、销售、包机、保险、耗材、清洁、维修、机库出租和培训等一系列配套服务的公司。机场小镇规模约 13km²（含机场），周边功能包括商务办公、商业服务、运营管理、文化娱乐、居住配套和旅游开发等，每年为当地提供约 12 亿美元的经济贡献。其他类似的小镇代表还包括：范 · 纳伊斯机场（Van Nuys Airport）小镇、利弗莫尔机场（Livermore Municipal Airport）小镇和泰特波罗机场（Teterboro Airport）小镇等。约翰 · 韦恩机场小镇鸟瞰图如图 12-1 所示。

图 12-1 约翰·韦恩机场小镇鸟瞰图[⊖]

第二种通用航空小镇发展模式可概括为飞行社区型通用航空小镇或居住主导型通用航空小镇。该类小镇依托优美的自然环境而形成，居住社区紧邻跑道，飞机通过滑行道直接入户，区域内飞行爱好者众多，社区大都由私人所有，不对外运营。典型代表有美国规模最大、最著名的飞行社区之一——云杉溪飞行社区（Spruce Creek Airport）。该社区靠近城市和海岸，曾经为联络海军的基地，后被商人收购进行系统开发，规划设计了一系列市政基础与娱乐设施，之后规模不断扩大，商业运营较为成功，已发展成为拥有 1 500 多栋住宅、超过 600 架驻场飞机的超大型飞行社区。紧邻世界最佳休闲观光城市奥兰多的利沃飞行社区（Leeward Air Ranch）小镇也非常著名，周边旅游资源丰富，环境优美。由利沃一家几代人主导规划建设的沃飞行社区小镇，将飞机和房地产业有机结合，将其打造成了高品质的飞行社区典范。其他类似的小镇代表还有翼南飞行社区（Wing South Airpark）小镇等。云杉溪飞行社区实景图如图 12-2 所示。

第三种通用航空小镇发展模式是航空文化（主题）注入型通用航空小镇，典型代表有奥什科什通用航空小镇，其已经成为全球飞行爱好者的聚集地，每年七月在此举办全球闻名的飞来者大会。为期一周的飞来者大会由美国实验飞机协会（EAA）主办，每年吸引的全球观众超过 50 万人次，飞机超过 1 万架，参展厂商超过 800 家，对当地经济的带动一般超过 1 亿美元。飞来者大会展现

⊖ 根据约翰·韦恩机场官方网站整理。

了美国民众强烈的航空意识和航空热情，是美国群众性的航空活动发展到一定规模后的必然产物，同时也显示了美国航空大国背后的群众基础。经过多年的发展，奥什科什不仅仅是每年固定时间全球飞行爱好者最重要的聚集地，更形成了以“机场场地 + 临时展览建筑”“航空服务配套 + 居民生活配套”为主要形式的通用航空小镇空间形态。其他类似的小镇代表还有莱克兰（Lakeland）通用航空小镇等。

图 12-2　云杉溪飞行社区实景图

12.1.2　我国通用航空小镇模式探索

根据国家发展改革委发布的《关于建立特色小镇和特色小城镇高质量发展机制的通知》（发改办规划〔2018〕1041 号）的要求，地方政府和企业都在积极探索特色小镇的科学发展路径。在我国，特色小镇定位于“非镇非区”，不一定是行政区划单元上的一个镇，也不一定是产业园区的一个区，而是结合自身特质、产业基础、人文底蕴和生态禀赋形成的“产、城、人、文”四位一体的功能平台。通用航空特色小镇以通用机场为依托，以航空产业为主线，烘托航空文化氛围，打造一定社区功能，是国内特色小镇中较有代表性的一个类别。由于我国通用航空产业发展与航空文化所处阶段的限制，目前尚没有自发形成飞行社区这样的通用航空小镇模式。从发展路径着手，我国通用航空小镇可分为：企业品牌注入型通用航空小镇，例如航空工业湖北荆门“爱飞客”航空综合体通用航空小镇；地方政府特色打造型通用航空小镇，例如浙江宁海的“通用航空风情小镇”；企业产业推进型通用航空小镇，例如浙江德清的“通用航空智造小镇”等。国内通用航空小镇举例介绍见表 12-1。

表 12-1 国内通用航空小镇举例介绍

序号	通用航空小镇或产业园名称	功能定位
1	荆门爱飞客镇	综合旅游度假型，以通用航空研发、体验、运营、办公与制造为主
2	德清通用航空小镇	专业航空智造型，以航空现代制造、通用航空精益运营与航空研发和配套产业为主
3	宜兴通用航空小镇	综合产业型，以水上飞机制造、通用航空运营服务及航空相关制造为主
4	镇江航空特色小镇	综合产业型，以飞机总装、培训、山水养生和文化休闲等产业为主
5	南通爱飞客通用航空小镇	综合旅游度假型，以通用航空运营服务、航空体验等产业为主
6	武汉爱飞客航空综合体	专业航空运营型，以通用航空运营、航空娱乐和商务总部等产业为主
7	河北乐亭通用航空旅游度假小镇	综合旅游度假型，以航空体验、运营服务等产业为主
8	南阳航空文化小镇	专业航空运营型，以航空文化、低空旅游、航空主题体验和作业飞行等产业为主
9	景德镇航空小镇	综合产业型，以直升机制造、航空旅游等产业为主

12.2 通用航空小镇要素构成

国内外通用航空小镇的形成路径、建成形象和使用情况各不相同，但共性是都可划分为飞行板块和社区板块，国外小镇两板块之间相对融合，甚至如同前面介绍的著名飞行社区一样，房屋门前都可停放 1 架或 1 架以上的飞机，可实现机车分离，社区内建有飞行所需的必要设施设备，如机场、跑道、滑行道、停机库和停机坪，甚至航空俱乐部和餐厅等。飞行板块一般由机场核心区的功能构成，社区板块在国内更象是城镇化聚集区，由单一的飞行居住社区组成，或是产城融合的新城区。通航小镇功能区和建设要素构成见表 12-2。

表 12-2 通用航空小镇功能区和建设要素构成

板块	功能区	建设要素	示例	
			举例	图示
		跑道	SouthLakeland-X49，Winter Haven 机场小镇	
		跑道联络系统、机坪、机位	Spruce Creek Fly-In 飞行社区	
机场核心区板块	运营区	塔台及航管办公区	荆门爱飞客通用航空小镇	
		机库	荆门爱飞客通用航空小镇机库	
		固定运营基地（FBO）	South Florida FBO	

（续）

板块	功能区	建设要素	示例	
			举例	图示
机场核心区板块	航展区	销售或航展展示区	美国 Oshkosh 航空小镇飞来者大会展示	
	培训区	飞行员或机务培训楼	北京密云通用航空小镇培训基地	
	航空产业区	厂房、总部基地	美国比奇工厂小镇	
城镇化聚集区板块	飞行社区（居住区）	住宅公寓、别墅	美国翼南飞行社区	
	商业服务、生活配套区	写字楼、配套设施	美国约翰·韦恩通用航空小镇	
	文旅服务区	依据景区主题建设	美国阿尔伯克基热气球小镇	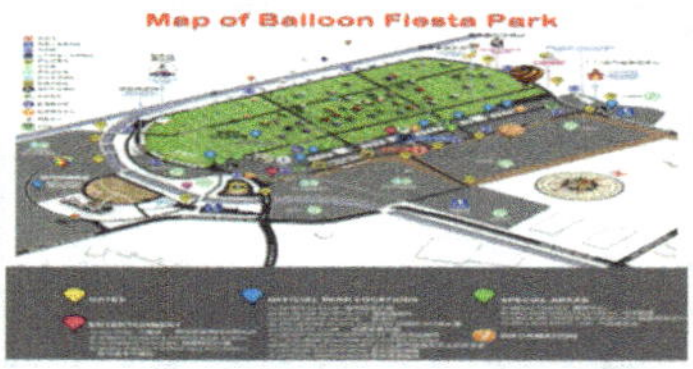

12.3 我国通用航空小镇建设思考

12.3.1 我国通用航空小镇发展政策

2016年5月，国务院办公厅出台《关于促进通用航空业发展的指导意见》纲领性文件，有效推动了我国通用航空业以供给侧结构性改革为主线，以完善通用航空法律法规体系为重点，以“放管服”改革为着力点，以改革通用航空监管模式和加强督查督办为抓手，以科技创新和平台建设为动能的发展新局面。通用航空小镇作为我国重要的产业发展平台和设施建设平台，也一直受到广泛关注和有效支持，通用机场作为通用航空小镇发展所依托的重要基础设施，其审批与建设的政策环境更是有了较大改善。2018年8月14日，国家发展改革委、民航局联合印发《关于促进通用机场有序发展的意见》（发改基础〔2018〕1164号），要求各方正确认识加快通用机场建设的重要性，科学编制通用机场布局规划，稳妥有序推进通用机场建设，并且明确规范了通用机场升级为运输机场的转换机制。在2019年中国民用航空局有关通用航空法规体系重构中，《民用机场建设管理规定》（CCAR-158）删除了对通用机场的要求。加快了各地服务于交通运输服务、社会公共服务、通用航空消费、航空飞行培训和工农林生产作业的通用机场的审批和建设，通用航空小镇也随之增加。但是经过一段时间的特色小镇“一窝蜂”和“老酒装新瓶”盲目扩张之后，从顶层设计到政策支持都逐步趋于理性。国家发展和改革委员会《关于加快美丽特色小（城）镇建设的指导意见》也明确指出，特色小镇建设一定要突出特色，打造产业发展新平台；要注重创业创新，培育经济发展新动能；要完善功能，强化基础设施新支撑；要提升质量，增加公共服务新供给；要绿色引领，建设美丽宜居新城镇；要主体多元，打造共建共享新模式；要城乡联动，拓展要素配置新通道；最后强调要创新机制，激发城镇发展新活力。

在政策支持方面，土地支持政策最受地方政府和投资各界关注。国家部委有关特色小镇建设的指导文件中没有直接给出优惠政策，但《国务院关于深入推进新型城镇化建设的若干意见》中的“完善土地经营权和宅基地使用权流转机制。规范推进城乡建设用地增减挂钩。因地制宜推进低丘缓坡地开发。”指明了特色小镇的用地来源。中央财政针对特色小镇资金需求量大、融资难等问题，提出建立建设特色小镇项目专项基金，对优秀项目给予适当奖励。浙江省、山东省和河北省等地方政府也相继出台政策，对纳入省级创建名单的特色小镇，在验收命名后可安排一定比例的资金支持。

12.3.2 我国通用航空小镇建设建议

我国的通用航空产业发展条件与美国等发达国家相比还有较大差距，一窝蜂建设必然导致同质化竞争，市场需求也难以匹配。在我国，通用航空小镇的发展应与机场建设以及新型城镇化建设同步进行，单靠机场尤其是级别较低的机场聚集的吸引力，难以保障可持续发展，需要机场相关产业和城市自身发展有机结合。

通用航空特色小镇虽然不直接属于5G、特高压、城际高速铁路和城市轨道交通、新能源汽车充电桩、大数据中心、人工智能和工业互联网等“新基建”领域，但根据2020年稳定社会经济运行重点工作要求，基础设施建设仍然是社会经济发展的重要支撑。通用航空特色小镇的建设也需要通过整体优化、协同融合，打造成集约高效、经济适用、智能绿色和安全可靠的发展体系。我国的通用航空特色小镇建设不能盲目追求规模大、功能全，应当在充分考虑所处区位、资源禀赋、机场能力的基础上确定合理定位，选择合适的发展类型。最后，由于通用航空小镇建设的区域多位于城市郊区，生态敏感性强，应当仔细权衡生态保护和发展的关系，采取“低冲击开发模式”，适当结合机场规划在机场进近面或侧面规划出体育公园、生态公园等生态用地，弥补由于建设机场对生态造成的破坏。

第 13 章　飞行营地

13.1　起源与定义

飞行营地英文译为 Flight Camp。国外与之相似的概念为“飞行俱乐部（Flight Club）”或者“飞行运动基地（Air Sports Campsite）”，与我国由航空运动拓展飞行营地相关活动的发展逻辑相符。英国的飞行营地发展得较早，是作为指导机构、提供资金的皇家俱乐部开展学员培训和发放飞行员执照等一系列活动的场地。在第一次世界大战后，很多国家利用废弃的军用机场发展起大量的飞行营地。因此国外飞行营地也有多种其他叫法，如：Flying Club，Air Park，Flight Park，Aviation Park 或 Aviation Camp 等。国外常见的飞行营地发展模式是依托通用机场以飞行俱乐部为主体发展成复合场地，复合场地与中文特指的“营地”还有一定的区别。

在我国，为了适应旅游产业的快速发展，同时积极响应国家大力发展航空飞行营地的号召，国家体育总局航管中心和中国航空运动协会同相关专家制定了《航空飞行营地及设施标准》。标准中定义飞行营地是指在中国航空运动协会统一指导、规划下，面对大众提供因地制宜的航空体育产品和服务而设置的场所，包括面向大众航空运动开放并被中国航空运动协会命名的通用机场。飞行营地一般具有场地形式灵活、贴近自然风光、涵盖项目广泛、消费层次多样和“航空运动 + 旅游”示范效应等发展特点。

13.2　典型飞行营地介绍

13.2.1　国际著名的飞行营地情况

全球较为著名的飞行营地多数在美国，且较多数飞行营地由大型航空俱乐部推动其发展，多数飞行营地以航空运动活动场地为主，综合构建飞行服务以及相关航空文化配套设施。

在专业营地方面，位于美国加州、具有优美自然风光和田园风光、提供专业的热气球运动服务的加州纳帕谷热气球飞行营地，在热气球上鸟瞰绵延的山脉和如画般的葡萄园，是纳帕谷飞行营地最吸引航空爱好者的一点。营地以分散式空间布局着众多热气球飞行俱乐部，所在城市中心设置了热气球飞行俱乐部的接待中心，营地周边有广阔的草坪和农田，将现代人对秀美自然风景的向往和对热气球运动的追求完美结合。加州纳帕谷热气球飞行俱乐部空间布局示意图如图13-1所示，加州纳帕谷热气球营地及热气球放飞场地如图13-2所示。

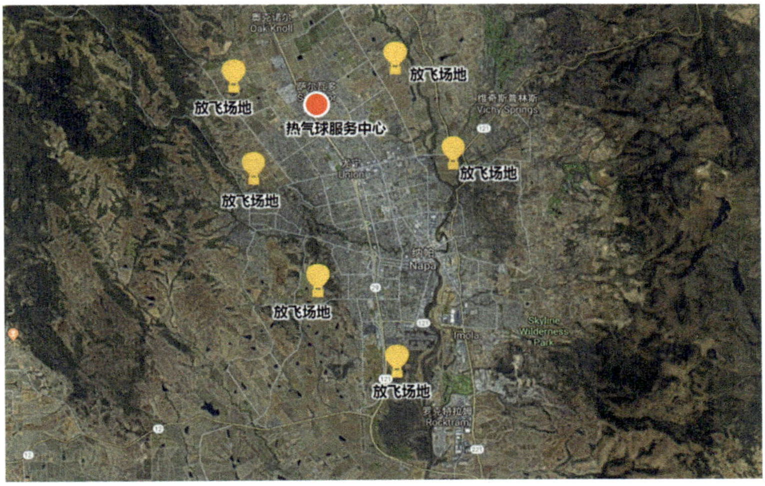

图 13-1 加州纳帕谷热气球飞行俱乐部空间布局示意图

注：本图来自 Internet 网站。

图 13-2 加州纳帕谷热气球营地及热气球放飞场地

在综合营地方面，美国著名的 Morningside Flight Park 以动力伞、滑翔伞、悬挂式滑翔翼、悬挂式双人滑翔翼和轻型运动飞机为主，借助山坡的地形，设置了山顶起飞点、山下降落区和各种级别练习坡道等，是较为综合的飞行营地典范。Morningside Flight Park 就像一个航空运动乐园，各类航空运动爱好者在这里都能找到适合自己的航空运动项目。这类营地的主体飞行俱乐部的建设标准较高，具有开展多种航空运动飞行的场地条件。Morningside Flight Park 飞行俱乐部空间布局示意图如图 13-3 所示，Morningside Flight Park 飞行俱乐部训练场及草坪图如图 13-4 所示，航空运动爱好者在 Morningside Flight Park 体验如图 13-5 所示。

图 13-3 Morningside Flight Park 飞行俱乐部空间布局示意图

图 13-4 Morningside Flight Park 飞行俱乐部训练场及草坪

图 13-5　航空运动爱好者在 Morningside Flight Park 体验

13.2.2　国内飞行营地情况

1. 我国飞行营地发展概况

我国飞行营地的前身——飞行运动的场地是从新中国成立后开始的。自 1950 年开始，一些城市相继建立了跳伞塔，同时建设了最早的一批飞行运动基地，相继有 29 个省、自治区、直辖市建立了地方航空俱乐部。2010 年后，河南安阳、广东阳江、上海和北京等地开始有了面向私人的航校。这些飞行运动基地、航校以及俱乐部就是我国飞行营地的前身。我国飞行营地虽然创立得较早，但目前的建设与发展情况仍然处于初级阶段。专业化、市场化和商业化的飞行营地凤毛麟角，受场地、空域或市场等因素影响，几乎没有特别成功或发展较为可持续的案例。2015 年 12 月，国家体育总局无线电模型运动管理中心和中国航空运动协会为全国首批 50 家航空飞行营地举行了授牌仪式。2016 年 11 月，国家体育总局与国家发展改革委、民航局和国家旅游局联合推出第一批 15 家航空飞行营地示范工程。同年出台《航空飞行营地设施及建设标准》，将航空飞行项目细化为滑翔机、特技飞机、动力悬挂滑翔机、初级飞机、直升机、自转旋翼机、气球与飞艇、悬挂滑翔翼、滑翔伞、动力伞和航空航天模型等 12 个具体项目，各地区可以根据此项标准对飞行营地设施进行布局规划。航空飞行营地的实施原则为：一是具有一定的航空运动发展基础，能够满足航空体育消费需求；二是与地方旅游资源深度融合，发展趣味性、体验型、丰富多样的航空运动消费产品；三是在2018年年底前建成投入使用。2020年5月，中国航空运动协会印发《航空飞行营地申请办法》（中航协字〔2020〕8号）。截至目前，共有5批次382家航空飞行营地由中国航空运动协会命名，其中，第一批50家、第二批87家、第三批56家、第四批69家和第五批120家。国家发展改革委首批通用航空示范工程（航空飞行营地示范工程）见表13-1。

表13-1　国家发展改革委首批通用航空示范工程（航空飞行营地示范工程）

序号	飞行营地示范工程名称
1	辽宁省本溪市明山区航空飞行营地
2	吉林省松原市哈达山生态农业旅游示范区航空飞行营地
3	吉林省长春市朝阳区乐山镇航空飞行营地
4	吉林省吉林市榆树航空飞行营地
5	江苏省镇江市句容茅山风景区西麓航空飞行营地
6	浙江省奉化市阳光海湾航空飞行营地
7	浙江省建德市寿昌镇航空飞行营地
8	山东省临沂市费县许家崖航空飞行营地
9	山东省泰安市徂徕山航空飞行营地
10	山东省栖霞市航空飞行营地
11	河南省洛阳市万安山航空飞行营地
12	湖北省武汉市汉南区航空飞行营地
13	四川省绵阳市北川县航空飞行营地
14	云南省昆明市高新开发区马金铺航空飞行营地
15	新疆自治区昌吉州高新区航空飞行营地

2. 我国飞行营地运营实践

我国正在运营的飞行营地多为资源依托型飞行营地，一般临近海滨港湾、河湖水畔、山地或沙漠等特色景致区域，营地结合旅游产业需求进行设置，可发展的业态较为丰富。湖北省武汉市汉南区航空飞行营地是为数不多的以通用航空产业链为主导的营地。目前我国飞行营地的市场运作与盈利模式推动各家向复合型业态发展，或者向跨界旅游业、特色农业等产业发展。如同国外的美国小袋鼠牧场飞行俱乐部，其市场运作与盈利模式就比较有代表性，营地空间布局非常简单，风景优美、开阔的草地为各类滑翔飞行提供了充足的开阔空间，配有高水准的酒店、帐篷和房车露营等设施，连锁、品牌化的市场运作与盈利模式比较成熟。我国航空工业“爱飞客”航空综合体系列中有少数企业因地制宜地开展飞行营地业务，但是其主业还是在航空文化推广、航空运营发展以及航空综合体的打造方面，与国外航空俱乐部的发展模式不同。下面是国内几个具有代表性的飞行营地的基本情况。

1）汉南区航空飞行营地（简称汉南飞行营地）。汉南飞行营地入选全国首批航空飞行营地示范工程，位于武汉市经开区（汉南区）通用航空及卫星产业园，占地面积约为61hm^2。营地以航空体育运动休闲为切入点，举办了世界飞行者大会等活动，进一步加快了武汉飞向蓝天的转型步伐，将助力武汉实现2025年打造成为中国航空运动产业中心的目标。

2）费县许家崖航空飞行营地。许家崖飞行营地位于山东省费县许家崖水库西侧，由费县人民政府与中体飞行、大地风景集团联合打造，占地面积为252.53hm^2，依托得天独厚的自然优势，以一条1 400m以上的跑道为核心，打造集山地滑翔、陆上飞行、水上翱翔为一体的超级航空飞行乐园，可开展所有运动类航空项目。飞行营地与周边城镇的发展有机结合，建立了集航空、体育、旅游、农业和扶贫于一体的航空体育特色小康综合体这一“费县模式”，并成功入选我国第一批15个航空飞行营地示范工程。

3）杭州富阳景秀飞行营地。富阳景秀飞行营地占地面积约1 000亩（1亩=666.7m^2），于2018年11月开始建设。该营地建设有航空飞行营地、航空俱乐部、四季果园、精品苗木园、室外射击场、卡丁车赛场、儿童乐园、花海蓝田、修学梅园、农耕文化体验园、富阳文化研修馆、户外运动基地、高尔夫训练场和航空应急救援基地等子项目。其中飞行营地占地面积为150亩，建设了草坪跑道、机库、VR体验中心、航空飞行影院、航空咖啡吧、直升机停机坪、热气球起降场、少年营地中心、房车露营基地等设施。

4）湖南汨罗飞行营地。位于湖南省汨罗市罗江镇夕揽洲田园综合体内，总占地面积为520亩。已建成游客服务中心、机库、机坪、跑道、直升机停机坪、卡丁车越野赛道、员工生活中心和飞行员之家等配套设施。2018年10月起试运行，湖南联播通用航空有限公司已驻场开展直升机和固定翼飞机飞行培训，接待户外机构30多家，飞行爱好者3 000人次以上，其他游客5 000人次以上。未来将建设航空俱乐部、机库、跑道、热气球广场、直升机停机坪、飞行训练中心、无人机与航模训练基地、营地教育中心、国防教育训练中心、应急演练基地、拓展训练基地和房车露营基地等20多个子项目，打造成为国家级航空飞行营地、湖南省航空应急救援基地、湖南省全民国防教育基地和湖南省青少年素质教育实践基地。

13.3 我国飞行营地建设思考

13.3.1 我国飞行营地的功能区

飞行营地一般分为飞行活动区、服务功能区、产业延伸区或营地、辐射区，与通用航空小镇有类似之处，但空间相对聚集，空间尺度相对更小。国外飞行营地多分布在沿海等旅游业发达州，充分考虑了降水、植被等自然气候条件的综合因素，甚至偏爱植被覆盖率较高的地区。绝大多数营地周边均有不同种类的景观资源或休闲娱乐资源。都市圈的人群与消费能力也是决定国外飞行营地发展的重要因素，飞行营地一般与周边的城镇距离不超过20km，以便为用户提供较好的交通可达性还有其他生活配套服务。

1. 飞行活动区

飞行营地不一定有跑道，但是它的选址与机场选址一样要充分考虑空域与净空条件、气候条件、地面条件、交通接驳条件以及周边经济消费条件等。适于航空运动飞行的空域多在 1 500m 以下，我国飞行营地申请的“临时空域”一般为 1 000m 以下的垂直范围内。

飞行营地的飞行活动区一般由跑道、草坪及适宜起飞的山坡组成，空间大小由自然条件及开展的飞行活动决定，可承担跳伞、飞行培训和特技飞行等业务，支持固定翼、动力滑翔翼飞机等的飞行活动。国外多数飞行营地依托通用机场而建，临近跑道，这也跟国外小型机场或私人机场较多有着必然关系。很多营地就是由通用航空作业跑道或飞行运动培训跑道或航模无人机跑道发展而来。没有设置跑道的营地，根据设施建设标准的规定明确起降点位置，多数用于轻体类或超轻型飞行器的航空运动。周边可拓展大量的草坪或者硬质地坪作为热气球、系留气球等悬浮类航空器的起降区。无动力滑翔伞或三角翼飞机运动的飞行起降区可设置在具有良好上升气流的山体中。中国航空规划设计研究总院有限公司的“中国飞行营地模式研究”课题组对美国多数有跑道的营地进行了土地规模统计，发现这些营地的总体规模为 3 ～ 60hm^2 不等，平均规模为 20hm^2，形状多呈现长方形；飞行营地跑道长度多为 800m 左右，宽度为 15 ～ 30m，方向一般与当地的主风向逆向；营地总平面长度多在 1 000 ～ 1 200m 之间，宽度多在 100 ～ 300m 之间，周边的停机位或者服务设施的占地面积根据会员数量或服务的飞行器数量而定。无跑道营地只要满足《航空飞行营地及设施标准》要求即可，该类营地多与田园综合体、旅游风景区共同建设，起降点可为多处，因地制宜设置。

2. 服务配套区

飞行营地的服务配套区一般包括办公设施、导航设施或保障设施等所需的场地。如果涉及航空维修保障或用户支援等功能，则依照工艺流程应有较大的机库或者仓储空间。类似于航空俱乐部或者通用航空运营基地（FBO），这部分功能的设置可繁可简，可包含吃、住、行、游、购、娱全链条服务，也可只有单一服务的简易建筑或配套设施，保持自然环境的独特魅力。但为了更好地面向市场，其需要考虑与外界交通的有效衔接。河南林虑山滑翔飞行营地依托自然条件建设的示意图如图 13-6 所示，国外飞行营地飞行区与配套区全景图如图 13-7 所示。

图 13-6 河南林虑山滑翔飞行营地依托自然条件建设的示意图

图 13-7 国外飞行营地飞行区与配套区全景图

3. 产业延伸区

产业延伸区或者营地辐射区一般为临近的城镇或大型的自然、人文景观资源。国内也有以飞行营地为核心的通用航空特色小镇，飞行活动区外围的产业延伸区还能发展集飞行运动、极限运动和休闲度假于一体的多元化产业，可以建设酒店、餐饮或者房车营地、赛车跑道等设施。可以说产业延伸区是飞行营地向地方经济延伸的“灵活区域”，也是面对盈利模式较难实现的现实，我国飞行营地发展出的“缓冲区”。以杭州富阳永安山飞行营地为例，周边已形成了较为成熟的度假旅游、飞行赛事和航空文化等延伸产业，成为地方“美丽经济”的新蓝海，凸显出具有较高的商业价值。杭州富阳永安山飞行营地产业化发展如图 13-8 所示。

图 13-8　杭州富阳永安山飞行营地产业化发展

13.3.2　我国飞行营地建设建议

纵观以上发展实际，可见我国的飞行营地依然遵循以自然资源为依托的发展模式。费县许家崖飞行营地，可以俯瞰到田园美景和水库景色；杭州永安山滑翔伞露营基地，田园景色优美，可以远眺美丽的富春江。飞行营地的功能需求与商业发展要点决定了其在选址与建设的过程中，不仅要充分考虑地面条件、交通接驳设施、周边休闲设施、娱乐配套设施等因素，还要与空域、净空条件、气候条件、运行要求、基础设施、经营特点与政府意愿等因素充分结合。

相比于通用机场的建设，以航空运动为主要内容的飞行营地建设审批更容易操作。对于企业而言，成立使用航空运动器材的俱乐部，无须经过民航局经营许可审批和运营合格审定；对于地方政府而言，建设航空飞行营地的审批流程相对简单，选址、可研、初设、施工图设计和飞行程序设计等步骤相对简单。但是摆在我国飞行营地发展面前的更大挑战是市场需要培育和营地运营模式需要探索。打破传统渠道为消费者提供多元化的航空运动产品和服务，带动大众消费，拓展上下游产业链，打造出飞行营地的品牌，才能更好地靠近盈利目标。互联网经济、新基建建设以及 2020 年新型冠状病毒爆发与防疫都将对我国的消费方式、经济发展进程产生巨大影响，共享、预约、个性定制、创新和挑战成为产品的必备要素，健康、贴近大自然将成为生活的更高追求，这些可能为我国飞行营地发展带来新的机遇与挑战。无论是“蓝天经济”“美丽经济”还是“新文化产业”，都只是飞行营地附加的标签。希望人类在追求自由翱翔、向往蓝天的热情带动下，在天地之间有更加精彩的展现。费县许家崖飞行营地盛况如图 13-9 所示。

图 13-9　费县许家崖飞行营地盛况

第五篇

政　策　篇

第 14 章　低空空域开放

低空空域，通常是指真高 1 000m 以下的空间范围，是通用航空活动的主要区域，是国家重要的战略资源。长期以来，我国低空空域的使用和管理，采取与中、高空空域同样的审批和管制方式，所有的低空空域均属于管制空域，各类飞行活动必须经批准方可实施，空域使用审批程序复杂，没有专门的低空空域飞行服务设施，在一定程度上制约了通用航空的发展。低空空域的管理体制改革，就是要探索和创新有利于促进通用航空发展的低空空域管理模式，在确保空防安全和飞行安全的前提下，最大限度地提高低空空域的利用率，推动我国通用航空产业健康发展。党中央、国务院、中央军委和国家空管委对低空空域的管理改革高度重视，多次下发文件，明确改革目标和任务，指导改革试点工作。军航、民航空管系统精心组织，严密筹划，试点先行，大胆探索，改革试点取得了部分阶段性成果，带动了通用航空的迅猛发展。目前，低空空域管理体制改革仍然在路上，改革在不断试点和探索中逐步向前推进，深化改革的任务依然繁重。我国低空空域飞行活动见表 14-1。

表 14-1　我国低空空域飞行活动

部门或单位	飞行项目	覆盖范围	使用航空器
通用航空	农、林、渔业（飞播、护林灭火、农林化和植被）	山区、林区和大面积耕种的农场地区	固定翼飞机、直升机
	工业（石油、物探、航摄、电力、管道巡视、建筑、遥感测绘、科学试验和人工影响天气）	覆盖国内大部分低空空域，包括城市上空	固定翼飞机、直升机
	教育训练	适合飞行训练的通用航空机场	固定翼飞机、直升机
	旅游观光	适合飞行的旅游景点	以直升机为主，兼有动力伞、三角翼飞机
	航空俱乐部体验飞行	通用航空机场上空	以直升机为主，兼有固定翼飞机、动力伞、三角翼飞机
	应急救援飞行	不确定区域。城市、山区、高原和海上	以直升机为主，还有少数固定翼飞机

（续）

部门或单位	飞行项目	覆盖范围	使用航空器
通用航空	航空爱好者的个人飞行	不确定区域。城市、山区、高原和海上	以直升机为主，还有固定翼飞机、动力伞等
	体育飞行运动项目	可开展体育飞行的地区	动力伞、三角翼飞机、滑翔机和热气球
警用航空	治安巡逻、抓捕任务	主要是城市上空	以直升机为主
军队训练	部队日常训练	部队机场上空	固定翼飞机、直升机

14.1 低空空域管理改革历程

我国低空空域管理改革，是在 2000 年空军将航路航线移交民航管制指挥之后，在空域管理领域展开的又一次重大改革。其发展历程可划分为三个阶段：

第一阶段，2000—2010 年，为低空空域管理改革筹划论证阶段。这一阶段的主要特点是：低空空域管理改革首次列入国家空管委的议事日程，启动试点地区工程建设，组织小范围管理改革试点，国务院、中央军委颁发《通用航空飞行管制条例》，为全面展开低空空域管理改革和通用航空发展统一思想摸索经验。

一是启动低空空域管理改革调研论证工作。2000 年 1 月，国家空管委在全国空管工作要点中首次明确要组织研究论证低空飞行空域和通用航空管理中的问题。国家空管委办公室先后组织相关人员对哈尔滨、安阳和深圳等地通用航空情况展开实地调研，着手拟制我国低空飞行空域和通用航空管理办法。

二是颁发《通用航空飞行管制条例》。2002 年 1 月，国务院、中央军委颁发《通用航空飞行管制条例》，规定从事通用航空飞行活动的单位、个人使用飞行空域，应当向飞行管制部门提出申请，经批准后方可实施。这是在国家层面首次制定颁发通用航空空域使用的行政法规。

三是批准低空空域开放试点工程建设。2005 年 6 月，国家发展改革委批准在珠江三角洲和哈尔滨地区开展低空空域开放试点工程建设。试点工程建设项目包括：低空管理中心和管理服务站、低空飞行服务终端、低空监视雷达，以及 ADS-B（广播式自动相关监视）系统、地空话音通信和机载设备等。

四是开展低空空域管理改革试点。2008 年 3 月，国家空管委批复空军和民航局关于全国低空空域管理改革试点中的问题，明确了全国低空空域管理改革的总体设想、主要任务和有关要求。试点在空军的长春、广州飞行管制分区组织实施，并逐步将试点范围扩大到沈阳、广州飞行管制区。空军据此制定了试点实施方案，明确了试点区域范围、低空空域管理类别等。

五是召开低空空域管理改革现场研讨会和全国研讨会。2009 年 8 月，国家空管委办公室在长春组织召开低空空域管理改革现场研讨会。同年 10 月，国家空管委在北京组织召开全国低空空域管理改革研讨会，全面总结前期改革试点工作经验，分析低空空域管理改革亟待解决的重难点问题。时任国务院副总理兼国家空管委主任张德江出席会议并作了重要指示，为在全国逐步推进改革统一思想认识。

六是组织考察团对国外低空空域管理情况进行考察。2009 年 10 月，中国低空空域管理考察团对德国和西班牙低空空域管理情况进行了考察，借鉴两国在低空空域管理方面的经验做法，分析我国低空空域管理改革中面临的重大现实问题，提出下一步工作意见建议。

七是组织召开低空空域管理改革信息技术应用研讨咨询会。2010 年 6 月，国家空管委办公室委托空军装备研究院邀请中国工程院部分院士，研讨低空空域管理改革中涉及的通信、导航、监视及管制问题的处理手段方法，为我国低空空域管理改革提出解决对策。

第二阶段，2010—2014 年，为低空空域管理改革集中试点阶段。这一阶段的主要特点是：国务院、中央军委下发《关于深化我国低空空域管理改革的意见》，明确了低空空域管理改革的目标和任务，指出扩大低空空域管理改革试点范围，适时召开试点工作总结会和空域管理体制改革座谈会。此阶段的低空空域管理改革取得了阶段性成果。

一是明确了我国低空空域管理改革的目标和任务。2010 年 8 月，国务院、中央军委下发《关于深化我国低空空域管理改革的意见》，提出改革目标是“要通过 5 ～ 10 年的全面建设和深化改革，在低空空域管理领域建立起科学的理论体系、法规标准体系、运行管理体系和服务保障体系，逐步形成一整套既有中国特色又符合低空空域管理规律的组织模式、制度安排和运作方式，充分开发和有效利用低空空域资源”，主要任务是“按照管制空域、监视空域和报告空域划设低空空域，区别不同模式实行分类管理试点”。

二是下发《关于加强和改进通用航空管理的意见》。2010 年 9 月，中国人民解放军总参谋部、中华人民共和国公安部、民航局等八部委联合下发了《关于加强和改进通用航空管理的意见》，要求民航局牵头组织通用航空管理的专项整治工作，建立通用航空联合监管机制，积极稳妥推进低空空域管理改革，促进通用航空健康有序发展。

三是先后开展“两区一岛”和“两大区、七小区”低空空域管理改革试点。2011年前，在国家空管委的组织下，在空军的长春、广州飞行管制区和海军的海口飞行管制分区进行了低空空域管理改革试点。2012年，低空空域管理改革试点范围扩大到空军的沈阳、广州两个飞行管制区，以及空军的唐山、西安、杭州、昆明、重庆和海军的青岛、宁波7个飞行管制分区。据空军统计，在试点地区共划设管制空域122个，监视空域63个，报告空域69个，划设低空目视航线12条，其中，“珠海－阳江－罗定”航线是国内开通的首条低空目视转场飞行航线。通用航空飞行计划报批时限由前一天15点前缩短为飞行前4h；飞行计划报备，监视空域只需在飞行前1h提出，报告空域只需在飞行前30min提出，极大方便了通用航空器快捷机动飞行，此阶段的改革试点工作取得了阶段性成果。

四是民航系统启动低空空域管理改革相关基础研究工作。开展区域、进近和飞行服务站三级通用航空保障体系建设可行性研究，编制目视航图技术规范和研发目视航图产品，组织通用航空飞行服务及新技术应用研究和示范，撰写完成《全国通用机场布局规划》等。

五是召开全国低空空域管理改革工作会议。2014年11月，国务院副总理兼国家空管委主任马凯在北京召开的全国低空空域管理改革工作会议上指出，三类空域的划设和真高1 000m高度的设置，走出了我国低空空域管理改革具有“破冰”意义的第一步，初步满足了通用航空飞行的基本要求。12月，国家空管委办公室副主任蔡军在西安中国国际通用航空大会的高峰论坛上指出，到2014年年底，低空空域管理改革试点涉及全国14个省、自治区和直辖市，约有33%的低空空域由过去的全域管制调整为按照管制、监视、报告三类不同属性实施分类管理使用。

第三阶段，2015—2018年年初，为深化低空空域管理改革、探索多种低空空域使用管理模式的分散试点阶段。这一阶段的主要特点是，党中央、国务院及有关职能部门力促低空空域管理改革的多份重要文件出台，低空空域管理改革与通用航空发展多种配套改革相结合，低空空域管理改革试点在部分省域和部分地区分别展开。

一是启动低空空域管理和通用航空发展综合配套改革试点工作。2015年6月，济南地区和重庆地区被列为低空空域管理和通用航空发展综合配套改革试点地区，为国家最终出台全面放开低空空域管理改革的意见提供借鉴。这一配套改革试点，将多元化用户需求与优质高效服务深度结合，是协同推进低空空域管理改革的有益尝试。

二是召开空域管理体制改革座谈会。2015 年 11 月，国务院副总理兼国家空管委主任马凯在广州空域管理体制改革座谈会上强调，要深入推进低空空域管理改革，在深化低空空域改革进程中充分考虑“低慢小”合理的空域需求，满足社会公众的通用航空消费需求。要坚持试点先行，摸索路子，探索经验。

三是密集出台推进低空空域管理改革政策。2016 年 5 月，国务院办公厅《关于促进通用航空业发展的指导意见》提出，扩大低空空域开放，实现真高 3 000m 以下监视空域和报告空域无缝衔接，划设低空目视飞行航线，方便通用航空器快捷机动飞行。6 月，国家发展改革委在贯彻落实《关于促进通用航空业发展指导意见》电视电话会议上强调，要重点推进扩大低空空域开放等 5 大任务的落实。7 月，中共中央、国务院、中央军委《关于经济建设和国防建设融合发展的意见》提出，要“优化空域结构，推进空域分类管理和低空空域管理改革，建立空域动态管理、灵活使用机制”。这是党中央首次就低空空域管理改革从军民融合发展战略高度提出要求。

四是启动中南地区空域精细化管理改革试点。2016 年 7 月，国家空管委组织军航、民航企业在珠三角和海南地区启动空域精细化管理改革试点，着力解决空域管理粗放、使用效率不高的问题。在试点地区，低空空域管理改革取得了明显成果。在总结前期低空空域管理改革经验成果的基础上，扎实推进了低空空域管理服务保障示范区建设。海南地区建成了覆盖全省的低空飞行目视航图系统，基于数字身份认证体系的“低慢小”综合管控平台和无人机管理系统，以及较为完善的低空空域管理服务保障平台和基础设施，成为我国首个完成低空空域管理服务保障体系建设的地区；明确了通用航空飞行服务站的职能和作用，采取军航、民航联合实施行业监管的管理模式，以简化申报流程，实现通用航空飞行只向一个单位申报飞行计划。试点以来，海南通用航空飞行量同比增长 14%，通用航空企业由改革前的 18 家增长到 24 家，业务范围也从单一的平台作业、观光旅游拓展到体育、公务、航拍和医疗救援等众多领域，为空域管理体制改革摸索了路子积累了宝贵的经验做法。

五是民航局在西北地区组织了低空空域监视与服务试点工作。2017 年 5 月，民航西北地区管理局成立西北地区通用航空改革工作领导小组暨西北地区通用航空低空空域监视与服务试点工作领导小组，负责低空空域监视与服务试点工作。

六是启动四川省低空空域协同管理改革。2018 年 1 月，国家空管委批准四川省低空空域协同管理改革方案。这次改革的目的，是以军民融合发展战略为指导，在现行国家空域管理体制框架下，以四川省全境 3 000m 以下高度的通用航空器和无人机飞行活动为管理对象，以盘活低空空域资源、拉动通用航空产业发展、维护低空飞行秩序和公共安全为目标，通过创新体制机制，充分发挥地方政府的服务职能，吸引企业和社会资本参与建设与运营，协力构建新型的低空空域运行管理服务体系。为此，四川省成立了由省政府、战区和民航地区管理局、空管局组成的军航、民航低空空域管理协调委员会及其办公室，组建了由省政府主导的军用航空、民用航空、公安联合值班的四川省低空空域协同运行管理中心，负责低空空域的动态管理、公共安全管理和应急搜寻救援的协同等。

14.2 低空空域管理改革面临的矛盾与问题

从 2010 年国务院中央军委下发《关于深化我国低空空域管理改革的意见》以来，低空空域的管理改革已进入第十个年头，但改革仍未取得实质性突破。低空空域在使用和管理方面，存在着通用航空发展对低空空域使用需求不断增长与落后的低空空域管理方式之间的矛盾，存在着通用航空发展与运输航空发展不平衡不协调的矛盾，低空空域使用难仍是困扰通用航空发展的主要问题。主要表现在：

1）低空空域还未实现全面分类划设和管理。试点地区将真高 1 000m 以下低空空域按照管制、监视和报告三类空域进行划设，区分不同模式实行分类管理的做法，还没有在全国推开。由于多种原因，管制空域在低空空域中占有较大的比例，监视和报告空域占比小且没有连成片，通用航空器转场飞行因涉及不同类别的空域，协调难度大。

2）飞行审批难是通用航空企业反映强烈的问题。通用航空飞行要报批飞行任务、飞行空域、飞行计划、临时起降点等，涉及民用航空、军用航空不同层级的多个部门，层层报批，分别办理，审批程序复杂、协调环节多、时限不可控、信息不透明，加大了通用航空企业的运营成本，影响了通用航空飞行效益。通用航空低空飞行审批事项见表 14-2。

表 14-2　通用航空低空飞行审批事项

事项	主要内容
申请内容	航空用户名称、任务性质、航空器型别、架数、机长姓名、航空器呼号、通信联络方法、起降机场（起降点）、备降机场、使用空域（航线）、飞行高度、预计飞行起止时刻和执行日期等
受理单位	1）申报：只向一个单位申报飞行计划 飞行服务站 机场空管部门 所在地区飞行管制分区主管部门或指定相关军民用机场空管部门 2）审批 按照飞行计划所涉及区域和现行申报程序逐级上报，由军 / 民航空管理部门负责审批，通报相关军用航空、民用航空空管部门 具体流程参照《低空空域使用管理规定》（试行）
审批时限	1）管制空域 飞行管制分区内：在起飞前 4h 提出，审批单位需在起飞前 2h 批复 飞行管制区内：应在起飞前 8h 前提出，审批单位需在起飞前 6h 前批复 飞行管制区外：应在起飞前 1 天 15 时前提出，审批单位需在起飞前 1 天 18 时前批复 2）监视空域 通用航空用户应在起飞前 2h 向飞行计划受理单位报备，飞行计划受理单位需在起飞前 1h 进行报备 3）报告空域 通用航空用户应在起飞前 1h 向飞行计划受理单位报备，飞行计划受理单位需在起飞前 30min 进行报备
计划实施	按照飞行计划审批意见组织飞行计划申请与实施，与其他飞行计划确有冲突时，按照现行空管运行体制，由相应军航、民航空管部门实施管制调配。空军和民航局统计汇总通用航空飞行计划审批及申请实施情况，以季度为单位报备国家空管委办公室

3）低空空域飞行保障能力建设滞后。低空空域存在大量监视和通信盲区，无法满足包括无人机在内的通用航空快速发展对低空空域飞行保障能力的要求；低空飞行服务站建设缺乏统一规划，建设速度慢，数量少；在通用航空飞行所需的低空航图方面还处于空白状态；个别通用航空企业和个人在经济利益驱使下，违规违法飞行，特别是无人机的“黑飞”，给空防安全和飞行安全带来严重隐患。

4）低空空域的使用和管理法规落后于通用航空发展。现行的《通用航空飞行管制条例》是 2002 年颁发的，该条例没有明确民航相关部门的职责，而在实际飞行过程中，一般通用航空飞行的服务由民航管制部门提供。该条例已不能完全适应目前通用航空快速发展的形势和低空空域管理改革的需要，急需修改和完善，以适应通用航空器飞行便捷、灵活和高效的特点。国家层面的低空空域使用和管理法规至今没有出台，各地区对低空空域使用标准掌握得程度不一致，随意性大，人治现象明显。

14.3 四川低空空域改革试点的举措及进展

2017 年 4 月 27 日，时任国务院副总理兼国家空管委主任马凯同志批示：“对四川省拟率先全面设计和组织实施包括无人机在内的低空空域管理试点，似可支持一试”；5 月 18 日，中央军委联合参谋部领导在与四川省领导会谈时明确表示，支持四川省低空空域协同管理改革；12 月 25 日，国家空管委批复同意四川省低空空域协同管理试点方案。

1. 试点总体思路

认真贯彻落实中共中央、国务院、中央军委在《关于经济建设和国防建设融合发展的意见》中提出的“优化空域结构，推进空域分类管理和低空空域管理改革，建立空域动态管理、灵活使用机制”的要求，抓住以军民融合为核心内容的全面创新改革机遇，以“试点引路、以点带面”为路径，在国家现有空域管理体制框架下，以四川省境内的低空空域通用航空器和无人机飞行活动为管理对象，以盘活低空空域资源、拉动通用航空产业发展、维护低空飞行秩序和公共安全为目标，通过创新机制，在军用航空、民用航空管理部门的指导下，充分发挥地方政府的公共服务职能，吸引企业和社会资本参与建设与运营，协力构建新型的低空空域运行管理服务体系。

（1）指导思想　坚决贯彻落实党中央和习近平总书记关于军民融合发展的系列决策部署，突出低空空域管理理念创新，实现由“业务部门管理”向“业务部门与地方政府联合管理”转变；突出管理模式创新，实现由“多头审批管理”向“集中管理服务”转变；突出管理方式创新，实现由“管控为主”向“放管服结合”的方式转变，引入市场竞争机制，充分发挥地方政府在试点工作中的作用。

（2）基本原则　四川省低空空域协同管理试点，以国家低空空域管理改革战略部署为指导，以适应四川省通用航空发展需求为目标，坚持安全第一，协调发展；问题导向，需求牵引；军民融合，管理创新；积极稳妥，务求实效的基本原则，聚焦协同管理，强化服务保障，为四川省通用航空发展创造一个便捷、顺畅的基础环境，为国家低空空域管理改革积累可复制可推广的实践经验。

（3）试点目标　通过试点，构建一个由地方政府牵头、军航民航空管部门主导、社会力量参与的军民融合低空空域管理工作模式，优化四川省低空空域资源配置，形成以通用航空管理为主线的运行管理服务体系，方便通用航空的飞行活动。具体目标如下：

1）简化通用航空活动的审批流程，缩短审批时限，提高通用航空运行的时效性。

2）优化低空空域结构，建立低空空域动态管理机制，提高全省通用航空机场的通达性和通用航空飞行活动的灵活性。

3）建立通用航空飞行服务保障体系，为通用航空用户在飞行的不同阶段提供必需的服务，提高飞行的安全性和便捷性。

4）建立违规飞行的联合查处执法工作制度，明晰责任、强化配合，增强执法的执行力和权威性。

2. 试点主要情况

2018 年 6 月 27 日，四川省成立低空空域协同管理委员会，主要成员：四川省政府、西部战区空军、民航西南地区管理局及空管局等单位，其办公室设在四川省原科工办。12 月 4 日，四川省低空空域协同管理运行中心挂牌，标志着全国第一家以省政府为主导的低空空域运行服务机构正式成立。8 月 24 日，四川省低空空域协同运行中心完成第一批人员招聘，共 13 名，主要来自军用航空、民用航空空管系统及通信、气象等专业。根据四川省机构改革方案，省委军民融合发展委员会负责省低空空域协同管理改革试点工作。

2018 年 12 月 5 日，西部战区空军参谋部批复同意四川省首批低空空域协同管理试点空域方案。主要内容：划设首批川协 1 ～ 3 号三个协同管理空域（真高 300m 或 100m 不等）；以及川通 1 号低空目视通道，宽度为 3km，飞行高度为成都双流机场修正海压 900m（含）以下，简称“四点三片一通道”，（“四点”即洛带、都江堰安龙、崇州和彭山起降点，“三片”即都江堰—崇州、洛带、彭山试验片，“一通道”即洛带—彭山低空目视通道）。这些空域为非管制空域，通用航空用户不需要申请，符合准入条件均可使用。

2018 年 12 月 14 日，成都地区空中交通管制协调委员会同意《四川省低空空域协同管理运行规则（暂行）》，其主要内容包括：总则、空域管理、空域使用、固定空域内飞行、低空目视通道内飞行、情报和气象服务、应急处置、运行安全和附则，共九章六十三条。

同时，省政府公布《四川低空协同管理空域空中机组无线电报告程序》及“低空目视飞行通道飞行方法示意图”。

2018 年 12 月 24 日，四川省低空空域协同管理委员会成功组织了新机制下的首次低空飞行，西部战区空军、民航西南地区管理局及空管局、四川省人民政府等成员单位参加，四川省低空空域协同管理试点取得实质性突破。

截至 2019 年 5 月 8 日，四川省低空空域协同管理运行中心共保障 31 个飞行单位、27 种机型、1 110 架飞机，飞行 8 901 架次、2 202h，各项飞行数据较历史同期均有较大幅度增长，且确保了空防安全、飞行安全及公共安全，形成了可推广、可复制的成功经验，为我国低空空域管理改革提供四川方案和四川智慧。四川省通用航空企业在抗震救灾、堰塞湖抢险和扑灭森林火灾等重大应急救援任务中发挥的积极作用，得到了社会各界的充分认可和高度肯定。

四川省改革试点方案的成功实施，使我国低空空域管理改革迈出了实质性一步。四川省低空空域管理改革试点方案的主要内容有：实施空域分类，为通用航空释放出可用好用的空域资源；推行目视自主飞行，让飞行员担负飞行安全责任，解除了空管人员的后顾之忧；成立协同运行中心，为通用航空器飞行建立了专门保障机构，让空管人员专心服务主业；政府的参与，不仅为通用航空发展提供了可靠的资金保障，更解决了空中违规违法处置难的问题。

3. 试点成果与不足

（1）取得的成果

一是创新低空空域管理理念，强化军民融合，由军民分块管理调整为“军地民”协同管理。在首批试点空域内飞行，由现行的军民分块管理变为“军地民”三方协同管理，军民协同、军地联动的合力已形成。即由地方政府、民航、军方来统一决定空域管理的相关事项，确保了低空飞行的安全、顺畅和有序。

二是创新低空空域管理方法，实施空域分类划设，实现空域管理由全域管制模式转变为管制与非管制两种模式并存。以往，在通用航空器的飞行过程中，即使飞行高度低，也采用传统的管制飞行模式。在四川低空空域改革试点中，四川省低空空域协同管理委员会专门规划出低空协同管理空域作为非管制空域。在低空协同管理空域内的飞行活动，不需要审批，符合准入条件的企业和个人均可使用。

三是创新低空飞行模式，实施目视自主飞行，实现低空飞行安全责任由空管人员负责向飞行人员自己负责转变。在低空空域协同管理试点的过程中，确立了一个全新的模式——低空目视飞行，在低空目视自主飞行模式下，航空器在协同管理空域内飞行不需要审批，只需要通报备案，航空器驾驶员在目视飞时，必须遵守相应的空域运行规则，接受管理，通过观察自主判断飞行条件，执行飞行任务，承担飞行安全责任，这些举措简化了飞行流程，提高了低空空域利用率。

四是创新通用航空运行管理方式，简化飞行申请流程，实现通用航空飞行管理由“管控为主”转变为“放管服结合”。在首批试点空域内飞行无需审批，只需向四川省低空空域协同管理运行中心提前1h报备即可，将审批改为报备、极大地简化了飞行申请流程，真正实现了集中办公，高效协调运转。

五是创新通用航空飞行保障机制，实施“一站式”保障服务，实现通用航空飞行由“多头”管理转变为由“一家”提供服务。试点实现了低空空域管理机制创新，构建了由省级人民政府牵头组织、军民航空管理部门主导、社会力量参与的军民融合管理新模式，实现了由业务部门多头审批管理向地方政府、军民航空联合集中管理的转变，推动了通用航空产业由管控为主向放管服结合的转变。

（2）存在的不足　经过一年多时间的运作，四川省低空空域改革试点工作效果初显，也进一步促进了四川省通用航空产业的发展。但是四川全省缺少低空空域总体规划、建设标准及流程等，未能构建低空空域法规标准体系，明确空域资源管理、使用和服务（保障）各方的权利和义务，低空飞行保障体系尚未形成。协同管理空域范围小、高度低，目视飞行通道没有形成“网”，孤立的局部开放对通用航空企业运营的实质性利好还不明显；协同管理空域运行规则需要进一步修改完善。现有的运行规则指出，由于在低空目视通道内暂时缺乏对无人驾驶航空器飞行活动的监视、管控手段，当前目视通道内禁止无人驾驶航空器运行。下一步无人机需要纳入改革试点范畴。

14.4　低空空域管理改革前景

低空空域管理改革是一项复杂的系统工程，围绕着低空空域开放，需要从思想观念更新、领导管理体制、低空空域划设、新管理模式建立、相关法规标准制定和配套设施建设等方面做大量的工作。全面深化低空空域管理改革，一要靠创新，二要打破目前低空空域管理军航、民航二元分离结构，推动低空空域军民融合管理深入发展。回顾低空空域管理改革发展历程，影响低空空域管理改革的主要障碍，源于现行军民分离的国家空管体制。党的十九大报告指出，中国特色社会主义已进入新时代，要坚持全面深化改革，不断推进国家治理体系和治理能力现代化，坚决破除一切不合时宜的思想观念和体制机制弊端，突破利益固化的藩篱。因此，低空空域的管理改革，要以国家空域管理体制改革为突破口，在军民融合发展战略指导下，加快构建军民深度融合的国家空管新体制，着力推进国家空域管理能力的现代化。

1. 进一步加强国家对低空空域管理改革工作的领导

需要进一步强化国家空管委对全国低空空域管理改革的统一领导，加大国家顶层统管的力度。要制定低空空域管理改革的路线图和时间表，加快低空空域管理改革步伐。要坚持国务院、中央军委于 1993 年 67 号文件确定的国家空管体制改革“三步走”战略不动摇，按照 2020 年实现国家统一管制的第三步改革目标，加快构建国家统一管理、军民深度融合和权威高效的国家空域管理机构。要按照军民融合战略思想，打破现有的军地界限和部门利益，整合军地空中交通管理职能部门，改变目前国家空域军地多头管理的模式，着力解决制约国家空域管理的体制性障碍和结构性矛盾，从体制机制上彻底解决空域资源的统一管理问题，推动低空空域管理改革取得突破。

2. 加快实施全国性的空域分类管理

空域分类的目的是为了满足运输航空、通用航空和军用航空三类主要空域用户对空域的不同使用需求，确保空域资源得到安全、合理和有效的利用。目前，世界各国对空域分类的基本做法有三种：一是根据军、民航空域使用需求，将国家空域划分为空中交通服务空域和特殊使用空域两大类；二是按照国际民航组织空域分类标准，分类划设空中交通服务空域；三是在低空空域，根据通用航空飞行需求，划设其他类型的空域，放松对通用航空目视飞行的运行限制。要积极借鉴世界航空发达国家在空域分类管理中的经验和做法，参照国际民航组织推荐的空域分类标准，综合考虑我国军、民航空域使用需求，对全国空域进行统一规划，实现我国空域划分标准与国际接轨，并将空域划分为空中交通服务空域和特殊使用空域两大类，在此基础上对空中交通服务空域再进行细化分类，区分不同模式实行分类管理，明确各类空域准入标准和条件，划设低空目视飞行航线，最大限度地实现空域资源共享，逐步放开对低空通用航空目视飞行的运行限制，满足运输航空、通用航空和军用航空的空域需求。

3. 全面推行空域灵活使用机制

2011 年国际民航组织发布的《空中交通管理中的军航、民航合作》指出，空域灵活使用，就是不应将空域完全地指定为军用或民用，而应将其视为一个能在最大限度内顾及所有用户要求的统一体，也就是实现空域资源军用航空、民用航空共享共用。要以动态化空域管理为重点，进一步健全军航、民航空管联合运行机制，加强军航、民航在低空空域使用上的沟通协调，推进低空空域灵活使用，逐步建立军航、民航共同参与的空域管理协调机制、空域灵活转换使用机制和军事训练空域主动释放机制。要逐步实行军航、民航管制员联合值班制，面对面协调军航、民航空域使用中的矛盾，联合审批通用航空飞行计划，着力解决目前存在的粗放式空域管理问题，促进空域资源高效利用，实现空域动态管理，提高空域共享程度，方便通用航空器飞行。

4. 进一步简化飞行审批程序

简化通用航空飞行报批手续，缩短审批时间，是发挥通用航空飞机灵活、高效、便捷的前提，也是低空空域管理改革成功与否的重要标志。在现行空管体制下，为进一步简化审批程序，减少审批环节，改变多头、多层次审批的状况，缩短审批时间，应将低空空域使用的审批权集中在军用航空飞行管制分区，以加强低空空域使用的统筹协调；民用航空管制部门，除对民航机场起降地带及真高 1 000m 以下的塔台、进近区域提供管制服务外，其余低空空域飞行服务保障由飞行服务站承担，扩大飞行服务站对低空空域通用航空飞行的指挥调配权限。以互联网为平台，抓紧建设低空空域通用航空飞行审批专用网和手机 APP，实现飞行计划网上审批，改变目前通用航空企业“人来车往”的空域审批模式，逐步实现低空空域使用的透明管理，推动低空空域飞行申请“负面清单”管理制度落地；要以四川省低空空域协同管理改革试点为抓手，探索建立低空空域使用军航、民航联合审批机制，在实现军航、民航和地方政府“一站式”联合审批机制上见成效，并逐步将低空空域使用由审批制过渡到报备制。推动建立航空应急救援飞行计划审批“绿色通道”。积极探索无人机融入国家空域系统的管理模式，参照有人机飞行申请和批准的有关规定，根据各类无人机的飞行性能，制定无人机空域使用规则，明确无人机飞行申请和批准权限，明确飞行间隔和避让等原则，规范无人机飞行活动，降低无人机的飞行安全隐患。

5. 重新界定军用航空在通用航空飞行中的安全责任

军用航空空管系统是军队防空预警系统的重要组成部分，担负着繁重的军事斗争准备和空防安全责任，但也同时承担着低空空域管理改革中的飞行安全责任，既增加了军用航空航管部门的工作压力，分散了军用航空专司的精力，也不利于低空空域管理改革的推进和通用航空的发展。因此，从有利于军用航空空管系统回归主业和促进低空空域管理改革的全局考虑，在低空空域管理改革中应进一步明确通用航空飞行安全责任主体，重新界定军用航空在低空空域飞行管理中的安全责任，消除军用航空对低空空域管理改革的安全顾虑，使军用航空、民用航空、公安和通用航空企业对通用航空飞行安全各负其责，相互配合，共同做好低空空域飞行管理中的空防安全工作，解决由于空防责任与“低慢小”飞行安全责任界限不清，军用航空被迫采取的低空空域管制过严的问题。

6. 加快低空空域管理改革配套建设

积极推进国家航空法立法进程，抓紧修改完善现行的空域管理法律法规，抓紧制定低空空域使用管理规定等法规文件，完善低空空域使用和管理法规，逐步形成全国统一的空域使用管理法律法规体系。

加快通用航空飞行服务站和通信、导航、监视设施建设步伐，积极利用北斗导航、ADS-B 等新技术，扩大对低空空域飞行活动的监视范围；充分发挥互联网、大数据等信息化手段，发展多样化的飞行服务客户化产品，提高通用航空用户飞行服务的便利程度。编辑《中国民航国内通用航空资料汇编》（G-NAIP），加快推进低空目视飞行航图开发，以方便通用航空飞机转场飞行。

第 15 章　政策环境及主要政策解析

15.1　产业支持政策

15.1.1　国家产业政策

国家政策支持是推动通用航空产业发展的关键。当前，国家已在战略上重视通用航空产业发展，制定发展规划、进行宏观布局和提供政策指导，国务院、中央军委及相关部委出台了诸多政策，不仅支持通用航空制造，而且大力支持通用航空运营和服务，不断放宽空域等管制，鼓励发展通用航空产业。此外，国家还放松了私人飞行牌照的考核标准，增加了飞行运动驾驶员执照，并下放或者取消了多项与通用航空相关的行政审批权，促进通用航空产业发展。表 15-1 列举了近年来从国家层面出台的通用航空产业相关政策。

表 15-1　国家通用航空产业相关政策

序号	政策名称	发布部门
1	《关于完善促进消费体制机制　进一步激发居民消费潜力的若干意见》	中共中央、国务院
2	《交通强国建设纲要》	中共中央、国务院
3	《关于鼓励和引导民间投资健康发展的若干意见》	国务院
4	《关于加快培育和发展战略性新兴产业的决定》	国务院
5	《关于深化我国低空空域管理改革的意见》	国务院、中央军委
6	《关于促进民航业发展的若干意见》	国务院
7	《关于印发促进民航业发展重点工作分工方案的通知》	国务院办公厅
8	《关于推进国际产能和装备制造合作的指导意见》	国务院
9	《关于积极发挥新消费引领作用加快培育形成新供给新动力的指导意见》	国务院
10	《关于促进通用航空业发展的指导意见》	国务院办公厅
11	《“十三五”国家科技创新规划》	国务院
12	《关于加快发展健身休闲产业的指导意见》	国务院办公厅
13	《“十三五”国家战略性新兴产业发展规划》	国务院

（续）

序号	政策名称	发布部门
14	《“十三五”旅游业发展规划》	国务院
15	《国家突发事件应急体系建设“十三五”规划》	国务院办公厅
16	《安全生产“十三五”规划》	国务院办公厅
17	《“十三五”现代综合交通运输体系发展规划》	国务院
18	《关于促进外资增长若干措施的通知》	国务院
19	《关于支持山西省进一步深化改革促进资源型经济转型发展的意见》	国务院
20	《关于推动国防科技工业军民融合深度发展的意见》	国务院办公厅

2016 年 5 月 13 日，国务院办公厅印发了《关于促进通用航空业发展的指导意见》（以下简称《意见》），《意见》立足国情、全面统筹、科学布局，对通用航空业与经济融合发展做出的总体谋划和系统部署，具有重大而深远的意义。在国务院办公厅的部署引导下，国家发展改革委、交通部、民航局等部门相继发布多条与通用航空相关的政策和文件。这些政策文件明确了未来通用航空的发展路径与规划，简化了各项流程，提振了行业信心，让我国通用航空业发展更加有法有依有章可循。《意见》提出了五个方面的重点任务：

一是培育通用航空市场。当前，我国通用航空的社会需求已出现结构性变化，交通服务、公益服务和消费产品成为主导需求。长期以来，我国通用航空用于工农林业生产作业和用于运输航空的飞行培训的业务量占作业总量的 70% 以上，通用航空供给侧的适应性不强与灵活性明显不够，迫切需要强化通用航空交通服务、扩大社会公益服务与新兴航空消费来改善通用航空的市场结构。我国的地理环境、地质结构复杂，一些区域地面交通不便、建设成本高，发展通用航空具备比较优势。《意见》提出积极发展短途运输，将为我国偏远地区、地面交通不便地区人民群众提供用得上、坐得起的基本航空服务，《意见》还鼓励和加强通用航空在抢险救灾、医疗救护等领域的应用，这些都是推动政府完善公共产品、公共服务的政策。《意见》提出促进通用航空与旅游业结合，支持个人飞行、企业自用、执照培训、公务航空、航空俱乐部与通用航空爱好者协会发展，这些举措旨在促进通用航空与互联网创意经济、医疗、旅游、交通消费和体育娱乐等大众产业融合，带动社会消费转型升级。

二是加快通用机场建设。完善的基础设施网络是通用航空业可持续发展的基础，可以公平、有效地降低所有用户的成本。我国通用机场总量少、分布不合理，既有的通用机场远离城市和社区，主要服务于航空作业，难以满足通用航空的社会服务与消费需求。通用机场布局与建设应满足市场和服务需求，《意见》在通用机场规划布局上突出了两大意见，一是着眼于完善综合交通运输体系，发挥通用航空作为土地使用最为集约的交通方式的比较优势，支持在偏远地区、重点城市群、人口密集区和地面交通拥堵严重地区布局通用机场；二是强调需求导向，针对航空制造、风景名胜区和重要体育产业基地等有实际业务需求的地区建设通用机场。《意见》明确依据经济、适用、美观、绿色的原则合理确定建设标准，同时强调机场体系的统筹协调发展，加强区域协作、运输与通用机场的配合以及统筹服务保障设施建设。

三是促进产业转型升级。《意见》强调提升自主研发制造能力和水平。世界上通用航空发达的国家不仅具有发达的通用航空运营网络和基础设施，绝大部分制造能力也很强。《意见》以供给侧结构性改革为指引，以解决“上天难、落地难”瓶颈问题为导向，以未来万亿级市场为目标，从通用航空装备和配套系统、设备等角度提出了促进通用航空研发制造水平和自主化率提升的主要任务和方向，有利于提高国产通用航空产品在通用航空作业中的比例及在国内外市场中的份额，有利于促进自主研发制造满足市场需要，有利于推动通用航空全产业链发展。《意见》还提出促进产业集聚，倡导开放合作。通用航空制造具有较强的辐射带动作用，通过产业集聚和发展，形成规模经济优势，促进产业整体和区域竞争力提升。《意见》提出优先在具备空域、土地、制造技术等条件的地方建设通用航空综合或专业示范区，引导各地区发展与地方经济联系紧密的通用航空优势产业，促进产业集群化发展。这对于提高整个国家通用航空制造水平，发挥通用航空产业对区域经济发展的带动作用意义重大。同时，《意见》以开放合作思想为指引，以全球化视野审视通用航空产业，加快“引进来、走出去”，提升自主通用航空产品的设计制造水平和品牌的国际竞争力。

四是扩大低空空域开放。空域是我国通用航空发展的瓶颈，停产等待飞行的成本是通用航空企业最大的隐性负担。2010 年以来，根据国务院、中央军委的统一部署，我国低空空域分类标准、管理思路逐步明确，但低空空域管理改革进展缓慢。《意见》以“开放”和“效率”为突破口，一是扩大了低空空域管理改革的范围，将低空空域从真高 1 000m 以下的垂直范围提高到真高 3 000m 以下，满足大部分低空空域用户的飞行需求；二是提出“监视空域和报告空域的无缝衔接”的改革方向，让多数通用航空飞行满足报备即可飞行的条件，大幅降低通用航空飞行的申请、审批的时间与精力付出；三是根据通用航空飞行使用空域的类型分别明确了申请（报备）、审批的时限，从整体上提高了审批效率。此外，《意见》对优化飞行服务，完善基础性的航空情报资料、航空气象、飞行情报与告警服务能力提出了新的要求。

五是强化全程安全监管。《意见》从适航管理全覆盖、确保全过程运行安全和规范市场秩序方面提出全方位的要求，强调了联合监管机制与各部门的职责。《意见》的一个亮点是提出充分发挥企业的市场主体作用，减少行政干预，首次提出通过建立信用体系强化行业自律。通用航空与运输航空在安全监管上有许多共同点，但也存在一些显著区别。飞行安全是通用航空企业和个人最真实、最基本的需求，促进通用航空安全应充分强调企业的主体责任，强制企业在满足规章最低标准的基础上加强安全自律。与此同时，民航局方应在充分履行监管职责的基础上提供安全服务的公共产品，如通过颁布指导性安全文件、建议性的技术规范、提供不安全事件分析与事故教训教育文件或资料来普及安全文化，提升安全理念，最终形成以自律为主，他律为辅的新运作模式。

15.1.2 各部委促进政策

2013 年，工业和信息化部经国务院授权发布《民用航空工业中长期发展规划（2013—2020 年）》，提出“积极发展通用航空产业”，按照“轻重缓急”和“抓大放小”的思路，坚持开放发展原则，优先发展社会效益好、市场需求大和经济价值高的通用飞机和直升机，促进通用航空产业发展；要推动航空发动机发展，加快发展航空设备、系统及相关产业。大力发展航空应急救援装备，加快研制生产大型灭火和水上救援飞机。根据市场需要，加快发展多用途飞机和特种飞行器，提升现有直升机产品质量，加快先进中型多用途直升机研制，鼓励国际合作研制重型直升机。坚持改进改型，不断完善现有直升机系列；采用“改型 + 研制”的模式，推进公务机稳步发展；坚持发展通用飞机与发展通用航空相结合，鼓励航空工业企业与地方政府、相关企业合作，拓展通用飞机产业链。

该规化提出，要优化航空工业布局，重点依托哈尔滨、石家庄、珠海、成都和荆门等优势地区发展大中型通用飞机、公务机和特种飞行器，依托景德镇、哈尔滨和天津等优势地区发展大中型直升机。鼓励发展 6 座（含）以下轻小型通用飞机、3t（含）以下直升机和轻小型特种飞行器。鼓励有条件的地方和企业发展轻小型航空发动机。鼓励有条件的地方和企业按照专业化方式，积极发展航空设备和系统、航空零部件、航空材料和元器件等相关配套产业，以及航空租赁、维修、物流等工业服务业，拓展航空产业链，发挥集聚效应，促进航空产业集聚化发展。该规划文件是对我国通用航空制造业发展的顶层设计，有力地指导了我国通用航空产品研制产业化及制造项目布局。

2017 年年初，国家发展改革委发布了《关于建设通用航空产业综合示范区的实施意见》，26 个城市被列为国家首批通用航空产业综合示范区；紧接着国务院印发的《“十三五”现代综合交通运输体系发展规划》也明确提出了通用航空发展目标；由工业和信息化部、公安部、民航局等 8 个部门联合发布的《无人驾驶航空器系统标准体系建设指南（2017—2018 年版）》明确了无人驾驶航空器系统标准体系建设的总体要求、建设内容和组织实施方式；在国务院办公厅印发的《国家突发事件应急体系建设“十三五”规划》中，提出了要加快航空应急救援保障条件建设步伐；全国人大常委会第 30 次会议对《中华人民共和国民用航空法》做出修改，通用航空企业办理工商登记不再需要前置审批；工业和信息化部发布《关于促进和规范民用无人机制造业发展的指导意见》，对无人机制造业的发展做了战略部署；交通运输部、科技部联合印发《“十三五”交通领域科技创新专项规划》，鼓励创新型通用航空器研发；交通运输部还先后印发了《交通运输部关于修改〈小型航空器商业运输运营人运行合格审定规则〉的决定》《民用航空空中交通管理规则》《关于修改〈通用航空经营许可管理规定〉的决定（征求意见稿）》等文件。表 15-2 列举了国家各部委发布的通用航空政策。

表 15-2　国家各部委发布的通用航空政策

序号	政策名称	发布部门
1	《民用航空工业中长期发展规划（2013—2020 年）》	工业和信息化部
2	《全国民用机场布局规划》	民航总局
3	《关于推进民航科技教育创新发展的意见》	民航局
4	《通用航空“十三五”发展规划》	民航局
5	《关于促进交通运输与旅游融合发展的若干意见》	交通部、国家旅游局、国家铁路局等
6	《中共中央国务院关于支持海南全面深化改革开放的指导意见》	交通运输部
7	《关于鼓励社会资本投资建设运营民用机场的意见》	民航局

（续）

序号	政策名称	发布部门
8	《贯彻落实主体功能区战略推进主体功能区建设若干政策的意见》	国家发展改革委
9	《晋陕豫黄河金三角区域合作规划》	国家发展改革委
10	《关于当前更好发挥交通运输支撑引领经济社会发展作用的意见》	国家发展改革委
11	《关于临空经济示范区建设发展的指导意见》	国家发展改革委、民航局
12	《测绘地理信息事业“十三五”规划》	国家发展改革委、测绘地信局
13	《近期推进通用航空业发展的重点任务》	国家发展改革委
14	《关于做好通用航空示范推广有关工作的通知》	国家发展改革委
15	《关于建设通用航空产业综合示范区的实施意见》	国家发展改革委
16	《关于促进通用机场有序发展的意见》	国家发展改革委、民航局
17	《关于促进消费带动转型升级的行动方案》	国家发展改革委、教育部、工业和信息化部等
18	《民用航空工业中长期发展规划（2013—2020年）》	工业和信息化部
19	《关于促进和规范民用无人机制造业发展的指导意见》	工业和信息化部
20	《关于促进旅游装备制造业发展的实施意见》	工业和信息化部、国家发展改革委、交通运输部等
21	《关于开展首台（套）重大技术装备保险补偿机制试点工作的通知》	财政部、工业和信息化部、中国保监会
22	《通用航空发展专项资金管理暂行办法》	民航局、财政部
23	《关于促进战略性新兴产业国际化发展的指导意见》	商务部、国家发展改革委、科学技术部等
24	《关于推动运动休闲特色小镇建设工作的通知》	国家体育总局
25	《装备制造业标准化和质量提升规划》	国家质检总局、国家标准委、工业和信息化部
26	《航空运动产业发展规划》	国家体育总局、国家发展改革委、工业和信息化部等
27	《产业结构调整指导目录》	国家发展改革委

1. 《关于促进和规范民用无人机制造业发展的指导意见》解读

近年来，我国无人机产业发展迅猛，已在个人娱乐消费领域占据全球领先地位，在生产作业及商业应用等领域也正发挥越来越重要的作用。但在无人机迅速发展的同时，出现了一些影响安全的事件，如无人机非法掉落敏感地区及扰航等事件，已引起社会的高度关注。为加快解决无人机产业发展过程中暴露出的突出问题，2017 年 12 月 6 日，工业和信息化部印发了《关于促进和规范民用无人机制造业发展的指导意见》（工业和信息化部装〔2017〕310 号，以下简称《指导意见》），从统筹产业发展和安全管控角度出发，提出促控并举，加快营造产业发展的良好环境，推动发展国际标杆型、安全规范和健康有序的民用无人机产业。

《指导意见》提出“坚持市场主体，政府引导”“坚持创新驱动，标准规范”“坚持安全发展，技术管控”的基本原则，明确了产业发展的阶段目标。到 2020 年，民用无人机产业持续快速发展，产值达到 600 亿元，年均增速 40% 以上。技术水平持续领先，企业发展取得突破，标准和检测认证体系基本建立，安全管控手段不断完善。到 2025 年，综合考虑产业成熟度提升后的发展规律，民用无人机产业将由高速成长转向逐步成熟，增速将逐步降低，按照年均 25% 的增长率测算，《指导意见》提出到 2025 年民用无人机产值达到 1 800 亿元的发展目标。民用无人机的标准体系日趋完善，检测认证等相关专业服务机构数量不断增加，产业体系将更加健全，全球市场竞争优势将进一步加强。

为实现两个分阶段目标，《指导意见》提出以创新为动力，加快推动产业发展，建立管控平台，保障无人机安全可控，建设标准体系和检测认证体系，确保产业规范有序。同时，提出加强组织实施、加大政策支持、注重人才培养、发挥协会作用和强化日常监管等保障措施，以确保各项工作顺利推进。

《指导意见》提出的大力推进产业发展与安全防范，主要体现在：

一是突出产业发展，强化竞争优势。随着居民消费水平的逐步升级、人工智能技术的快速发展，军民融合、两化融合的不断深入，无人机技术水平不断提高，使用范围越来越广，无人机产业持续受到市场关注。预计到 2020 年，我国民用无人机产业产值将达到 600 亿元，年均增速为 40% 以上；到 2025 年，产值将达到 1 800 亿元，经济规模、企业实力及消费娱乐领域的技术水平持续保持国际领先势头。为巩固提升我国民用无人机产业的国际竞争力，推动产业持续快速发展，《指导意见》强调突出企业的市场主体地位，发挥无人机行业广大民营企业的竞争优势和其在市场资源配置中的作用，提出以技术创新为引领，鼓励应用创新，推进企业商业模式创新，释放创新活力，加快推进无人机制造业供给侧结构性改革，大力促进两化融合及军民融合深度发展。并部署了大力开展技术创新、提升产品质量性能、加快培育优势企业、拓展服务应用领域、建立完善标准体系等的促进产业发展的任务措施，加快推动我国民用无人机产业创新发展。

二是加强技术管控，推动规范发展。无人机产业并非新出现的产业，但面临着新的发展环境。无人机技术创新对产业发展的影响越来越大，管理对技术的要求也越来越高。党的十九大报告提出，要推动互联网、大数据、人工智能和实体经济深度融合，在中高端消费、创新引领等领域培育新增长点、形成新动能，并提高社会治理社会化、法治化、智能化和专业化水平。这就要求，必须以技术为支撑，以标准为规范，加强新技术、新方法的应用，重点解决如何在新的环境下管理民用无人机这一新兴产业的问题。

2.《关于开展首台（套）重大技术装备保险补偿机制试点工作的通知》解读

为了落实党中央、国务院有关要求，财政部、工业和信息化部、中国保监会针对重大技术装备市场初期应用瓶颈，研究形成了首台（套）重大技术装备保险补偿机制。2015 年初，财政部、工业和信息化部、中国保监会联合印发《关于开展首台（套）重大技术装备保险补偿机制试点工作的通知》（以下称《通知》）。

我国大部分重大技术装备都存在市场初期应用瓶颈。从国际经验看，大多数国家通过商业保险机制分担广大商用领域用户的风险，从机制上解决用户使用问题。通过财政补贴的引导作用，建立保险补偿机制，以市场化方式分担重大技术装备用户的使用风险，特别是市场初期应用风险，从而加快重大技术装备的推广应用。

首台（套）重大技术装备保险补偿机制坚持“政府引导、市场化运作”原则，由工业和信息化部制订发布《首台（套）重大技术装备推广应用指导目录》（以下称《目录》），中国保监会及保险业行业协会指导监督保险公司为目录内装备定制综合险，装备制造企业自主投保，中央财政适当补贴投保企业保费。其核心是利用财政资金的杠杆作用，激发保险功能，降低用户风险，加快首台（套）重大技术装备推广应用，推动装备制造业发展。

试点工作由三部门联合组织开展。其中，财政部重点做统筹协调，与工业和信息化部、中国保监会一道跟踪试点进展情况，加强对试点工作的指导监督；同时，根据预算管理规定和工业和信息化部建议，安排核拨有关补贴资金。工业和信息化部负责《目录》的制定与动态调整，组织地方工业和信息化部门加快推动试点装备的市场应用；牵头评定重大技术装备是否在《目录》中，并向财政部提出推荐建议。中国保监会指导共保体组建事项，并监督承保的保险公司提供优质服务。

各级财政部门、工业和信息化主管部门、保险监管部门负责具体组织协调和任务落实。同时，做好政策解释和舆论宣传，适时组织开展当地装备制造企业和保险公司的项目对接。地方省级工业和信息化主管部门还负责对地方企业提交的申请材料的合规性进行审核。

《通知》重在激发市场机制的作用，不设行政门槛，符合《通知》所明确条件的装备自然列入目录。综合险具体条款不作硬性要求。保险行业协会发布示范条款，保险公司参照制订合同条款。保险公司自主承保。鼓励保险公司组成共保体承保，符合要求的保险公司也可单独承保，确保市场充分竞争。

出台这一政策力求实现多方共赢：一是推动我国重大技术装备推广应用。首台（套）重大技术装备保险补偿机制的核心是利用财政资金的杠杆作用，激发保险功能，以市场化方式分担用户风险，加快首台（套）重大技术装备推广应用。二是搭建制造企业与保险公司的合作平台。利用好这一市场，不仅装备制造企业、用户受益，保险公司也会从中开拓出新的业务空间。三是探索完善公共财政市场化支持方式。一方面，通过适当财政资金补贴，引导装备制造企业投保和保险公司承保，以市场化方式降低用户风险；另一方面，充分发挥财政资金“四两拨千斤”的杠杆作用，实现财政资金扶持效应的放大。四是利用保险功能建立重大技术装备风险防控机制。将装备市场与保险功能有效对接，符合保险作为社会生产和生活的“稳定器”的定位。

《目录》由工业和信息化部牵头制订，根据重大技术装备发展情况每 2 ～ 3 年动态调整一次。《目录》中所列装备的选择标准，一是符合国家战略性新兴产业培育发展及传统产业转型升级的需要，是当前国民经济建设和国家重大工程急需的装备；二是节能、节材和环保效果突出，经济效益和社会效益显著；三是首次进入市场推广阶段的重大技术装备产品。2019 版本的目录中，包括小型固定翼飞机、直升机、特种飞行器、无人机、民用航空航天发动机及机载设备等通用航空领域项目。

3.《通用航空发展专项资金管理暂行办法》解读

为支持我国通用航空发展，充分发挥通用航空对国民经济和社会发展的服务和支撑作用，根据《民航发展基金征收使用管理暂行办法》（财综〔2012〕17 号）的规定，民航局、财政部联合制定了《通用航空发展专项资金管理暂行办法》（下称《办法》）。

自 1978 年以来，民航局曾根据通用航空不同发展阶段的特点，出台过一些补贴政策：比如从 1989 年起对农林作业每生产飞行小时补贴 400 元，1993 年补贴标准最高调整到 800 元。《办法》根据通用航空作业实际收入与保本收入的差额进行补贴，通过补贴市场不能弥补的那部分成本，减少运营损失，促使通用航空企业自身逐步建立和增强“造血”功能。按照《2020年通用航空发展专项资金预算方案》，2020年，累计197家通用航空企业拟获4.82亿元补贴。

《办法》规定设立的通用航空发展专项资金涉及领域更广、扶持力度更大，除补贴应急救援、农林牧渔、工业服务飞行作业外，还支持通用航空飞行员队伍建设、更新飞机设备等通用航空发展薄弱环节。而且《办法》施行普惠原则，所有在中国境内注册登记的国有和民营通用航空企业，均可按规定申请补贴。

飞行作业补贴标准将通用航空分为四大类，分别是农林牧渔作业，工业作业（石油服务、电力作业、航空摄影、航空物探、海洋监测、气象探测和空中巡查），社会事业作业（医疗救护、科学实验、地质勘探和城市消防）和承担国家应急救援任务的应急救援飞行作业。其中，对于应急救援作业的补贴力度最大，其次是农林牧渔作业。补贴不再简单地以飞行小时为标准，而是分别按照固定翼和旋翼飞机不同的起飞全重，依据其不同的成本构成和市场定价情况测算补贴额度。

农林和应急救援成为补贴重点，一是让农林作业的通用航空企业保本经营。通用航空农林作业事关国计民生，十分重要。长期以来对通用航空在农林业中的作用认识不够充分，农林作业市场不稳定，以前企业只能靠各地的农业投入和地方政府的一些补贴来维持运营。《办法》针对各类通用航空作业的不同特点进行补贴，并向农林和应急救援作业倾斜，让企业能够保本乃至微利经营。二是促进通用航空设备更新换代。即便是大企业，在农林作业中也经常要亏本经营。飞机日常的维护成本加上不断上涨的燃油成本给通用航空企业带来很大压力，没有资金更新设备，《办法》特别规定，通用航空企业使用较短机龄航空器从事飞行作业时，补贴标准上浮5%～10%。同时，《办法》将对在补贴年度内完成飞行员初始培训（不含改装培训和复训）且取得商照的通用航空企业（除公务机公司外），按单个商照不超过12万元给予补贴，客观上促进通用航空企业对飞行员进行培养，缓解飞行员紧缺状况。三是促进空中救援、医疗救护发展。除了农林作业外，医疗救护飞行近年来也越来越受到人们的关注。直升机救援快捷且不受地面交通条件限制，在国外的发展已经非常成熟，但是在我国却刚刚起步，高昂价格让许多人望而却步，这在客观上造成了医疗救护飞行市场的需求很小。《办法》规定的适度补贴也会让救护飞行的成本有所降低，让更多人受惠。

《办法》中提到，对通用航空企业为关联方提供作业服务的，补贴标准下浮。

由于历史原因，通用航空企业往往主要为与其业务相关联的对口机构或公司股东服务，服务对象比较单一。比如，从事农林作业的通用航空企业对应农业局、林业局，从事石油工业作业的通用航空企业对应几家大的石油公司。《办法》规定下调通用航空企业为关联方提供作业服务的补贴标准，是为了从政策上引导通用航空企业，鼓励他们除了做自己的股东和关联方的业务外，还要积极开辟新的业务领域，从而使通用航空市场更加灵活，减少垄断行为发生。

此外，《产业结构调整指导目录（2019 年本）》也将航空航天、航空运输作为鼓励类项目，包括通用飞机及零部件开发制造，航空发动机开发制造，机载设备、任务设备、空管设备和地面保障设备系统开发制造，直升机总体、旋翼系统、传动系统开发制造，航空航天用新型材料开发生产，航空、航天技术应用及系统软硬件产品、终端产品开发生产，航空器地面模拟训练系统、试验系统开发制造，航空器地面维修、维护、检测设备开发制造，航空器专用应急救援装备开发与应用，航空器、设备及零件维修，无人机总体、材料、通信、控制系统等开发制造，民用飞机、直升机的设计，以及机场及配套设施建设与运营、通用航空、空中交通管制和通信导航监视系统建设、海上空中监督巡逻和搜救服务及设施建设、小型航空器应急起降场地建设等与通用航空相关的领域。

15.1.3 试点示范工程

2016 年 1 月 7 日，国家发展改革委、民航局、国家体育总局、国家旅游局发布《关于做好通用航空示范推广有关工作的通知》。通知指出，“为贯彻落实《国务院办公厅关于促进通用航空业发展的指导意见》，加快培育通用航空市场，释放市场潜力，根据《国家发展改革委关于印发〈近期推进通用航空业发展的重点任务〉的通知》（发改基础〔2016〕2160 号）工作要求，我们决定推出通用航空第一批示范工程。”国家发展改革委将会同有关部门，与地方共同研究，滚动推出通用航空示范工程，成熟一批、推出一批。公布的通用航空第一批示范工程共有 41 项，包括通用航空短途运输网络（10 项）、通用航空旅游（16 项）和航空飞行营地（15 项，具体见前文）。

通用航空短途运输网络示范工程要求在一定区域内围绕运输机场形成若干通用机场与运输机场相衔接的短途运输网络，适应偏远地区、地面交通不便地区人民群众出行需求，提供多样化服务，实现常态化运输。全国通用航空旅游示范基地是为了加快培育通用航空市场，释放市场潜力，由国家发展改革委、民航局、国家体育总局、国家旅游局联合推出的示范工程。2017 年 8 月 3 日，在第三届全国全域旅游推进大会上，16 家全国通用航空旅游示范基地创建单位进行了挂牌。航空飞行营地示范工程是由国家体育总局与国家发展改革委、民航局、国家旅游局等联合推进实施的，目前已有 300 余家。我国通用航空短途运输网络示范工程见表 15-3。

表 15-3　我国通用航空短途运输网络示范工程

序号	网络名称	覆盖范围
1	内蒙古呼伦贝尔区域网络	覆盖根河市、新巴尔虎右旗、阿荣旗和莫力达瓦旗等
2	内蒙古锡林郭勒区域网络	覆盖阿鲁科尔沁旗、镶黄旗、敖汉旗、奈曼旗、巴林左旗和巴林右旗等
3	内蒙古鄂尔多斯区域网络	覆盖达茂旗、鄂托克前旗、凉城县、清水河县、杭锦旗和乌审旗等
4	内蒙古阿拉善区域网络	覆盖阿拉善左旗、阿拉善右旗、额济纳旗和乌拉特后旗等
5	吉林长吉图区域网络	覆盖和龙县、农安县和蛟河县等
6	黑龙江大兴安岭区域网络	覆盖嫩江县、富裕县和呼玛县等
7	黑龙江松花江流域区域网络	覆盖萝北县、嘉荫县、同江市和木兰县等
8	四川川西高原区域网络	覆盖康定县、红原县、稻城县和九寨沟县等
9	新疆阿勒泰区域网络	覆盖布尔津县、福海县、富蕴县、青河县、十师北屯市、十师 185 团（哈巴河）和十师 186 团（吉木乃）等
10	新疆伊犁州区域网络	覆盖霍尔果斯市、霍城县、尼勒克县、巩留县和特克斯县等

15.1.4　各地相关产业政策

2016 年 5 月，国务院发布《关于促进通用航空业发展的指导意见》，各级地方政府积极谋篇布局，发展和支持本省市通用航空的政策、规划纷纷出台。据不完全统计，全国 31 个省、自治区、直辖市分别制定了相关的通用航空发展规划或建设规划，结合本地实际，提出具体指标。主要涉及通用航空机场建设数量、企业数量、航空器数量、总投资规模、产业经济规模、综合示范区或通用航空小镇数量等内容。表 15-4 列举了近年来部分地区发布的通用航空相关政策。

表 15-4 各地主要的通用航空产业政策

序号	政策	地区
1	《安徽省通用机场布局规划（2017—2030 年）》	安徽
2	《安徽省人民政府办公厅〈关于促进通用航空业发展的实施意见〉》	安徽
3	《安徽省民航建设专项规划（2017—2021 年）》	安徽
4	《北京市通用航空产业发展规划（2011—2020 年）》	北京
5	《关于促进通用航空业发展的实施方案》	福建
6	《福建省人民政府办公厅〈关于印发促进通用航空业发展实施方案的通知〉》	福建
7	《甘肃省“十三五”通用航空发展规划》	甘肃
8	《广东省综合交通运输体系发展“十三五”规划》	广东
9	《西部大开发“十三五”规划广西实施方案》	广西
10	《广西壮族自治区人民政府办公厅〈关于促进通用航空业发展的实施意见〉》	广西
11	《广西通用机场布局规划方案》	广西
12	《贵州省通用航空产业发展规划（2018—2025）》	贵州
13	《贵州通用机场布局规划（2016—2030）》	贵州
14	《关于海南省通用航空业发展的建议》	海南
15	《海南省“十三五”通用机场布局规划》	海南
16	《河北省通用机场布局规划》	河北
17	《推进河北省现代化综合交通运输体系建设三年行动方案（2018—2020 年）》	河北
18	《河南省通用航空发展规划（2014—2020）》	河南
19	《河南省建设中原城市群实施方案》	河南
20	《关于促进我省通用航空业发展的若干意见》	黑龙江
21	《黑龙江省通用机场布局规划（2018—2030 年）》	黑龙江
22	《湖北省通用航空中长期发展规划》	湖北
23	《湖南省人民政府办公厅〈关于促进通用航空业发展的实施意见〉》	湖南
24	《湖南省通用航空产业发展规划（2013—2020 年）》	湖南
25	《吉林省通用航空产业发展规划》	吉林
26	《吉林省通用机场布局规划（2016—2030 年）》	吉林
27	《江苏省“十三五”及中长期通用机场布局规划》	江苏
28	《关于促进通用航空业发展的实施意见》	江西

（续）

序号	政策	地区
29	《加快推进通用航空产业发展的若干措施》	江西
30	《江西省通用机场布局规划（2016—2030年）》	江西
31	《江西省直升机起降点布局规划（2017—2030年）》	江西
32	《关于全省各设区市购买通用航空公共服务的暂行办法》	江西
33	《关于促进通用航空和航空零部件制造产业快速发展的实施意见》	辽宁
34	辽宁省人民政府《关于促进通用航空和航空零部件制造产业快速发展的实施意见》	辽宁
35	《辽宁省“十三五”综合交通运输发展规划》	辽宁
36	《内蒙古自治区人民政府办公厅〈关于促进通用航空业发展的实施意见〉》	内蒙古
37	《内蒙古自治区“十三五”时期通用航空发展规划》	内蒙古
38	《宁夏回族自治区人民政府办公厅〈关于促进宁夏通用航空业发展的实施意见〉》	宁夏
39	《青海省“十三五"通用航空业发展规划》	青海
40	《山东省通用飞机产业发展规划》	山东
41	《山东省民用机场布局规划》	山东
42	《山东省民用机场布局规划（2017—2035年）》	山东
43	《关于进一步加快民航业发展的意见》	山东
44	《山西省通用航空业发展规划（2018—2035年）》	山西
45	《关于促进通用航空发展的实施意见》	山西
46	《陕西省全域旅游示范省创建实施方案》	陕西
47	《上海市综合交通“十三五”规划》	上海
48	《四川省通用机场布局规划（2016—2030年）》	四川
49	《四川省通用航空产业发展规划（2019—2025年）》	四川
50	《关于贯彻落实”十三五”现代综合交通运输体系发展规划的实施意见》	天津
51	《西藏自治区综合交通运输“十三五”发展规划》	西藏
52	《关于加快通用航空业发展的意见》	新疆
53	《云南省人民政府办公厅〈关于促进通用航空业发展的实施意见〉》	云南
54	《浙江省通用机场发展规划》	浙江

（续）

序号	政策	地区
55	《浙江省人民政府办公厅〈关于加快通用航空业发展的实施意见〉》	浙江
56	《关于加快推进 2018—2019 年通用机场重点项目建设的通知》	浙江
57	《重庆市通用航空业发展行动计划（2017—2019 年）》	重庆

1. 四川省通用航空政策

四川省的通用航空产业基础雄厚，发展优势突出，政府支持给力。

一是航空产业在全省“七大军民融合产业”中占据首位，“航空与燃机”产业被列为四川省“五大高端成长型产业”之一，被寄予了领跑四川省产业转型升级的厚望。四川省成立了高规格、强有力的航空与燃机产业发展推进小组，有序推进低空空域管理改革和通用航空机场建设审批权限下放。

二是四川省具有较强的航空科研实力和完整的航空产业链，通用航空产业体系完备、成熟度高，具备了高点起步、加快发展的条件，在飞机整机、航空发动机和航空配套产品等民用航空高技术产品研发制造方面具有明显的技术优势与产业化能力，是西南地区通用航空现有和筹建企业最多的省份。

三是四川省地形地貌条件复杂，高原地区地面交通基础设施薄弱、自然灾害频发，对通用航空短途客货运、应急救援需求强烈；森林、草地面积大，火灾和有害生物防治、生态环境保护对通用航空发展的潜在需求将加速释放；旅游资源数量和品质在全国名列前茅，空中观光、航空运动和航空休闲活动等航空个性化旅游市场潜力巨大。表 15-5 列举了四川省发布的通用航空政策。

表 15-5　四川省的通用航空政策

政策名称	主要内容
《四川省通用机场布局规划(2016--2030 年）》	2020 年二类及以上通用机场覆盖所有市（州），2025 年网络初成，2030 年通用航空服务基本覆盖省内所有县级行政单元。至 2030 年，四川省布局规划新增二类以上通用机场 85 个，二类以上通用机场总数达到 88 个。其中，成都平原通用机场群总数 29 个，川南通用机场群总数 14 个，川东北机场群总数 16 个（广元市新建剑阁、青川、苍溪和旺苍 4 个通用机场，在川东北五市中通用机场布局数量位居第一），川西北通用机场群总数 21 个，攀西通用机场群总数 8 个。川东北通用机场群以川东北经济区为服务重点，提供短途客货运、农林作业、低空旅游、航空运动和飞行培训等通用航空服务

（续）

政策名称	主要内容
《四川省通用航空产业发展规划（2019—2025年）》	要加快实施“一干多支”发展战略，打造“一核两翼、多点*N*网”的通用航空产业发展布局，做优成都“主干”，做强环成都经济圈和川南经济区，带动全省通用航空产业发展。 “一核”是指强化成都通用航空产业发展核心，重点发展大中型通用航空飞机、工业级无人机和航空发动机研发制造等。“两翼”是指以自贡、泸州、宜宾等为重点的川南地区为南翼，重点发展通用航空零部件、航空运动飞行器和航空新材料等；以德阳、绵阳为重点的环成都地区为北翼，重点发展通用航空零部件研发制造、教育培训和航展赛事等。“多点”是指建设多个通用航空小镇（产业园区）及飞行营地。“*N*网”是指布局建设*N*个通用航空网络。加快推动建设通用航空研发制造、无人机试飞和航空教育培训三大重点基地，布局建设应急救援、低空旅游、短途运输和工农作业四大重点网络体系。 四川省要力争通过5～6年时间，在全省范围内培育壮大一批全国知名的通用航空骨干企业，着力打造国家通用航空产业综合示范区，建成全国领先的通用航空研发制造基地，形成具有四川特色的通用航空运营服务、服务保障等全产业链服务集成高地，实现通用航空产业集聚集群发展，加快建成具有全国影响力的通用航空产业强省

2. 江西省通用航空政策

江西是新中国第一架飞机的诞生地。经过60余年的发展，江西省在航空制造方面具备了较强的产品总体设计、试验验证、先进制造和总装总成能力，是我国教练机、无人机、通用飞机和直升机的重要研制基地，产业规模位居全国前列。江西按照“大航空”的发展理念，着力提升教练机、直升机、固定翼飞机和民用型机体及部件的制造水平，构建航空制造、民航运输、通用航空、临空经济“四位一体”协同发展的产业体系。表15-6列举了江西省发布的通用航空政策。

表15-6　江西省相关通用航空政策

政策名称	主要内容
《关于促进通用航空业发展的实施意见》	到2020年，通用航空基本覆盖航空研发制造聚集区、农产品主产区、主要林区和所有5A级旅游景区，省内通用航空运营主体15家以上、注册航空器200架以上、年飞行量8万h以上、通用航空业经济规模达到400亿元，努力使江西省成为通用航空业制造高地、培训教育基地和运营服务区域中心。 围绕培育通用航空市场、加快通用机场建设、构建通用航空运营服务体系、做大做强通用航空研发制造产业、构建通用航空产业发展平台和强化通用航空安全监管等6个方面，提出了需要推进的21条具体实施意见

（续）

政策名称	主要内容
《加快推进通用航空产业发展的若干措施》	在空域使用与管理、通用机场网络建设、通用航空应用市场、通用航空企业发展、通用航空制造业发展等方面给出了一系列具体的推进政策
《江西省通用机场布局规划（2016—2030年）》	规划到2020年，建成20个以上通用机场，覆盖地级城市、通用航空研发制造集聚区、农产品主产区、主要林区和5A级旅游景区；到2030年建成50个以上通用机场
《江西省直升机起降点布局规划（2017—2030年）》	2017—2020年规划续建1个直升机固定起降点，规划新建49个直升机临时起降点。其中，涉及高速公路服务区3个，涉及医疗救护点21个，涉及高铁站11个。 2021—2030年规划新建129个直升机临时起降点。其中，涉及4A级景区18个，涉及县（市）级行政中心57个
《关于全省各设区市购买通用航空公共服务的暂行办法》	将通用航空公共服务纳入全省各级政府购买服务目录范围，将通用航空器材纳入全省各级政府采购范围，鼓励、支持本省通用航空企业参与政府采购竞争。 《暂行办法》明确，各设区市政府要大力整合公共通用航空服务市场，鼓励全市公安、消防、医疗卫生、国土资源、应急、交通运输、农业、水利、电力等部门加大力度购买通用航空服务，营造良好的通用航空应用环境。 各设区市政府要筹集设立购买通用航空公共服务的资金。具体额度要求：南昌市、九江市和赣州市每年不低于800万元，上饶市、宜春市、吉安市、抚州市和景德镇市每年不低于500万元，新余市、萍乡市和鹰潭市每年不低于300万元

3. 山西省通用航空政策

山西作为我国通用航空的发源地，拥有一定的产业基础和丰厚悠久的历史文化。为贯彻落实习近平总书记视察山西重要讲话精神，以及《国务院关于支持山西省进一步深化改革促进资源型经济转型发展的意见》中关于“加快推进航空测绘、通用航空、航空仪表等航空航天产业发展”的要求，山西省委、省政府提出要加快发展通用航空产业，建设通用航空强省，促进和带动旅游、文化、农业、装备制造和现代物流等相关产业发展，构筑山西现代产业体系，并相继出台了《山西省通用航空业发展规划（2018—2035年）》《山西省通用机场布局规划（2018—2030年）》《山西省关于促进通用航空发展的实施意见》等配套规划和方案。一系列文件的出台为山西省发展航空等新兴产业奠定了坚实的基础。表15-7列举了山西省发布的通用航空政策。

表 15-7 山西省的通用航空政策

政策名称	主要内容
《国务院关于支持山西省进一步深化改革促进资源型经济转型发展的意见》	加快推进航空测绘、通用航空、航空仪表等航空航天产业发展。积极推进全域旅游示范区建设，推动文化旅游融合发展，打造文化旅游支柱产业，支持有条件的市县创建国家级旅游业改革创新先行区
《国家发展改革委关于支持山西省与京津冀地区加强协作实现联动发展的意见》	支持山西省与京津冀地区开展民航合作，提升太原区域枢纽机场功能，推进省内支线机场改扩建工程，构建航空快速运输通道。支持山西省探索开展低空空域改革试点，促进通用航空产业发展
《山西省通用航空业发展规划（2018—2035 年）》	到 2025 年，通用航空业经济规模达百亿元以上，带动经济产值实现翻番，通用航空业成为山西省综改转型新的经济增长点。在农畜产品主产区、主要林区、5A 级旅游景区和部分 4A 级景区、主要矿区等，基本实现 45min 航程全覆盖。通用航空器达到 200 架以上，通用航空飞行量达到 6 万飞行小时以上。开辟 3 条以上低空旅游航线，规划建设 4 个以上通用航空产业集聚区，设立 1 ～ 2 个具备整机研发和航空材料等省级以上工程（技术）研究中心和重点实验室，形成较为完备的企业自主创新平台
《山西省通用机场布局规划（2018—2030 年）》	到 2020 年，全省建成 10 个以上通用机场，实现市级城市拥有通用机场或兼顾通用航空服务功能的运输机场，初步构建符合山西省通用航空业发展的通用机场体系，基本满足通用航空发展需要；万平方公里拥有具备通用航空功能的机场 1 个；到 2030 年，通用航空服务基本覆盖所有县级城市，形成与运输机场互为补充、布局合理、层次分明和功能完善的通用机场体系；万平方公里拥有具备通用航空功能的机场 4 个；机场密度和低空旅游、航空应急救援等通用航空服务能力均高于全国平均水平
《山西省关于促进通用航空发展的实施意见》	到 2020 年，建成运输机场和通用机场协调发展、互为补充的机场体系，通用机场力争达到 10 个以上，全省通用机场网初步建成。 通用航空服务实现“市市通”，通用航空运营保障体系基本形成。通用航空组装制造业起步发展，通用航空运营能力显著提升，运营服务网络覆盖全省；培育两个以上综合实力较强的通用航空企业，打造两个各具特色的通用航空产业示范园区

15.2 民航“放管服”改革

15.2.1 民航政策变化

2016 年 12 月，民航局发布《通用航空“十三五”发展规划》，作为通用航空第一个专项规划，着重阐明发展思路，明确主要目标，改善通用航空发展环境。2017 年以来，民航局努力推动通用航空实现“两个起来”（让通用航空器飞起来、让飞行爱好者热起来），切实促进“两个转变”（从部门管理向政府管理转变，从行业管理向社会管理转变），着力构建“两个体系”（与通用航空发展起步阶段相适应、有别于公共运输航空的行业监管体系和服务保障体系），出台了数十项促进通用航空发展的政策措施。2017—2019 年民航局出台的通用航空相关规章标准政策（部分）见表 15-8。

表 15-8　2017—2019 年民航局出台的通用航空相关规章标准政策（部分）

序号	文件名称	发文字号
1	《提升通用航空服务能力工作方案》	民航发〔2017〕1 号
2	《关于在东北地区开展通用航空管理改革试点的通知》	民航函〔2017〕171 号
3	《关于取消通用航空器引进审批（备案）程序的通知》	民航发〔2017〕27 号
4	《关于在华东地区开展通用航空管理服务平台和无人机研发试飞基地建设试点的通知》	民航函〔2017〕243 号
5	《关于在西北地区开展通用航空低空空域监视与服务试点的通知》	民航函〔2017〕255 号
6	《关于在新疆地区开展“通用航空 + 旅游”试点的通知》	民航函〔2017〕273 号
7	《民用航空低空空域监视技术应用指导意见（试行）》	局发明电〔2017〕967 号
8	《通用机场分类管理办法》	民航发〔2017〕46 号
9	《关于规范并简化通用航空飞行任务和飞行计划审批的通知》	局发明电〔2017〕1362 号
10	《民用无人驾驶航空器实名制登记管理规定》	AP-45-AA-2017-03
11	《关于在江西省赣州市南康区开展无人机物流配送应用试点的通知》	民航函〔2017〕914 号

（续）

序号	文件名称	发文字号
12	《关于继续做好空管系统安全管理、航班正常和通用航空保障工作的通知》	民航空发明电〔2017〕542 号
13	《关于印发 2017 年度通用航空重点工作任务单的通知》	民航发〔2017〕117 号
14	《关于进一步明确通用航空企业和小型运输企业运行审定工作相关问题的通知》	局发明电〔2017〕3291 号
15	《关于调整通用航空维修政策文件和维修单位管理咨询通告征求意见的通知》	局发明电〔2017〕3293 号
16	《关于对〈关于改进通用航空适航审定政策的通知〉草案征求意见的通知》	局发明电〔2017〕3305 号
17	《关于在陕西省使用无人机开展物流配送经营活动试点的通知》	民航函〔2017〕1372 号
18	《关于通用航空机场通信导航监视设备飞行校验与开放运行管理落实“放管服”工作的意见（试行）》	局发明电〔2017〕3421 号
19	《关于下发通用航空维修法规要求释义和改进监管方式要求的通知》	民航飞发〔2017〕5 号
20	《关于对〈关于简化通用航空产品和零部件适航审定政策的通知〉草案征求意见的通知》	局发明电〔2017〕3441 号
21	《关于建立应急救援飞行计划申请绿色通道的通知》	局发明电〔2017〕3456 号
22	《关于通用航空分类管理的指导意见》	民航发〔2018〕80 号
23	《关于在中南地区开展载客类经营许可与运行许可联合审定试点的通知》	民航函〔2018〕163 号
24	《关于推进通用航空法规体系重构工作的通知》	民航发〔2019〕5 号
25	《关于印发〈民航局关于推进精准监管工作的意见〉的通知》	民航发〔2019〕9 号
26	《关于同意在浙江省开展低空飞行服务体系建设等相关试点工作的批复》	局发明电〔2019〕1630 号
27	《关于开展私用驾驶员体检鉴定工作调整试点促进通用航空发展的通知》	局发明电〔2019〕1788 号
28	《关于持续推进湖北区域通用航空低空飞行服务保障体系试点工作的通知》	局发明电〔2019〕2632 号
29	《关于深化通用航空联合审定工作有关事宜的通知》	局发明电〔2019〕2697 号

1. 提升服务能力

2017 年 1 月 3 日，民航局发布《提升通用航空服务能力工作方案》，明确要按照“目标导向和问题导向相结合、市场主导和政府引导相结合、创新思维与法治思维相结合”的基本原则，到 2020 年年底，实现建成 500 个通用机场、运行 5 000 架通用飞机、年飞行 200 万 h、培育一批具有市场竞争力的通用航空企业的发展目标，并建立与通用航空发展阶段相适应的、区别于运输航空的安全监管和市场监管体系，初步建成功能齐全、服务规范和类型广泛的通用航空服务体系的改革目标。围绕此目标，提出以下 5 项重点任务：一要创新通用航空发展政策。系统修订法律规章，降低经营性通用航空企业许可和审定门槛，降低通用航空器引进门槛，启动通用航空管理系统，提高市场监管效率；对通用航空安全、运营、通用航空机场和通用航空器适航审定实施分类管理，简化非经营性通用航空登记管理。二要提升通用航空保障能力。完善通用航空机场建设标准，简化通用机场审批程序；完善财经政策，支持支线机场建设通用航空设施，开展通用航空业务，鼓励企业和个人投资建设通用机场，加快固定运营基地、飞行服务站建设，加大气象服务、导航监视等保障服务的公共投入力度；推广应用北斗导航、广播式自动监视等新技术。三要改善通用航空运行环境。简化飞行计划申请审批报备程序，建立应急救助飞行计划审批绿色通道，制定发布目视飞行航空图，规范公务机及其他通用航空作业使用机场服务收费项目和标准。四要拓展通用航空服务领域，分类推进交通通勤、航空旅游、医疗救护和低空飞行服务等试点工作。五要改进通用航空监管模式，建立支持性通用航空安全监管和市场监管体系。

2. 纠正过渡监管

为认真落实民航局通用航空工作领导小组第三次全体会议精神，民航局于 2017 年 10 月下旬至 11 月中旬组织开展了通用航空监管工作专项督查活动。本次督查的重点包括：通用航空监管规章和规范性文件的适用性、民航各级行政管理机构监管标准尺度的一致性、对规章和规范性文件的理解和执行的准确性、是否存在套用运输航空规章标准、对已取消和简化的通用航空行政审批事项落实到位情况和行政执法行为是否符合行政法律规范等情况。三个督查工作小组分别赴 7 个地区管理局进行了实地督查，并深入通用航空企业进行调研，了解实际情况，查找、搜集通用航空监管工作中存在的不足和问题，形成了督查报告和总计 182

条问题的清单并明确了任务分工。

3. 分类分级管理

根据通用航空分级分类管理要求，民航局运输司于2016年年初启动了对《通用航空经营许可管理规定》（CCAR290部）个别条款进行修订的工作。

此次修订的原则是：分级分类、放管结合，简政放权，减少审批，优化服务，加强监管。主要体现出以下几个变化：一是分类分级管理。取消现有经营许可项目甲乙丙丁类，划分为载人类、载货类、作业类和培训类四类，加强对载人类经营活动的安全监管，放松对非载人类经营活动的管制。同时，为区分不同等级的安全风险，拟对“载人类”按照适航、机场等部门既有规章（或拟出台规章）标准，分为4座以下（不含）、5～9座和10～29座三个等级。同步编制了“通用航空经营许可分类管理及审定要求对照表”，对新旧规章中的经营项目进行了分类对应，有效解决了政策衔接中的问题。二是为通用航空企业经营提供更多便利。许可证由三年有效期改为长期有效，由事前信息备案改为事后信息报送，经营信息报送方式由纸质报送改为在线报送。三是更加注重事后监管。通过年检和专项检查掌握企业的安全生产经营状况，对年检不合格的企业，吊销经营许可证。四是引入诚信评价体系，对列入行业管理“黑名单”的人员严把准入关，构建诚信评价体系。

4. 试点推动改革

2017年，民航局印发《提升通用航空服务能力工作方案》，确定了以试点方式推动通用航空改革的总体方向。为充分发挥区位特点和优势，通用航空试点工作以地区管理局为主体，试点期限为两年。在试点期内鼓励各地区根据民航局批复确定的框架内容，突破现有模式，整合优化流程，构建系统平台，提升管理服务能力和水平，积极创新，勇于试错。

2017年2月16日、3月7日和3月14日，民航局分别下发了在东北、华东、西北、新疆四个地区开展通用航空管理改革试点、管理服务平台和无人机研发试飞基地建设试点、低空空域监视与服务试点、“通用航空+旅游”试点工作的通知。

为积极拓展无人驾驶航空器（以下简称无人机）应用领域，满足物流配送“最后一公里”的实际需要，民航局于2017年8月、12月分别启动在江西省南康区和陕西省全境内开展无人机物流配送试点工作。该项试点旨在探索无人机物流配送作业的运营、服务和管理的规范标准，建立飞行活动记录系统，研究提出适合无人机运行特点的安全评估、空域使用、保障服务等可复制和可推广的行业监管模式。

5. 搭建行业平台

自2016年10月15日起，民航局运输司在“通用航空管理系统”设置了“意见箱”，主要征集涉及“过度监管”或套用运输规章监管、规章及管理文件执行不规范以及局行业主管部门行政行为不当三方面的问题。经民航局通用航空工作领导小组成员单位研究协商，对征集的咨询和建议以信息通告形式印发，并通过民航局官网、“通用航空管理系统”等渠道向企业和社会公布，希望通过此举规范行业管理，服务市场主体。

为解决通用航空要素市场信息不透明、中间环节多和交易成本高的问题，民航局运输司在“通用航空管理系统”增设了“通用航空市场供求信息平台”板块，面向行业相关主体提供信息发布的渠道，该功能于2017年6月29日正式上线使用。平台目前支持的发布内容包括：通用航空作业招标、通用航空专业人员供求、航材供求和航空器供求四类信息，供求信息主体主要面向与通用航空相关的各类法人组织（企业法人、事业法人和社团法人等），主要包括通用航空作业项目供应方、通用航空机场、维修企业、航材供应商、FBO、FSS、通用航空融资租赁企业和相关保险提供商等。

15.2.2 民航管理改革

1. 民航规章变化

近年来，民航局发布了涉及机场、空管、运营、市场和适航等多个领域的规章。其力度与频率前所未有，且无论是出台新政策还是对原有政策进行修订，都体现出民航局关于通用航空管理改革的政策导向：“放管结合，以放为主，分类管理。”

（1）通用航空法规体系重构　为贯彻《国务院办公厅关于促进通用航空业发展的指导意见》精神，落实“分类管理、放管结合、以放为主”的要求，更好地鼓励和推动通用航空发展，积极支持社会资本投资通用航空产业，民航局研究制定了通用航空法规体系重构路线图，形成了通用航空业务框架和通用航空法规框架（以下简称两个框架），并于2019年1月21日发布了《关于推进通用航空法规体系重构工作的通知》（民航发〔2019〕5号），要求落实两个框架。从经营能力与运行能力两个维度对通用航空活动重新分类等，提出业务框架模块，多项重大改革创新，对通用航空管理而言具有里程碑意义。

两个框架是开展中国民航通用航空政策法规体系重构的总体性文件，从顶层设计高度统筹通用航空管理思路，明确了未来一段时间中国通用航空整体政策走向、立法思路和制度设计需要遵循的基本原则和具体要求，以确保通用航空法规政策的一致性，形成促进通用航空发展的政策合力。这项被称为“自上而下”的通用航空管理体系变革是落实民航局《关于通用航空分类管理的指导意见》的具体体现。

通用航空业务框架主要按照经营性质和运行能力，对通用航空涉及的业务类型进行重新分类分级。其中，按照经营性质，将通用航空业务分为经营性业务和非经营性业务，非经营性业务分为非载人和载人两类，经营性业务分为非载人、载人和载客三类。按照运行能力，将通用航空业务分为 6 级，分别为：

1 级：包括采用 60 座以上飞机（不含机组）开展的载人、载客飞行以及采用商载 3.4t 以上飞机开展的非载人飞行业务。

2 级：包括采用 30 ～ 59 座飞机（不含机组）开展的载人、载客飞行以及采用商载 3.4t 以上飞机开展的非载人飞行业务。

3 级：包括采用 20 ～ 29 座飞机（不含机组）开展的载人、载客飞行以及采用商载 3.4t 以下飞机开展的非载人飞行业务。

4 级：包括采用 10 ～ 19 座飞机（不含机组）开展的载人、载客飞行以及采用商载 3.4t 以下飞机开展的非载人飞行业务。

5 级：包括采用 9 座以下飞机（不含机组）开展的载人、载客飞行以及采用商载 3.4t 以下飞机开展的非载人飞行业务。

6 级：包括采用 30 座以上直升机（不含机组）、20 ～ 29 座直升机（不含机组）、10 ～ 19 座直升机（不含机组）、9 座以下直升机（不含机组）开展的载人、载客飞行，非载人业务暂不区分机型。

通用航空法规框架按照民航管理事项进行分类并排序，共涉及 23 部规章，其中新制定的 3 部、修订的 19 部、废止的 1 部。其中，7 部规章已经通过通用航空一揽子修改决定的形式完成了修改，其他 16 部规章根据轻重缓急，落实到后续的立法计划和立法规划中，按时限、分专业进行规章的立改废工作。通用航空业务框架如图 15-1 所示。

非经营性		经营性									经营分类指标 / 运行分级指标		
非载人 D2	载人 D1	非载人			载人			载客					
		其他非载人活动（含无人机）C2		货运（含无人机）C1	训练飞行 B3	面向非社会公众 B2	面向社会公众 B1	不定期运输 A2	定期运输 A1				
不适用	模块：D1-1 实例： 自用公务飞行 自用载人作业 个人娱乐飞行	不适用			模块：B3-1 实例： 型别等级训练	暂不开放	暂不开放	暂不开放	暂不开放	载人、载客飞行的：60座以上（不含机组）		1级	飞机
模块：D2-1 实例： 自用作业 个人娱乐飞行	不适用	模块：C2-2 实例：其他有人机非载人作业 其他无人机非载人作业	模块：C2-1 实例： 有人机喷洒类作业 无人机喷洒类作业	模块：C1-1 实例： 无人机通用航空货运（商载××t以上，有人机不适用）	不适用					非载人飞行的：商载3.4t以上		1级	飞机
不适用	模块：D1-2 实例： 自用公务飞行 自用载人作业 个人娱乐飞行	不适用			模块：B3-2 实例： 型别等级训练	暂不开放	暂不开放	暂不开放	暂不开放	载人、载客飞行的：30～59座（不含机组）		2级	飞机
模块D2-2 实例： 自用作业 个人娱乐飞行	不适用	模块：C2-2	模块：C2-1	模块：C1-1	不适用					非载人飞行的：商载3.4t以上		2级	飞机
不适用	模块：D1-3 实例： 自用公务飞行 自用载人作业 个人娱乐飞行	不适用			模块：B3-3 实例： 型别等级训练	模块：B2-3	模块：B1-3 实例： 空中游览 医疗救护 跳伞服务	模块：A2-3 实例： 包机飞行	模块：A1-3 在特定地区有条件开放短途运输	商载3.4t以上 商载3.4t以下	载人载客飞行分级标准：20～29座（不含机组）	3级	飞机
模块：D2-3 实例： 自用作业 个人娱乐飞行	不适用	模块：C2-2	模块：C2-1	模块：C1-2 实例：有人机通用航空短途货运（商载3.4t以下） 无人机通用航空货运（商载××t以下）	不适用					非载人飞行的：商载3.4t以下		3级	飞机
不适用	模块：D1-4 实例： 自用公务飞行 自用载人作业 个人娱乐飞行	不适用			模块：B3-4 实例： 型别等级训练	模块：B2-4	模块：B1-4 实例： 空中游览 医疗救护 跳伞服务	模块：A2-4 实例： 包机飞行	模块：A1-4 实例： 短途运输	商载3.4t以上 商载3.4t以下	载人、载客飞行的：10～19座（不含机组）	4级	飞机
模块：D2-4 实例： 自用作业 个人娱乐飞行	不适用	模块：C2-2	模块：C2-1	模块：C1-2	不适用					非载人飞行的：商载3.4t以下		4级	飞机
不适用	模块D1-5 实例： 自用公务飞行 自用载人作业 个人娱乐飞行	不适用			模块:B3-5 实例： 私用以上或等级训练 模块：B3-5-1 实例： 运动照或私照训练	模块：B2-5	模块：B1-5 实例： 空中游览 医疗救护 跳伞服务	模块：A2-5 实例： 包机飞行	模块：A1-5 实例： 短途运输	载人、载客飞行的：9座以下（不含机组）		5级	飞机
模块：D2-5 实例： 自用作业 个人娱乐飞行	不适用	模块：C2-2	模块：C2-1	模块：C1-2	不适用					非载人飞行的：商载3.4t以下		5级	飞机

<table>
<tr><td colspan="2">非经营性</td><td colspan="8">经营性</td><td colspan="3" rowspan="3">经营分类指标
运行分级指标</td></tr>
<tr><td rowspan="2">非载人
D2</td><td rowspan="2">载人
D1</td><td colspan="3">非载人</td><td colspan="3">载人</td><td colspan="2">载客</td></tr>
<tr><td colspan="2">其他非载人活动
（含无人机）
C2</td><td>货运
（含无人机）
C1</td><td>训练
飞行
B3</td><td>面向非
社会公众
B2</td><td>面向社会
公众
B1</td><td>不定期
运输
A2</td><td>定期
运输
A1</td></tr>
<tr><td rowspan="4">模块：D2-6
实例：
自用非载人
作业飞行
个人娱乐飞
行</td><td rowspan="4">模块：D1-6
实例：
私用飞行
个人娱乐飞行</td><td rowspan="4">模块：C2-6-1
实例：
非载人普通
作业</td><td rowspan="4">模块：C2-6
实例：
非载人普通
作业中的特
殊作业类型：
直升机外挂</td><td rowspan="4">模块：C1-6
实例：
直升机货运</td><td rowspan="3">模块：B3-6
实例：
训练飞行
（型别等级
训练）</td><td rowspan="4">模块：B2-6
实例：
外挂载人飞
行</td><td rowspan="4">模块：B1-6
实例：
空中游览
医疗救护
跳伞服务</td><td>模块：A2-6
实例：
直升机包机
飞行</td><td>模块：A1-6
实例：
直升机短途
运输</td><td>载人载客分
级标准：
30 座以上
（不含机组）
非载人暂不
区分机型</td><td rowspan="4">6
级</td><td rowspan="4">直
升
机</td></tr>
<tr><td rowspan="3">模块 :A2-6-1
实例：
直升机包机
飞行</td><td>模块 :A1-6-1
实例：
直升机短途
运输</td><td>载人载客分
级标准：
20 ～ 29 座
（不含机组）
非载人暂不
区分机型</td></tr>
<tr><td>模块 :A1-6-2
实例：
直升机短途
运输</td><td>载人载客分
级标准：
10 ～ 19 座
（不含机组）
非载人暂不
区分机型</td></tr>
<tr><td>模块 :B3-6-1
实例：
训练飞行
（私用以上
或等级训练）</td><td>模块 :A1-6-3
实例：
直升机短途
运输</td><td>载人载客分
级标准：
9 座以下
（不含机组）
非载人暂不
区分机型</td></tr>
</table>

图 15-1　通用航空业务框架

（2）取消审批　2017 年 3 月 3 日，民航局发布《关于取消通用航空器引进审批（备案）程序的通知》（民航发〔2017〕27 号），自该通知发布之日起民航局现行的《引进通用航空器管理暂行办法》（民航发〔2012〕117 号）废止，此举将有利于减少通用航空企业（个人）的运营成本，减轻企业压力，提高通用航空器引进效率。

此前，根据国务院有关文件精神，企业或个人引进通用航空器（包括公务机）需事前审批或备案，并由民航局负责实施。民航局作为行业主管部门，于 2008 年出台《关于引进进口通用航空器管理暂行办法》（民航发〔2008〕116 号）。随着国民经济的进一步发展、国家简政放权步伐的加快以及通用航空市场的需要，民航局相继于 2010 年、2012 年修订印发了《关于引进进口通用航空器管理暂行办法》（民航发〔2010〕70 号）、《引进通用航空器管理暂行办法》（民航发〔2012〕117 号）。一系列管理办法颁发以来，适应了通用航空发展的新形势，对规范引进通用航空器管理、提升通用航空安全水平发挥了积极作用。

（3）简化程序　2017 年 11 月 6 日，民航局发布《关于规范并简化通用航空飞行任务和飞行计划审批的通知》，提出了尽量缩短飞行计划受理与通用航空任务实施之间的时间要求，尽可能做到当天受理、当天执行。对空管系统管制责任范围内在繁忙时间段运行的通用航空活动的申请，在计划受理过程中应根据实际运行情况给出通用航空活动时间或活动范围的建议，不得以空域容量、时刻等理由拒绝受理通用航空活动的申请。对于在空管系统管制责任范围以外运行的通用航空活动，应告知该通用航空活动的计划不属于民航空管系统审核、批复范围。全面放开在空管系统管制责任范围以外运行的通用航空活动，完全交由通用航空企业、运营人及相关责任部门负责。

2017 年 12 月 4 日，民航局发布《关于通用航空机场通信导航监视设备飞行校验与开放运行管理落实“放管服”工作的意见（试行）》，该意见结合中国民航设备运行保障与飞行校验工作实际情况，对现有规章进行分类、评估和剥离，运用改革创新思维，就通用航空机场通信导航监视设备飞行校验与开放运行管理工作提出多条具体意见，主要意见包含以下三个方面：一是通用机场运行管理单位是通用机场通信导航监视设施设备的建设与运行安全责任主体单位；二是通用机场设置通信及监视设施设备的，在满足设备由专业人员按规定周期实施运行维护、设备经安全评估能满足安全运行的基本需要的基础上，可考虑不进行飞行校验；三是通用机场选址与建设前应当首先明确运行条件为目视运行或仪表运行，目视运行条件下原则上可以不配置地基导航设备。此外，通用机场申请导航设备投产及特殊飞行校验的，参照《民用航空通信导航监视设备飞行校验组织与实施工作细则》执行，同时通用机场导航设备不要求进行开放许可管理，实施备案管理，由通用机场自校验结论做出后 10 个工作日内将校验报告报所在地的地区管理局备案。

2017 年 12 月 6 日，民航局适航司发布了《关于对〈关于简化通用航空产品和零部件适航审定政策的通知〉草案征求意见的通知》，拟对通用航空产品和零部件的适航审定工作予以简化，以提高适航审定工作效率，促进通用航空快速发展。此次草案中简化的内容主要涉及以下方面：对部分通用航空器零部件，按自愿原则建立设计保证系统。最大审定起飞质量为 5 700kg 或以下且其乘客座位数不大于 9 座的固定翼飞机，最大审定起飞质量为 3 180kg 或以下且其乘客座位数不大于 9 座的旋翼航空器，为上述两类航空器配套的发动机、螺旋桨，载人自由气球，所有零部件，其设计批准申请人和持有人，按自愿原则建立设计保证系统。对除运输类之外的通用航空器，其研制和验证阶段特许飞行证采用备案制管理。申请人自行开展的仅用于科研用途航空器，其特许飞行证由地区管理局管理；到岸组装航空器，其交付试飞特许飞行证由地区管理局管理。对轻型运动或超轻型航空器的设计生产，无须再申请型号合格证（TC）和生产许可证（PC）。国内从事轻型运动航空器或超轻型航空器设计生产的企业，只需对此两类航空器申请单机适航证。局方对此两类航空器进行单机适航检查并颁发特殊类适航证。

（4）改进政策　2017年12月7日，民航局运行监控中心、空管局联合发文，要求各地区空管局自通知下发之日起，立即建立应急救援飞行计划申请绿色通道。通知明确：凡是取得相关飞行资质的通用航空企事业等单位，涉及医疗救助、搜寻救援和抢险救灾等紧急情况，可根据紧急程度随时申请应急救援飞行计划，不设申请时间限制。

2018年1月19日，民航局航空器适航审定司印发了《民航局适航司关于改进通用航空适航审定政策的通知》（民航适发〔2018〕2号），决定对部分通用航空适航审定政策予以简化和调整，主要包括：有关套材组装、自制、航空比赛和展览航空器的管理，有关通用航空领域设计保证系统的要求、有关航空器研制和验证阶段特许飞行证的管理，有关国内通用航空公司设计小改的管理，有关国内通用航空公司设计大改的管理，有关航空器适航证件和国籍登记证办理的管理等予以简化和调整。2018年3月2日，民航局印发《民航局适航司关于改进通用航空适航审定政策的通知（第二批）》（民航适发〔2018〕3号），增设了实验类适航证，明确了轻型运动航空器（LSA）和超轻型航空器（ULA）的型号合格证和生产许可证取证要求基于自愿原则、有关用于医疗救护和抢险救灾等用途的航空器加改装审定要求及有关通用航空企业油料供应管理的要求。随后制定发布了《改进通用航空适航审定政策实施细则的通知》，确定了部分用途（科研、符合性验证和到岸组装交付试飞用途）第一类特许飞行证、通用航空公司设计小改和设计大改、个人自制航空器适航审定和通用航空企业油料质量管理共5项适航审定问题的具体实施细则，以提高通用航空的适航审定效率，为通用航空的发展创造良好环境，促进通用航空的发展。

2019年10月28日，民航局官网发布了关于就《正常类飞机适航审定规定（征求意见稿）》征求意见的通知，拟将23部飞机统称为正常类，并根据飞机座位数量和性能划分的安全性要求进行审定，大大降低了设计简单、性能低的飞机的审定成本，不再简单地按照重量和动力装置类型划分审定要求。而且，修订后的规章只保留了原规章中安全性要求的内容，其他具体的设计指标和符合性方法要求全部被转移到相应的规范性文件中，并且增加了“H章 电动飞机补充要求”，对电动飞机的动力装置、推力控制以及储能方面增加了补充要求。

2. 政策效果评价

2017 年以来，在国家各部委特别是作为行业主管部门的民航局的一系列促进政策和管理改革推动下，我国通用航空整体发展环境明显得到优化，发展成果显著。

（1）通用航空发展门槛逐渐降低　民航东北地区管理局已正式实施经营许可与运行许可联合审定机制，审定程序及时间得到大幅缩减；“取消通用航空器引进事前备案”政策已全面施行，减少了一个月左右的申请及审批时间，提高了通用航空器的引进效率。

（2）通用机场管理更为科学有效　已制定实施的《通用机场分类管理办法》对通用机场实行分类管理，提高了通用机场专业化管理水平、安全运营水平；不断简化的通用机场审批程序，缩短了通用机场建设的审批周期；制定实施的《民用机场收费标准调整方案》，规范了通用机场服务收费项目和标准，实行市场调节价。

（3）通用航空试点工作不断推进　各相关地区管理局成立相应的领导小组，明确职责，制定实施方案、阶段任务和时间表。各试点工作正按照计划有序推进，取得了较多与双证合一、通用航空管理服务平台和无人机研发试飞、低空空域监视与服务和航空旅游等方面有关的示范经验。

（4）经营活动信息报送更为科学合理　目前，已建立通用航空经营活动信息报送考核公开制度，为我国民航管理部门开展市场监管提供了新的手段，通用航空企业信息报送、查询更为简便，有助于提高通用航空企业内部管理水平及生产安全质量。

15.3　机场分类改革

15.3.1　政策规章变化

国务院于 2009 年发布的《民用机场管理条例》（以下简称《条例》），对于民用机场法制化、规范化建设具有里程碑式的意义，有效地推进了我国民用机场的建设与发展。《条例》将民用机场分为运输机场和通用机场，运输机场定义为从事旅客、货物运输等公共航空运输活动的民用航空器提供起飞、降落等服务的机场；通用机场定义为从事工业、农业、林业、渔业和建筑业的作业飞行，以及医疗卫生、抢险救灾、气象探测、海洋监测、科学实验、教育训练和文化体育等飞行活动的民用航空器提供起飞、降落等服务的机场。《条例》对运输机场建设的选址、机场总体规划、场内建设项目和运输机场专业工程三方面的内容分别作出了明确规定。由于当时我国通用机场的发展还处于起步阶段，为了给通用机场的发展留出空间，仅原则性地规定：通用机场的规划、建设依照国家有关规定执行。经过多年的管理实践，我国运输机场已建立了较为完善的行业管理制度体系，而在涉及通用机场时，则采取套用或简化执行运输机场规章制度的做法，造成了业内普遍反映的标准偏高、要求不适用等问题。为了摆脱运输机场监管模式，促进通用机场发展，民航局以“放管结合、以放为主”为主要发展思路，对通用机场实施分类分级管理。分类分级管理思想的形成和发展大致可以划分为以下三个阶段：

1. 萌芽阶段（2012—2016 年）

2012 年 5 月 29 日，为了规范通用机场建设管理，科学确定通用机场的建设规模和运行设施，保证通用机场的安全适用性，促进通用航空事业发展，民航局发布了行业技术标准《通用机场建设规范》（MH/T 5026—2012），首次对通用机场进行了分类，根据通用机场对公众利益的影响程度将通用机场分为以下三类：

一类通用机场：指具有 10 ～ 29 座航空器经营性载人飞行业务，或最高月起降量达到 3 000 架次以上的通用机场。

二类通用机场：指具有 5 ～ 9 座航空器经营性载人飞行业务，或最高月起降量在 600 ～ 3 000 架次之间的通用机场。

三类通用机场：除一、二类外的通用机场。

在通用机场分类的基础上，对于不同类别的通用机场，在飞行场地、空中交通管制、导航设施、服务及保障设施等方面分别提出了不同的要求，这是通用机场设施分类建设思想在行业标准中的首次体现。在当时国内通用航空规章、标准体系严重缺失的情况下，《通用机场建设规范》加深了大众对通用机场的认识，提出了场址、机场设施等相关要求，也在社会上初步形成了将通用机场分类的共识。此后，这一分类方法迅速被社会各界采纳，一时间各地、各部门出台的通用机场布局规划、建设规划纷纷按此分类方法提出各类别的建设要求，对指导通用机场的建设发挥了一定的积极作用。但是，由于《通用机场建设规范》仅是一部行业标准，通用机场的分类标准并未与管理方面的制度相对应，对于实施通用机场分类分级管理的指导意义有限。

2012—2014 年，华北、东北、中南和西南等民航地区管理局分别制定了各地区管理局所属辖区内的通用机场建设管理办法，均是沿用了《通用机场建设规范》中对通用机场的分类方法，根据通用机场对公众利益的影响程度将其分为一类、二类和三类，并规定了不同类别通用机场的建设程序。由于各地区管理局的通用机场建设管理办法都是根据本辖区的建设需要而制定的，民航局没有进行统筹安排，所以各地区相同类别的通用机场建设程序也存在一定差异。尤其是华东地区管理局的《民航华东地区通用机场建设管理程序（试行）》发布时间较早，根据通用机场的建设规模，将通用机场分为大型通用机场和小型通用机场，并将小型通用机场分为一类、二类和三类小型通用机场，与《通用机场建设规范》对通用机场的分类有所不同。各地区对通用机场建设审批的要求不完全一致，导致了同一投资者在不同地区建设通用机场，面临不同的审批要求，通用机场缺乏统一的管理。

2. 形成阶段（2016—2018 年）

2016 年，国务院办公厅 5 月 13 日发布的《关于促进通用航空业发展的指导意见》（简称《意见》）中，明确要求民航局要进一步完善通用机场建设标准，对通用机场实施分类分级管理，为民航局开展分类分级管理提供了政策背书。

2017 年 4 月 14 日，为贯彻落实《意见》要求，民航局发布《通用机场分类管理办法》（以下简称《办法》），对通用机场建立了分类分级管理体系。《办法》创新了通用机场行业管理制度，可进一步促进通用机场健康发展。《办法》按照通用机场是否对公众开放分为 A、B 两类。A 类为对公众开放的通用机场，允许公众进入以获取飞行服务或自行开展飞行活动；B 类则为不对公众开放的通用机场。另外，基于其对公众利益的影响程度，《办法》又将 A 类通用机场分为三级。其中，含有使用乘客座位数在 10 座以上的航空器开展商业载客飞行活动的为 A1 级通用机场，使用乘客座位数在 5 ～ 9 座之间的航空器开展商业载客飞行活动的为 A2 级通用机场，其余均为 A3 级通用机场。

在《办法》规定的分类分级体系下，民航行政管理部门针对不同类型的通用机场施行差异化管理，主要体现在简化了通用机场审批程序方面，只规定了场址审核和使用许可一头一尾两个环节，同时对于 A 类和 B 类通用机场申请使用许可证应当具备的条件、报送材料、取证程序提出了不同的要求。《办法》是落实通用航空监管“放管结合、以放为主”发展思路的创新性制度设计，是摆脱运输机场监管模式，促进通用机场发展的重要举措，既贯彻了“安全第一”的原则，又实现了“放管结合”，为通用机场发展创造更适宜的政策环境，更好地支持通用航空的整体发展。2018年共126座通用机场获得颁证，是历年颁证总数的1.7倍，政策效力凸显。

2018年2月2日，民航局机场司发布《关于实施 < 通用机场分类管理办法 > 有关事项的通知》（民航发〔2018〕18号），进一步简化了B类通用机场使用许可证申请提交的材料，以附表的形式代替《B类通用机场使用许可证申请书（告知承诺书）》。同时明确提出，各管理局对通用机场行业监管均应统一到《办法》上来，《办法》发布前各自制定的通用机场建设、使用许可或安全运行等管理文件均应予以废止，《办法》发布后制定实施细则的，也不得在《办法》规定外增设管理要求，已增设管理要求的应予以取消，由此结束了七大地区管理局各自为政的局面，实现了全国通用机场的统一管理。

2018年7月18日，为加快推进以科学分类为基础的通用航空治理体系和治理能力现代化建设，民航局印发了《关于通用航空分类管理的指导意见》（简称《指导意见》），提出着力构建通用航空分类管理体系。《指导意见》从顶层制度设计上做实通用航空分类管理，正式开启了通用航空分类管理改革的新篇章。《指导意见》明确以改革思维促进通用航空从部门、行业管理向政府、社会管理转变，着力构建分类管理体系，破除体制机制性障碍，促进通用航空“热起来、飞起来”，同时提出创建一套独立完整、科学适用的通用航空标准制度体系，到2020年，初步建成与我国通用航空发展起步阶段相适应、有别于公共运输航空的分类监管体系和安全规范、应用广泛的分类保障体系。《指导意见》的发布体现出民航局推进通用航空分类管理改革的手段更加具体，使分类的思想和观念深入人心，“分类”也逐渐成为通用航空领域的高频词汇。更重要的是，《指导意见》为后续民航局通用航空法规体系重构工作提供了依据、奠定了坚实基础，是促进后续通用机场分类分级管理工作扎实推进的重要举措。

3. 深化发展阶段（2019年至今）

这一阶段，主要是按照民航局的通用航空法规体系重构路线图、通用航空业务框架和通用航空法规框架，对通用机场的分类分级管理进行指导、推进。在通用航空法规框架中，将编制《通用机场管理规定》（CCAR-138）作为一项重要任务，主要包含通用机场的建设、使用许可和运营管理等内容，并列入立法规划。在分类分级方面，按照目标导向、问题导向的原则，遵循“与行业管理相适应”“与当前发展阶段相适应”的要求，以及通用机场建设、许可及运行安全管理阶段的需求，构建科学合理、适用的通用机场管理分类体系。在通用机场建设管理方面，将重点解决建设程序不明确的问题，以保障通用机场建设及运行安全为前提，结合民航局相关部门及民航地区管理局的意见和建议，对现有通用机场建设程序予以明确和简化，同时进一步放宽部分建设项目的民航行业相关资质要求。在使用许可管理方面，明确不同类型通用机场使用许可的管理重点和监管力度，以及不同类别、不同等级通用机场的颁证条件或备案条件、应履行的程序。在运营管理方面，深入分析影响通用机场安全、正常运行的主要因素，筛选切实影响通用机场运行安全的相关内容，按照精准监管的要求，坚持分级监管的总体原则，探索不同方式、不同强度的监管模式，确保监管对象全覆盖。

《中华人民共和国民用航空法》于 2018 年 12 月 29 日第十三届全国人民代表大会常务委员会第七次会议通过了第五次修正，第六十二条规定："国务院民用航空主管部门规定的对公众开放的民用机场应当取得机场使用许可证，方可开放使用。其他民用机场应当按照国务院民用航空主管部门的规定进行备案。"为不对公众开放的通用机场实施备案管理提供了依据。为贯彻落实《中华人民共和国民用航空法》，同时做好存量通用机场及起降场地的摸底工作，将大量现用但未颁证的通用机场纳入行业管理，加大通用机场放管结合力度，结合"分类管理、放管结合、以放为主"的要求，以及 B 类通用机场管理工作的特点，在深入调研和广泛征求意见的基础上制定了《B 类通用机场备案办法（试行）》（以下简称《备案办法》），并于 2020 年 1 月 7 日颁布。以启动 B 类通用机场备案管理为标志，通用机场的分类管理改革实践全面铺开。

总体来看，通用机场分类分级管理改革的政策趋势呈现出以下三个特点：一是由过度监管向分类施策转变。将通用机场从运输机场的管理体系中剥离，改变以往通用机场管理采取套用或简化执行运输机场规章制度的做法，确立"分类管理、放管结合、以放为主"的政策导向，在"放"与"管""放什么、管什么""如何放、怎么管"的问题上做出明确决策，大大增强了政策的科学性和适用性。二是由全覆盖式向精准式转变。突出行业监管重点，对用于公共运输航空与通用航空、经营性与自用性通用航空、载客类与非载客类飞行活动的通用机场实施分类管理，建立基于公众利益和运行风险的分类监管机制，加强对载客经营类通用航空飞行活动的监管，放宽对载货类、培训类和作业类通用航空飞行活动的限制。三是由部门、行业管理向政府、社会管理转变。民航行业管理部门对通用机场将采用"最小化监管"原则，坚持"法无禁止即可为""法无授权不可为"，在国家相关法律、法规赋予的权限范围内实施管理。对于上位法可规定的内容严格履行管理职责，无上位法可依据的则不擅自增加管理事项。在不与上位法相抵触的前提下，放开对民航安全影响不大的管理事项，尽可能简化通用机场管理程序。

15.3.2 开发建设模式

15.3.2.1 通用机场投资建设模式

1. 建设模式

与运输机场主要由地方政府和中央出资建设不同，通用机场的建设主体既包括政府，也包括各类企业（国资背景企业或民资企业）。依据机场建设的主要推动方，通用机场建设模式可大致分为政府主导建设和企业主导建设两种模式，其中政府主导建设模式又可分为政府建设模式和政府与企业合作建设模式。

（1）政府主导建设模式

1）政府建设模式。政府建设模式主要针对的是公共服务类的通用机场项目，即公益性的通用机场项目，这些项目由中央或省、市、县各级政府部门主导投资建设。政府对通用机场投资的主要形式有国债资金、通用航空发展专项资金和地方政府投资。

其中，国债资金指中央政府为扩大内需，拉动经济增长，通过增发国债专项资金的方式用于地方加大基础设施建设等方面的资金投入。通用航空发展专项资金是由中央财政从民航发展基金中单列出来的，用于支持通用航空企业开展通用航空作业、通用航空飞行员培训以及完善通用航空设施设备等方面的专项资金。地方政府投资主要包括地方政府直接投资，或以土地出让、土地收益平衡等形式对通用机场进行补偿。

通用机场的政府建设模式主要针对专业化的公共服务项目。这类通用机场的涉及面广，包括警用、林业和海上救险等专业化的通用机场项目，如国家林业局或省级林业部门投资建设的林业机场、省市公安厅投资建设的警用通用机场；也包括地方政府投资的通用机场项目，如沈阳法库县政府投资建设财湖通用机场，并依托机场打造国家航空高技术基地法库通用航空产业园，定期举办法库国际飞行大会暨国际通用航空产品博览会，以此为平台引入民间资本开发通用航空运营保障服务和航空制造等产业项目。这类机场作为公共服务基础设施体系的机场，建设运营的成本和收益不是考虑的重点，机场业主可以通过用地划拨的方式便利地获取机场土地，且机场的建设资金投入往往较大，后期的运营成本负担也较重。

2）政府和企业合作的投资建设模式。政府和企业合作建设通用机场的模式多种多样。具体运作形式较为灵活。

①政府授权平台公司建设模式。这是近年来新兴的通用机场建设投资模式，以省级政府授权省内有国资背景的投资公司或大型国企，对省内通用机场实施打包建设开发的形式为主，目前国内的云南、湖南、贵州、广西和甘肃等省（自治区）都在积极探索这一模式。省级政府授权的平台企业，可能是本省的民用机场集团，如云南省授权云南省机场集团、湖南省授权湖南机场集团等；也可能是省内的交投、城投、航投等类的投资型平台公司，如甘肃省授权甘肃航空产业投资有限公司、贵州省授权贵州航空投资控股集团公司、重庆市授权重庆市城市建设投资集团（后者于 2017 年与中交集团、北京千方科技公司组建了合资公司——中交航空港有限公司（简称中交航空港），并于 2019 年正式并入中国民航机场建设集团有限公司）。该模式的优点在于，政府授权的平台级企业，往往拥有丰富的机场建设项目运作经验和较为夯实的资金实力，有资金实力专业团队的支持，能够快速地推动通用机场项目的建设。但由于该模式是一种新兴模式，目前国内以此种模式建成的通用机场还不多。2017 年年底，甘肃航空产业投资有限公司（简称甘肃航投）推动建设的张掖丹霞通用机场建成投用，2019 年 11 月，中交航空港推动建设的重庆永川通用机场建成投用。预计未来，将有越来越多的通用机场以这种模式落地开花。

对于这类投资企业，其为通用机场建设投资的资金可能是企业自有资金，也可能是外部融资的资金，还可能是由通用机场所在地的市县级地方政府提供的资金。比如，甘肃航投的母公司——甘肃省公路航空旅游投资集团有限公司与国家开发银行甘肃省分行、中国建筑一局集团（简称中建）、中国中铁航空港建设集团（简称中铁）、中国铁建大桥工程局集团（简称中铁建）达成投融资协议，以 PPP 模式在甘肃省建设 200 个通用机场项目，项目总投资达 200 亿元，其中甘肃省公路航空旅游投资集团有限公司出资 20 亿元，中建、中铁、中铁建三家工程建设公司联合出资 30 亿元，共同设立 50 亿元的项目资本金，再通过国家开发银行甘肃省分行以项目贷款和基金贷款等方式筹措 150 亿元。再如中交航空港在运作机场建设项目时，与通用机场所在地的区县级政府签订投资协议，协定：政府按照最优土地价格提供建设用地，中交航空港出资建设运营，同时协助地方构建涵盖航空小镇、航空旅游、航空文化和航空制造维修等的通用航空综合产业体系；此外，中交航空港一般要求政府提供匹配的土地资源，以土地净收益平衡机场建设投资。在这种运作方式下，政府能够确保通用机场建设项目得到专业化推进，且可避免一次性投入大量资金，而机场公司则可避免资金沉淀过久。

② PPP 模式。PPP 模式是政府与社会资本合作模式。具体来说，PPP 模式指政府与企业签订长期合作协议，授权企业代替政府建设运营或管理基础设施，并向公众提供公共服务，它是基于公共基础设施建设发展起来的一种优化的项目融资与实施模式。特许期结束后，被授权的企业同样要无偿将项目的全部资产移交给政府。

通用机场 PPP 模式是由参与合作的政府部门和企业以特许权协议为基础进行全程合作，双方共同承担整个项目运营周期内的责任和融资风险。双方通过协议的方式明确共同承担的责任和风险，以及在通用机场项目建设和运营中各个环节的权利和义务，使得通用机场项目既体现出公共基础设施的属性，能够减少政府诸多的行政干预和限制，又可以使民营资本更多地参与到项目中，充分发挥社会资本在资源整合与经营上的优势，从而最大限度地发挥各方优势，并有利于降低项目建设投资的风险。

PPP 模式在通用机场建设领域也是一种新兴模式，目前在全国范围内有多个项目正在探索推动此模式，但大多数采用此模式的项目尚未建成投用。如黑龙江省哈尔滨市的木兰县通用机场项目，目前已与中铁北京工程局集团有限公司（简称中铁北京局）达成了项目合作协议，协定双方合作建设通用机场。按照协议，中铁北京局除直接投资建设基础设施外，还将负责产业引进，包括筛选适合木兰县发展的通用航空产业项目。这种模式对于政府财力不强的地区较为适宜，能够有效减轻政府投资压力。

③股份公司合作模式。股份公司合作模式是通过政府平台公司和企业合资成立通用机场建设运营股份有限公司的方式运作机场建设项目，这样，项目既可获得地方政府在财务税收、土地政策等诸多方面的支持，也有专业化民航背景公司做技术支撑。例如，2014 年 3 月 31 日成立的四川绵阳科技城九洲通用机场有限公司负责九洲通用机场的建设、维护及运营管理等。该公司由四川九洲电器集团有限责任公司控股、绵阳市交通发展集团公司和北川三元投资发展有限公司三家股东合资组建。其中，四川九洲电器集团有限责任公司是具备军民装备科研生产资质的国有大型高科技骨干企业集团，熟悉军方和民航的运作程序，而绵阳市交通发展集团公司和北川三元投资发展有限公司分别是绵阳市政府和北川县政府的

平台公司，因此项目可获得地方政府在政策、土地、税收优惠、工作协调等方面的支持。

④增资扩股附返售权交易的融资模式。这种创新模式是指通用机场法人单位通过增资扩股附返售权交易方式进行融资。增资扩股附返售权交易方式是指具有法人资格的非金融企业通过招投标方式或交易所交易方式发布增资扩股信息，并确定投资方，约定在一定时限和条件下，投资方有权以约定价格要求招标企业回购，或要求招标企业控股股东购买其所认购股权的融资交易行为。采用这一模式可达到双赢的效果，一方面地方政府拥有通用机场的产权和运营权，对机场的建设运营具有主导权，通过引进有实力的投资人参与通用机场建设的投资，缓解了机场业主在自筹建设运营资金和保证建设进度的压力，也有利于通用机场周边航空产业园的开发建设；另一方面参股企业也有话语权和收益保证，对于首次进军航空领域的大型骨干企业来说尤其具有吸引力，对其在通用机场建设市场的业绩累积、品牌宣传等具有显著作用。这类企业以建设施工企业居多，通常可以工程款直接作为参股资金入股。这一通用机场投资建设模式体现了“政府引导、市场主导”的发展思路。

珠海莲洲通用机场项目是我国典型的采用增资扩股附返售权交易方式进行融资的机场建设项目。中国电建集团航空港建设有限公司与珠海航空城发展集团有限公司（珠海市国有企业）先期确定合作投资建设珠海通用机场项目，而后中国电建集团航空港建设有限公司全资子公司——中国水利水电第16工程局有限公司和珠海航空城发展集团有限公司子公司——珠海莲洲通用机场建设有限公司通过招投标方式确定合作运作增资扩股项目，并中标承建该机场项目，该项目总投资在8亿元左右，其中机场工程建设费用约2.7亿元。

（2）企业主导建设模式

企业主导建设模式是指由国有或民营企业自行出资（独资或合资）建设和自行运营的通用机场建设模式。这种模式适合于在通用航空业内建设经营方面有实力的企业，可提供“报批、建设、运营”的“一条龙”服务，并拥有从事通用航空机场平台运营的优势；有实力的大型通用机场建设运营企业正在区域或全国范围内规划建设通用机场网络体系，以实现通用机场网络化的商业价值。但这种通用机场的建设运营模式对企业的资金实力和专业技术要求高，企业的开发风险较大。另外，这一建设模式具有排他性，地方政府对通用航空的运营管理缺乏话语权，有的机场建设企业甚至倾向于在机场周边地区进行“跑马圈地”式的房地产开发。

企业主导建设模式又可分为国有企业和民营企业两种建设模式：一是国有企业建设模式。由国有企业主导的通用机场或通用航空基地的建设开发项目多集中在通用航空某一专业领域，如中国航空工业集团公司的通用航空制造板块在珠海金湾、石家庄栾城、天津滨海和四川自贡等地进行机场及产业园布局；中航通用飞机有限责任公司的爱飞客综合体模式已经在珠海、荆门和石家庄三地落户实施，天津、苏州和新疆阿勒泰等地正在筹建中；国网通用航空有限公司为强化电力巡检的专业在全国布局了湖北仙桃、浙江德清等七大中心基地机场。二是民营企业建设模式。专业化的通用机场运营公司主要通过自建、合建以及代管等多种模式开发和运营通用机场，并承接通用机场报批报建及通用机场代管业务。目前，我国这类典型的民营企业有福建正阳通用机场投资公司和中化岩土工程股份有限公司等。

根据建设运营的具体运作方式，企业主导建设模式又可以分为如下模式。

1）企业自主“投资、建设、运营”模式。企业自主“投资、建设、运营”模式适用于大型工程建设公司。大型工程建设公司可凭借丰富的工程项目建设经验和雄厚的资金实力，通过自身参与机场建设和股权收购等方式，在通用机场领域实现“建设商—运营商—管理商”的角色转型，并最终成为集通用机场投资建设和运营于一体的专业化通用航空企业。典型的实例有福建正阳通用机场投资公司、龙浩集团公司、中化岩土工程股份有限公司等。例如，上海正阳投资集团公司旗下的福建正阳通用机场投资公司主要从事通用机场的投资开发、建设咨询和运营管理，通过自行投资、合作开发以及品牌共享等多种模式，已陆续建成并运营的通用机场有福州竹岐通用机场、厦门厦金湾直升机场和武夷山角亭直升机场等，另外还有龙岩、泉州、宁德和邵武等地的在建项目。

2）企业“代报、代建”的建设模式。企业具有通用机场从报建、建设到运营管理等全过程的丰富经验和专业实力，地方政府缺乏通用航空领域的运作经验和背景知识，但又不愿长期放弃通用机场的产权和管理权限，受地方政府委托的专业化通用航空企业对通用机场项目进行代报、代建或代管，政府提供项目建设资金；或者由通用航空公司代为建设，一定时期后政府赎回，企业甚至可提供“代报、代建或代管”的全程服务，其中“代报”是提供通用机场的报批、报建专业咨询和代办服务，“代建”是提供通用机场的规划设计和建设施工服务，“代管”是提供通用机场的运营保障和经营管理服务。

3）通用航空产业基金的建设模式。早在 2009 年，由西安阎良国家航空产业基地牵头发起，组织成立了国家航空产业基金投资管理有限公司，这标志着我国第一个国家级航空产业基金已启动。时至今日，我国各类航空产业基金已多达数十个。由龙头企业牵头成立的通用航空基金平台可弥补通用航空企业自身资金不足的弊端，以便撬动通用航空产业链的快速发展。但通用航空产业基金的实际运作复杂，利益纠葛多，实际运作成功的案例少，许多通用航空产业基金的运作模式尚在摸索之中。例如西安修合资本管理有限公司投资 2.5 亿元启动资金，与辽宁农林航空公司合作，并联合中国航空工业集团公司、中资资产评估有限公司等金融单位共同发起成立了“辽宁通用航空产业基金”，以建设辽宁省农林航空产业体系建设项目。该产业基金平台将开展农林航空、通用飞机制造租售、机场管理和航空快运等投资业务，并逐步形成集农林作业、航空快运、飞机制造和机场管理等为一体的通用航空产业集团。同时，将以辽宁省农林航空产业体系建设为起点和基础，在辽宁省陆续建成 10 ～ 15 个农林通用机场，5 年内形成通用机场网络。

2. 投融资模式

（1）国外通用机场建设的投融资模式 国际上的民用机场在定性和运营管理方面存在以民营化为主的欧洲模式和以公益性为主的美国模式两大模式。不同的机场定性和运营方式，使得民用机场的投融资模式也不同，主要模式有：一是以英国机场为代表的“欧洲模式”。欧洲的机场定位为企业机场，按照企业经营模式进行开发和运营，并运用其自然垄断优势获得利润。二是“美国模式”，美国的机场定位为“以服务民众为主、盈利为辅的公益性基础设施”，其机场的建设运营资金主要来自政府拨款、特别目的的使用者税和机场债券。

美国民用机场建设主要有两种不同的投融资模式：

一种是纳入美国国家综合机场体系计划（National Plan of Integrated Airport System，NPIAS）的机场。这类机场主要由政府投资建设管理，并提供补贴、免税政策支持。这类机场的私有化程度不高。在纳入美国国家综合机场体系计划的 3 330 个机场中，完全利用私人资本的还不足 3%。对于符合条件的公益性通用机场项目，美国联邦航空局出资 90% ～ 95%、地方政府出资 5% ～ 10%。通常美国联邦航空局在公务机机场建设方面的投资占 90%，州政府和地方政府投资各占 5%。美国联邦航空局的资金来自“机场和航路信托基金”，而“机场和航路信托基金”的资金来源于对旅客、货主或私人飞行员的收费。自 2001 年起，该基金每年能募集到超过 30 亿美元的资金。美国联邦航空局投资的通用机场必须保证 10 年内对公众开放。

另一种是私有机场，由社会资本主导。根据美国联邦安全规章及环境法规定，只要拥有足够土地，任何人可以修建机场，重点应进行航空业务量预测和环境评估。由私有资本建设管理的这类机场多属于不对公众开放的通用机场或公务机机场。

（2）我国通用机场建设的投融资模式　我国通用机场建设的投融资模式具有多样化的特征，具体包括政府投资、债务融资、内源性融资以及 PPP、BOT 等其他形式的融资。

1）政府投资是指由中央和各级地方政府投资的公益性通用机场项目。

2）债务融资主要指向银行借贷。具体包括：

①向国内商业银行贷款，但通用机场为长线项目，还贷周期长，机场还本付息能力差，商业银行普遍惜贷。

②向国内政策性银行贷款，国家开发银行、国家农业开发银行一般优先支持此类贷款。

③向世界银行贷款，此类贷款方式具有融资额度大、贷款期限较长（一般为 15 ～ 20 年）、利率条件比较优惠和企业财务风险低等优势，但是也有准备时间比较长、手续严密且管理严格、技术操作难度大等问题。迄今我国通用机场尚未有世界银行贷款项目，这是可积极开拓的融资渠道。

3）内源性融资主要表现为通用机场经营企业自筹资金。自筹资金为所有资金来源中最可控，运用最灵活的部分，加大自有资金在未来机场建设所需资金中的比重，可有效降低财务风险。

以 PPP 模式为主的其他融资方式也是吸引社会资金的当今流行融资模式。PPP 模式存在的现实问题包括：一是项目审批和融资方案孰先孰后的问题；二是通过项目的包装工作来最终确定科学、合理的融资结构的问题。而 BOT 融资方式指政府部门通过长期特许权协议，授权项目发起人或项目公司进行通用机场项目的融资、设计、建设、经营和维护，在特许期内向使用通用机场的客户收取适当费用，以回收项目投资、经营和维护成本，并获得合理回报，政府部门则拥有对该基础设施的监督权、调控权。特许期满后，项目公司将通用机场免费移交给政府。BOT 模式应用的必要条件之一是通用机场项目的建设规模大且具有长期稳定的预期收入。但是 BOT 模式缺乏法律支持，BOT 项目的实际运作缺乏政策指导和法规保障，加上通用航空收益的不稳定性，对于通用机场融资来说可操作性极低。目前，仅山西省阳泉市盂县采用 BOT 方式投资建设通用机场。

总的来说，我国通用机场建设投资方式主要有政府投资、银行贷款和企业自筹三大类，其他的融资方式较少。建设阶段的投资渠道相对单一，使得通用机场在运营阶段的财务平衡压力较大。通用机场建设的投资模式评价见表 15-9。

表 15-9　通用机场建设的投资模式评价

融资模式	投资形式	优缺点	适合的通用机场项目
政府投资	国债资金、民航发展基金和地方政府投资	体现机场自身的公共基础设施属性，融资额度大，融资风险较低	适合以满足公共需求为目的的项目，或者经济落后、旅游资源开发不平衡、旅游市场发育不健全的地区
国内银行贷款	商业性贷款、政策性贷款、世界银行贷款	是成熟且易于操作的主要融资模式。程序比较简单，融资成本可以接受，融资额度一般，融资风险较低，但融资额度过大时易增加机场的运营负担	适合市场前景良好的航空消费类机场项目
内源性融资	企业自筹资金，所有资金来源中最可控、运用最灵活的部分	融资额度一般较小，仅作为项目建设资金的补充；融资风险较低，自有资金占机场建设资金中的比重越大，则越能有效降低财务风险	适合于新近进入通用航空领域且财力富足的大型企业集团
PPP 模式	形式多样，投资主体多元化	可使民营资本更多地参与到项目中，以提高效率，降低风险。有利于降低项目建设投资风险；融资额度一般，融资风险较高	具有优质的旅游资源、市场前景良好的项目
BOT 模式	“建造、经营和转让”的一种租赁形式	融资额度有限，成本较高，具有较高的融资风险，可行性和可操作性都不高	航空旅游类等营利性好的项目，建设规模大且具有长期稳定预期收入的项目

3. 通用机场建设补贴相关政策

（1）中央资金　为推动通用航空业发展，民航局和中央部委以及省级地方政府先后出台过涉及通用机场补贴的政策文件。

2009 年 12 月，民航局出台了《关于印发加快通用航空发展有关措施的通知》，提到选择在江浙、东北、西部以及其他应急救援基础薄弱的特殊地区，规划建设具备相应保障能力的通用机场，并协调当地地方政府与中国民用航空局签订通用航空领域的框架合作协议，统筹解决通用机场建设所需的资金。

2011 年 5 月，民航局出台了《关于印发〈民航基础设施项目投资补助管理暂行办法〉的通知》，其中提到“通勤机场建设项目参照民用运输机场补助标准确定补助额度；通用机场建设项目补助标准另行研究”。

2012 年 3 月，财政部关于印发《民航发展基金征收使用管理暂行办法》的通知中所界定的“民航发展基金使用范围”中的“通用航空发展，包括支持通用航空企业开展应急救援、农林飞行等作业项目，通用航空飞行员教育培训，通用航空基础设施建设投入和设备更新、改造等”。该规定明确提出通用机场建设属于民航发展基金的使用范围之内。

2016 年，民航局修订《民航基础设施项目投资补助管理暂行办法》，将通用机场列入了民航发展基金的补贴范畴，明确提出对符合省级政府批准规划并安排财政资金支持的通用机场项目给予资金补助，最高补助金额不超过 1 亿元，为通用机场建设提供财政支持。

2018 年 9 月，国家发展改革委、民航局联合印发《关于促进通用机场有序发展的意见》，意见明确：“‘十三五’期间民航局将安排民航发展基金对各省（区、市）1 ～ 2 个以短途运输、应急救援、医疗救护等公益性较强的通用航空服务为主的通用机场建设项目予以重点支持”。日前，民航局“十三五”通用机场建设项目重点支持清单已经基本明确，本次纳入重点支持的通用机场项目约 33 个，每个项目根据民航专业工程建设内容和规模给予一定的建设资金补贴，原则上单个机场补贴上限不超过 1 亿元。

《国务院办公厅关于印发交通运输领域中央与地方财政事权和支出责任划分改革方案的通知》（简称《通知》）自 2020 年 1 月 1 日起实施，《通知》明确地方通用机场建设属于地方事权、承担支出责任。“十四五”期间中央层面给予通用机场建设支持与否还难下论断。但《通知》同时又提出“对地方政府履行财政事权、落实支出责任存在收支缺口的，上级政府可根据不同时间发展目标给予一定的资金支持”。下一步，国家发展改革委、财政部和民航局将继续协调研究，预计未来可能还会以不同形式给予地方建设通用机场一定的资金支持，但毋庸置疑，未来通用机场建设支持的主体将是机场所在地的地方政府。

从总体来看，我国尚缺乏国家层面的通用机场建设专项补贴政策。建议进一步完善各层面的通用机场补贴制度，构建“国家 + 省（自治区、直辖市）+ 市县”三级协作的通用航空建设运营补贴体系，以提高通用机场全生命周期的健康发展能力。

（2）地方政府支持 为加快本地通用航空的发展，各级政府配套出台通用机场建设相关资金补贴扶持政策。2015 年 6 月，江苏省财政厅、交通运输厅联合印发《江苏省省级航空机场发展专项补助资金管理办法》，出台了全国首个省级通用机场专项补助资金管理办法，标志着省级地方政府对通用机场规划建设开始进行财政补贴。该办法明确指出专项资金的支持范围主要有前期工作项目、新增设施设备及升级改造项目、通用机场建设项目、应急救援等公益性飞行服务项目四大类项目。自 2016 年起，内蒙古、云南和江苏等省（自治区）陆续出台了通用机场建设补贴政策，给予通用机场前期工作经费、通用机场建设资金补助，各市、县也陆续出台配套措施，为通用机场建设提供配套补贴资金，通用机场建设的支持力度不断加大，制约通用机场建设的资金问题逐步得到解决。部分地方通用机场建设补贴政策见表 15-10。

表 15-10　部分地方通用机场建设补贴政策

序号	地区	发布文件	发布时间	补贴内容
1	江苏省	《江苏省省级航空机场发展专项补助资金管理办法》	2015.6	前期工作项目，每个项目不超过 30 万元；A 类通用机场建设项目，每个项目按不超过建安费的 15% 进行补助；B 类通用机场建设项目，每个项目按不超过建安费的 20% 进行补助
2	云南省	云南省人民政府《关于进一步加快通用机场建设的实施意见》	2016.11	一类、二类通用机场省级财政分别给予安排项目前期工作经费 400 万元、200 万元，各有关州（市）财政按 1∶1 给予配套项目前期工作经费。 新建一类、二类和三类通用机场，省级财政分别给予 1 亿元、0.5 亿元和 200 万元的建设资金补助
3	江西省	《江西省人民政府办公厅关于印发加快推进通用航空产业发展若干措施的通知》	2017.7	新建通用机场给予不超过 1 000 万元的资金补助（其中完成选址批复等前期工作的给予 200 万元以内补助，开工建设后再给予 800 万元以内补助）；直升机起降点，给予每个不超过 10 万元的资金补助
4	吉林省	吉林省人民政府办公厅关于印发《支持通用航空产业发展若干政策》的通知	2019.1	纳入省政府批准的吉林省民航发展五年规划且市（州）、县（市）政府安排资本金的通用机场项目，省财政按照市（州）、县（市）政府资本金投入的 50% 给予资本金支持，最高不超过通用机场建设批复总投资的 10%

（续）

序号	地区	发布文件	发布时间	补贴内容
5	内蒙古自治区	内蒙古自治区人民政府办公厅《关于促进通用机场有序发展的实施意见》	2019.1	对纳入自治区通用航空发展规划的通用机场项目，按照自治区民航发展专项资金管理有关规定给予相应补助
6	青岛市	《关于支持航空产业发展的实施意见》	2016.6	新建A类通用机场建设项目，按建安费的15%进行补助，最高不超过2 000万元；新建B类通用机场建设项目，按建安费的20%进行补助，最高不超过1 000万元；新建C类通用机场建设项目，按建安费的30%进行补助，最高不超过200万元；经认定升级的通用机场建设项目，给予补差奖励
7	石家庄市	石家庄市人民政府《关于加快通用航空业发展的实施意见》	2016.9	建设符合《通用机场建设规范》要求的一类（10～29座或年3 000架次）、二类（5～9座或600～3 000架次）、三类通用航空机场（一、二类以外的通用机场），分别给予2 000万元、1 000万元和500万元的建安费补助。对经认定升级的通用机场建设项目，给予补差奖励
8	昆明市	《昆明市通用航空产业综合示范区实施方案（2016—2020年）》	2017.5	新建通用机场，市财政按照“一事一议”原则给予适当补助，对前期工作开展积极的县区，每年给予适当前期费用补助支持
9	芜湖市	《芜湖市航空产业集聚发展政策规定》	2017.6	芜湖市域范围内新建A类通用机场建设项目，按建安费的15%进行补助，最高不超过2 000万元；新建B类通用机场建设项目，按建安费的20%进行补助，最高不超过1 000万元；经认定升级的通用机场建设项目，给予补差奖励
10	哈尔滨市	《哈尔滨市促进通用航空产业发展的若干政策》	2017.9	符合全市通用航空机场布局规划的新建通用机场，市财政按照建安费的15%给予补助，单个机场最多不超过1 000万元。其中，对总投资1亿元以上的重大项目，可通过“一事一议”方式给予支持

（续）

序号	地区	发布文件	发布时间	补贴内容
11	宁波市	《宁波市促进通用航空产业发展的实施意见（暂行）》	2017.12	二类及以上通用机场选址获得审批通过的，给予其管理机构一次性 500 万元补助，对符合国家及民航有关技术标准、规范要求的直升机（临时）起降点，给予每个不超过 10 万元的资金补助
12	即墨市	《即墨市人民政府关于支持航空业发展的实施意见》	2016.12	新建 A 类通用机场建设项目，按建安费的 15% 进行补助，最高不超过 2 000 万元，总投资在 3 000 万元以下的不予补助；新建 B 类通用机场建设项目，按建安费的 20% 进行补助，最高不超过 1 000 万元，总投资在 3 000 万元以下的不予补助；新建 C 类通用机场建设项目，按建安费的 30% 进行补助，最高不超过 200 万元；经认定升级的通用机场建设项目，给予补差奖励

15.3.2.2 通用机场开发模式

以通用机场为核心的通用航空产业发展都有其内在推动力，不同的推动力形成的通用航空产业发展模式也不同。按动力机制划分，通用机场开发模式主要包括以重点产业、航展、全产业链或地产等为主要动力的开发模式。

1. 以重点产业推动为主的开发模式

通用航空产业链包括通用航空研发制造、通用航空运营和通用航空保障服务等主要环节，所以通用航空产业推动开发模式又可细分为“通用机场＋通用航空研发制造”“通用机场＋通用航空运营”和“通用机场＋通用航空保障服务”等多种开发模式，从空间布局角度来看，以产业推动为主的开发模式表现为以通用机场为核心进行通用航空产业园开发建设。

（1）“通用机场＋通用航空研发制造”开发模式　该模式是以通用机场为试飞基地，以通用航空产业园为平台，依托通用航空飞机研发制造业、关键零部件加工制造业带动通用机场周边地区的通用航空产业发展。由于通用航空制造属于技术密集型及资金密集型产业，行业进入壁垒高，所以该模式对开发企业的研发技术、资金实力、创新能力等有较高要求，并且需要航空骨干企业主导实施通用航空制造业的发展。西安阎良、沈阳法库、贵州安顺和河北石家庄等地区均形成了以通用航空制造业为主动力的通用机场地区开发模式。比较特殊的是珠海通用航空产业园，其采用的是以珠海金湾运输机场为平台，以中航通用飞机有限责任公司制造基地为核心，带动通用航空研发制造产业链的开发模式。

（2）“通用机场＋通用航空运营”开发模式 该模式以通用机场为平台，以提供公共服务、经济建设或航空消费三大类通用航空运营服务为核心，有条件的地区利用通用机场开展短途运输，最终依托通用航空运营的收益，带动通用机场地区开发及通用航空产业发展。“通用航空运营”带动开发模式需要较为强劲的通用航空市场需求和较为丰富的通用机场资源做保障，另外也离不开政府方面给予的补贴资助。我国的根河机场、阿拉善通勤机场、嫩江通用机场等采用的正是这种开发模式。

（3）“通用机场＋通用航空保障服务”开发模式 该模式是以通用机场为基础，通过发展固定基地运营商、飞行服务站、维修站来构建通用航空服务保障体系，为通用航空企业运营提供配套的维修、飞行情报、航空气象以及地面保障服务，并为通用机场周边地区的通用航空产业发展搭建平台，以此来带动机场地区的综合开发。北京、上海、深圳和珠海等地已建立固定基地运营商和维修站，沈阳法库、海口等地也进行了通用航空飞行服务站的建设。

2. 以航展推动为主的开发模式

以航空展览推动通用航空产业的发展，主要是以举办航空飞行表演和航空展览为契机，吸引国内外航空爱好者集聚，吸引通用航空企业进驻，促进通用航空飞机制造、通用航空飞机交易、航空知识文化传播以及通用航空相关产业的发展，从而带动通用机场地区开发建设和通用航空产业发展的一种开发模式。

航空展览带动发展模式需要借助机场完成飞行表演，也需要良好的空域资源和净空条件，制造业或旅游业等基础产业也可为地区通用航空产业空间拓展提供可能。航空展览吸引的主要是飞行爱好者，尚属高端人群的爱好项目和新兴服务范畴，政府的政策引导或者财政支持无疑会给当地通用航空产业发展带来更多机会，吸引更多投资进入该领域。内蒙古赤峰、郑州上街、沈阳法库等地都在积极尝试通过举办相关国际通用航空展览会活动，带动通用航空产业发展和机场地区开发。

3. 全产业链带动的开发模式

该模式是指通用航空产业发展将涵盖整个通用航空产业链及上游研发设计、中游制造运营及下游服务保障等相关产业，全方位打造通用航空产业集群。因该模式涉及全产业链的诸多环节，所以对机场及其周边地区有较高的条件要求，综合开发所需的关键因素包括机场设施、技术条件和制造基础等。全产业链带动的开发模式的一个典型案例是以漳河通用机场为平台的荆门通用航空基地，该基地有水上特种航空器研发中心主导的研发制造环节，也有以荆门爱飞客镇项目为主的运营服务环节。此外，我国正在规划建设的一批通用机场，尤其是经济产业基础较好地区的通用机场，也纷纷提出依托机场构建通用航空全产业链，典型案例如杭州湾新区通用机场等。

4. 以地产推动为主的开发模式

该模式是以“通用航空 + 地产”的开发模式来推动通用机场地区的开发和通用航空产业的发展，其表现形式为建设航空小镇，即以航空体验功能为主导，以居住房产和休闲地产为核心进行通用机场周边土地综合开发，由此形成通用航空特性突出的高品质社区航空小镇开发模式。其开发具有综合性特征，要求开发地区具备土地资源、机场资源、地产业和现代服务业等多项基础条件，同时需要具备高品质的管理人才和雄厚的经济基础。但这一开发模式存在的问题在于通用机场厂址选择普遍在非一线城市地区，且属于距离市区较远，相对独立的“孤岛”。城市综合配套成本高，高端房地产开发价值难以实现。目前国内正在积极探索适合国情的航空小镇发展模式，如建德市推动打造“建德航空小镇”、沈阳市提出要建设“沈北航空小镇”，浙江宁海县也计划建设“通用航空风情小镇”，牡丹江市提出建设“镜泊通用航空特色小镇”等。

上述四种动力机制形成了通用航空产业发展和通用机场开发的六种模式，各模式的特点及适合发展的地区见表 15-11。

表 15-11　不同动力机制下的通用航空产业发展和通用机场开发模式

动力机制	类型	适合地区	实例
产业推动	“通用机场 + 通用航空制造”开发模式	适合航空航天基础较好的地区	西安航空基地通用航空产业园
	“通用机场 + 通用航空运营”开发模式	适合通用航空需求旺盛、经济条件和政策条件良好的地区	内蒙古根河机场
	“通用机场 + 通用航空保障服务”开发模式	适合通用航空基础设施建设完善和保障条件良好的地区	沈阳法库通用航空产业基地

（续）

动力机制	类型	适合地区	实例
航展推动	以航展为主的开发模式	适合空域条件良好、旅游资源丰富的地区	内蒙古赤峰“飞来者”大会
全产业链推动	全产业链带动的综合开发模式	对地区基础条件、产业条件和配套条件等有较高的要求	荆门通用航空产业示范基地——荆门爱飞客镇
地产推动	以航空小镇为主的开发模式	适合土地资源充沛、自然风光优美和生态环境良好的地区	建德航空小镇

15.3.3 机场建设审批流程

从通用机场建设相关政策、法规来看，对于通用机场的建设管理，国家、民航、军方均有相关的政策法规要求：国家对机场建设审批的现行有效政策法规主要有《国务院关于发布政府核准的投资项目目录（2014年）的通知》（国发〔2014〕53号）和《国务院对确需保留的行政审批项目设定行政许可的决定》（国务院令第412号），主要确定了企业投资项目采取核准或备案制，省级政府负责通用机场项目立项的审批，对通用机场项目的可行性研究进行把控；另外还有《交通运输领域中央与地方财政事权和支出责任划分改革方案》，明确了通用机场的审批事权和支出责任归属。民航局现行的政策法规主要有《关于发布〈通用机场分类管理办法〉的通知》（民航发〔2017〕46号）、《关于修订〈民航基础设施项目投资补助管理暂行办法〉的通知》（民航发〔2016〕15号）、《B类通用机场备案管理办法（试行）》，此外还包括一些行业标准，如《通用机场建设规范》（MH/T 5026—2012）、《民用机场飞行区技术标准》（MH 5001—2013）、《民用直升机场飞行场地技术标准》（MH 5013—2014）、《水上机场技术要求（试行）》（AC-158-CA-2017-01）、《通用航空供油工程建设规范》（MH/T 5030—2014）和《民用机场选址报告编制内容及深度要求》（AP-129-CA-02）等。

通用机场建设流程烦琐，时间长且前置、后置程序严格，由于国务院、军方、民航局等对通用机场的建设审批和有关通用航空的新政策频出，通用机场的建设审批工作流程不断发生变化。同时，由于目前通用机场的建设审批权限已经下放到省级人民政府，不同地区的通用机场建设程序要求也略微有些差异。现仅对目前多数地方执行的通用机场建设工作流程进行梳理，并厘清各方在机场审批中的权限和内容。通用机场建设的总体工作流程为选址（军方审查、民航审核、地方配合）—省发展改革委项目审批（或核准）—机场设计—建设施工—开放许可共五个阶段，从审批、建设到颁证要经历 48 个环节，在通用机场建设工作推进顺利的前提下，从项目启动至颁证一般历时 3 ～ 4 年。通用机场建设审批总体流程如图 15-2 所示，通用机场建设审批环节汇总见表 15-12。

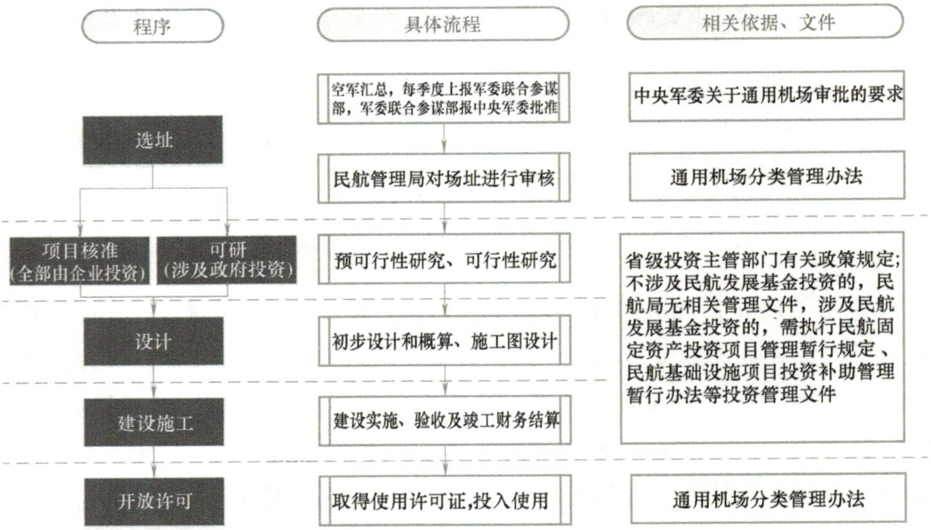

图 15-2 通用机场建设审批总体流程

表 15-12 通用机场建设审批环节汇总

序号	流程
1	场址踏勘
2	确定预选场址 / 单一场址论证
3	军方沟通
4	局方沟通
5	当地国土、交通、气象、水文、地址、供水、供电和通信等部门出具意见
6	地方无线电管理部门出具电磁环境影响报告
7	选址报告（地面、飞行程序和性能分析）
8	场址审查会议
9	获取省级人民政府向战区空军商请批复通用机场的函
10	军地双方保障协议

（续）

序号	流程
11	军方场址批复
12	局方场址审查意见
13	气象观测站设置
14	可行性研究报告
15	环境评价报告
16	社会稳定风险评估报告
17	地方环评审查会议
18	地方社会稳定风险评估意见
19	可研评审会议
20	局方出具可研行业意见
21	省发改委批复可研报告
22	获取土地使用指标
23	电台台址批准
24	电台频率报批
25	空域协调会
26	初步设计
27	初步设计审查
28	局方出具初步设计行业意见
29	省民航主管部门批复初步设计
30	施工图设计
31	施工图审查报告
32	局方备案
33	地方政府建设主管部门备案
34	地方开工许可
35	民航专业工程以及设备采购招标
36	非民航专业工程以及设备采购招标

（续）

序号	流程
37	专业人员招聘、培训与取证
38	机场建设
39	专业设备购置
40	专业设备安装测试
41	编制并报批机场使用手册
42	竣工验收
43	行业验收
44	机场手册审批
45	飞行程序审批
46	试飞
47	颁证前检查
48	颁证及手册下发

在选址阶段，《通用机场分类管理办法》已取消了通用机场建设行业审批环节，仅保留场址审核，明确和简化了场址说明材料的内容要求，不再要求“三选一”，明确“机场建设项目投资人向所在地民航地区管理局提出申请并提交场址说明材料”。除场址审核外，根据《临时起降点设立及使用管理暂行办法》《关于新建通用机场场址核准问题》和《明确协助地方做好新建民用机场选址有关问题》等相关文件，在通用机场审批阶段，由省级人民政府函商空军司令部，空军司令部每季度汇总申请项目资料后上报军委联合参谋部，军委联合参谋部征求相关单位意见，请示上报中央军委获得批复。在可研及设计阶段，审批权限归省级人民政府，但是拟申请使用发展基金补贴的通用机场项目还需民航行业主管部门审批。在开放许可阶段，仅需机场运营人向民航地区管理局提出申请。上述相关文件已详细说明了申请的条件和提交的资料，以及地区管理局申请材料受理、审查、决定、颁证的周期和流程。在整个通用机场建设审批过程中，主要涉及民航、军方、地方政府和建设单位四方。下面将分别介绍不同参与主体的工作内容。

1. 军方

军方主要负责选址阶段的空域与通用机场场址审批。在审批流程上，军方将其分为“使用期限不超过两年、不需建设场坪场址等固定设施的临时起降点”和“通用机场和连续使用两年以上、需建场坪场址等固定设施的临时起降点”。对于第一类临时起降点，根据《临时起降点设立及使用管理暂行办法》，由空军司令部进行核准，报军委联合参谋部备案即可。对于第二类，当前军方对通用机场建设的审批程序进行了重大调整。为了适应军队改革，2018 年 3 月，中央军委重新制定了新建通用机场的审批程序和流程。相比于之前的审批流程，主要变化体现在三个方面：一是停止了之前由战区空军提出初步意见的做法，改由军委四部委联合审核并征求相关单位意见进行场址审核；二是重划工作流程，按照新文件要求，新建通用机场涵盖申请审核、保障协议和备案审核三个阶段；三是对申请在军用机场开展通用航空业务的审批流程做出了明确规定。目前的审批流程为，通用机场审批由省级人民政府函商空军司令部，空军司令部每季度汇总上报军委联合参谋部，军委联合参谋部征求相关单位意见，请示上报中央军委获得批复。综上，有两点注意事项：一是空军司令部接受省级人民政府来函协商选址事宜；二是根据《关于新建通用机场场址核准问题》要求，场址审核必须“一事一文”，即不允许集中报批。通用机场与起降点场址批复流程（军方）如图 15-3 所示。

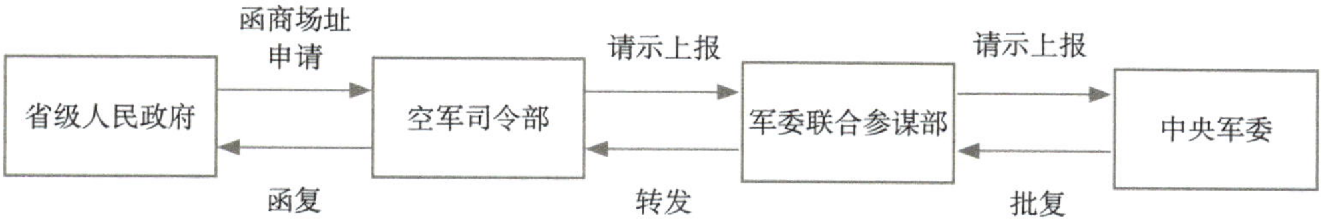

图 15-3　通用机场与起降点场址批复流程（军方）

2. 省级人民政府

省级人民政府主要涉及可研报告审批和设计审批。根据 2014 年 10 月修订的《政府核准的投资项目目录（2014 年）》，通用机场审批权下放到省级人民政府。在省级人民政府层面，由省级发展改革部门负责通用机场建设项目的审批或核准工作，通用机场建设使用财政资金的执行审批制，使用社会资金的执行核准制。经过几年的摸索，大多省份已形成一套固定并对社会公布的审核工作流程，并将相关附件的格式要求形成模板对外公布，部分省份还设立专门窗口受理通用机场的审批或核准事宜。在项目审批或核准阶段，一般由项目法人委托相关单位进行勘察、检测并出具相应可研报告，然后获取相关委办厅局批复后，由所在地发展改革委向省级发展改革委提交审批申请。其中“相关委办厅局批复”涉及的部门较多，其中除省级职能部门外，一般要求获得民航行业审查意见后再申请省发展改革委审批。在初步设计阶段，《通用机场分类管理办法》取消了民航管理部门对通用机场设计的审批要求，但地方政府办理开工许可时要求出具对通用机场初步设计的专业审查意见，而地方住建部门由于缺少民航专业人员难以进行审查，对此，部分省份采用专家评审会的形式替代原审批步骤。此外，根据 2018 年 6 月国家发展改革委印发的《必须招标的基础设施和公用事业项目范围规定》（发改法规〔2018〕843 号），A1 级通用机场属于明确必须招标的基础设施和公用事业项目范围，A1 级通用机场还应履行相关招投标手续。

3. 民航地区管理局

民航地区管理局负责辖区内通用机场的监督管理。《通用机场分类管理办法》（简称《办法》）发布以来，通用机场取证数量迅猛增长，行业主管部门简政放权工作效果明显。2017 年下半年，各地区管理局陆续制定了关于《办法》的实施细则，并根据当地情况对其中的要求和流程进行细微调整，在具体程序与要求上，各管理局有所不同。2018 年 2 月，民航局发布《关于实施〈通用机场分类管理办法〉有关事项的通知》（民航发〔2018〕18 号），明确要求各管理局不得在《办法》规定外增设管理要求。因此，各地对通用机场的行业监管已统一到《办法》上来，监管方式由原来的全过程监管向重视“头”（场址审核）和“尾”（使用许可）转变，审批程序由过去重程序、重审批向重效果、重服务转变，切实简化了通用机场建设运营单位的工作。虽然根据《办法》地区管理局机场主管处室不再对通用机场的可研报告和初步设计进行审批，但按照民航局《关于印发民航固定资产投资项目管理暂行规定的通知》（民航发〔2016〕27 号）、《关于修订〈民航基础设施项目投资补助管理暂行办法〉的通知》（民航发〔2016〕15 号）等文件要求，拟申请使用民航发展基金的项目，可行性研究报告由省级主管部门审批、管理局出局意见，工程初步设计及概算由项目法人向省级主管部门提交审批申请，省级主管部门会同民航地区管理局联合审批。在飞行程序设计方面，《关于进一步简化通用机场飞行程序管理工作的通知》（局发明电〔2017〕3656 号）对通用机场飞行程序管理工作有所简化，并鼓励通用机场和通用航空运营人自行设计飞行程序，但在通用机场建设实践中，大多数通用机场进行了航行服务研究，民航地区管理局大多对飞行程序无强制要求，而是依申请对飞行程序进行审核。

4. 通用机场建设单位

通用机场建设单位需要经历机场建设审批的全过程，在此过程中需要协调各方。在选址和设计阶段，由于同时涉及政府与军、民航三方，在正式选址之前一般存在一个预选址工作，主要是与政府沟通土地、规划相融性等问题，与军方沟通空域、敏感设施与军用航线，与民航沟通用航空路航线与净空保护等。经过前期的意见征询，可以向政府提交立项申请，进行环评、地质勘测等并获取相应文件。同时可委托有资质的单位编写选址报告，选址报告除包括机场的基本信息、参数、建设方案外，按照军方要求需要包括航行服务信息，即飞行程序设计内容。报军方审核获得相关复函后，报民航审批。选址之后进入可研与初设阶段，各管理局的要求有所不同，需要注意的是对于设有通信导航监视设备的机场，台址向管理局报批，无线电频率报总局无线电管理委员会批准。初设完成后经过详细设计进入建设施工阶段，建设完成后一般需要组织试验试飞，形成试飞报告。竣工验收后，对于按许可证管理的通用机场需要向民航地区管理局申请机场使用许可。

通用机场建设单位在通用机场建设的各个阶段应准备如下材料：

选址阶段：委托相关单位编制选址报告（含飞行程序设计、性能分析报告）。由于选址报告涉及地市和区县的交通、国土、规划等多个行业主管部门，通常由县级人民政府或其指定的部门牵头组织该项工作，选址报告编制完成后，县级人民政府（或地市级人民政府）向所在地民航地区管理局机场处上报选址报告，向省级人民政府上报场址征求意见并请省级人民政府向战区空军司令部去函征求场址意见。

可研阶段：包含涉及政府资金项目和纯企业投资项目两种。涉及政府资金的项目包含政府投资、补贴等情况，这种类型的项目需要委托相关单位编制可行性研究报告，并在该阶段确定项目法人，通常是由地方政府成立的通用机场管理公司担当项目法人，部分地区也有采取 PPP 模式授权企业为项目法人。纯企业投资项目，项目法人为企业，自行或委托相关单位编制项目申请报告。编制完成后，由项目法人上报省发展改革委审批。

设计阶段：通常包含初步设计和施工图设计两项内容。项目法人委托有资质的单位编制初步设计文件，上报省发展改革委审批。其中涉及申请民航发展基金的项目，须经省发展改革委和民航地区管理局联合审批；不涉及申请民航发展基金的项目，由省发展改革委组织审批，征求民航地区管理局行业意见。项目法人委托有资质的单位编制施工图设计文件，报地方政府有关部门和民航地区管理局质监站进行备案。

建设施工：按照相关规定组织招标，选择合适的单位组织施工建设。

开放许可：包含地方政府验收和行业主管部门验收。按照相关规定分别向相关单位上报验收申请。验收通过后，民航地区管理局按照规定颁发机场使用许可证。

第六篇

展　望　篇

第 16 章　通用航空产业发展影响因素与形势

16.1　通用航空产业发展影响因素

从影响因素来看，通用航空产业发展的主要影响因素包括空域环境、机场条件、人才以及政策支持、经济环境和安全事故等方面，同时也会受到新兴的替代者的竞争影响。其中，空域、机场和飞行员等是核心影响因素，经济环境、安全、替代者等是影响市场的主要因素，外部因素则主要包括影响供需及产业链稳定性和竞争力的因素。通用航空产业发展影响因素如图 16-1 所示。

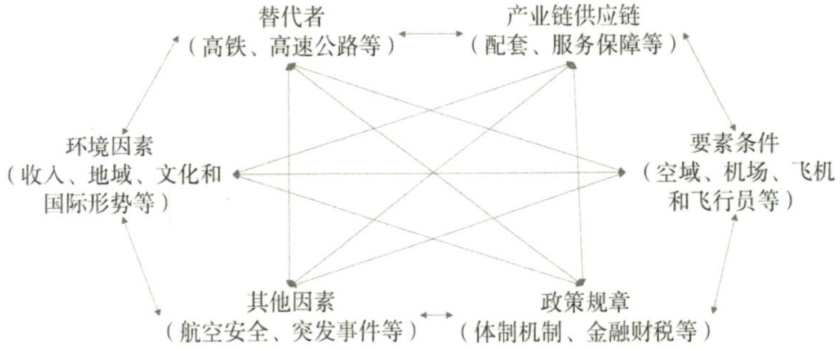

图 16-1　通用航空产业发展影响因素

16.1.1　核心要素

低空空域是通用航空的主要活动区域，同时也是国家的重要资源。随着通用航空的发展，因为空域的使用问题而导致的矛盾和问题也越来越多，空域资源逐渐成为制约通用航空发展的主要因素之一。

完善的通用航空机场网络是通用航空产业大发展的关键性前提条件。通用航空机场对于通用航空飞机的重要性，相当于加油站、停车场对于汽车的重要性。通用航空飞行只需有合适的起降场就可以开辟航线，一些小型通用飞机可以在土跑道上安全起降，某些低速飞机甚至可以在平整的麦田里降落。

专业技术人员是发展通用航空的基础和关键力量，具有培养时间长、费用高昂和机动性差等特点，并且通用航空事业是包括研发、制造、使用、运维和保障在内的整条链的系统工程，专业技术人员是涉及各个领域的技术人才，不单单指飞行员。对于通用航空这种特殊行业，专业技术人员是影响其发展的一个主要因素。

完善的法规政策，包括财税、金融和进出口政策等，能够为通用航空的发展提供有利的环境，从而保障通用航空快速有序发展。过于严格且烦琐的审批程序在一定程度上会阻碍通用航空的快速发展。

16.1.2 经济因素

居民收入水平等经济环境条件是制约通用航空发展的重要因素，消费者必须支撑合理价格来保证供给方的收益。国际发展历程和消费经验显示：人均 GDP 达到 1 000 美元时，家庭消费以家电为主；人均 GDP 过 2 000 美元时，汽车占据家庭消费的主流；人均 GDP 过 4 000 美元时，飞机将进入部分私人家庭。

然而，作为全球通用航空最发达的美国，通用航空的发展并未紧跟 GDP、居民可支配收入等总体经济指标。如图 16-2 所示，即使在 2000 年之前的几十年中，美国通用航空平均活动时间随 GDP 增长而呈上升趋势，仍然存在明显的异常波动。由此说明其他因素在其中也产生作用。

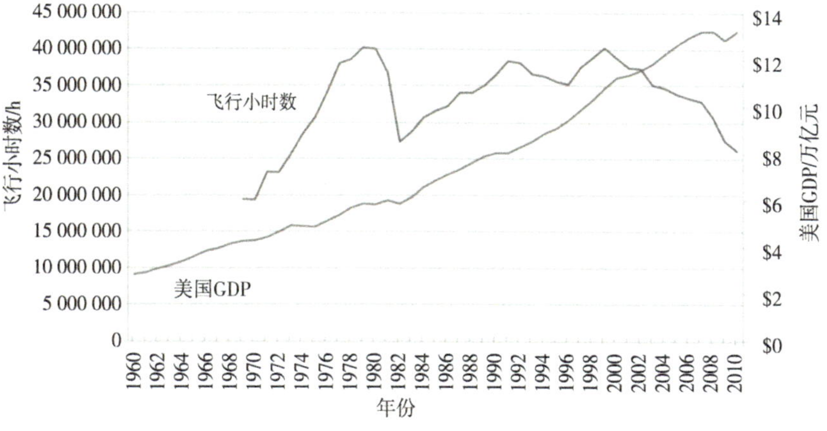

图 16-2　1960—2010 年美国 GDP 与通用航空飞行小时数的关系

一个显而易见的原因是，尽管可支配收入水平的提高与飞行活动水平的提高相关，但由于没有考虑与飞行相关的成本因素，因此并不能明显预示出通用航空发展的趋势。以燃油价格为例，图 16-3 中的阴影区域是美国燃油价格大幅上涨的时期，明显可以看到，在燃油价格上涨期间，通用航空运营量显著下降。

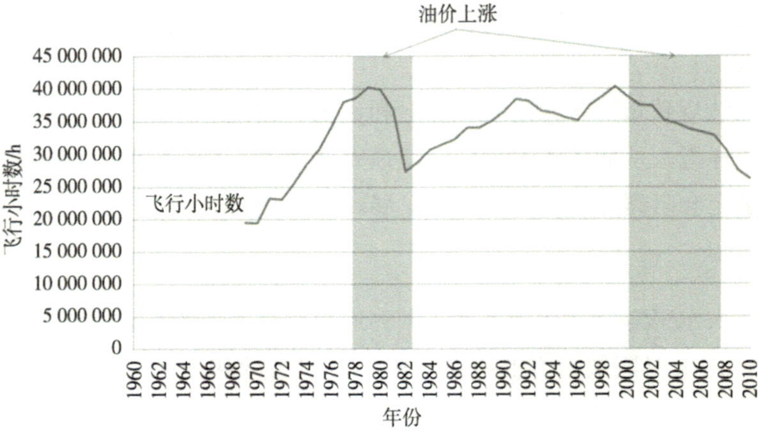

图 16-3　1960—2010 年美国航空燃料价格与通用航空飞行小时数的关系

16.1.3　替代因素

运输是通用航空的本质属性，通用航空与铁路、汽车和公共航空运输等行业共同组成了交通运输体系。高铁的快速发展有效提升了我国交通运输体系水平，具有通用航空运输不可比拟的优势，然而在我国不便修建地面交通的偏远地区以及如新疆、内蒙古等人口密度较低的区域，通用航空可以满足人民群众出行的基本需要，而在农林植保、航空救援等领域，通用航空与高铁并无冲突，因此高铁对通用航空的冲击较为有限。

高速公路的发展对通用航空同样具有一定的替代性，特别是对于临近城市的通用航空物流，高速公路具有高效便捷、成本较低等特点。从目前来看，同城快递、相邻城市间的快递物流，通用航空在短期内还难以进行替代。

16.1.4　安全因素

社会对通用航空安全的顾虑是影响通用航空发展的重要因素，安全水平从某种程度上决定了一种交通方式的规模和大众化程度。美国运输统计局的报告显示，自 20 世纪 60 年代后期以来，美国通用航空致命和非致命的事故数量以及每 10 万飞行小时的事故数量一直在稳定下降，自 80 年代初以来美国通用航空致命事故的绝对数量一直在下降。但是每起事故的总死亡人数在 0.3 ～ 0.4 之间波动。因此，从公众对交通工具的风险感知来看，通用航空风险较高。通用航空目前的安全水平限制了其用户数量，使用户数量小于大众对日常交通的需求量，但要大于更为小众的极限运动爱好者的数量。不过从整体上看，通用航空与公共航空运输相比，其事故的损失和影响要小得多。

16.1.5 综合影响

综上所述，通用航空产业发展受多种因素综合影响。再次以美国为例，从图 16-4 可以看到，美国通用航空飞机制造业在 20 世纪 70 年代经历了强劲增长的繁荣期。到 80 年代初，由于飞机老化等原因产生的事故诉讼大量增加，产品责任诉讼带来的保险费用上升严重阻碍了飞机制造商的发展，再叠加州际公路体系、运输航空规模化经营的冲击，美国通用航空活动从 1979 年的高峰急剧下降。1990 年美国发动了海湾战争，1992 年 8 月安德鲁飓风摧毁了佛罗里达州的机场设施和飞机，佛罗里达州是美国通用航空活动最活跃的地区之一，美国通用航空活动在这一时间明显下降。

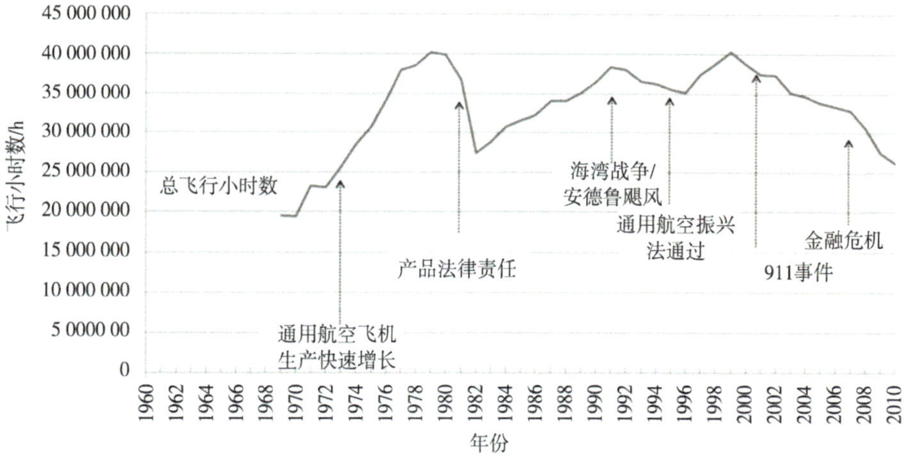

图 16-4 1960—2010 年美国通用航空飞行小时数与重要事件的关系

1994 年美国《通用航空振兴法》(GARA)通过后，通用航空活动再次开始增长。新法规将飞机制造商的责任限制于产品交付后 18 年内，消除了飞机制造商的财务负担，增加了飞机产量。在此期间，共同所有权的税收优惠也刺激了飞机需求。近期的下降是从 2000 年到 2003 年开始的，美国经济衰退和“9·11”恐怖袭击导致通用航空活动明显减少。“9·11”袭击导致当时所有通用航空活动立即中断，而公众对航空安全不良印象的增强、机场安全程序的增加以及对空域监管得更加严格，都将持续更长时间，2008 年的经济危机使得这一趋势明显加速。

16.2 我国通用航空产业发展机遇

16.2.1 经济增长和消费升级带动需求增加

发展通用航空产业既需要巨大的人才、资本、技术等资源扶持，也需要广阔的市场需求拉动。2019 年，我国 GDP 总量达 99 万亿元，居民人均 GDP 突破 1 万美元。国家财政实力和居民可支配收入不断增加，消费规模整体扩大，消费升级持续推进，为发展通用航空提供了坚实基础。我国历年 GDP 增速如图 16-5 所示。

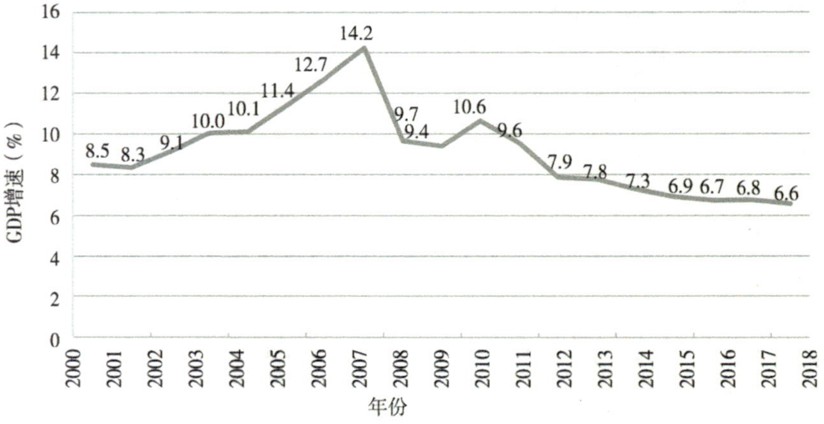

图 16-5 我国历年 GDP 增速

从经济发展促进通用航空投资角度来看，发展通用航空产业既需要通用航空器的研发、生产和制造，也需要机场的建设、运营和维护，还需要空中交通管制系统、运营服务业以及航空教育培训等配套，需要大量的土地、资金、技术和人才等资源投入。鉴于此，世界上通用航空产业发达的国家也仅为美国、加拿大、澳大利亚和巴西等国土广袤、经济实力雄厚的国家。我国通用航空产业发展严重滞后，需要大量国家财政资源投入。从通用航空飞机保有量看，我国相比于美国、巴西等，差距巨大；从通用机场看，与美国、巴西、澳大利亚和加拿大等存在很大差距。如果我国通用航空达到这些通用航空发达国家水平的一半，则未来我国通用航空领域的相关投资规模将远超千亿元，需要持续稳定的经济增长和财政收入支持。

从经济发展促进消费结构升级角度来看，国际经验表明，当人均 GDP 达到 4 000 美元时，通用航空将进入快速发展通道。在这一阶段，美国通用航空产业维持了 30 年的 10% 的年均增速，加拿大达到了 8%，巴西也达到了 6%。据 2020 年胡润富豪榜数据显示，我国以 799 位亿万元级富豪（净资产超过 10 亿美元）连续 5 年排名世界第一。另据招商银行与贝恩公司联合发布的《2019 中国私人财富报告》显示，2018 年我国总共有 17 万人的可投资资产超过 1 亿元人民币。这批高资产人群对通用航空所产生的消费类需求如公务飞行、私人娱乐和旅游等迅速增长，预计将会形成万亿元规模市场。

同时，随着居民收入的逐年增长，我国居民消费需求已经从满足基本生活需求为主要目标转换为全面提升生活品位和质量的需求。消费理念的不断更新和消费方式的不断创新，催生出通用航空产业新业态和新模式。消费理念的更新让消费者主动接受体验式消费、共享型消费和服务化消费等消费新业态，催生出新的消费领域，创造出新的消费需求。虽然我国通用航空目前主要呈现出农林作业比重偏高、工业服务市场单一、私人消费比重偏低三种市场需求结构特点，但该结构将随着市场需求的快速增长发生变化，空中旅游需求、商务出行需求等私人消费领域的需求将快速增长。在生产性服务业消费领域，通用航空可以为工农林业及海上石油提供飞行作业服务；在生活性服务消费领域，通用航空还可以提供公务航空、私人飞行、航空观光和体育娱乐飞行等消费飞行服务。在社会综合服务领域，通用航空可以提供抢险救灾、应急救援、医疗卫生、城市服务和海洋监测等社会综合飞行服务。

16.2.2　军民深度融合提升供给能力

军民融合是兴国之举、强军之策，发展军民融合对破解“改革深水区”共性问题、构建现代经济体系、加快实现国家治理体系和治理能力现代化、赢得国家战略优势具有十分重要的意义。党的十八大以来，军民融合上升为国家战略。党的十九大报告将军民融合发展战略作为坚定实施的七大发展战略之一，明确要求更加注重军民融合，形成军民融合深度发展格局，构建一体化的国家战略体系和能力。通用航空产业是军民融合最具代表性的产业，也是军民融合深度发展的着力点，通用航空产业与军用航空产业具有天然的共生属性，两者所需的技术、空域、资源、人才一致。军民融合战略的深度实施，将为通用航空产业发展带来新的发展机遇。

军民深度融合为通用航空产业发展提供硬件基础资源。通用航空产业对相关基础设施的依赖性较强，发展面临技术、资本、人才和制度挑战，由于历史原因，我国更加侧重军用航空产业发展，在通用航空产业领域投入的资源有限，直接导致我国通用航空产业的发展水平和国外相比差距较大。依托军民深度融合的带动作用，可利用先进军工企业的资源，一是解决通用航空产业发展中面临的以下问题：以低空空域改革为代表的简政放权步伐缓慢、运行效率低下问题；通用航空产业指导性政策操作性不强、规律性不高问题；通用航空产业创新能力不强、企业创新动力严重不足问题；通用航空安全运行形势严峻，产业发展面临安全挑战问题；通用航空人才储备不足、人才培养质量不高等一系列问题。二是更好地实现“一份投入，两份产出”的效果，大大降低通用航空企业的运营成本。随着我国军民融合战略的不断深入实施，相关政策的逐步放开，将有力地支撑我国通用航空产业在国家安全和国民经济各领域实现突破性发展。

军民深度融合为通用航空产业“军参民”提供巨大市场。在军民融合政策与信息技术相结合的高速发展背景下，通用航空民企在高新技术领域的实力将为军工科研注入新鲜活力。其中，无人机技术在军事领域的应用越来越受到重视，在现代战争中的地位和作用日渐凸显。军用无人机从诞生至今，已从最初的靶机发展成了如今可以广泛应用于战场侦察、通信中继、电子对抗和军事打击等诸多军事行动的多功能航空器。美军的无人机谱系非常完整，涵盖了从低空到高空、近程到远程、微型到重型几乎所有类型的军用无人机，而中国现役的军用无人机则集中在中高空、远程和重型方面，缺少中低空、小型、轻型无人机，如察打一体无人机、微型无人机等，随着我国国防建设的不断发展和科技的不断进步，必将带动此类无人机等通用航空产品需求的快速增长。

16.2.3 新一代信息技术及产业变革带来新契机

近年来，以 5G、大数据、人工智能、物联网、新型平板显示、高性能集成电路以及云计算等为代表的新一代信息技术不断取得突破，带动传统产业进行转型升级和新兴产业蓬勃兴起。对通用航空产业而言，在新一代信息技术的不断驱动、不断演进、不断迭代和不断融合下，其研发设计、生产制造、经营管理和销售运维等环节将实现模式创新和价值链重构，推动传统通用航空产业向智慧通用航空产业转型，实现对中国通用航空产业链条的全方位提升和产业结构的升级优化。

在研发设计环节，依托新一代信息技术为通航赋能，通用航空相关企业可利用数字化、智能化设计系统，借助云计算、大数据和 VR/AR 等信息技术手段，面向通用航空产品全生命周期，在虚拟仿真的信息化环境中并行、协同地实现产品的全数字化设计，以及结构、性能和功能的模拟与仿真优化，提高设计效率、研发成功率和产品设计质量，提升通用航空产业的研发设计水平和创新能力。

在生产制造环节，通用航空相关企业可充分利用新一代信息技术和设备，以智能制造为核心，实施新一轮大规模的技术改造，推动通用航空产业相关企业加快技术设备更新改造和工艺优化升级，重点引导企业开展以“设备换芯”“生产换线”和“机器换人”为核心的技术改造，实现通用航空产品质量提升、劳动环境改善、劳动强度降低、生产率提高和生产成本降低等目标，满足未来通用航空装备产品多品种、小批量和智能化发展要求。

在通用航空运营服务环节，相关企业能够利用互联网、智能传感和大数据挖掘分析等信息技术，发展在线实时监测、远程诊断与维护、全产业链追溯、客户满意度及产品改进方向的大数据分析等增值服务，提高企业的产品全生命周期服务能力，推动企业由制造向“制造 + 服务”转型升级；利用互联网、物联网和云计算等各类信息技术服务平台，积极开展产品研发、生产、采购、销售和物流等信息化协作，实现企业间的协同和各个环节资源的共享，快速响应终端市场的个性化消费需求。此外，通用航空领域的航电系统、运营管控、安全管理、航空测绘、交易平台与市场营销等都需要通过信息化技术的集成应用来实现，催生新的商业模式，创造巨大商机。

16.2.4 新一轮对外开放成为通用航空发展新机遇

面对日益复杂的国际经济合作和竞争格局形势，我国开启了新一轮对外高水平开放，以开放的主动赢得发展的主动、国际竞争的主动。加快构建开放型经济新体制，着力实现合作共赢。近年来，我国通过扎实推进“一带一路”建设，积极推进扩大国际产能合作，着力促进外贸创新发展，加快提高利用外资水平等举措，在开放中增强发展新动能、增添改革新动力、增创竞争新优势。在全球一体化形势下，航空产业包括通用航空产业的国际化进程都在加快。

通用航空产业是我国新一轮对外开放的重要窗口。在《关于促进通用航空业发展的指导意见》中，着重提出了鼓励和支持通用航空产业发展的政策，即“深化国际合作，积极对接和吸纳国际通用航空业优质资源，加强通用航空制造、运营管理、飞行培训等领域的合作，引进、消化和吸收先进技术，提升我国通用航空产品设计和制造水平。创新国际合作模式，鼓励创建通用航空国际研发合作平台及国际化通用航空工程中心，增强技术创新能力。鼓励和支持通用航空企业依托‘一带一路’倡议、自由贸易区等政策优势，促进具备比较优势的通用航空产品‘走出去’，积极开拓国外市场，提升自主品牌的国际竞争力”。

在通用航空产业“引进来”方面，我国拥有庞大的消费市场、完整的制造体系及高水平的科技创新资源。我国已成为全球制造业中心，航空材料、电子和工艺等正逐步缩小与世界先进水平的差距。我国是全球制造业中间产品的主要供应国，由格鲁贝尔-劳氏指数公式（GLI）计算出的制造中间产品贸易指数显示，约有 20% 的中间产品来自我国，这使得依托我国智慧、资本、市场及各生产要素的通用航空产业纷纷转向我国，世界知名的通用航空制造企业如塞斯纳、西锐、钻石、空客直升机等都在我国建有生产线。我国的外资利用水平也在不断提高，2018 年，我国实际使用外资金额为 1 383.1 亿美元，较 2017 年增长 1.5%。而且，我国还形成了与发达国家和地区的航空国际合作机制、渠道，机遇前所未有。国内企业及园区也在积极开展通用航空产业国际并购，引进国外企业的产品和技术，通过与国际顶尖企业进行合作，在国内组建总装生产线，提升技术和品牌管理水平。1979—2018 年我国实际使用外资情况如图 16-6 所示。

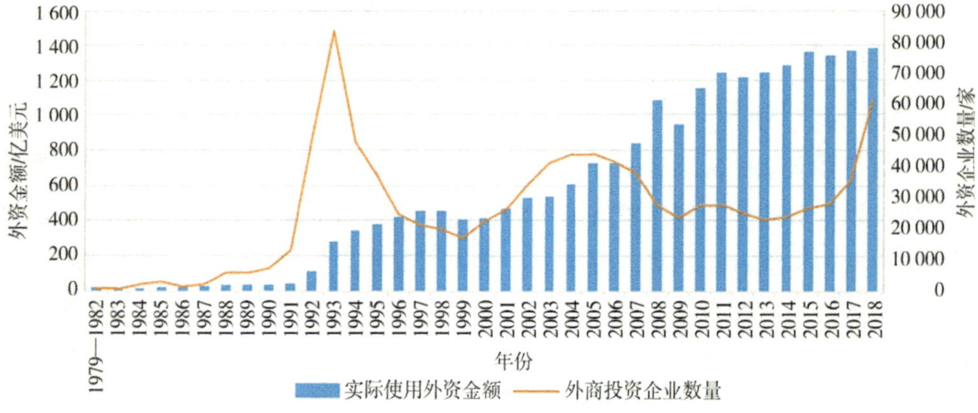

图 16-6　1979—2018 年我国实际使用外资情况

在通用航空产业“走出去”方面，“一带一路”倡议正在被通用航空产业视为新的借力点。“一带一路”沿线涵盖 50 多个国家，以发展中国家为主，总人口 44 亿人，占全球人口的 63%；区域经济总量约为 21 万亿美元，占全球经济总量的 29%。其中多数国家在基础设施、装备制造领域存在发展短板，具有迫切的改善需求。“一带一路”倡议的发力点在于通路、通用航空和通商，提出共同推进国际骨干通道建设，逐步形成连接亚洲各次区域以及亚欧非之间的基础设施网络。这就为我国通用航空产业“走出去”提供了巨大的市场空间，包括通用航空飞机在内的航空飞行器，将成为连接“一带一路”的空中纽带，架起新时代的“空中丝路”。

16.2.5 新时代政策的大力支持提供了良好的发展环境

国家和地方政策的支持是推动通用航空产业发展的关键。当前，国家已在发展规划、宏观布局和政策导向等战略层面重视通用航空产业发展，已从制造强国建设、交通强国建设、应急救援体系建设及各级层面出台了诸多政策，不仅支持通用航空制造业，而且大力支持通用航空运营和服务业。结合行业反映的突出问题，通用航空项目审批、经营许可、外商投资、飞机适航取证、飞行员培训、通用机场建设和低空空域开放等不断深化改革，税收减免、专项补贴等政策不断出台。地方政府也在抢抓机遇，规划发展通用航空产业，企业也在积极行动，争取市场竞争优势。发展通用航空已形成自上而下和自下而上的联动机制。

16.3 我国通用航空产业面临的挑战

16.3.1 竞争压力不断加大

我国通用航空市场长期以来面临来自国外制造商的强力竞争压力，国外制造商不仅通过设立销售代理公司等方式进入我国市场，而且还不断加快在我国投资建厂。按照相关法规政策要求，在 2016 年之前，国外企业在我国生产民用航空产品有严格的规定：首先，必须符合法规要求，根据民航法规的要求，在中国境内生产外国民用航空产品必须先取得中国民航 PC 证；其次，必须得到政策许可，航空制造项目严格执行政府核准，外商投资项目则有股比限制要求。但在《政府核准的投资项目目录（2016 年本）》发布后，6t/9 座以下通用飞机和 3t 以下直升机制造项目由省级政府核准，许多地方政府开始接触并引进通用航空项目。2017 年，国家发展改革委、商务部发布的《外商投资产业指导目录》和《外商投资准入特别管理措施（负面清单）》中，提出“取消干线和支线飞机设计、制造与维修，3t 级及以上直升机设计与制造，地面、水面效应航行器制造及无人机、浮空器设计与制造须由中方控股的限制”，并“取消通用飞机设计、制造与维修限于合资、合作的限制”。同时，TC 与 PC 的分离、双边适航协定的签署等开放措施的推出，使得国外通用航空器制造商进入我国市场更为便利，我国企业面临的竞争压力将越来越大。在技术方面，国外企业还不断依托其技术优势研发高性价比的机型，以满足我国市场需要。一些成熟机型还可利用大销量降低单机价格中的研发费用摊销，在竞争中取得优势。我国通用航空制造企业在产品性能指标和可靠性方面均与国外同类产品差别不大的情况下，面临着价格竞争力弱的风险。

16.3.2 文化氛围尚未形成

尽管具有很大的消费潜力，我国通用航空产业发展仍面临航空文化意识薄弱的挑战。航空报国之心虽有，但消费观念跟不上。北京市飞行者航空科普促进中心一份对 23 200 名青少年的调查报告显示，有 89.03% 的人不知道什么是通用航空。我国居民很大一部分消费支出是基本生活支出，对于航空体验飞行、特别是私人飞行消费还远远不够。2016 年我国人均居民消费支出为 2 506 美元，不及世界平均水平的 1/2。2019 年全国居民人均消费支出为 21 559 元，比 2018 年增长 8.6%，其中人均服务性消费支出为 9 886 元。从消费结构看，2019 年我国居民消费恩格尔系数为 28.2%，远高于发达国家水平。文化意识的薄弱难以促成通用航空消费，从而影响产业发展。2019 年我国人均消费支出及其构成如图 16-7 所示。

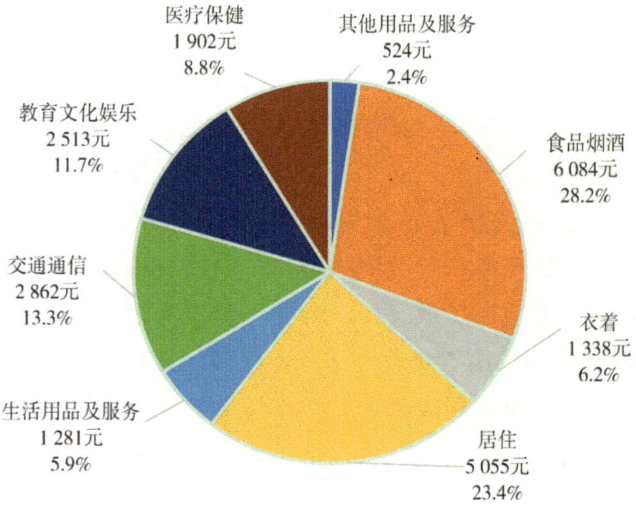

图 16-7 2019 年我国人均消费支出及其构成

16.3.3 高铁发展带来冲击

通用航空与高铁相互影响明显。如美国几乎没有高铁，其点状分布的城市结构促使通用航空很发达；欧洲高铁发达，通用航空规模就相对小很多。我国通用航空商务飞行运营业务刚刚起步，飞行距离和飞行时间均较少，高铁对其的替代作用不明显，但随着未来通用航空商务飞行的普及，中短途的商务飞行航段与高铁运途航段重叠较大，高铁的替代效应估计会越来越明显。

航空产业的发展在很大程度上依附于民航运输对各类航空器的需求，但随着我国高铁网络的建成和完善，民航运输受到很大影响。高铁列车乘坐舒适、准点率高，票价相对便宜。高铁的开通改变了人们的出行习惯，对民航市场，尤其是一些短途航线产生了较大冲击。2007 年以来，我国高铁网络迅速拓展，高铁在城际客运市场中占据了日益重要的地位。2008 年，我国高铁运量仅 784 万人次，航空运量为 1.9 亿人次；2012 年，我国高铁运量达到 3.89 亿人次，超过当年 3.12 亿人次的航空运量。此后，高铁保持其在客流总量上的增长优势，与民航客流总量的差距呈现出持续扩大的趋势。2016 年，我国高铁客流总量达到了 12 亿人次左右，而民航旅客运量仅为 4.88 亿人次。高铁网络正处于快速扩张阶段，到 2017 年年底，高铁“四纵四横”主骨架已经基本形成，贯穿我国经济最发达的环渤海、长三角、珠三角以及成渝城市群，我国已经拥有全世界最大规模以及最高运营速度的高速铁路网。根据《中长期铁路网规划》，到 2020 年，高速铁路规模将达到 3 万 km，覆盖 80% 以上的大城市，我国将形成“八纵八横”的高铁网络格局；到 2030 年，我国铁路版图将基本实现“省会高铁连通、地市快速通达、县域基本覆盖”；预计到 2035 年高铁网络还将进一步扩大，届时民航运输的绝大部分主要市场都处于高铁的覆盖范围内，竞争不可避免且影响深远。

据研究表明，高铁运行 5h 以内的线路，高铁具有市场优势。在我国民航与高铁重合的线路上，高铁对民航的影响呈现出如下特征：高铁运行时间在 1.5h 以内的线路，民航市场基本丧失殆尽，这部分恰恰是航空短途线路，特别适合商务出行需求；在 3.5h 左右的运行时间内，对于商务航线，民航可能最高维持到 65% 左右的市场份额，但在以旅游休闲为主的线路上，则至多只能维持到 30% 左右的市场份额。高铁运行超过 6h 的市场，航空就具有明显优势。航空出行的繁杂性，加上机场距离市区远、安检程序过多等因素，导致通用航空在高铁发达的东部地区难以发展起来。在京沪高铁开通之前，京沪航线的平均客座率达 90%，高铁开通之后京沪航线的客座率下滑了近 15%。随着高铁网络的逐渐完善，航空运输在中短程航线上的客座率将受到更加严重的影响。

当然，我们也要看到另一面。随着高铁的发展，距离近的有高铁连接的城市之间已经没有或很少有民航航班了，这恰恰给通用航空短途运输、公务航空、商务包机及私人飞行留出了发展空间。

16.3.4 安全形势严峻不容乐观

航空安全是通用航空产业发展的基础，通用航空没有获得与商业航空同样的安全水平提升，社会对通用航空安全一直存有顾虑。近年来，由于商业航空的机载设备先进、勤务保障条件完善、规章标准齐全及训练严格，其安全性持续提升，而同期通用航空事故率远高于商业航空。数据显示，过去 50 年里，全球有近 4.5 万人死于私人飞机和直升机事故，约为商业航空空难人数的 9 倍。

我国通用航空安全形势也不乐观，安全事故数量持续走高，给原本就积贫积弱的产业发展带来更大挑战。近年来，我国通用航空事故明显增多，事故死亡人数也逐年攀升。不仅通用航空新公司、价格较低的通用航空器发生事故，一些规模较大、历史较长的企业也发生了严重事故，开始影响社会对通用航空安全水平的认同。2014—2018 年，我国平均每年发生约 20 起通用航空事故，年均死亡 15 人。特别是对比几乎零伤亡的商业航空，通用航空的安全性对社会的影响就更为明显。

就通用航空飞行安全而言，不仅仅需要技术精湛的飞行人员和通用航空器机务维修人员来全力保障，而且与公共运输航空飞行安全一样，通用航空的安全运行通常离不开机场管制人员、飞行签派人员、航行情报人员和气象保障人员等航务保障人员的通力合作。从国际权威研究机构发布的统计数据来看，导致通用航空事故发生的众多因素中，人的因素成为航空事故的主要因素，超过 90%。当前及未来一段时间内，我国通用航空产业的特征是新企业、新飞机和新飞行员偏多，稳定经营的大中型企业偏少，中小企业、亏损企业比重较大，难以保障充足的资金、技术和人才投入到安全领域，通用航空飞行安全形势不容乐观。此外，飞行保障、基础设施以及技术支持体系的薄弱也在很大程度上制约了通用航空安全水平的提升。

16.3.5 偶发性事件影响较大

由于通用航空应用广泛，其受突发事件的影响也很大。从全球通用航空发展历史来看，“9 • 11”事件、SARS、国际金融危机等，都在一定程度上影响了通用航空产业发展。而诸如汶川地震等自然灾害，则在一定程度上促进了通用航空的发展应用。当前，我国通用航空面临着至少两方面的不利因素：一方面，新型冠状病毒性肺炎疫情暴发虽然突显了通用航空在抗疫中的重要作用，但疫情对通用航空的影响也相当明显，不仅造成了通用航空的飞行量缩减，影响了消费、培训等市场，而且由疫情传导产生的全球金融动荡、贸易受限和经济萎缩，也对需要资金输血的通用航空企业带来严重的影响，一些引进的项目受限于工程师无法从国外及时返回，导致项目停滞甚至取消；另一方面，中美贸易摩擦仍在持续，导致进口通用航空零部件关税的上升甚至断供，我国通用航空产业链、供应链的稳定性和竞争力亟待提高。

16.4 SWOT 分析总结

基于我们对我国通用航空产业发展现状、问题、挑战及机遇进行的分析，得出 SWOT 分析总结图，如图 16-8 所示。

优势： · 制造企业实力不断增强，新技术、新机型不断突破 · 通用航空器拥有量、飞行量不断增长 · 通用机场等基础设施不断建设完善	**机遇：** · 国家政策大力支持，推进低空开放，各地积极发展通用航空 · 消费需求不断升级，公共需求不断增长 · 新一轮对外开放，“一带一路”，产业、技术相互融合
劣势： · 低空空域尚未放开，体制机制制约问题仍存在 · 关键核心技术受制于人，没有品牌产品，缺少龙头企业 · FBO、MRO、FSS、航油航材等保障不足，人才缺失严重	**挑战：** · 竞争压力不断加大 · 航空文化意识基础薄弱 · 高铁的快速发展形成一定的冲击 · 全球通用航空安全形势仍不乐观 · 新冠肺炎疫情、贸易摩擦等形势带来不利影响

图 16-8　我国通用航空产业发展 SWOT 分析

第 17 章　通用航空产业发展前景及趋势

17.1　市场需求前景

17.1.1　国内外市场发展预测

美国现役的通用航空飞机机队的航空器，由单发和多发活塞式飞机、涡轮螺旋桨飞机、涡轮喷气飞机、活塞和涡轮驱动的旋翼机、实验类飞机、航空运动飞机、滑翔机以及轻于空气的飞行器组成。美国联邦航空局（FAA）预测，到 2038 年，美国现役通用航空机队的航空器数量将增加到 214 090 架，通用航空飞行小时数将增加到 3 020 万 h，平均每年增长 0.8%。固定翼活塞式飞机的飞行小时数预计将减少 1.0%，比整个通用航空机队减少 0.9% 的飞行小时数略高一点；涡轮飞机（包括旋翼机）的飞行小时数预计每年增长 2.4%，其中喷气式飞机将占增加的飞行小时数的大部分，每年约增长 2.7%，这主要缘于公务机机队规模的扩大，以及使用率的提高；旋翼机的飞行小时数预计每年增长 2.2%；另外，轻型运动飞机，随着机队数量的扩大，预计每年的飞行小时数增长 4.4%。未来 20 年，美国现役的通用航空飞行员数量（不包括学员和运输航空飞行员）将减少 22 600 人，平均每年降低 0.4%，而运输航空的飞行员预计增加 22 600 人，平均每年增长 0.7%，航空运动类飞机的飞行员数量预计每年增长 3.3%。

要预测我国通用航空产业市场规模，首先需要对其影响因素进行筛选，以更好地评估未来产业增速。我国通用航空市场规模的影响评判因素见表 17-1。

表 17-1　我国通用航空市场规模的影响评判因素

主要领域 / 因素	影响情况	说明
通用航空运营	-	我国通用航空运营规模小，飞机保有量、通用航空飞行小时数均远远低于同等国土面积的国家和地区
通用航空制造	-	我国通用航空器质量品牌相比发达国家差距较大，公务机、直升机、发动机及航电系统等依赖进口

（续）

主要领域 / 因素	影响情况	说明
通用航空服务	-	我国飞行服务站（全国约 40 个）、FBO（全国仅有 9 个）、MRO 企业均较少（全国有 47 个），服务保障不足
低空开放	空域一旦开放，通用航空产业增速将迅速提升	尽管低空空域管理改革历经多年，但仍存在很多的制约因素，低空空域管制是制约通用航空产业发展的主要因素
通用机场	目前通用机场对通用航空产业增速影响不大	近两年，全国通用机场数量不断增多，通用机场对通用航空的制约作用和影响正在逐步减小
配套保障	影响不大	我国具有强大的制造业基础，工业产品门类齐全，220 多种工业产品产量位居世界第一
经济水平	影响较大，通用航空产业增速保守估计将保持与 GDP 增速同等水平	2019 年全国人均 GDP 已超 1 万美元，但人均可支配收入仅为 4 400 多美元（30 733 元），而且食品支出占很大一部分
竞争对手（高铁）	高铁的发展将在一定程度上降低通用航空产业的增速，特别是在人口、城市密集的经济发达地区	我国高铁正在加快建设，到 2017 年年底，高铁“四纵四横”主骨架已经基本形成，未来“八纵八横”的高铁格局也在逐步实现
安全事故	安全事故越多，对通用航空产业发展越不利	近年来，我国通用航空安全事故仍较多，致命事故率仍较高
人才条件	人才对增速影响不明显	我国人才质量正不断提升，有利于保障通用航空产业发展
政策支持	政策支持可在短期内促进通用航空产业发展，但长期单凭政策影响不大	国家大力支持通用航空产业发展，相继发布了多项通用航空支持政策，在顶层规划、制造业支持、示范区建设、空域保障、金融扶持、人才配套和企业服务等多方面给予支持，有利于保障通用航空发展
其他因素	包括偶发因素等，对通用航空有利也有弊	旅游业的发展有利于通用航空产业发展，文化认知水平的提高也有助于发展通用航空，偶发因素如地震等对通用航空产业有推动作用，但更多偶发事件正制约通用航空产业的发展

从运营市场来看，我国通用航空的未来市场主要在海上石油、农业航空、低空旅游、运动体验及应急救援等方面，但通用航空市场的开发仍受限于低空空域开放、民航“放管服”的进一步推进等。因此，对通用航空产业规模的预

测，可通过航空器数量预测市场价值，采取与 GDP 挂钩的方式进行分析。在我国经济增速保持平稳的情况下，预计通用航空器数量每年保持平稳增长，增速约为 10%。

目前我国活塞式飞机、涡桨飞机、喷气公务机和直升机的比重分布分别约为 40%、18%、12% 和 30%，各自单价分别约为 300 万元、2 500 万元、1.2 亿元和 2 000 万元。按市场上飞行器类别的比重计算出平均单价约为 2 610 万元，2019 年年底，我国通用航空器市场规模约为 1 000 亿元。假定未来我国航空器结构不产生大的变化，则未来市场规模预测见表 17-2。

表 17-2　我国通用航空市场规模预测

年份	10% 增速			15% 增速			新增飞机价值（年均 400 架）/ 亿元
	市场规模 / 亿元	注册数量 / 架	按注册数量计算的市场规模 / 亿元	市场规模 / 亿元	注册数量 / 架	按注册数量计算的市场规模 / 亿元	
2019	1 000	3 700	966	1 000	3 700	966	-
2020	1 100	4 070	1 062	1 150	4 255	1 111	100
2021	1 210	4 477	1 168	1 323	4 893	1 277	100
2022	1 331	4 925	1 285	1 521	5 627	1 469	100
2023	1 464	5 417	1 414	1 749	6 471	1 689	100
2024	1 611	5 959	1 555	2 011	7 442	1 942	100
2025	1 772	6 555	1 711	2 313	8 558	2 234	100
2026	1 949	7 210	1 882	2 660	9 842	2 569	100
2027	2 144	7 931	2 070	3 059	11 318	2 954	100
2028	2 358	8 724	2 277	3 518	13 016	3 397	100
2029	2 594	9 597	2 505	4 046	14 969	3 907	100
2030	2 853	10 557	2 755	4 652	17 214	4 493	100
2031	3 138	11 612	3 031	5 350	19 796	5 167	100
2032	3 452	12 773	3 334	6 153	22 765	5 942	100
2033	3 797	14 051	3 667	7 076	26 180	6 833	100
2034	4 177	15 456	4 034	8 137	30 107	7 858	100
2035	4 595	17 001	4 437	9 358	34 623	9 037	100
合计							1 600

根据预测，到 2035 年，我国整个通用航空市场规模将达到 4 595 亿～ 9 358 亿元。其中，按国产通用航空器目前的市场占比为 20% 计算，国产通用航空器的市场规模将达到 919 亿元；按照国产通用航空器的市场占比为 50% 计算，国产通用航空器的市场规模将达到 2 297.5 亿元。目前，我国每年新增的通用航空器数量在 400 架左右，市场价值预计为 100 亿元，其中，10% 数量的新增航空器是国产飞机，价值约 10 亿元。按此计算，到 2035 年，我国通用航空器注册数量将达到 17 001 架（按照增速 10% 计算），乐观估计将达到 34 623 架（按照增速 15% 计算）；如果按每年新增 400 架计算，通用航空器的新增市场规模预计为 1 600 亿元；如果按照注册飞机数量以 10% 或 15% 的增速计算，通用航空器的新增市场规模总计将达到 4 437 亿～ 9 037 亿元，三者平均约为 5 000 亿元。其中，国产通用航空器的新增市场规模为 500 亿（在新增市场中占比 10%）～ 2 500 亿元（在新增市场中占比为 50%）。如果按照通用航空 1∶12 的产业拉动效应计算，整个通用航空的市场规模将被拉动到 30 000 亿元。

17.1.2 航空作业类需求

通用航空作业主要指服务于工农林牧渔等经济建设的通用航空飞行业态，属于行业中比较传统的作业类型，细分业务类型较多。航空作业的主体主要为海上石油作业、农业植保、航空护林等飞行活动。

在海上石油作业方面，从短期看，由于产油成本高、油价低趋势仍将持续存在，这使得石油开采的热情逐渐消退，未来短期内石油产量仍将保持低位，导致海上石油作业量出现快速增长的可能性不大。从长期看，根据当前国际主要能源机构如国际能源署（IEA）、美国能源信息署（EIA）、欧佩克（OPEC）、BP、埃克森美孚和中国石油经济技术研究院（ETRI）等的预测，未来 30 年，我国能源需求增速将不断放缓，能源强度随着产业转型不断下降，将不再是最主要的需求增长国。从能源结构看，我国能源消费已经进入新旧动能转换期，未来，随着我国进入工业化后期，城市化的稳步推进，对能源需求的重心将由生产用能逐步转向生活用能，能源结构中清洁能源的比例将增加，到 2050 年煤炭占比将大幅降至 17%，天然气占比将上升至 15%，石油占比将保持在 20% 左右。根据国家发展改革委能源研究所研究，到 21 世纪中叶，我国能源结构有望 2/3 是可再生能源和核电清洁绿色能源，我国一次性能源消费总量只需 36 亿 t 标煤。综合来看，除非国际局势发生较大变化，我国海上石油作业需求未来将保持基本稳定或小幅增长态势。

在农业植保方面，当前我国农业航化作业比例还比较低，不足5%，与国外农业发达国家35%～40%的航化作业比例相比差距较大。我国是一个农业大国，随着我国城镇化发展和农村劳动力向城镇转移，农业生产劳动力不足的问题不断凸显，农业面临集约化发展和规模化经营的双重压力，农业植保航化作业市场需求预计未来将呈持续增长之势。

在航空护林方面，截至2018年年底，我国森林面积已达2.5亿hm^2，存在巨大的航空护林需求，特别是在大兴安岭、小兴安岭、内蒙古、新疆、云南、广西和四川等林业资源密集、地域广阔、地形复杂地区，对航空护林的需求尤为巨大。

17.1.3 公共服务类需求

1. 通用航空短途运输

（1）需求市场　在我国，通用航空短途运输的需求市场主要有：一是地广人稀且交通不便地区，在这些地区，通用航空在国家立体交通体系中发挥着交通网络的“毛细血管”作用，能高效连接主要交通节点，满足人民的基本出行需求；二是经济发达且地面交通拥堵、陆路交通时间较长的城市之间，在这些地方建立空中便捷交通通道，构建综合立体交通方式。

1）偏远地面交通不便地区。对于地面交通不便的地区，通用航空是一种具有比较优势的交通运输方式，可以较好地满足人口少、地面交通距离遥远地区的人们出行需求，对由高速公路、高速铁路和运输机场构成的快速交通系统无法覆盖的国土空间起到了补充作用。在相对较为发达的地区，通用航空则可以面向高收入群体提供个性化交通服务，满足市场的多样化需求。

以各个县级单元到各类中心城市的陆路交通成本，来反映县级单元的交通条件和偏远程度。如果县级单元到达这些重要中心城市的时间成本过大，则其交通条件的劣势越明显。具体地，以县级单元行政驻地作为出发点，采用地理信息系统的网络分析功能计算其到省会城市或地级行政驻地的交通出行时间。对于省会、地级市这两类中心城市而言，除了区域经济地位较好外，其一般还具有较好的交通设施，交通中心性较强，到中心城市的时间成本将影响县域对优质交通设施的获得，县级单元到中心城市的时间成本越大，则其交通条件越差。

2）其他交通方式竞争。通用航空的经济规模相对较小，其潜在需求会受到其他快速交通方式的分流影响。当然，通用航空也会增加多样选择，可以共同发展。这里主要从分流角度考虑高速铁路、运输机场对通用航空需求的影响。

①高速铁路。根据已经发布的《中长期铁路网规划》，到 2030 年仍然有一些区域不能被高铁覆盖。按 2030 年高速铁路主通道的 50km 覆盖范围进行判别，约 70% 的国土面积未被覆盖，这些未被覆盖地区主要位于西部地区及内蒙古东部等地区。

②运输机场。运输航空和通用航空是民航的两个重要类别。我国机场体系是一个自上而下的建设过程，运输机场的主要功能是客运运输，需要考虑运输航空对通用航空需求的影响。将县级单元行政驻地作为出发点，计算其到支线机场、枢纽机场的时间成本，时间成本的大小将影响人们对机场的选择，影响对通用航空的需求。

3）海岛地区。海岛地区与陆地之间的交通相对不便，通用航空运输具有一定的比较优势，故海岛型的行政单元更具有发展通用航空的必要性。我国海岛类型的行政单元基本情况如下：

①海岛型省级单元：海南省（不含港澳台）。

②海岛型地级市有 2 个：舟山市、三沙市。舟山市下辖有岱山县、嵊泗县两个海岛型县，三沙市辖区内包括南沙群岛、西沙群岛和中沙群岛。

③海岛型县级单元：舟山市的岱山县、嵊泗县，上海市的崇明县，浙江省玉环市，浙江省温州市的洞头区，福建省的东山县、平潭县，广东省的南澳县，辽宁省的长海县，山东省烟台市的长岛县。

4）旅游景点。通用航空在实现景区“快进快出”方面具有无法替代的优势，同时也是全域旅游和景区观光的重要交通方式。在旅游资源较为丰富的地方，还需要考虑旅游产业对通用航空的额外需求。

截至 2018 年年底，全国 5A 级旅游景区共有 258 个。按景区 50km 的缓冲区作为影响覆盖范围，拥有世界遗产或 5A 级景区这样优质旅游资源的县级行政单元共有 762 个，占全国县级单元总量的 33.25%。从分布格局来看，许多优质旅游景点覆盖的县级单元位于西部、东北部地区。

5）城镇密集区。在经济发达、人口稠密的地方，对交通多样性的需求较大，通用航空也具有相当的市场潜力。下面主要依据城镇密集区来判别这类需求。

城镇人口密度集中的地区主要在苏浙沪地区、珠三角、山东等沿海地区，结合国家城市规模的划分标准（《国务院关于调整城市规模划分标准的通知》），从全国城镇人口分布格局来看，大多数县城为小城市的规模等级，城镇人口规模小于 20 万人的有 1 722 个县级单元，占全国总量的 60%，主要分布在西部地区、东北部地区。中等城市及以上规模的县级单元主要集中在东部沿海地区。以 50 万人以上的城镇人口为参考，有 276 个县级单元。

（2）综合交通运输条件　县域的交通综合运输条件受其到不同交通节点的距离影响，综合考虑到不同中心城市、运输机场的距离及高铁覆盖与否指标对县级单元的通用航空需求影响，同时考虑各类交通设施的单程运行时间，此时间越长，发展通用航空更具有比较优势。

县级单元是否在高铁 50km 覆盖范围内，对县域通用航空需求影响较大，通用航空具有竞争分流或替代高铁的特性。从高铁覆盖的城镇人口空间分布来看，城镇人口密集的地区，大多位于高铁 50km 的覆盖范围内，涵盖 88.5% 的城镇人口，陆路交通较为便利。在城镇人口 50 万人以上的 276 个县级单元中，275 个县级单元在高铁覆盖区内，有 272 个县级单元到支线机场的距离超过 1h，虽然城镇人口集中的地区陆路交通较好，但航空运输有待加强，尤其是通用航空。

不同出行时间未包含在高铁覆盖范围的县级单元主要集中在西部的新疆、青海、西藏和内蒙古地区，与不考虑高铁覆盖的格局相一致，这些地区的可达性较差，出行时间较长，有着通用航空的潜在需求。

综上所述，通用航空短途运输需求地区主要分布在以下地区。

1）在陆路交通不便的偏远地区，主要包括到地级市及省会城市地面交通时间较长的县级行政单元，通用航空能够较好地适应这些地区人口少、地面交通距离远的特征，对高速公路、高速铁路和运输机场构成的快速交通系统无法覆盖的国土空间起到了补充作用。

2）其他交通方式难以覆盖的地区，主要包括到支线运输机场及枢纽机场的地面交通时间较长、高速铁路主通道 50km 范围未有效覆盖的地区。

3）海岛型行政单元，包括海岛型的省级单元（海南省）、地级市（舟山市、三沙市）、县级行政单元（舟山市的岱山县、嵊泗县，上海市的崇明县，浙江省的玉环市，浙江省温州市的洞头区，福建省的东山县、平潭县，广东省的南澳县，辽宁省的长海县，山东省烟台市的长岛县）。

4）城镇及人口密集地区，主要集中在京津冀、长三角、珠三角和成渝等城市群，通用航空能够提供地面交通拥堵情况下的替代运输服务。

2. 航空应急救援

（1）航空医疗救援需求　航空医学救援产业分为两大类，一类是经济社会发展过程中的常态需求，另一类是应对突发事件紧急救援等非常态需求。一般而言，常态需求主要包括以下 4 种类型：①民众健康类需求，主要表现为日常生活中的人们因病情等需要的空中医疗救护服务，这类需求是最常见、最基本的需求；②交通救援类需求，此类需求主要以道路交通救援为主，目前我国的汽车保有量超 1.5 亿辆，每年因交通事故死亡的人数近 20 万人，道路交通的空中援助救护需求日趋强烈，这类需求将是航空医学救援量最大的需求；③活动保障类需求，这类需求主要是为各类重大会议提供保障服务，如奥运会、冬奥会等重大体育赛事，重要会议等人群集聚的活动，需要航空医学救援来进行保障；④特殊群体类需求，这类需求主要为满足一些特殊需求提供的空中医疗救护服务，如我国驻外人员、境内外游客以及各国政府驻华人员和企业高管等，必要时需要航空医学救援来进行保障。

基于对民众健康类、交通救援类、活动保障类和特殊群体类四类航空医疗救护的需求分析，预计到2030年，我国航空医学救援市场年需求总量约为45.2万人，到 2050 年，年需求总量约为 69 万人。我国航空医疗救护市场需求预测分析见表 17-3。

表 17-3　我国航空医疗救护市场需求预测分析　　（单位：万人）

市场需求	预测方法	2035 年	2050 年
民众健康类	人口关联法	37.8	56.7
交通救援类	比例法	1.6	2.9
活动保障类	重点地区测算	4.0	7.2
特殊群体类	重点地区测算	1.8	2.2
合计		45.2	69

（2）事故灾难应急救援需求　我国是世界上自然灾害最为严重的国家之一，全国 70% 以上的城市、50% 以上的人口分布在气象、地震、地质和海洋等灾害高发区域。特别是在全球气候变暖的背景下，极端天气气候灾害日渐凸显，台风、暴雨、洪涝、地质灾害和森林草原火灾风险加剧。其中，洪涝灾害救援重点区域为华南、华东、华中地区和西南、华北、东北局部地区；

地震灾害风险集中在西南、西北和华北地区；地质灾害高危地区主要分布在四川、重庆、贵州、云南和陕西等地；森林火灾高危地区分布在东北、西南地区。我国自然灾害已呈现出灾害种类多、分布地域广和发生频率高等特征，但由于先进的、专业的特种救援装备不足，大型远程投送运输能力缺乏，而传统救援方式和手段受空间和时间限制，因此无法实施有效救援。航空应急救援可以为国家综合性救援提供更高层次的响应平台，加强国家应急救援专业团队建设，既是保障人民生命财产安全、安国利民的重大举措，也是推进国家治理体系和治理能力现代化的必然要求，更是构建具有中国特色的大国应急救援体系、展示大国实力和形象的必由之路，加速推进国家航空应急救援队伍建设刻不容缓。

1）气候极限条件地区对通用航空应急救援的需求。此类地区的环境特征为不同山面间、不同海拔的气象差异大且变化快，不同地区间存在较大的地貌差异。总体来看，雪山、冰川、高山、峡谷、草原、戈壁、森林、丘陵、沙漠、盆地和高山湖泊等对飞行而言，挑战种类非常丰富。在这种极为复杂的气象和地质条件下，航空器必须具备良好的性能，且应耐寒抗风，配备先进的气象雷达和综合航电，可靠性高。

2）交通网络薄弱地区对通用航空应急救援的需求。除雪灾、风灾、山体滑坡和泥石流等灾害外，因地震引发的次生自然灾害、公共卫生事件和事故灾难也将是应急救援任务的需求重点。路面交通在应急条件下，受灾害影响，通行效率和点对点通达存在较高的不确定性。作为交通和物资保障的重要工具，航空器面对这类任务，需要具备快速响应能力，维护性好，出勤率高，并且需要具备较好的外吊挂和大载重能力。

3）高原地区对通用航空应急救援的需求。此类地区的环境特征为地广人稀、生态脆弱。我国高原地区，人多的如黄土高原和云贵高原，人少的如青藏高原和塔里木盆地，2018 年我国人口密度最低的五个省区（甘肃、内蒙古、新疆、青海、西藏）全是高原地区，在高原人口分布密度呈现两极的情况下，对航空器的选择要综合考虑各种因素：满足人口密度相对高的城镇飞行安全要求；具备长航程飞行和快速巡航能力，保证偏远地区快速应急可达。此外，此类地区属于生态重地，是我国的三江源头，也是北半球气候变化的调节器，航空器既要设计得安全、飞得安全，也要飞得绿色，要求燃油效率高、经济性好。

综上所述，通用航空应急救援，对救援工具的速度、航程、多任务等及基础设施有一定的要求。从成熟应急体系国家的使用经验来看，直升机作为航空应急救援体系的核心装备，具有快速、高效和受地理空间限制较少等优势，是世界上许多国家普遍采用的最有效的应急救援工具，在应急事件处置中具有不可替代的作用。

17.1.4 航空消费类需求

总体上看，我国经济仍处于稳步发展阶段，未来经济规模将不断扩大，人均 GDP 将逐步上升，经济增长速度将逐步下降。根据国内外相关组织的研究结果：我国 GDP 增长率将从 2017—2020 年间年均近 7% 的水平，逐步下降到 2021—2030 年的 5% ～ 6% 的水平，2050 年，我国年均经济增速预计放缓至 3.4% 左右。预计到 2035 年，我国 GDP 总量将达到 35 万亿美元，2050 年达到 60 万亿美元。预计我国人均 GDP 在 2035 年达到 2.5 万美元左右，2050 年达到 4.5 万美元左右。

经济和收入水平的持续增长将催生大量的高净值和高收入群体。根据《中国超高净值人群需求调研报告（2014—2015）》数据显示，到 2014 年 9 月，我国高净值人群（个人净资产超过 1 亿元）规模约为 6.7 万人，超高净值人群（个人净资产超过 5 亿元）规模约为 1.7 万人。预计到 2030 年，我国高净值和超高净值人群规模将超过 50 万人，衍生大量的航空消费类需求。

17.1.5 通用航空器需求

1. 固定翼通用飞机

固定翼通用飞机的应用领域主要包括工农林业作业、飞行培训、空中游览、航空运动、公务航空、私人飞行、应急救援和短途运输等领域。从各细分业态的发展趋势看，未来工农林业作业和飞行培训将保持稳定增长，以短途运输、应急救援和航空医疗救护为代表的公共服务类业态将随着我国城市建设与发展衍生大量需求。此外，随着居民收入水平的提升，消费升级将会带来大量的通用航空消费类需求，进而带动飞行培训、空中游览、航空运动、私人飞行和公务航空等领域的发展。

综合研判各类业态的发展需求，预计到 2030 年，我国固定翼通用飞机可达到 6 000 架以上（不含无人机和特种飞行器），各类型市场比例初步预测如图 17-1 所示。

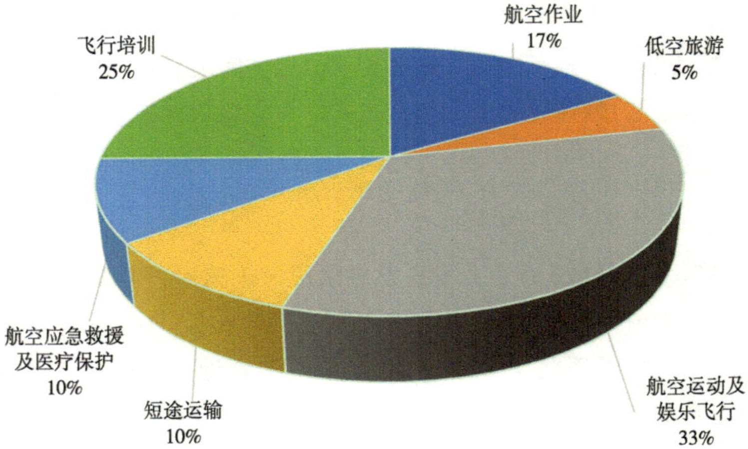

图 17-1　我国固定翼通用飞机市场结构（2030 年）

2. 直升机

直升机机队的增长主要来自以下几个领域：

1）传统的工农林业作业领域。主要执行外载吊装、电力巡线、海上石油服务和航空护林等作业，是直升机的主要应用领域。近年来，我国工农林业作业保持了较快的增长态势，也是当前我国通用航空飞行总量的主要来源之一。未来随着工业投资保持稳定增长及农林业发展形势趋好，海上石油作业、电力巡线、外载吊装和航空护林等对直升机的需求将稳定增长。

2）飞行培训领域。以执照培训和教学训练为代表的飞行培训是我国当前飞行总量的主要来源，也是未来有望继续保持快速增长的业务类型。当前，直升机培训在飞行培训中的比例为 15% ～ 20%，未来随着直升机应用领域的继续扩大，直升机培训需求量也将越来越大。

3）私人飞行领域。直升机在私人飞行领域具有较好的应用前景，可广泛应用于航空旅游、空中游览和短途运输等领域，特别是由于直升机一般购机成本低于固定翼飞机，且对起降场地要求较低，适合私人使用，因此私人飞行发展将对直升机机队增长起到较好的促进作用。

4）应急救援和空中医疗领域。直升机在地面交通不便地区实施搜索救援和空中医疗具有天然的优势，随着我国加快推进航空应急救援体系建设，以及补贴政策及保险制度的完善，应急救援和空中医疗对直升机的需求将快速增长。

各类机升机的用途及需求量如下：

（1）活塞式直升机　活塞式直升机主要用于培训、私人飞行等消费类通用航空飞行活动，少量用于农林喷洒作业。由于价格低廉，多数新成立的通用航空公司会选择活塞式直升机作为入门机型，由于培训和私人飞行市场的持续增长，预计活塞式直升机的未来市场保有量将快速增长，预计到2030年其市场需求为1 500～2 000架。

（2）轻小型直升机　轻小型单发（短舱）直升机主要用于培训、私人飞行等消费类通用航空飞行活动，少量用于农林喷洒作业。轻小型单发（长舱）直升机适用于多种通用航空作业，如农林喷洒、电力巡线、警用执法和空中游览等。预计到2030年，轻型直升机需求为1 500架。

（3）轻中型直升机　轻中型直升机多用于警务、海洋执法、海上石油平台运输和搜索救援等任务，该细分市场近年来几乎没有增长，主力型号EC155和S-76多用于海上石油作业，部分S-76用于交通部海上救捞局的海上搜索救援作业，预计未来轻中型直升机的市场将主要集中在政府公共用途上，包括城市警务、海上执法和搜索救援等。特别是随着国家海洋战略的稳步实施，以及为维护国家海洋权益的需要，该类型直升机在海上市场将大有作为。预计到2030年，轻中型直升机市场需求为500～800架。

（4）中型直升机　在我国，中型直升机主要用于警务执法和公务运输。未来此类机型的市场增长点主要集中在少数领域需求，包括海上石油作业、海上搜索救援和公务飞行等。预计到2030年，此类直升机需求为500架。

（5）大型直升机　大型直升机多用于森林消防、海上石油作业和吊挂作业等。大型直升机一般价格昂贵，市场保有量较少。未来，随着海上石油平台向远海、深海发展，从事海上石油作业的通用航空企业更倾向于购买航程远的大型直升机，大型直升机在海上石油作业领域的需求将会稳步增长。在森林消防方面，随着国家投入的增大，对大型、重型直升机的需求将会增加；在外挂吊装领域，随着高科技手段在国家大型基建项目的逐步应用，如高压线塔吊装、石油管道吊运等将会出现对大型直升机的需求。此外，国家应急救援体系建设也会出现部分对大型直升机的需求。预计到2030年，大型直升机需求约为300架。

17.2 发展趋势展望

17.2.1 新的机载技术不断出现

为了提高通用飞机的运营安全性能，一些制造商在飞机系列化研制中，不断引进新技术，对飞机进行改进升级，如法国大合集团在新型 TBM 940 飞机的研制中，引入自动油门和自动除冰系统。

1. 自动油门和自动除冰系统

TBM 940 是继 TBM 930 之后 TBM 系列飞机的高端产品，进一步提升了飞机的性能、安全性和舒适性。TBM 940 的一个关键创新点是安装了自动油门系统，该系统也是有史以来第一次安装在质量不到 12 500lb（5.7t）的标准涡轮螺旋桨飞机上。该款单动力杆自动油门与自动驾驶仪完全集成在一起，从飞机爬升段到着陆进场，该系统可根据预设的飞行剖面自动调整飞机的速度。除了减少飞行员的工作量之外，自动油门系统还可以使 TBM 940 在加普惠 PT6A-66D 涡轮螺旋桨发动机许可的动力系统边界运行，从而提供动力装置的最佳性能和效率。此外，TBM 940 还引入了自动化除冰系统，当系统检测到飞机结冰或积冰，而飞行员没有采取行动时，该系统会自动启动以对机身、风挡玻璃、螺旋桨及发动机的粒子分离器进行除冰。航电会显示一条琥珀色 CAS（乘员警报系统）消息，提示飞行员清除自动激活并恢复手动控制模式。

2. 一键式自动着陆系统

2019 年 11 月 2 日，美国佳明公司宣布研发出用于通用飞机的一键式飞机自动着陆系统，预计该系统将很快获得 FAA 批准。这是佳明公司在过去 8 年来，秘密开发的一种新系统。据称，该系统可在飞行员失能的情况下，由包括乘客在内的其他人员按下一个按钮，随后该系统接管飞机控制系统，进行自动着陆，使飞机自动完成选择就近机场、与空管联络、近进、着陆和制动等一系列操作，帮助飞机安全着陆。该紧急自动着陆系统启动后，将自动分析地形和数据链路天气情况，以确定最佳的降落机场，并同时与空中交通管制（ATC）人员进行通信，利用所有可用的飞机数据流将飞机安全导航到确定的备降机场，并根据地面风向过渡到适当的跑道。

佳明公司的自动着陆系统是佳明公司自动化系列产品的一部分，包括电子稳定和保护以及紧急下降模式。自动着陆系统旨在安全地将飞机从巡航高度飞行到合适的跑道上，然后使飞机降落，制动并关闭发动机。必要时，自动着陆系统甚至可以打开防冰 / 除冰系统。飞机制造商可以将自动着陆系统集成到配备佳明 G3000 航空电子系统和自动油门的飞机中。目前，派珀飞机公司计划在其单发涡轮螺旋桨飞机 —— 新型 M600 SLS 中配备佳明一键式自动着陆系统，并将其命名为“光环（Halo）”；西锐公司也紧随其后，在其“愿景”喷气式飞机上加装该系统，提供自动着陆功能〔西锐公司将该系统命名为“安全返回（Safe Return）”〕。西锐“愿景”喷气飞机在客舱顶部布置了“安全返回（Safe Return）”红色按钮，如图 17-2 所示。

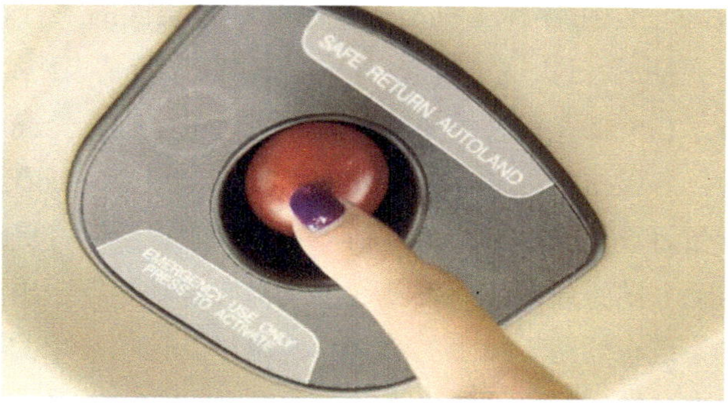

图 17-2　西锐“愿景”喷气飞机在客舱顶部布置了“安全返回（Safe Return）”红色按钮

自动着陆系统的设计理念是在飞行员不具备飞行能力的情况下，由计算机控制一架性能完美的飞机，然后让飞机安全着陆。100 多名佳明公司的工程师参与了该项目的研发，包括人为因素专家团队。他们仔细设计该系统，以便乘客不仅可以打开该系统，还可以了解自动着陆过程中发生的情况。M600 的驾驶舱仪表盘上的“光环”系统如图 17-3 所示。

图 17-3　M600 的驾驶舱仪表盘上的“光环”系统

注：图中副驾驶正在按的红色按钮就是“光环”系统的启动按钮，显示屏上显示“自动着陆系统激活”。

该项目始于 2011 年，当时佳明公司的工程师测试了一些可能实现自动着陆的算法，佳明公司于 2014 年在哥伦比亚 400 单发活塞式飞机上完成了首次自动着陆。2015 年 9 月，佳明公司申请 FAA 参与对飞机自动着陆系统的认证。到目前为止，佳明公司已经在各种飞机上实现了 800 多架次的飞行自动着陆，其中 M600 于 2018 年 9 月 10 日实现了首次自动着陆，共飞行了大约 200 架次。

自动驾驶技术在降低飞机使用成本、改善飞行安全性、提高使用灵活性等方面将有巨大潜力，各国航空工业界和运营商均应高度重视；随着人工智能技术的发展及全球飞行员短缺情况的持续，自动驾驶技术的重要性将日益凸显。

佳明公司自动着陆系统的应用，使通用飞机向自动飞行迈出了重要的一步。随着该自动着陆系统在通用飞机上的进一步应用以及该项技术的不断成熟，或将促使通用航空的安全性和接受度得到进一步提高。

17.2.2 无人机产业将加快发展

随着无人机载荷集成度的越来越高、无人机执行任务的能力越来越强，无人机在各行各业的应用会越来越广，对有人驾驶通用航空器的替代效应会越来越明显。商用无人机的普及将意味着在高效率技术和允许商用无人机系统远程自动化运作的新规定刺激下，运用空中监测和数据来优化业务运营方式方面将会发生广泛的变化。

综合分析目前各国出现的无人机，军用技术民用化、无人机使用卫星化、应用概念颠覆化的趋势正在加速显现。

1. 军用技术民用化

美国通用原子公司成立于 1955 年 7 月 18 日，总部位于加利福尼亚州圣迭戈，现有公司于 1967 年通过收购、合并而来，是美国国防采购商，专注于核武器、电磁炮及无人机等研究。MQ-9“死神”是美国通用原子公司开发的一种极具杀伤力的新型无人作战飞机，并可以执行情报、监视与侦察任务。目前，美国通用原子公司正在将民用版“死神”无人机推向商用市场。从各方搜集的资料来看，该无人机重 5.67t，可在搭载 1.814t 载荷的情况下在 12 192m 高度飞行 40h。

美国英西图公司的“综合者”无人机，质量为 61.2kg，搭载了 logos 技术公司的红风筝广域动作图像（WAMI）传感器，能追踪全城市范围内的“重要运动目标”。WAMI 曾是只能由 MQ-9“死神”无人机搭载的大型吊舱传感器，目前其质量已降至 38kg 以下。红风筝广域动作图像（WAMI）传感器如图 17-4 所示。

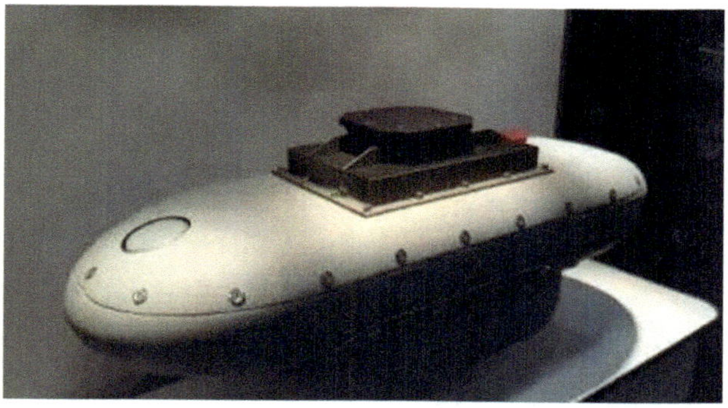

图 17-4 红风筝广域动作图像（WAMI）传感器

2. 无人机使用卫星化

由于需求与性能随时都在发生改变，卫星也需要不断报废并定期更换。卫星在轨运行时间可达到 15 年，超过该时间期限时，卫星零件的精密度及功能就会发生显著变化。因此，随着太空中的卫星越来越多，如何让卫星以更经济实惠的方式持续发展就成了当务之急。这也是“伪卫星”展现其价值的大好时机。脸书的“天鹰座”和空客的“西风”均采用了这个概念。对这些无人机的管理类似卫星，一个机务组管理一个无人机群。

“天鹰座”翼展为 42m，约等于波音 737 的尺寸，采用飞翼布局，仅重 424kg。“天鹰座”将用于互联网接入服务。对于“天鹰座”而言，机身不是必要的，反而是个累赘。抛弃机身采用飞翼可以得到最大化的表面积，以铺设太阳电池板。“天鹰座”采用 4 个螺旋桨驱动。可以在 18 000 ～ 27 000m 的高度盘旋长达 90 天。在“天鹰座”无人机上配备有一个激光传输距离超过 16km 的激光发射器，当无人机确定好地面上的服务区域大致位置时，就可以利用激光发射器向服务区内提供互联网信号。脸书“天鹰座”无人机如图 17-5 所示。

“西风”翼展为 18m，重 62kg，用碳纤维材料制成。白天通过硅板吸收太阳能提供动力，夜间靠电池飞行。“西风”升限为 17 678m，能够在 19 000 ～ 21 000m 的高空飞行一个多月。先前的“西风 -7”无人机在 2010 年创造了连续飞行 14 天的世界纪录，它在白天依靠太阳能充电。新型“西风 -8”无人机的翼展达 25m，比先前机型的质量减轻了 30%，充电量增加了 50%。空客“西风”无人机如图 17-6 所示。

图 17-5　脸书“天鹰座”无人机

图 17-6　空客“西风”无人机

3. 应用概念颠覆化

无人机的发展极大拓宽了人们的视野，在此基础上，无人机应用的全新理念层出不穷。下面主要从城市载人交通和空中风力发电两方面进行总结。

（1）城市载人交通　优步等公司目前正致力于研究用于城市中的短途飞行技术。垂直起飞和着陆技术使盘旋的飞机能够垂直起飞和降落，这对于人口稠密地区来说是非常重要的。未来十年，垂直起落技术将被广泛应用。

有鉴于此，优步公司提出了 Uber Elevate 城市空中交通网络的概念，将于 2020 年在达拉斯和迪拜提供按需空中出租车服务。作为为其提供产品的 5 家供应商中之一的极光飞行科技公司，已经完成了其电动垂直起降飞机 1∶4 缩比飞机的飞行。

该双座飞机的双尾撑上有 8 个提供垂直升力的电动机旋翼，通过一个螺旋桨推进器来实现前向飞行。飞机一旦靠机翼产生了全部升力，则全部电动机旋翼停止工作。在 Uber Elevate 的垂直起降机场，乘客将通过一个斜坡从飞机前部登机以防止碰到电动机旋翼。垂直起飞后，电动垂直起降飞机将爬升至 15 ～ 30m，并完成动力转换。极光飞行科技公司力争将飞机起飞的噪声控制到最低，使其淹没在城市交通噪声中，并且使飞机在 450m 高度巡航时，从地面听不见它的声音。极光飞行科技公司开发的双座多旋翼电动垂直起降飞机如图 17-7 所示。

图 17-7　极光飞行科技公司开发的双座多旋翼电动垂直起降飞机

英国电动涵道风扇和垂直起降无人机开发公司 Neva 航宇在巴黎航展揭开了“空中四轴一号”的面纱。该无人机重 500kg，可搭载 1 名乘客，或以无人驾驶模式搭载最高 100kg 的载荷。100kg 多的电池驱动 20 个涵道风扇。前后各一对大风扇，以及两列固定的 4 个小风扇，提供垂直升力，4 对中等风扇可倾转，可提供前向推进力。Neva 的多风扇设计具有很好的容错性，“空中四轴一号”的设计就考虑了多个电动机故障的问题。“空中四轴一号”无人机如图 17-8 所示。

图 17-8　“空中四轴一号”无人机

德洛兰航空公司（DeLorean Aerospace）的 DR-7 eVTOL 的流线型设计与“空中四轴一号”有巨大差别。它只有两个涵道风扇，在机身的前、后各一个。风扇可倾转提供升力或前进的推力。风扇装有万向节，可提供防滚转和偏向的作用，省去了舵面的设计。DR-7 大约 6m 长，翼展也是 6m，可折叠至 2.3m，经济巡航速度可达 240km/h，如果选装了可变节距风扇，极速可超过 480km/h。机体的设计保证了对风扇的阻挡为最小。旋翼涡流会对机身产生额外的升力，提高稳定性并减小机翼面积。DR-7 固定节距版的目标售价是 250 000 ～ 300 000 美元。DR-7 无人机如图 17-9 所示。

图 17-9　DR-7 无人机

（2）空中风力发电　荷兰海牙的 Ampyx 动力公司正在研究利用系留固定翼无人机来驱动一个地面发电机发电。该公司计划在 2018 年演示验证一套 250kW 的发电系统，在 21 世纪 20 年代演示验证一套 2MW 的发电系统。Ampyx 动力公司使用的无动力系留无人机，可视风力条件起飞，可进行回收。一旦升空，飞机按椭圆或 8 字形航路飞行。在无人机飞行过程中，随着它的升高和降低，无人机与地面间的系留电缆被拖曳，由此产生的牵引力驱动与系留电缆相连的一个圆柱形的鼓状装置进行发电。对普通飞机来说，拉起操纵杆将提高攻角，提高升力，降低速度，但是 Ampyx 的系留无人机在爬升时，升力更大，速度更快，这与其他飞机有着本质上的区别，因此，目前 Ampyx 的无人机没法采用现成的自动飞控系统，其飞控系统全部由 Ampyx 动力公司研制。

该公司新设计的 AP3 双尾撑无人机采用了更精确的传感器和生命周期更长的机载系统。该公司与德国电力公司 E.ON 签署了伙伴关系。AP3 翼展达 12m，

Ampyx 正试图为该飞机取得欧洲航空安全局的“特定种类无人空中系统”认证。双尾撑设计使无人机的系留电缆可系于靠近飞机重心的地方。无人机的起飞通过电动弹射器实现，飞机的回收系统使无人机在空中减速，一旦无人机错过了降落平台，系留电缆将把它拉拽回来，同时，起落架的设计使无人机可在高下降速率条件下着陆。

2MW 的发电系统将在生命周期内达到与风力涡轮发电机相近的供电能力。同时，在由于地面水深等原因无法建造支撑风力涡轮发电机必须具备的混凝土结构的地区，其将占据更大的市场份额。Ampyx 动力公司的空中风力发电系统如图 17-10 所示。

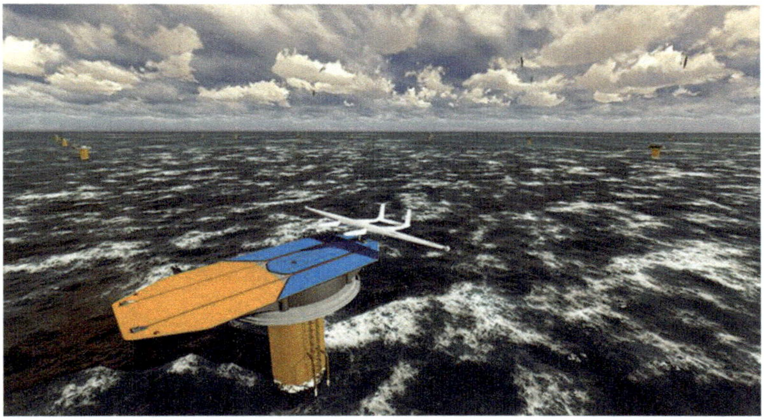

图 17-10　Ampyx 动力公司的空中风力发电系统

4. 无人机物流将更快实现

据京东无人机《2018 年世界物流无人机产业研究报告》显示，物流无人机的四大应用优势在于：一是提升流转效率。相较于传统汽车、电动车配送，无人机可以大幅度提高配送效率。二是降低运营成本。无人机上下游产业链整合日趋完善，随着大规模应用，将节省更多时间、人力、能源及仓储资源，降低企业运营成本。据中国管理科学研究院跨境电商研究中心数据显示，无人机物流在规模化应用后，配送成本可下降 40% ～ 50%。三是打破道路限制。无人机航线为直线，相对距离最近，针对偏远农村及交通不便地区，可有效解决物流配送“最后一公里”难题。四是助推产业转型。以无人机为代表的“智能物流”将助推物流产业转型升级。

目前，国内外物流无人机产业正蓬勃兴起，总体呈现美国领跑，欧洲积极布局，非洲逐步开放空域，亚洲追赶的趋势。美国作为先驱，持续领跑物流无人机产业，早在2016年，联合包裹服务公司（UPS）就宣布将利用无人机实现全球范围内的血液和疫苗等救生药品的运送，并于2019年获得了美国联邦政府有关无人机包裹递送业务的批准；2019年，谷歌（Alphabet）子公司Wing成为首批被FAA认证为商业航空承运人的无人机运营商之一，可以向数英里之内的用户运送货物；随着首个商业化无人机快递试点服务的出现，联邦快递（FedEx）则成为了美国历史上首个单独提供无人机快递业务的物流公司，而美国药物销售商Walgreens也成为了第一家实现商店到客户点对点无人机服务的零售商。我国物流无人机也迅速起步，2019年，民航局已经向杭州迅蚁网络科技有限公司发出了首张“无人机物流配送经营许可”；2020年，广州亿航智能技术有限公司也获得了物流试运行许可，天域航通科技有限公司则获颁国内第一张无人机设计生产批准函。

截至2018年6月，世界各国物流无人机的发展情况见表17-4。

表17-4 世界各国物流无人机的发展情况

地域	特点	公司	物流无人机发展概况
美国	先驱阵地，持续领跑	谷歌	2014年在澳大利亚实现首次配送，2016年测试投递系统和空中管理平台
		UPS	2013年测试“无人机送货+无人仓”，2017年无人机无人车结合投递
		亚马逊	2013年公布无人机计划“Prime Air”，2017年加紧物流无人机领域专利布局，如自毁无人机专利、“空中仓库”等
		波音	2018年推出一款新型无人电动垂直起降（eVTOL）货运飞行器（CAV）原型机
		美国邮政	2015年与辛辛那提大学联合开发“电动邮车+无人机”投递系统
欧洲	积极布局，发展迅速	德国邮政	2013年完成首次测试，2016年5月完成了第三代无人机与物流链的智能包裹柜的整合试验，新一代无人机可在智能包裹柜顶上，实现全自动起飞、着陆并投递包裹，装入新的包裹以及更换电池，整个过程只需几分钟
		法国邮政	2014年完成首次测试，2016年年底实现自主飞行运送
		瑞士邮政	2016年年初进入第二阶段验证。2017年10月，梅赛德斯奔驰公司、美国无人机物流公司Matternet和瑞士电子商务初创企业Siroop合作，在瑞士苏黎世完成面包车与无人机电子商务配送试点项目

（续）

地域	特点	公司	物流无人机发展概况
欧洲	积极布局，发展迅速	英国皇家邮政	2015 年年底宣布引入无人机技术。英国空中交通管制机构 NATS 于 2017 年年初发布了一款名为 Drone Assist 的 APP，10 周之内注册用户超过 10 000 人，该 APP 旨在帮助无人机操作员符合英国监管规则
		芬兰邮政	2015 年进行野外投递测试
		西班牙邮政	2015 年进行无人机投递试验
非洲	政策开放，前景可期	卢旺达	2016 年与美国 Zipline 合作，建立了医疗无人机配送系统，2018 年年初，政府宣布“基于性能的规章”政策以简化商业无人机的创新和审批程序
		坦桑尼亚	美国 Zipline 无人机配送服务自 2018 年年初开始向坦桑尼亚镜内的 1 000 多个医疗站提供无人机接货服务
亚洲（除中国外）	政企并驱，探索发展	新加坡邮政	2015 年宣布成功完成包裹投递试验
		日本	日本邮政于 2017 年测试无人机运送邮件。在政府“无人机发展路线图”的指引下，产业界迸发出更多活力
		韩国	2017 年 11 月，韩国邮政与韩国电子通信研究院共同研发的无人机正式完成交付任务，成功将 8kg 的包裹运至 4km 以外的南部岛屿
		以色列	2017 年年初，以色列 Flytrex 公司获得了 300 万美元投资，用于开发无人机配送解决方案
中国	引领世界，各具特色	京东	2015 年启动无人机项目，2017 年年底无人机常态化运行
		中国邮政	2016 年完成无人机首次配送
		顺丰速运	2015 年成立朗星无人机系统有限公司，2017 年年底大型无人机首次试飞
		圆通	2015 年完成首次测试
		中通	2017 年 7 月 21 日，中通快递启动无人机邮路试运行，成功完成首次试飞
		苏宁	2017 年 6 月 17 日，苏宁物流无人机在浙江完成了首次实景派送

5. 载人无人机成为重要发展趋势

目前，国内外在载人无人机领域纷纷发力，空客、英特尔和优步等都在研发或投资电动载人无人机，全球在研的相关项目有近 200 项，其中 FAA 已受理了 30 余项申请。同时，随着“新基建”的推进，无人机技术将得到进一步发展，应用范围将得到进一步拓展，数字化的低空安全高效监管也将逐步实现。目前，我国许多企业都在积极构建 5G+ 无人机平台及应用解决方案，全国多个地方都建立了 5G+ 无人机技术及应用试点基地，5G 网联无人机正在蓬勃兴起。此外，无人机的安全监管、法规标准也将不断被完善。

17.2.3 城市空运飞行器开始起步

1. 城市空运介绍

城市空运系统是指在大都市环境下利用有人驾驶飞机和无人驾驶飞机系统为客运和货运提供按需、安全、高度自动化的航空运输服务的系统。大型城市的交通拥堵已经成为一个全球性的难题，它带来了时间浪费、能源消耗、环境污染和影响人类健康等方面的负面后果。根据保时捷管理咨询有限公司（创立于 1994 年的一家德国领先的管理咨询公司）的研究数据显示，洛杉矶居民平均每年都会因交通堵塞而浪费大约 102h 的时间，莫斯科和纽约紧随其后（91h），其次则是圣保罗（86h）。总的来说，德国在 2017 年因交通拥堵而导致的人均损失达到了 1 770 美元。尽管地面上的交通堵塞问题日益严重，但城市的吸引力却并未因此而降低。据联合国估计，到 2050 年，将有 70% ～ 80% 的世界人口被城市化，这无疑将为如何制定更高效、更可持续的交通运输解决方案带来全新的挑战和机会。城市空运有望从根本上改善城市交通，节约更多时间。正如摩天大楼可以更有效地利用有限的城市土地一样，城市空中交通将利用三维空域缓解地面交通的拥堵状况。一个由能垂直起降（VTOL）、静声、安全和高效的飞机构成的运行网络，将能够在城市内或城市之间实现迅速而可靠的运输。

飞机制造商、基础设施供应商和空域一体化研究人员已为城市空运运营以及空域的其他系统运营投入巨资。从初创的企业到世界上最强大的飞机制造商都在进行电动垂直起降飞行器（eVTOL）研究，空客、波音和巴西航空工业公司都有各自的部门、子公司或团队来研究城市空运解决方案。通用电气、霍尼韦尔和罗罗公司等也大力参与这些项目。监管机构和立法者也非常重视城市拥堵问题。作为一个经济实惠的平台，eVTOL 飞机不仅需要对认证体系进行重大改革，而且需要重新考虑城市上空的空中交通管理体系。目前全球范围内处于开发中的 eVTOL 项目已超过 200 项，引起了航空航天企业、汽车行业、运输行业、政府、军方以及学术界的广泛关注。电动机、电池、电源管理、电传飞控、轻型复合材料结构等关键技术得到了快速发展。未来 eVTOL 飞机可能应用于多种任务模式，包括城市空运（UAM）、区域空运（RAM）、货运、个人飞行和紧急医疗服务，以及尚未开发的新场景等。

根据《全球城市空运（UAM）市场分析和预测（2023—2035）》最新报告，预计在 2023—2035 年的预测期内，城市空运市场将以显著的年均复合增长率增长，2023 年的收入将达到 53.2 亿美元。全球城市空运市场按飞机类型被细分为：旋翼机、固定翼机和混合推进机型。预计在 2023 年旋翼机市场会占最大份额，但混合推进机市场预计在 2023—2035 年期间以最高的年均复合增长率增长。各机构预测的未来 20 年全球城市空运市场规模如图 17-11 所示。

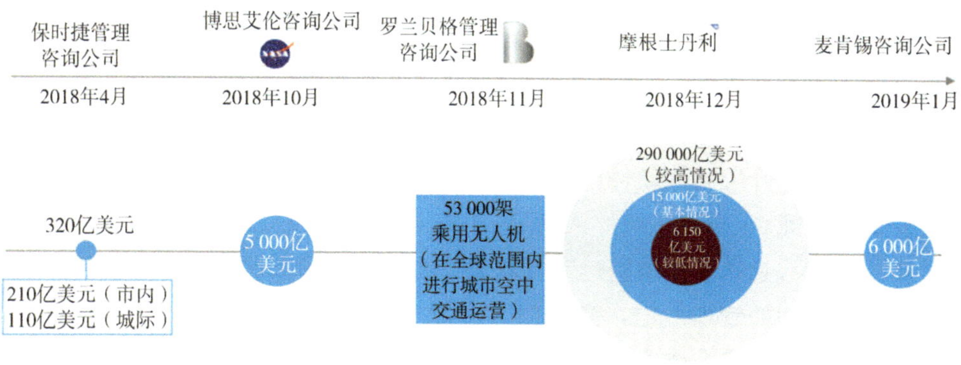

图 17-11　各机构预测的未来 20 年全球城市空运市场规模

2. 城市空运面临的挑战和发展前景

NASA 和 FAA 近年来举办了一系列城市空运研讨会（NASA 也称其为按需空中出行），将 VTOL 生态系统各环节的参与者（VTOL 飞机制造商、联邦机构、私人投资者、专业学会、大学和国际航空组织）聚在一起，共同研判推行城市空运服务的障碍与壁垒。

总的看来，为了使城市空运成为现实，这一系统将面临 4 个方面的挑战。第一，必须能够研制出满足安全、经济和环保指标要求的城市空运平台；第二，通过适航当局的认证，扫除市场运营的法规障碍；第三，在涉及噪声、安防以及用户和城市居民安全时，还存在社会认可度这一关键性问题；第四，基础设施也是非常重要的要素，因为城市空运需要有包含多个起降点的网络以及空中交通管理、充电和停放飞机的资源。

第一项挑战意味着需要研制出适合城市短途便捷运输的低成本航空器，业界普遍认为分布式电推进垂直起降（DEP VTOL）飞行器将是未来的主流发展方向。目前最接近的技术是直升机，可是直升机的噪声太大、效率低且污染环境，而且大规模使用的话成本高昂。DEP VTOL 飞行器将采用分布式电力驱动系统，具有飞行零排放、低噪声、高安全和高飞行效率等优势。然而，研制这样一款飞行器并非易事，需要总体气动布局设计、储能技术、电机技术、充电技术和自动驾驶技术等都有突破才可。在总体气动布局设计方面，城市空运飞行器需要短时间悬停和长时间巡航功能，这使得旋翼载荷较高，对气动布局设计和动力提出了更高的要求；在储能和电动机方面，现有的锂电池在能量密度［200（W•h）/kg］、循环次数（几百次）和成本［400 美元 /（kW•h）］等方面都不能满足要求，高功率密度电动机、大容量快速充电等技术也有差距；与自动驾驶汽车相比，就飞行避障而言，城市空运飞行器所面临的挑战似乎没有那么令人畏惧。但是，后者对天气条件要求较高。因此，目前虽然自动驾驶汽车发展得较快，但对城市空中飞行器来说，开发出软硬件产品，并确保其在所有非正常状况下都能安全飞行还需要很长时间。

第二项挑战意味着城市空运飞行器无论在哪一个国家运营，都必须要符合航空安全管理机构的管理规定。美国 FAA 和欧洲 EASA 分别管理着 50% 和 30% 的世界航空活动，要想在全球市场获得成功，则需要获得这两个机构的认证。从认证角度来说，城市空运飞行器是全新的概念，尽管认证流程正不断改变，但从以往经验来看，全新飞机概念的认证流程都十分缓慢。

第三项挑战意味着随着城市空中交通的兴起，飞机必须得到社会的认可，主要涉及噪声、安全和安保、隐私以及视觉污染等方面。在噪声方面，必须确定为了享受到城市空运带来的利益，社区可以接受什么样的噪声水平，这需要在飞机设计、着陆点和航线之间进行规划和密切协调，并动态调度每次飞行；在安全和安保方面，除了运营商需要表明飞行器设计了固有的保障措施以建立所需的信任水平外，当地社区也会关注飞机的安全性，包括它们易受劫持和黑客攻击的弱点；在隐私方面，运营商需要动态且精确地将每个航班路线设置在较不敏感的区域，确保始终在私人领地之上留有适当的距离；在视觉污染方面，城市空运飞行器将对城市天际和自然美景带来很大的影响。

第四项挑战是如何构建基础设施网络。这里的基础设施包括起降场、充电设施和空管系统等。在城市中部署空运机队的最大障碍是缺少用于起落的充足场地。即使城市空运飞行现在获得批准，城市里也没有足够的起飞和降落站点供城市空运机队进行规模化运行。虽然少数城市已建立多个直升机飞机场，可能有一定的空间提供有限的初始空运服务，但要使城市空运正常运行，前提是这些机场位置合适，交通方便，并有可用空间增设充电站。并且，如果想要发挥全部潜力，则需要增加基础设施。在空管系统方面，城市空运的潜在需求很可能需要同时大幅度提高大都市地区飞机飞行运营效率和空域使用密度，管理空域运营的复杂程度因此将呈指数级增长，远超当今的空管。

尽管城市空运面临上述挑战，但目前的良好发展势头还是给了人们足够的信心。优步于 2018 年 5 月底在法国巴黎建立了一个先进技术研究中心（ATCP），未来 5 年将投入 2 000 万欧元聚焦城市空运的使能技术研究，包括空域管理、自动化、实时通信网络、能量存储和充电系统等，该中心还将同欧洲城市规划师和监管者一道建立电气化交通运输的基础设施需求模型。除了优步，针对储能技术，全球多家机构和企业都在开展相关研究。2016 年，美国能源部启动了“Battery 500”计划，将在未来 5 年内投入 5 000 万美元，研发 500（W • h）/kg 的电池以及 350kW 的大容量充电器。索尼公司的目标是到 2020 年，将 400（W • h）/kg 的锂硫电池组商业化。另外，有关脉冲充电器方面的研究成果已经证明其循环寿命可以改善。在适航认证方面，美国 2017 年 8 月生效的 FAR 23 部 64 号修正案允许工业界制定相关标准，来对电推进系统、储能系统、先进飞控和其他城市空运关键技术进行认证。在基础设施布局方面，已经有人提出将停车场的房顶、现有的直升机停机坪甚至立交桥周边未利用的土地善加利用，广泛建设分布式“垂直起落场”（有多个起飞和着陆平台以及充电设施）或单机“垂直起落站”（单个起落平台，几乎不用建设其他设施）。在空管方面，优步已与 NASA 达成了空域行为协议，计划使用 NASA 为低空无人机运营开发的空管系统（UTM）为其电动垂直起降飞机运营提供服务。

综上所述，城市空运前景广阔，尽管面临巨大挑战，但在飞机开发商、监管机构、城市以及社区利益相关者的合作努力下，相信它终将融入人们的生活。

17.2.4 超声速公务机飞行时代将开启

航空人大多有重新实现超声速飞行的梦想。但是，在下一代超声速民用机问世前，必须解决燃油经济性、城市噪声以及声爆等关键技术问题。随着近年来人们对相关技术的不断探索，众多技术难题已经突破或正处于突破的临界点。另外，随着世界经济的持续增长，快速空中旅行和公务交流的需求增长迅速。业界普遍认为，现在是时候考虑重启超声速飞行了。相比于大型超声速飞机，中小型超声速喷气公务机（Supersonic Business Jet）的技术难度相对较低，很有可能率先进入应用市场，重新开启超声速飞行时代。

1. 超声速公务机发展需求

超声速喷气公务机的基本用途是公务飞行，满足高端公务航空客户对于高速飞机的使用需求。高端公务航空客户包括富豪、政要、明星、企业家和企业高管等。与常规亚声速喷气公务机类似，超声速喷气公务机也可以用于军用 / 特殊用途等领域，如用作特种军用运输机和特殊任务平台，以及科学研究等。

除了满足人们享受超声速空中旅行的需求外，超声速喷气公务机有一定的现实市场需求。超声速喷气公务机能够以最快的速度、最快捷的方式执行公务航空运输任务。市场研究表明，公务航空高端客户对超声速喷气公务机有一定的需求。世界公务机巨头湾流宇航公司进行了相关的超声速喷气公务机的市场研究工作。目标是超声速喷气公务机机型能够以超声速在陆地上空飞行，采用大尺寸客舱，航程达 7 408km 以上，价格为 0.5 亿～ 1.0 亿美元。市场研究表明 10 年期市场需求约 200 架。

2. 超声速公务机研究现状

随着超声速公务机关键技术研究不断取得突破，近些年来市场上又出现了一些超声速公务机研制项目，有些则具备较好的发展前景。以下介绍几个比较典型的研制公司及其目前在研的产品。

1）Aerion 公司的 12 座级三发超声速公务机 AS2（如图 17-12 所示）。

图 17-12　AS2 超声速公务机

Aerion 公司从 2003 年开始研制超声速喷气公务机，计划在 2025 年完成取证。空客防务与空间公司曾为其提供工程帮助。近年来，Aerion 公司还与 GE、洛•马、霍尼韦尔等签订合作协议共同开发 AS2 公务机。AS2 公务机采用自然层流机翼，具有在超声速和亚声速下的高气动效率，该机为 12 座，在马赫数为 1.4 下的航程达 8 797km，在马赫数为 0.95 下的航程达 9 816km。公务机所有权共享运营商 Flexjet 公司已经订购了 20 架 AS2 公务机。

2018 年 10 月 15 日，在 GE 航空集团与 Aerion 公司共同举行的新闻发布会上，宣布 GE 航空集团已完成 AS2 公务机首台发动机的初始设计。此款新级别的发动机被 GE 航空集团命名为“亲和力（Affinity）”涡扇发动机，其充分利用了经验证的 GE 超声速飞行技术。

2）斯派克航宇公司的 12 ～ 18 座级的双发超声速公务机 S-512（如图 17-13 所示）。

图 17-13 斯派克航宇公司的 S-512 超声速公务机概念图

斯派克航宇公司从 2013 年开始 S-512 超声速喷气公务机的初步设计，计划 2022—2023 年交付。该机为 12 ～ 18 座，采用双发布局，设计的巡航马赫数为 1.6，航程为 11 482km。斯派克航宇公司正在进行 S-512 的低声爆设计，希望将声爆等级降至 70PLdB。西班牙航空结构制造商 Aernnova 为斯派克航宇公司提供了帮助。

3）博姆技术公司的 50 座级三发超声速飞机（如图 17-14 所示）。

博姆技术公司位于美国科罗拉多州丹佛市，2016 年年初公布了其 40 座级双发超声速飞机方案。如今，该公司更新了方案，将飞机机身加长到约 47m，座位数增加到 55 座，双发改为三发，巡航马赫数为 2.2。三发布局满足 ETOPS 180min 要求，能够进行远程的跨洋航线飞行。

图 17-14　博姆技术公司的超声速飞机

根据博伊德国际集团市场预测，2017—2026 年间该机拥有 1 300 架的市场需求，按照单价 2 亿美元计算，市场价值为 2 600 亿美元。最大的潜在市场是北美，预计需要 377 架；其次是欧洲，需要约 360 架；中东和非洲为第三大市场，需要约 250 架；亚洲（除中国外）和中国的需求分别为 128 架和 100 架。

3. 超声速公务机面临的挑战

超声速公务机发展所面临的技术挑战是前所未有的，包括低声爆 / 环保综合技术、高效气动力技术、超声速推进系统、结构和材料和适航等，同时所有技术解决方案必须在经济上可以接受，解决这些挑战性问题的难度极大，目前一些技术研究工作已有进展。破解超声速民用飞机发展所面临的各种技术难题，能够有力推动航空科学和技术的发展。

声爆和油耗是制约民用超声速飞行的两大难题。声爆是指飞机在超声速飞行时产生的强压力波传到地面上形成如同雷鸣的爆炸声。由于声爆的存在，使得军民用超声速飞机的使用和发展都受到了很大限制，如 ICAO 和 FAA 禁止超声速客机在居民区上空飞行，像英法联合研制的“协和”号以前基本上只能在大西洋上空飞行；高油耗是超声速飞行的另一个瓶颈。高油耗带来的低经济性曾是导致“协和”号客机退役的主要原因之一。超声速飞行的高油耗主要来自发动机和机体，一是超声速巡航的发动机耗油率较高；二是兼顾低声爆和高巡航效率的机体设计难度较大，导致巡航阻力较高。因此，如何解决好声爆和高油耗这些目前制约超声速飞机发展的瓶颈问题，已成为航空前沿技术探索中的重要目标。

17.2.5 产业发展呈现新变化、新特点

1. 通用航空产业创新发展将成为交通运输变革的重要趋势

自20世纪90年代中后期以来，发达国家越来越重视通用航空的经济贡献率及发展地位。美国先后推出“小飞机运输系统（SATS）”计划、实施《小型飞机振兴法案》，又把发展通用航空作为架构世纪空中高速路的战略方向，认为这是高速交通旅行的第四次革命（前三次依次为汽车替代马车、螺旋桨飞机替代汽车、喷气飞机替代螺旋桨和小飞机运输系统）。2015年，欧洲航天安全局（EASA）发布了通用航空发展路线图，2018年推出了2.0版，强调将通用航空放在EASA的优先事项清单上并持续给予高度重视，目标是发展通用航空共同体，旨在实现更安全、更低成本的通用航空飞行，其战略原则是：

• 通用航空优先：欧洲航天安全局将通用航空放在优先事项清单上并持续给予高度重视，每4年在EASA通用航空安全会议上报告工作进展情况。

• 促进通用航空安全文化建设：EASA将提供通用航空安全促进平台，并与通用航空共同体合作，提高对重要安全事项的认识。

• 净安全效益：EASA将制定关于“净安全效益”方法的政策，以便更容易将新技术和装备引入通用飞机研制。

• 采用新的业务模式：EASA将调整其监管要求，以促进通用航空共同体内新业务模式（如成本分摊平台）的安全引入。

• 调整设计和生产规章：由于新的EASA基本法规变更，EASA将简化21部规章对通用航空飞机设计和生产的要求。

• 数字化通用航空：EASA将协调创新技术解决方案的开发，以便飞行员可以访问驾驶舱内的实时航空、飞行数据。

在保证安全及减少事故方面，EASA关注以下方面的内容：

• 保持可控：提高飞行技能，提高飞行员的安全意识，做好飞机的颠簸或失速管理工作，以防止因失去控制而导致事故发生，这是通用航空运行最重要的关键风险管理工作。

• 应对天气：在帮助飞行员将仪表气象条件（IMC）下的飞行、结冰情况、化油器结冰和恶劣天气条件的风险降至最低的过程中，EASA认识到天气通常是飞行撞地（CFIT）事故发生的主要诱因，同时也会导致飞行器失去控制。

• 防止空中碰撞：涉及空域复杂性、空域侵犯和使用技术提高对其他飞机所在位置的认识。

• 管理飞行：安全飞行依赖于飞行员在导航、燃油管理、避免障碍物和观察地形，以及管理紧急情况的能力。

2. 通用航空公共服务的功能和地位将不断凸显

未来，随着我国国民经济建设与社会的发展，以应急救援、航空医疗救护、城市消防等业态为代表的通用航空公共服务需求将不断增长，通用航空的功能和地位将不断凸显。一方面，我国幅员辽阔，自然灾害和事故灾难类型多样且多发频发，针对这种情况，通用航空能够突破恶劣地质地貌条件对救援工作的影响，快速打通救援通道，构建立体化综合救援体系；另一方面，随着我国经济水平的不断提升和人口老龄化的进一步发展，未来对航空医疗救护的需求也将不断增长，特别是对于院前急救、院间转运等救援飞行需求的扩大，将会衍生对航空医疗救护基地及救援网络的建设需求；第三，随着我国城市群的发展，未来大型和特大型城市数量将会不断增长，城市建设与发展将会衍生大量的对空中监测、空中执法、城市消防和空中通信等业务的需求。

3. 大企业之间的竞争将成为通用航空制造业竞争的主要趋势

从通用航空制造来看，目前通用飞机、直升机、发动机及其关键零部件主要被欧美企业垄断。这些企业不仅占据产业链上的关键环节，而且不断通过兼并重组、开发新技术、提升供应链管理、扩展服务渠道等实现市场占领及价值增值。尽管行业内中小民营企业不断增多，但具有全球价值链整合能力的也仅仅是德事隆集团、空客直升机公司这样的龙头企业。德事隆集团先后并购了贝尔直升机公司、塞斯纳飞机公司及比奇飞机公司，成为全球唯一能提供喷气商务机、涡桨飞机、活塞式飞机和直升机全产品线的飞机制造商，产品在全球现役通用航空飞机中占据半数以上；空客直升机公司是世界上拥有军民用直升机产品系列最全的公司，世界 150 个国家和地区有近 12 000 架空客直升机在运营。西锐、钻石飞机也分别被中航通飞及万丰集团收购，这些都进一步印证了全球通用航空正在向并购整合、集聚竞争的趋势发展。从另一方面来看，通用航空企业集团的竞争加剧，要求我国通用航空产业必须提升产业链、供应链的稳定性和竞争力。

4. 航空电气化所带来的新技术新业态呈加速发展态势

航空业正越来越多地被列为二氧化碳的主要排放源，因此，航空业必须引领低排放及可持续技术的发展和采用，包括采用电力或混合电推进系统，并促进生物燃料的使用。这也是全球通用航空制造领先企业都重视并积极投入电动飞机、太阳能飞机、混合动力飞机及 eVTOL 这样的新型电动航空器研发的原因所在。

用电动或混合动力垂直起降飞机来补充现有机队，可快速地将人员从公司办公室运输到距离最近的现有直升机停机坪或具有垂直起降机场的市中心，以满足参加会议的需要，或前往偏远的机场，以满足搭乘公务机或定期航班的需要。使用eVTOL进行区域航空运输将颠覆当今的商业航空运输模式。

5. 需求 + 政策驱动将成为我国通用航空发展的主要模式

需求驱动包括市场需求和公共服务需求。根据发达国家发展经验，通用航空受市场牵引而发展，历来也是为社会公共事业提供服务的一支重要力量。我国的通用航空真正起步正是源于汶川地震后引发的对通用航空应急救援的需求和重视。2016年以来，我国出台了许多支持通用航空发展的政策，有效地促进了通用航空发展。但可以很明显地看出，仅仅依托政策推动的通用航空发展模式是不可持续的，各地方雄心勃勃开建但发展乏力的通用航空产业园就印证了这一点。需求是驱动通用航空产业发展的根本动力，当然也离不开政策的大力推动，特别是离不开低空空域放开的保障。未来，政策推动下的市场牵引型发展模式将成为我国通用航空发展的主要模式。

17.2.6　行业管理改革将继续深化

FAA和EASA早在10年前就开始探索第23部适航规章的改革。2009年以来相继成立了由业界企业、专家、通用航空类协会和管理当局组成的章程修改委员会——23部重组航空规则制定委员会。FAA和EASA定期交流修改和进展情况，这期间加拿大民航运输部（TCCA）、巴西国家民航局（ANAC）一直在参与。2016年3月，FAA发布了针对第23部通用航空适航法规的改革方案，2017年8月30日正式生效。这是自1965年第23部实施以来最深刻的改革。新规章最大的变化是基于总体性能和飞机适航要求和业界规范共识（类似LSA轻型运动飞机的ASTM规范），而非现在的描述性技术要求和FAA的验证，目的是促进新技术（例如电动和混合动力飞机）的认证和市场化，降低适航取证成本，提高飞机和整个通用航空业的安全性。FAA在2004年7月创建了轻型运动飞机（LSA）类别和运动飞行员执照（SPL）的监管法规，过去10多年共有137种轻型运动飞机取得了SLSA认证，同期根据FAR23部批准的新机型不到15种。

2017年8月15日，EASA也颁布了新CS-23部规章，与FAA的新第23部类似互通，改革的一个重要思路是分离顶层安全目标与技术标准。具体来说，FAA新的第23部适航法规是针对19座及以下/质量19 000lb（1lb ≈ 0.454kg）

及以下的飞机所制定的具有革命性变化的标准，新的第 23 部适航法规和旧的法规相比主要有如下变化：

• 规定的细则比以前减少了 80%，许多细则被放到 ASTM 行业标准中。

• 在特定的设计和技术方面，以性能为基础的标准连同基于一致性遵循办法替代了以前法规中的规定性的要求。

• 未来局方与工业界的界面趋于清晰，即局方管理顶层安全目标的修订，不限定技术实现路径。

• 适航标准 / 框架以 ASTM F44 标准委员会为主体，由业界制定和管理技术标准的动态修订； 申请人也可以用自己的方式 / 方法达到认证的性能要求（方式 / 方法事先需得到 FAA 批准）。

• 取消了实用类、特技类和通勤类分类，取而代之的是根据飞机座位数的 4 个座位等级（8 个认证等级）的性能 / 危险框架标准 （飞机能否飞特技依然需要认证）。

• 对通用航空飞机失控事故和空中结冰情况增加了新的认证标准。

• 修订前电动飞机没有适航标准，修订后，电动飞机终于可以进行第 23 部认证。

我国在通用飞机设计、认证、制造方面与欧美国家存在较大的差距，过去的研发力量以中航工业体系的国企为主，没有调动民企和社会的积极性。近几年来，随着我国通用航空发展环境的改善及通用航空市场化的发展，民营企业及社会资本开始进入通用飞机研发制造领域，且民营企业自主研发的飞机也开始进行认证，有不少还走完了 TC、PC 认证全过程。我国制造的通用航空器除了满足国内市场需要外，未来也一定会进入国际市场。第 23 部适航标准是通用航空认证飞行器的基础文件，我国和美国以及其他国家的适航双边协议的签订也是以此为基础，自主研发的第 23 部认证飞行器也需要符合欧美的相关文件，我国通用航空法规也必须与世界接轨。

第 18 章　我国通用航空产业发展思路与策略

18.1　总体思路

我国通用航空产业发展，必须坚持“市场牵引、创新驱动、融合共享、开放安全”的原则，做好产业发展的顶层设计，充分发挥国内超大规模市场优势，走“市场＋政策”双轮驱动的以国内循环为主的发展道路。以供给侧结构性改革为主线，紧密围绕通用航空产业制造能力提升、低空空域管理改革推进、基础保障网络建设等关键因素，加快破除体制机制障碍，培育新的发展增长点，加快壮大产业规模、提升服务能力、优化发展环境，着力构建协同稳固畅通的通用航空制造体系、适应经济社会发展需求的运营服务体系、运行高效灵活的服务保障体系，加快形成便捷顺畅、经济高效、绿色集约、智能先进、安全可靠的通用航空产业网络和完善的通用航空产业体系，构建内循环，促进外循环，将通用航空打造成为服务经济社会发展的重要支柱型产业。

18.2　发展目标

紧密围绕我国经济社会发展对通用航空产业的需求，力争到 2025 年，通用航空服务国民经济和社会发展的能力大幅提升，飞行总量达到 200 万 h，初步形成有利于通用航空产业发展的行政管理体制、产业政策体系和市场格局，构建较为科学完善的通用航空法律法规和标准体系；建立一套先进的低空空域管理体制机制；通用航空研发制造能力稳步提升，创新发展环境不断改善，逐步丰富自主知识产权通用飞机型谱系，壮大“运”系列、“直”系列、“AC”系列等产品谱系；建成 600 个通用机场，初步形成安全可靠、布局合理、功能相对完善的通用机场体系，以及便捷可靠的服务保障体系和维修支持体系；通用航空专业人才队伍达 7 000 人，人才培训机构实现较快发展。

到 2035 年，通用航空全面深入参与到国家经济建设和社会发展中，社会经济效益不断凸显，基本形成通用航空产业发展的行政管理体制、产业政策体系和市场格局，构建科学完善的通用航空法律法规和标准体系，使通用航空产业发展有章可循、有法可依；深化低空空域管理体制改革；通用航空制造业在科学研究和产品技术开发等方面取得实质性进展，研发制造能力达到国际先进水平，形成涵盖公务机、各类直升机、固定翼通用飞机、无人机和特种飞行器的产品谱系，大批自主创新的型号产品推向国内市场；争取实现通用航空机场对全国县级市以上行政单元全覆盖，固定基地运营商（FBO）、飞行服务站（FSS）等服务保障水平同步提高，较大限度满足国内运营公司的实际需求；基本构建通用航空专业人才培训体系，建立一批专业素质过硬、管理水平一流的人才培训机构。

到 2050 年，通用航空产业全面走向世界，全面形成现代化、信息化、国际化的通用航空产业发展行政管理体制和产业政策体系，加快通用航空法律法规和行业标准的国际化步伐，争取在多领域实现以标准引领产业发展的格局；充分释放低空空域资源，在保障国防安全的前提下，与发达国家先进管理水平齐平；通用航空研发制造水平达到国际领先，自主创新产品在全球通用航空器市场占据一席之地，并形成众多具有国际影响力的中国品牌；通用航空机场网络全面铺开，服务保障体系与维修体系充分适应国际化发展需要；建成国际化的一流专家智库和一批高质量、现代化的专业人才培训机构，全面实现专业人才国际化。

18.3 发展重点

18.3.1 制造

1. 加快通用航空制造的转型

改变航空器整机制造企业以军机研发制造为主、民机制造为辅的现状，提高对民机制造的重视程度。推进产学研联合创新，重视通用航空器整机制造、通用航空器发动机制造以及相关配套设备制造等产业的发展。支持企业和社会资本通过自主研发、对外合作、整体收购和合资合营等方式，进入通用航空研发、设计、制造、组装和维修等领域，积极引进国内外通用航空研发制造企业投资通航产业。培育和打造具备国际先进水平的通用航空制造龙头企业，逐步形成一批具有核心竞争力的骨干企业，支持众多中小企业集聚创新，发展先进通用航空装备、专业化配套系统和设备。

2. 加强关键技术的创新

加强通用航空器整机制造、发动机制造以及相关设备制造关键技术的创新，改变我国通用航空制造企业研发经费投入占比小、通用航空相关装备依赖国外进口的现状。以研发制造航电系统的集成芯片、航空器核心零部件、航空器发动机、航空器关键装备为主，积极进行通用航空通信、导航、监视、机载设备、ADS-B和机场特种装备等产品的研发，加强基础软件、通用航空制造的关键支撑软件的开发，布局和积累一批知识产权技术和产品，为实现通用航空制造装备的蓬勃发展和提高我国通用航空制造的核心竞争力提供技术支撑。

3. 提升通用航空制造工艺水平

强化航空制造能力，积极对接和吸纳国内外通用航空优质资源，引进高层次的航空技术团队，构建通用航空业研发制造创新体系，发挥新时代的“工匠精神”，提升我国航空制造工艺水平。建设安全监管平台，相关安全监管部门对制造产品的质量和规格进行监管。

4. 推进区域制造协同发展

针对不同地区的特点布局通用航空制造产业链的不同环节。在欠发达地区大力发展通用航空器关键结构部件、航空材料、机载设备和集成产品等零部件配套产品生产；开展轻型通用飞机整机制造业务，主要是轻型运动飞机、试验机、热气球的组装、制造和维修等。在经济发达地区发展培育一批多用途固定翼通用飞机、水陆两栖飞机、民用直升机、轻型航空器、无人驾驶航空器等通用航空器的整机或零部件研发、制造和维修企业。对于发展基础良好的地区重点研制大中型无人机、智能无人机和高端航模等系列产品，提高关键技术开发应用和关键部件、航空新材料的自主研发生产能力，重点突破发动机、关键航空机载设备、航空部件研发制造和集成的关键技术，推广应用北斗导航、广播式自动监视等新技术。

18.3.2 服务

1. 完善基础保障设施建设

（1）合理规划机场和临时起降点布局　综合考虑人口、土地、空域资源、交通运输和产业基础等条件，立足市场需求和发展实际，因地制宜地推进通用机场建设。完善综合交通运输体系，加强通用机场整体布局规划，做好与各类交通运输方式的相互衔接。完善各类临时起降点规划，依托高速公路服务区，设立直升机起降点，主要服务于高速公路事故车辆和伤员救援；依托城市重点医院建筑物或场地，设立地面或高架直升机起降点，主要服务于急重伤病员紧急运送等。

（2）基础保障设施　统筹加快通用航空空管、油料储运、维修等服务保障设施建设。根据机场规划布局以及各通用机场的功能定位，在商务型通用机场规划建设公（商）务固定基地运营设施（FBO），在一般型、专业型通用机场规划建设普通固定基地运营设施。根据现实需要并基于长期规划，在运输机场临空经济区规划建设通用航空维修基地（MRO），同时在规划建设通用航空产业园的通用机场时，逐步构建专业型的通用航空维修基地；推进与国内外主要通用飞机制造商达成战略合作协议，开展通用飞机保养、部件维修、机体维修和飞行器托管等项目的合作，打造成区域性通用飞机维修基地。根据规划要求和试点区域布局，建设飞行服务站（FSS），为通用航空飞行提供气象、飞行情报等服务。建设通用航空空管监控中心，实施运行安全监管，提升通用航空器地面和空中活动的监控与追踪能力，实现飞行动态实时监控。

（3）通用航空培训　支持开展航空培训服务。构建层次合理、范围广泛的业务培训体系，以直升机和固定翼飞机培训相结合的方式，大力开展通用航空私照、商照、飞行教员等培训业务。协同开展机务维修、空管、运营和安全等方面的专业人员培训，适时开展超轻型飞机、滑翔伞、热气无人机等特殊航空器适航证的私人驾驶培训，为通用航空企业发展提供飞行培训或教学训练服务，并针对不同的任务类型制定特定的培训内容。鼓励通用航空企业参与青少年航空飞行普及教育及空军、民航飞行人才选拔培训项目。

2. 拓展通用航空服务模式

拓展通用航空服务模式，构建通用航空金融、保险和租赁服务体系。形成由金融、保险机构开展通用航空领域的融资、贷款、担保和保险等业务的服务模式。鼓励通用航空产业开展资本化运营，引导社会资本通过参股、控股和独资等方式组建通用航空公司；鼓励相关通用航空企业与保险公司合作，创新通用航空产品形式，并为企业和消费者的权益提供保障；积极鼓励国内外有实力的飞机租赁公司，开展通用航空飞机以及相关设备的租赁业务，并逐步探索扩大业务范围依法开展通用飞机租赁业务。

3. 营造通用航空氛围，宣传通用航空文化

通过定期举办航展、飞行表演、空中跳伞和航空赛事等活动，营造浓厚的通用航空氛围。利用互联网、会展和节日庆典等渠道，进一步培育航空旅游热点、推广通用航空服务、开拓通用航空消费市场。支持通用航空俱乐部、通用航空爱好者协会等社会团体发展，积极发展个人使用、企业自用等非经营性通用航空业务，传播和扩散通用航空文化。

18.3.3 运营

1. 强化通用航空交通运输功能

发展短途运输。统筹通用航空与公共运输航空协调发展，发挥通用航空小机型、小航线和小航程的特点，支持发展面向偏远地区、地面交通不便地区和其他需求强烈、市场前景良好地区的常态化短途运输业务，构建省市 1h 通用航空交通圈。支持有实力的企业整合相关运输资源，提供水上飞机、直升机等多样化机型的运输服务。支持各类社会资本与国内外知名通用航空企业合作，积极发展公务航空，满足个性化、高效率的出行需求，形成区域公务通用航空服务中心。鼓励集群式发展，使周围城市成为中心城市高端商务旅客公务机飞行的停放地和托管服务区。

2. 扩大通用航空公共飞行和生产作业的应用领域

（1）扩大公共飞行业务的应用领域　加强通用航空在抢险救灾、医疗救护等领域的应用，完善航空应急救援体系，提升快速反应能力。力争形成覆盖主要高速公路沿线、沿海主要岛屿、主要江河（湖泊）沿线、主要地质灾害威胁地带的通用航空应急救援网络，主要林区和牧区的森林草场航空消防和三甲医院的通用航空医疗救护网络。探索通过商业保险等模式，扩大对“空中 120”服务的市场需求。在主要城市适时建立警用航空队，主要用于日常警务、突发事件处置等；建立防灾救灾服务基地，推进防灾减灾航空低空应急救援服务平台和队伍建设，提升抢险救灾应急处置能力。

（2）扩大生产作业的应用领域　扩大通用航空的农林作业范围，开展森林航空灾害预防巡查业务，主要林区基本实现用航空护林。扩大通用航空农林草场的作业面积，实现草原鼠虫防治、飞播和防火等业务的全覆盖。推广通用航空在工业与能源建设、国土及地质资源勘查、环境监测、通信中继、气象服务和电力巡线等领域的应用。

（3）加快发展通用航空物流　将通用航空物流作为现代物流的主要手段之一，加快顶层设计和战略谋划，发展高效、便捷和安全的通用航空物流，尤其是无人机物流。在横向上，构建更为广泛的无人机物流运行网络，在纵向，打通干线、支线和末端三级智能物流网络体系。借助通用航空产业园的平台优势，实现公路、铁路和航空运输的有效衔接，从而构建立体交通运输体系，把不同地方的产品通过航空物流的形式，更快捷地送往更广阔的市场。

3. 鼓励新型通用航空消费形态

促进通用航空与互联网、创意经济的融合，挖掘多样化的通用航空消费潜能，积极拓展通用航空消费领域、消费模式，更好地发挥新消费的引领作用。支持发展旅游观光、航空运动等航空消费类业务，积极培育主题鲜明的通用航空消费服务基地和富有现代特色的通用航空小镇。以“通用航空 + 旅游观光”业务模式，促进通用航空业与旅游业融合发展，围绕重要景区，规划推出一批空中游览飞行观光精品线路。以“通用航空 + 体育休闲”业务模式，依托全国不同的地形环境，东部地区丰富的海岸线、众多的海湾和海岛以及大型水库等资源，西部地区雄伟的戈壁沙漠，谷壑纵横的山脉盆地等资源，规划建设若干航空运动训练和竞赛飞行基地，开展水上飞机、飞艇、伞具和热气球等空中观光、体验、娱乐活动。

18.4 发展策略

18.4.1 加大政策支持力度

1. 政府出台补偿政策。强化通用航空产业的顶层性设计

各级政府在制定通用航空产业发展规划时，要注意加强民政领域实施通用航空发展的组织协调。全面落实国务院办公厅《关于促进通用航空业发展的指导意见》的总体要求和各领域的发展目标。针对具体地区的发展优势进行布局建设，在实际建设过程中，各地区的机场建设以及通用航空产业园的建设应当考虑其在全国机场网络中的地位和作用，同时结合当地的产业基础和发展态势，优势互补，利用已有资源和相应的政策推动通用航空产业发展。

2. 发挥通用航空产业的公益性优势

根据各级政府制定的发展目标和重点任务，加强财政资金的统筹安排和年度预算，优化财政支出，优先安排涉及人民生活、公共服务等领域的财政支出和项目投入，公益性通用航空重点领域如图 18-1 所示。设立通用航空发展基金，鼓励、引导和扶持社会资本投向通用航空产业领域。支持公益性通用航空作业和服务、人力资源培养项目等，并且当地政府要安排适当财政补贴。加大对偏远地区和地面交通不便地区运输服务等通用航空公共服务的经费保障力度，落实国家扩大通用航空领域政府购买服务范围的要求。支持各级政府通过直接建设通用航空应急救援基地或向通用航空企业购买服务的方式，开展包括医疗救护、应急处突、防灾减灾等的公共飞行业务。对偏远落后地区设立的从事公益性飞行业务的通用航空企业，政府出台相应的补贴政策，并适当减免所得税。

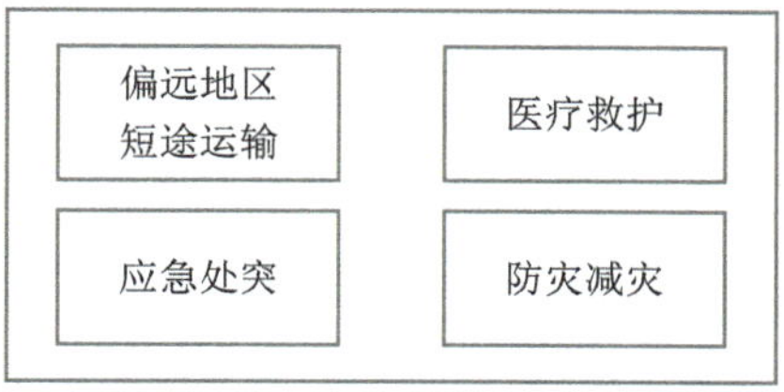

图 18-1　公益性通用航空重点领域

3. 重视通用航空产业的应用性输出

通用航空的发展最终要转换成可以输出的消费业务，对通用航空，应加大投资力度，吸引民营资本进入，对新进入企业给予一定的政策或者资金扶持。鼓励企业和个人投资建设通用机场、飞行服务及行业保障设施。按照收益共享、风险共担的原则，构建适宜的商业模式，鼓励社会资本按照 PPP 模式参与区域通用机场基础设施的投资建设。在完善基础设施方面，对接其他产业，创新产业发展商业模式，形成多元化的产业发展格局。大力推广低空旅游、短途运输和农林喷洒等业态，使其快速发展，不仅可以促进产业发展，同时可以改善民生。

18.4.2　加强产业创新发展

1. 提升技术创新能力

组织梳理通用航空关键技术、共性技术，研究制定通用航空技术创新目录。鼓励企业加大研发投入，加强关键核心技术攻关，补齐技术短板。加强标准的支撑引领作用，发挥行业协会、联盟等组织的作用，加快制定通用航空、无人机等领域急需的标准，深化与国际标准组织的合作，推动无人机、电动航空等新兴领域标准上升为国际标准。抓住新基建机遇，加强 5G、人工智能等新技术的融合应用，大力提升通用航空产品数字化能力及研发设计、生产制造、试验检测、市场支持等能力。

2. 推进发展模式创新

构建以需求为牵引、政策推动的通用航空产业发展模式，加快开发通用航空应急救援、物流快递和个人飞行等应用市场，带动通用航空研发制造、服务保障等全产业链创新发展。建立以整机为牵引、配套协同的通用航空制造业发展模式，支持优势企业通过开放平台、共享数据和提供试验验证条件等方式，带动专业化精细化配套企业发展。鼓励企业深入挖掘细分市场的应用需求，精准制造产品，打造优势通用航空品牌。鼓励研发制造与市场运营相结合，支持企业通过合资合作、投资建设运营企业等方式，推动自主研制的通用航空器的广泛应用。

3. 加强创新平台建设

围绕通用航空技术创新及产业发展，推动建设一批通用航空产业化工程中心和公共服务平台，推进通用航空研发创新、成果应用、技术服务及交流合作，延伸价值链。围绕无人机、飞行汽车等新兴领域的发展需求，支持建设一批专业化的第三方检测认证机构、新技术演示验证中心，提高产品的安全可靠性，加快市场化、产业化发展。活跃通用航空创新创业氛围，鼓励企业利用网络技术整合资源，搭建通用航空大数据服务中心，高标准服务中小通用航空企业。整合民航以及国家各级气象机构的气象信息资源和服务，结合通用航空活动空域特征，建立气象信息查询和服务平台，推进通用航空气象服务研究、平台搭建和资源共享利用。推动建立基础性航空情报资料服务体系，制定并发布目视航图，持续提升低空空域航空情报、航空气象、飞行情报的服务与告警服务能力。做好全国、区域性通用航空运输业信息化平台建设，保障基础信息网络和信息系统安全。推进ADS-B地面站与数据应用系统建设，加快引入“北斗”卫星导航系统作为定位数据源，为通用航空自主飞行提供安全的技术保障手段。加快信息服务建设，向机场、航空公司、航空保障企业、运行监管部门提供ADS-B信息，为社会公众和机构提供信息服务。

4. 积极推动协同创新

着力打造集通用航空运输、技术培训、信息服务、飞行器制造与维修、运营等于一体的通用航空产业基地，使之成为区域通用航空制造中心、航空运输中心、技术培训中心和信息服务中心。如图18-2所示。重点关注通航产业技术创新的系统性特征，实现通航产业技术发展目标。整合各种有用的新旧技术，重新调整和优化技术关系，消化吸收引进技术，使产业技术的整体实力得到增强或升级。培育和打造具备国际先进水平的通用航空制造龙头企业，逐步形成一批具有核心竞争力的骨干企业，支持众多中小企业集聚创新，发展先进通用航空装备、专业化配套系统和设备，建设若干通用航空领域的制造业创新中心，整合现有创新资源，引导企业加大研发投入。引导企业、高校、科研院所和用户组建创新联盟，推动创新资源转化并向企业集聚。

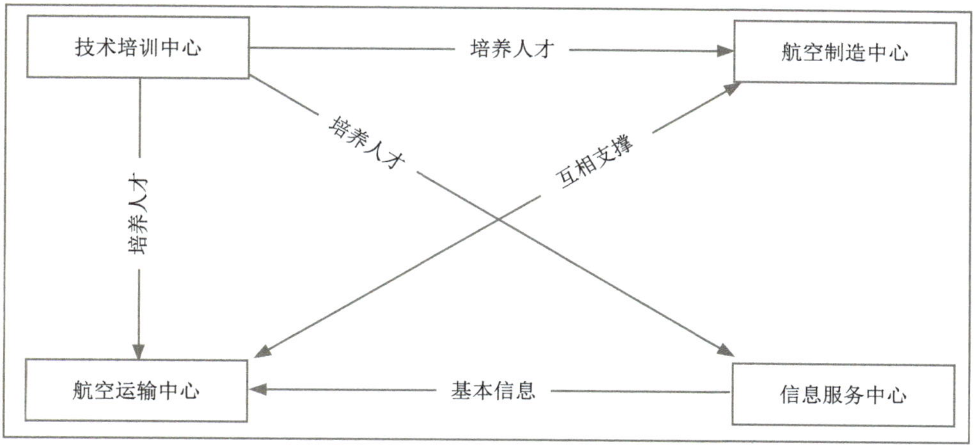

图 18-2　协同创新的通用航空产业基地

5. 加快国际合作创新

积极对接和吸纳国际优质资源，加强在通用航空产品研制、企业管理、人员培训等领域的交流合作，对国际引入的研发设计、总装组装、制造维修等项目进行全国统筹管理，引导引入成熟机型和专业人才团队。加强跨国并购、联合研制、组装生产的通用航空企业的合作创新，加快学习先进经验，努力提升产品设计和制造水平，尽快进入国际研发采购主渠道。支持举办多种形式的通用航空国际交流活动。创新国际合作模式，鼓励创建通用航空国际化研发合作平台及工程中心，增强产业技术创新能力。鼓励和支持通用航空企业依托现有政策和资源优势，积极开拓国际市场，推动共享中国智慧和资源。

18.4.3　加快低空空域开放步伐

1. 科学规划低空空域

协调军方积极推动区域空域改革进程，根据空域需求，进一步优化区域空域资源，调整航路航线等，释放更多的空域为民航所用。科学划设管制空域、监视空域和报告空域，实现真高 3 000m 以下监视空域和报告空域无缝衔接，划设低空目视飞行航线，做到通用航空空域“形成片、连成线”，满足通用航空飞行活动的需求。强化协调服务，加强与空军、民航等相关部门的合作，建立有效的军航、民航空域管理指挥协调机制，为通用航空空中飞行提供保障。形成由有关部门参加的，统筹协调、分工合作、信息共享的低空空域划设工作机制，实现区域全覆盖。总结试点地区低空开放过程中存在的问题，进一步完善试点地区的低空开放政策。在结合试点地区低空开放经验教训的基础上，将可推广的政策实施经验在多地区推广，实现全面低空开放。与此同时，进一步完善通用航空低空开放的配套法律体系、管理保障体系等。对试点地区在低空开放过程中存在的问题，进行多模式试验，逐渐完善政策措施，促进我国低空开放政策全面落地。积极改进空管管制手段，最大限度为机场提供服务保障，以行业管理部门为主导，加快推进低空空域航行保障体系建设，利用第三方公共平台提高通用航空飞行申请的效率，研究建立低空空域资源的使用补偿机制。建立第三方评估机制，评估空域分类划设、空域使用管理模式、服务保障和运行实效等，确保符合通用航空发展需求。

2. 简化飞行申报流程

落实国家关于优化飞行服务和提高审批效率的有关规定，加强军地沟通协调，理顺通用航空飞行任务审批流程。积极协调军方，推动飞行计划管理改为备案制或核准制。简化通用航空飞行任务、飞行计划审批或备案程序，实现通用航空用户仅向一个空管单位申请或报备飞行计划，明确不同类型飞行计划的申请和审批时限要求，为通用航空飞行活动提供便利条件。充分发挥飞行服务站功能，逐步建立联合监管工作机制和信息沟通渠道，在航路航线设计、安全管理、飞行服务保障设施建设、空域管理等具体业务方面实现协调管理，加强民用航空与军用航空的条块融合。推动建立空域使用与飞行申请的“负面清单”制度，通用航空用户使用非管制空域仅需报备即可自主飞行，自行承担安全主体责任。建立应急救助飞行审批绿色通道。借鉴国际先进经验，创新管理模式，持续优化审批程序，缩短审批时间。

3. 做好全程安全监管

建立统一的通用航空飞行服务平台，构建区域通用航空的指挥、监控、服务保障体系。空管部门公布低空空域划设情况，实时发布非管制空域飞行动态、天气条件情况，提供差异化空中交通服务。提升区域低空空域的航空情报、航空气象、飞行情报与告警服务能力，配合做好全程安全监管，增强保障通用航空飞行安全的能力。配合国家有关部门，建立跨部门、跨领域的通用航空联合监管机制，形成全过程、可追溯的安全监管体系，按照“地面管控为主、空中处置为辅”的原则，地方公安部门负责“落地查人”，严厉打击“黑飞”等违法违规行为，确保低空飞行安全有序。

18.4.4 着力发展新兴业态

1. 加快发展无人机产业

尽快制定无人机管理的暂行条例，保障无人机安全飞行，加快建立无人机全产业链、全生命周期的安全监管体系。加快依托法规划设轻小型无人机适飞空域（通常真高 120m 以下），推进国内低空开放，为无人机应用创造合法合规的飞行体验环境。鼓励各地的无人机应用示范区、测试研究基地建设，支持 5G、人工智能和大数据等新技术在无人机行业的安全监管、飞行测试、检测认证和信息安全防护等方面应用，搭建演示平台及应用场景，开展技术验证及人员培训，为无人机扩大市场应用提供安全保障。依托“一带一路”倡议，促进我国无人机企业有序开拓国际市场，加快市场转移。

2. 大力发展电动航空

1）做好顶层规划，制定电动飞机发展路线图。一方面可以引导广大企业和科研、教育等专业机构结合自身条件和特点确定发展方向和重点，另一方面也可以引导市场和社会资源向国家战略重点领域有效聚集。

2）加大研发投入，掌握电动飞机核心技术。建议加强在电动飞机总体架构设计方面的研究，电动飞机的电力系统架构有多种，包括纯电、串联混合电、并联混合电、串联涡轮电和并联涡轮电等。

3）加强仿真软件工具和试验设施建设。在电力系统建模方面，加大电气特性、负载管理等方面的模拟仿真研究力度，形成设计软件工具；充分借鉴国外经验，加快电动飞机试验设施的建设步伐。

4）积极推动并参与电动飞机标准的制定。积极推动电动航空适航标准专业委员会的工作，加速电动飞机中国标准的制定；同时积极参与 FAA、EASA、SAE 等国际、地区和国家组织的相关电动飞机标准的编制工作。

5）积极培育中国电动飞机市场。鼓励有基础的地方和电动飞机企业合作，开展电动飞机在飞行培训、旅游观光和客货运输等领域的运营或试点运营，建立公众信心，积累运营数据，制定相应政策措施，构建必要的基础设施，为迎接电动航空时代的到来打好基础。

18.4.5 加快通用航空人才培养

1. 重视人才的专业化技能培养

支持高等院校和中等职业学校开设与通用航空发展相关的学科专业，培养飞行、适航、空管、航空器和发动机制造维修以及航空应急救援、抢险救灾、医疗救护等专业技术和管理人才。鼓励开展无人机、航模和动力伞等航空器操控（驾驶）培训；支持大专院校和职业教育机构合作培养航空器维护维修、地勤保障和机务等具有实际操作技能的专业人才；加大飞行、机务、空管、航空制造工程、航空推进理论与工程、飞行器制造、飞行器设计等航空类紧缺专业人才的培养和引进力度。

2. 鼓励人才的多元化培养方式

鼓励通用航空人才的传统培养机构和社会化培养机构相结合，如图 18-3 所示，采取产教融合、校企合作等多种方式，加快推进通用航空职业教育体系建设。依托支线民用机场、通用机场，鼓励社会资本投资开设通用航空培训机构，通过合作办学、专业培训、实岗锻炼等多种方式培养人才；鼓励企业与民航院校组建通用航空飞行、维修培训机构，大力培养通用航空发展急需的专业人才，搭建校企合作平台，逐步形成通用航空器维修人才培训基地；鼓励国内民航专业培训机构与院校开展合作，联合培养人才。健全从业人员继续教育机制，强化定岗、定向培训。探索建立军地联动的航空人才教育、培训体系，建设军民结合的航空人才培养基地。

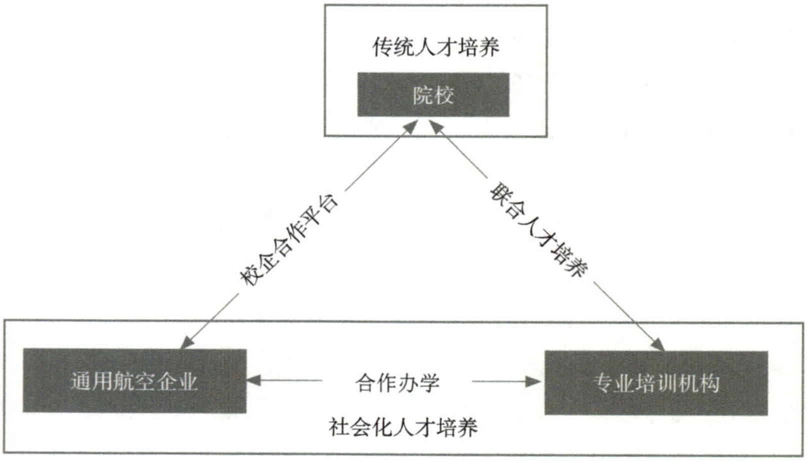

图 18-3 人才培养方式

3. 实施人才引进工程

在培养人才的基础上，制定区域优惠政策，将通用航空业发展急需的专业技术人才吸引到相关产业欠发达地区，加大“招才引智”力度，引进国内外通用航空领域的高级人才，尤其是飞行、机务、机场运行和空管等方面的紧缺专业人才。实施人才激励机制，对通用航空企业引进的高层次人才，可按规定享受区域引进优秀高层次专业技术人才的相关优惠政策。支持引进外籍高级人才的通用航空企业申报各类引智项目，并予以重点推荐。对新引进的符合条件的航空产业高端人才和急需紧缺人才，在安家补贴、周转房安置等方面依照相关规定给予政策扶持，在落户、配偶安置、子女教育、医疗保障、社会保障和办理出入境手续等方面依照相关规定提供便利。对进行创新创业的航空产业高端人才，择优推荐申报国家和区域各类人才工程，对入选的人才及时落实相应政策待遇。

18.4.6 完善标准法规体系

1. 完善通用航空标准体系建设

《民航局关于通用航空分类管理的指导意见》提出，要以放管结合、以放为主，问题导向、提升服务，改革创新、试点引路为基本原则，创建一套独立完整、科学适用的通用航空标准制度体系。在通用航空机场建设方面，确立通用机场建设、运营基本标准，建立适合特殊地区的通用机场跑道、导航、附属设施等规模参考数值，以及设备配置、人员配备、规范服务和流程等具体标准，研究预留满足军事需求的空间标准，推动通用航空机场标准化建设。规范通用航空加注程序，在航空油料运输、检测方法、油料监测人员资格等方面开展标准化建设；在通用航空特殊作业人员培训、装备配备、相应程序等方面开展标准化建设；规范通用航空航空器维修程序，制定相应的操作规范手册等。研究制定无人机的法规标准和监管体系，组织开展兼容“北斗”卫星导航系统的ADS-B机载设备适航审定标准规范研究和编制。促使适航、飞标和经济管理等部门的规章标准保持一致。加大规范性文件清理工作，加快修改或废止对通用航空要求过高的各类规范性文件，依据相关规定加强对规范性文件的合法性审查。鼓励行业协会分类制定通用航空生产、娱乐和消费应用领域的标准和规范，加快更新传统作业规程，加快制定新兴业态服务标准。树立行业标准自信心，积极开展国际交流，为我国标准输出创造外部环境。充分发挥企业的市场主体作用，制定和完善有关通用航空产品属性和运行的制度标准，规范行业准入标准，提高通用航空飞行器的适航能力，加强事中事后监管。加强通用航空领域的信用体系建设，强化行业自律，逐步形成规范统一、竞争有序的通用航空市场体系。

2. 加强通用航空法规体系建设

推进全国通用机场管理法制化、规范化建设。推动修订《中华人民共和国民用航空法》及《民用机场管理条例》，完善其中关于通用航空的部分。制定工业保护法或民用航空工业法，将促进通用航空制造业发展作为重点事项。修订《通用航空飞行管制条例》，完善机场规划建设、运营管理、资源经营、安全保卫、净空和电磁保护、环境噪声防治和机场生态环境保护等方面的规定，促进机场可持续协调发展。修订《通用航空经营许可管理规定》，进一步降低经营许可门槛、通用航空器引进门槛，推动经营许可和运行许可的统一。修订《非经营性通用航空登记管理规定》，简化登记手续，支持单位或个人以自用、私用或专业飞机租赁等形式开展非经营性通用航空活动。推进通用航空运营分类管理。研究制定通用航空运营管理办法，对载人飞行、作业飞行、个人或企业自用飞行等实施差异化管理，放宽对个人和企业自用等非经营性飞行活动的限制，促进普及型通用航空消费发展。修订 CCAR-91 部运行规则，规范通用航空持续监督检查程序，简化通用航空运行合格审定环节和流程。

18.4.7 积极推进深度融合

1. 推动技术和产品融合

随着信息技术的高速发展，数字技术与实物产品的结合越来越紧密。在推动通用航空产业技术进步和产品融合方面，一是要树立制造业服务化理念，以市场需求为导向，加快通用航空制造业与服务业的知识信息流动，从物联网、人工智能和大数据等高新技术产业寻求创新突破，综合应用合作创新技术，实现产品功能整合，开发知识密集、产品附加值高、满足市场需求的新兴产品。二是鼓励航空制造业与新兴电子信息业、物流业、新材料研发制造业以知识产权转让或合作研发的方式进行自主创新，以关键技术攻关为核心，加强 5G 工业应用、区块链、智能物流、核心零部件自主技术的转化等。三是加强知识产权保护与运用，建立健全专利权、商标权、商业秘密保护等法律法规，搭建具有国内外专利、商标、版权代理资质的知识产权全生命周期服务平台，保障企业合作创新知识产权的所有权利益，提高知识资产的积累水平。

2. 加速运营业务融合

一是搭建“合作渠道 + 人才 + 资源”平台，实现一体化发展，打通服务环节，提升协同效应，优化资源共享水平。通过搭建资金、信息和人才共享平台，提高通用航空企业与物流业、交通运输业、旅游业、休闲餐饮等行业的业务合作水平，促进不同行业企业之间的要素实现互补与产业链得到延伸。二是加快文旅产业融合发展。通过面向全社会公众定期举办航空博览会、组织航空科普研学游活动、开放航空文化馆等活动，加速社会通用航空文化氛围的形成。围绕通用航空元素，开发新型低空旅游、高空飞行体验、热气球飞行、无人机航拍、VR/AR场景体验等产品，鼓励企业拓宽业务种类，整合现有通用航空资源与旅游资源，在门票与服务体验购买方面提供套餐式优惠，调整产品定价策略以满足不同层次消费者的实际需求。

3. 破除产业边界，实现市场融合

产业融合进程的推进伴随着固有产品市场的消融和新兴市场的诞生。要实现市场良性融合，一是需要主动树立市场边界虚化的发展理念，坚持制造、运营和服务互为支撑的发展思路，鼓励运营企业以开放的视角共享成果，在通用航空制造、基础保障设施建设、航空维修和人才培训等方面通过强强联合、政产学研用合作等风险共担的方式，加速市场融合发展。二是推动军民两用市场发展，降低军用产品自研的比例，提高技术服务外包的比例，鼓励社会资本承担军民融合技术研发的职责，避免技术重复攻关带来的资源浪费问题，降低军品研发门槛，实现军用市场与民用市场的融合。三是加快区域优势产业市场融合，借助当下已具有的竞争优势，通过基础市场逐步推广技术融合产品，实现原有市场的转型升级。

4. 加快军民融合发展

深入推进军转民、民促军，发展军民两用通用航空产品，通过对技术相似性军工产品的不断改进改型，丰富和发展通用航空产品型号谱系，形成军民相互支撑、相互促进和协调发展的格局。推动军用研发生产设备、试验验证设施、科研技术人员向民用领域开放。加快转变产品的研发设计思路，坚持民用产品按照民用需求的原则，推进军用转民用通用航空产品的适航认证。依托国家应急救援体系等建设需要，利用市场化手段创新产品应用领域及服务模式，加快通用航空产品应用人才及通用航空人才和机队的培养。

5. 优化产城融合发展

加大对通用航空产业园的统筹管理，鼓励地方充分结合国家和地方发展战略以及地方实际特色，以需求为导向，合理引导有序投资，发展与各地经济联系紧密的通用航空产业项目。加大对通用航空产业政策的宣传力度，鼓励各地方积极依托相关协会、联盟和中介机构等，加强落地项目的分析，加快在产业发展环境构建、产城融合发展等方面创新发展。鼓励汲取国内外成熟的先进园区发展经验，加强产业园区整体设计，强化与地方经济基础的适应性、与地方规划的一致性，创新发展通用航空小镇、航空城和航空产业基地等融合业态。

18.4.8 大力推广试点经验

1. 识别试点先进优秀经验

国家发展改革委批复首批建立的26个通用航空产业综合示范区已步入发展正轨，并已探索形成各自特色的发展模式。其中，哈尔滨、石家庄、沈阳和株洲等依托自身航空制造产业基础资源，实现自主研发制造方面的突破；荆门、郑州、银川和青岛等以通用机场建设为契机，加快通用航空配套基础设施建设；安阳、荆门和深圳等以航空运动、航空文化创意、无人机研制为特色，培育特色产业集群；成都、重庆和珠海等以低空空域管理改革为试点，优化飞行运行环境，推动低空空域管理改革；西安、南昌、景德镇和安顺等以传统军工企业为主，推动通用航空产业军民深度融合发展；天津、青岛、昆明和芜湖等建设地方通用航空产业发展平台，探索产业发展保障机制创新。未来国家在通用航空产业方面将全面铺开，需要先以点带面，通过提炼总结试点优秀经验的方式，为今后通用航空产业集群的快速形成奠定坚实的基础。

2. 宣传推广试点优秀经验

首先建立各类媒体传播工具，搭建能够沟通行业内外、联系通用航空全产业链的传播平台，包括各集团运营企业的网站、微博、微信公众号和期刊专栏等。其次是发挥主流媒体的社会影响力，在各省市卫视建立通畅的公共新闻宣传渠道，优化社会媒体资源。最后，建立全方位多角度的媒体信息资源库，及时汇聚各试点项目的最新动态与成功经验，加强行业内部信息的交换，共享信息资源，发布权威报告，以适应行业良性快速规模化发展的现实需要。

3. 建立一批行业领军企业

重点建立一批具有较强创新能力和国际竞争力的通用航空制造、运营和服务领军企业，提升行业的国际影响力。依托领军企业已有的人才、资源、技术和品牌优势，在国内实现网络化发展。通过与各地政府、企业签订合作协议的方式，全面提升产业规模，降低运营成本，同时带动各地配套产业发展。也可凭借领军企业的平台优势，提高服务外包比例，促进中小企业参与通用航空制造、机场建设、维修保养、金融服务、中介咨询和航空租赁等领域建设的积极性，提高通用航空产业市场主体的参与程度，促进产业长远发展。

4. 发展特色产业集群

围绕国家区域战略，以产业链构建、集群化发展为目标，支持有条件的地方积极打造通用航空产业综合发展集聚示范区。鼓励有整机龙头优势企业的地方加快完善通用航空产业链和产业体系，建设有规模的产业集群；鼓励有空域、机场条件的地方加快构建市场化运作的通用航空运营网络，打通跨区域飞行限制，把市场开发延伸到维修、制造、培训和会展等领域，打造通用航空产业链生态圈；鼓励有特色资源、产业配套基础的地方加快引入优势企业和项目，快速形成专业化、特色化、内容丰富和功能互补的通用航空产业基地。支持西部地区大力发展通用航空短途运输、应急救援等产业，支持东部地区大力发展研发制造、私人飞行和物流快递等产业。

18.4.9 不断创新行业管理方式

1. 成立通用航空独立管理部门

目前，民航局下设的管理机构中没有对应通用航空的司级管理部门，仅运输司下建有通用航空处负责通用航空管理相关事宜，该层级的组织机构面对国家大力发展通用航空的号召压力巨大。通用航空与运输航空作为民航运输的“两翼”，需要政府给予行政支持。加快成立民航局通用航空独立管理部门，完善通用航空组织结构，行使起草通用航空相关法律法规、政策和标准并监督执行的职能，规范通用航空市场秩序，指导和监督通用航空协会开展销售代理管理、行业自律等相关工作，审核通用航空企业运输业务申请并对其进行监督管理等，从国家层面统筹管理通用航空发展秩序。

2. 有序推进放管服改革进程

当前的通用航空行业存在着延续运输航空管理模式的问题，而通用航空在飞机机型、机场类型、使用空域、空管运行、人员资质和运营业务等方面，均与运输航空有着截然不同的特征，需转变当前统一管理的理念，创新通用航空管理办法。民航局持续推动放管服改革，现已出台 192 项改革政策，提出：通用航空活动使用运输机场的收费标准按照不超过运输航空的机场收费标准执行，严禁航油销售价格在进销差价以外收取出车费等第三方费用；明确了各省（区、市）在审批（核准）通用机场项目时，原则上不再征求民航地区管理局意见；明确了民航空管管制范围和飞行计划审批程序，提升飞行情报和告警服务能力，建立管制服务“白名单”制度，不得超出管制权限管理通用航空飞行活动；要求各运输机场对进入控制区的通用航空机组人员统一查验空勤登机证和《飞行任务书》，不得随意增加查验内容等。未来还需协调各方面力量共同推动空军方面逐步放开个人飞行计划申请，为企业和个人飞行计划申请打通渠道；推动适航管理改革，简化轻小型航空器适航审定流程，与大型航空器适航审定程序予以区分；建立通用航空空域使用与飞行计划申请负面清单制度，简化通用航空行政审批相关事宜等。

18.4.10 发挥协会组织的作用

1. 加快成立通用航空国家一级协会

通用航空协会代表着通用航空企业、从业人员、航空爱好者以及相关产业的利益，协会面向各级政府，以维护行业整体利益为己任，促进产业发展。目前，我国还没有对应于通用航空领域的国家一级协会，行业诉求难以在国家层面得到集中反映。应加快组织国家政府、从事通用航空研究的科研院校以及企业等的专业人才成立专家团队，向国务院民政部提交申请，成立国家一级协会，以此带动多家行业协会、组织等逐步成立，以利于充分发挥市场体制下的行业自律作用。

2. 充分发挥协会的“桥梁”作用

协会作为市场经济体系的重要有机组成部分，逐步承担着政府职能转变后分离出来的职能，对提高企业管理水平，促进对外交流，积极承担社会责任发挥了重要作用。协会需要直面行业发展中的热点和难点，维护协会成员整体利益，努力改善行业发展环境。行业协会可把为政府解忧、为企业排难作为办会宗旨，一方面积极向政府汇报企业在发展中遇到的问题，争取政策支持；另一方面及时向企业反馈政府意见，搭建政府与企业沟通桥梁，争取问题及时得到妥善解决。

3. 承担产业政策与标准发布职能

协会在行业发展中扮演着政府参谋的角色，需积极进行企业调研，整理行业数据资料，分析行业发展需求及面临的问题，在政府决策过程中提供资料与合理建议，促成有利于产业发展的政策落地，提高政策执行力度与企业响应力度。协会同时兼具发布标准的职能，在标准发布的过程中，加强与企业沟通，了解行业发展动向，提升行业标准管理水平。

4. 搭建国际交流平台

协会可从行业实际需求出发，不定期召开各种培训会议、研讨会和交流会，邀请国内知名专家、业内专业人士，分享行业经验，让行业会员得到学习和成长的机会。同时也可通过开展展会等方式，为行业企业提供合作交流、贸易往来和项目招商等机会，让会员企业取得经济效益。

参考文献

[1] 中国民用航空局 . 已获批准的民用航空产品和零部件清单 [DS/OL].[2019-11-12] .http://www.caac.gov.cn/XXGK/XXGK/TZTG/201912/P020191220564743148628.pdf.

[2] 中国民用航空局飞行标准司 .2019 年通用和小型运输运行概况 [DS/OL].[2020-02-13].http://www.aopa.org.cn/usr/1/upload/file/20200213/15815799242689802.pdf.

[3] 中国民用航空局飞行标准司 .2018 年中国民航驾驶员发展年度报告 [R].2019-02.

[4] 中国民用航空局航空器适航审定司 .2018 年适航审定部门年度报告 [R].2019-04.

[5] 中国民航局运输司 . 关于通用航空参与新冠肺炎疫情防控工作有关数据的分析 [DS/OL][2020-03-04].http://ga.caac.gov.cn/gacaac/index!xqindex.do?id=249657.

[6] 工业和信息化部装备工业司 . 中国民用航空工业年鉴 2018[M]. 北京：航空工业出版社，2018.

[7] 中国航空运输协会 . 中国航空运输发展蓝皮书（2017）[M]. 北京：中国民航出版社，2018.

[8] AOPA 通用机场信息平台 . 全国获颁证的通用机场 [DB/OL].[2020-08-28] https://ga.aopa.org.cn/web_airport/html/static/evidence_airport.html?-sign=3.

[9] 中国航空运输协会通用航空分会 .2018—2019 中国通用航空短途运输行业发展报告 [R].（2020-03-27）.

[10] 李军 . 中国民航年谱（1949—2010）[M]. 北京：中国民航出版社，2012.

[11] 孙卫国 . 低空空域管理改革回顾与展望 [N/OL]. 中国民航网，[2018-04-16.] http://www.caacnews.com.cn/zk/zj/qunyantang/201804/t20180416_1245470.html.

[12] 高远洋．破浪前行不进则退——2019 年中国通用航空大盘点 [N]. 中国民航报，2020-01-06.

[13] 高远洋 .2018 年中国通用航空大盘点 [J]. 今日民航，2019（1）:92-97.

[14] 高远洋．关于中国公务航空发展之现实主义思考 [J]. 中国民用航空 ,2018（4）:8-9.

[15] 高远洋 ,NIU JM. 启动通用航空消费市场　打开通用航空发展突破口 [J]. 今日民航，2017（6）：26-29.

[16] 高远洋．提振信心　破解难题　推动通用航空破局发展 [J]. 中国空管，2016（5）：4-9.

[17] 金伟．加快通用航空制造转型升级 [J]. 中国民用航空 ,2016（8）：12-15.

[18] 金伟．我国通用航空安全水平亟待提升 [J]. 国际航空 ,2017（3）：38-39.

[19] 金伟．发展改革委解读：推动航空制造转型升级　适应通用航空业发展 [Z/OL].[2016-06-03]，http://www.gov.cn/zhengce/2016-06/03/content_5079386.htm.

[20] 金伟 , 高远洋．加快国家示范区建设　推动区域通用航空发展 [J]. 民航管理，2018,330（04）：10-12.

[21] 金伟，周震博 .2018 年无人机研发热点回眸 [J]. 科技导报，2019，37（1）：163-172.

[22] 金伟，尚勇．中国无人机安全监管 [J]. 科技导报，2019，37（14）：66-77.

[23] 刘树国．中国航空运输发展 [M]. 北京：中国民航出版社，2019.

[24] 吕人力．中国通用航空蓝皮书——中国通用航空产业研究报告（2017）[M]. 北京：中国民航出版社，2017.

[25] 许东松，张兵．中国通用航空中长期发展展望 / 通用航空产业发展丛书 [M]. 北京：航空工业出版社，2016.

[26] 欧阳杰．中国通用机场规划建设与运营管理 [M]. 北京：航空工业出版社，2016.

[27] 吕宜宏 , 孙卫国．新时代通用航空使命任务和战略定位问题思考 [J]. 中国经贸导刊 ,2019（5）：39-40.

[28] 陈阳 , 郭璟珅 , 常秀娟 . 通用航空产业规划与实施 [M]. 北京: 航空工业出版社，2017.

[29] 冯广东．省域通用机场布局规划思路与方法研究 [J]. 中国工程咨询，2017（3）：49-51.

[30] 冯广东．关于我国通用机场规划建设的思考[J]. 中国工程咨询，2017（9）：40-42.
[31] 宗苏宁．中国通用航空产业发展现实与思考[M]. 北京：航空工业出版社，2014.
[32] 周恒，王战超．中国民用直升机市场可期[J]. 环球飞行，2018（12）：24-29.
[33] 张浩驰，王战超．多元混合或成主流——中国航空小镇发展模式探析[J]. 环球飞行，2018（3）：48-49.
[34] 郭璟珅．通用航空产业综合示范区发展面临三大共性难题[N]. 中国航空报，2019（3336）.
[35] 纪瑞华．我国通用航空立法若干问题研究[D]. 呼和浩特市：内蒙古大学，2014.
[36] 欧阳彦美．欧美促进通用航空产业发展的法律与政策及其对中国的启示[D]. 北京：北京理工大学，2015.
[37] 杨惠，郝秀辉．航空法通论[M]. 北京：中国政法大学出版社，2009.
[38] 孙侠生，程文渊，穆作栋，等．电动飞机发展白皮书[J]. 航空科学技术，2019,30（11）：1-7.
[39] 穆作栋，程文渊，宋刚．电推进技术在航空业的应用[J]. 航空科学技术，2019,30（11）：30-35.
[40] BARBARA E.Electric Aircraft Technology Development Overview[R].NASA（美国国家航空航天局）Report, 2018.
[41] DELHAYE.Electrical Technologies for the Aviation of the Future.Airbus Report[R],2015.
[42] GAMA（美国通用航空制造商协会）.2019 年 GAMA 年度报告（GAMA 2019 Annual Report）[R/OL].2019-03,[2020-03-20]https://gama.aero/facts-and-statistics/statistical-databook-and-industry-outlook/.
[43] GAMA（美国通用航空制造商协会）.2018 年 GAMA 年度报告（GAMA 2018 Annual Report）[R/OL].2018-03,https://gama.aero/facts-and-statistics/statistical-databook-and-industry-outlook/.
[44] 高启明．美国通用机场建设的经验剖析及借鉴[J]. 郑州航空工业管理学院学报，2018（6）：1-7.
[45] 商承灏. 从美国通用航空看我国通用航空未来发展[N]. 中国民航报，2017-07-19.

[46] 甄影，李建美．基于功能定位的中小机场发展之路[J]．综合运输，2017(2)：28-30.

[47] 李寿平，欧阳彦美．美国通用航空产业发展的法治经验及对中国启示[J]．时代法学，2015,13（1）：94-103.

[48] 陈蓓蓓，曾小丹，阎雷．国际通用航空发展比较及我国通用航空发展策略[J]．南京航空航天大学学报，2012,14（2）：37-41.

[49] 郭荣海．美国通用航空领先发展的原因及启示[J].Air Transport & Business，2017（8）：38-41.

[50] 亚翔航空行业报告.2018—2019 通用航空行业报告及行业数据[R/OL].2020-05http://www.asianskygroup.com.

[51] 周沐，于一，焦雨陶．通用航空产业链全揭秘[N]．中国企业报,2018-08-28.

[52] 于翔，刘鹏．基于细分市场的角度，分析通用航空运营业的发力点在哪？[Z/OL].[2017-12-28]http://www.caacmooc.com/showinfo-34-105310-0.html.

[53] 卞士生．我国通用航空三大服务保障体系建设现状[N/OL]．民航资源网．[2014-05-08]http://news.carnoc.com/list/281/281321.html.

[54] 袁园．我国通用航空发展分析及建议[J]．交通企业管理，2016,31（10）：63-66.

[55] 赵诗源．以通用航空产业助力经济结构转型[J]．当代经济，2012（16）：76-77.

[56] 马正超．芜湖入选国家通用航空产业综合示范区[N/OL]．安徽新闻网，[2017-01-10].http://www.ahwang.cn/anhui/20170110/1597115.shtml.

[57] 柏艺琴，陈新锋．中国无人机运行数据统计报告[M]．北京：中国民航出版社，2019.

[58] EASA.GA Roadmap 2.0-Update 2020:Making GA safer and cheaper [R/OL]. 2019-06-23[2020-07-10].https://www.easa.europa.eu/document-library/general-publications/ga-roadmap-2020-update-making-ga-safer-and-cheaper.

[59] FAA.Aerospace Forecast Fiscal Years 2019-2039 [R/OL].2019-05-08 [2020-04-30].https://www.faa.gov/data_research/aviation/aerospace_forecasts/media/FY2019-39_FAA_Aerospace_Forecast.pdf.

[60] 石家庄新闻网．壮大通用航空产业　实现合作共赢[N/OL]．石家庄新闻网，[2019-10-19].http://www.sjz.gov.cn/col/1546231082146/2019/10/19/1571444054728.html.